章太炎研究

第一辑

章太炎研究中心 主编

本辑执行主编　林少阳

Journal

of

Zhang Taiyan Studies

上海人民出版社

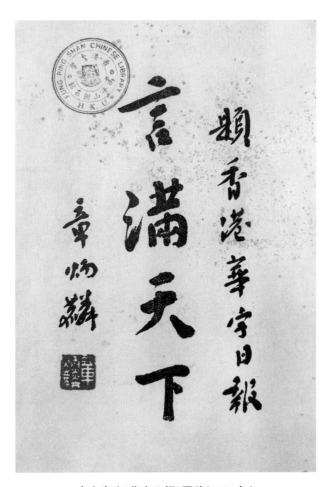

章太炎为《华字日报》题辞(1934年)

章太炎研究中心

工作指导委员会

刘　颖　　王　华　　温泽远　　汤丽玉　　倪伟俊
王乐芬　　李松涛　　邵素萍　　孙　瑜　　徐娟妹
俞建新　　陆春松　　章明徕

常务联系人

章明徕　　唐立春　　费　杰　　孟　琢　　张钰翰

目　录

文献考释

章学外译

Contents

文本精读

《檢論·清儒》注解[*]

孟　琢　孫凌康

（北京師範大學民俗典籍文字研究中心　中國文字整理與規範研究中心）

【導讀】

　　《清儒》是章太炎先生討論清代學術史的重要著作,最早收入 1904 年出版的《訄書》重訂本,後經修訂收入《檢論》。《清儒》篇幅不長,實開現代意義上的清代學術史研究之先河。它對清代學術的分期、脈絡、派別、體例等方面的探討,奠定了清學研究的基礎框架。周予同指出:"要了解清朝三百年學術史,一定要讀這篇《清儒》,它是清代學術的概論。……梁氏論述近三百年學術史,實在是從章太炎《清儒》那裏來的。"(《中國經學史講義》)朱維錚也説:"(《清儒》)材料豐富,分析清楚,是近代總結清朝學術史的首出作品。以後,劉師培著《清儒得失論》,梁啓超著《清代學術概論》等,都明顯地以它爲繼續研究的起點。"(周予同主編、朱維錚修訂再版《中國歷史文選》)闡明了《清儒》的開山意義。

　　《清儒》不僅是對清代學術的歷史考察,也蘊含着對中國學術文化未來發展的深入思考。作爲清代學術的繼承者、反思者與超越者,太炎將兩漢古文經學與清代學術相會通,將其學術精神提撕爲"求是觀化"。這既是對清代學術的總結,更是他對中國文化理想方向的積極設計,體現出學術史研究中的"有我之境"。"求是"是要建立崇真求實的學術精神,擺脱經學對政治

---

　　* 本文爲國家社會科學基金重大項目"基於歷代訓釋資源庫的中國特色闡釋學理論建構與實踐研究"(22&ZD257)、國家社會科學基金冷門絶學研究專項學術團隊項目"中國訓詁學的理論總結與現代轉型"(20VJXT015)、北京師範大學中央高校基本科研業務費優秀青年創新團隊項目"基於數字人文的《説文》學跨學科研究"階段性成果。
　　在注解中,參考了徐復、朱維錚、梁濤等學者的相關研究,並蒙董婧宸女史提出修改意見。

的附庸;“觀化”是在歷史反思的基礎上推動社會現實的發展,立足獨立的學術研究進一步打通學術與致用的關係。二者皆與“六經皆史”密不可分,體現出太炎對經學傳統的現代改造。值得注意的是,“求是”與“觀化”緊密相契,構成了太炎學術思想的基本維度。太炎總結平生之學,“始則轉俗成真,終乃回真向俗”。“真”和“俗”是一對意蘊豐富的概念,自俗諦而言,“真”指求是,“俗”指致用,“求是”與“觀化”的體用不二,即是真與俗的融匯統一。太炎對“真俗之際”的早期思考,以對清代學術的反思爲起點,尤可見《清儒》在其學術思想中的重要地位。

古之言虛,以爲兩纑之間,當其無纑。本《墨子·經上》。纑即櫨,柱上小方木也【1】。六藝者,凡言六藝,在周爲禮、樂、射、御、書、數,在漢爲六經。此自古今異語,各不相因,言者各就便宜,無爲甘辛互忌【2】。古《詩》積三千餘篇,其他益繁,觙觸無協【3】;仲尼剟其什九【4】,而弗能專施于一術【5】。故曰:達于九流,非儒家擅之也。

【1】《墨子·經上》:“纑,間虛也。”《經説上》:“纑,間虛也者,兩木之間,謂其無木者也。”虛者通達,觸則抵牾。此處引《墨子》之言,謂古《詩》性質駁雜,若要整理,很難像在兩纑之間那樣通達無礙。

【2】六藝或謂“禮、樂、射、御、書、數”,或謂“《詩》《書》《禮》《樂》《易》《春秋》”,二者本無抵牾。《小學答問》:“六蓺者,六術也。漢世以六經爲六蓺者,《保傅》篇:‘古者年八歲而出就外舍,學小蓺焉,履小節焉;束髮而就學,學大蓺焉,履大節焉。’是禮樂射御書數爲小蓺。……六經爲大蓺,漢世六蓺之稱,非苟爲之也。”甘辛互忌,謂矛盾抵牾。

【3】觙,抵觸。無協,不協調。

【4】剟,删削。

【5】《訄書·清儒》作“弗能貫之以纑間”。此謂王官《詩》學繁雜,不爲儒家所專擅。

【解説】

王官之學的"六經"傳統博大豐富，自《詩》學而言，雖經孔子刪削，亦不限於儒家之學。對"經師"與"儒家"的辨析，是太炎經學的重要觀點。前者爲王官學，後者爲諸子學，前者重"求是"，後者重"致用"。《論諸子學》："有商訂歷史之孔子，則刪定六經是也；有從事教育之孔子，則《論語》《孝經》是也。由前之道，其流爲經師；由後之道，其流爲儒家。……若在周、秦，則固有別。且如儒家鉅子，李克、甯越、孟子、荀卿、魯仲連輩，皆爲當世顯人。而《儒林傳》所述傳經之士，大都載籍無聞，莫詳行事。蓋儒生以致用爲功，經師以求是爲職。"

　　六藝，史也【1】。上古史官，司國命，而記注義法未備，其書卓絕不循【2】。《易》最恢奇，《詩》《書》亦時有盈辭【3】；《禮》《春秋》者，其言徑直易見觀，故荀子爲之，隆禮義、殺《詩》《書》【4】。禮義隆，則《士禮》《周官》與夫公冠、奔喪之典，雜沓並出，而偕列于經【5】。《詩》《書》殺，則伏生刪百篇而爲二十九【6】；《尚書大傳》明言六誓五誥【7】，其篇具在伏書。伏書所無，如《湯誥》者，雖序在百篇，而五誥不與焉。以是知二十九篇，伏生自定其目，乃就百篇殺之，特託其辭于孔子耳。謂授讀未卒遽死者，非也。知殺《詩》《書》之説，則近儒謂孔子本無百篇，壁中之書，皆歆、莽駕言僞撰者，亦非也【8】。《齊詩》之説五際六情【9】，庋《頌》與《國風》【10】，而舉二《雅》。迮鶴壽曰【11】：十五《國風》，諸侯之風也；三《頌》，宗廟之樂也；唯二《雅》述王者政教，故四始五際，專用二《雅》，不用《風》《頌》。案，劉子駿《移大常博士》曰【12】："一人不能獨盡其經，或爲《雅》，或爲《頌》，相合而成。"疑三家《詩》皆殺本經，而專取其一帙。今可見者，獨《齊詩》。《齊詩》怪誕，誠不可爲典要，以證荀説行于漢儒爾。

　　【1】此即太炎"六經皆史"之説，在《國故論衡·明解故》《經的大義》《國學十講·國學的派別》《歷史之重要》《論經史儒之分合》諸篇中皆有所討論。

這一學說濫觴於唐，劉恕、王應麟、王陽明、王世貞、胡應麟、顧炎武、章學誠、龔自珍等人皆主此説，參見錢鍾書《談藝録》所考。

【2】記注義法，指史書的義理法則。不循，不遵史法條例。

【3】盈辭，蕪雜之辭。謂《易》《詩》《書》雖傳自史官，但尚未形成嚴格的史法。

【4】《禮》與《春秋》直白易曉，故荀子格外重視。殺，減損。《荀子·儒效》："法後王，一制度，隆禮義而殺《詩》《書》；其言行已有大法矣。"

【5】《士禮》，指《儀禮》。《周官》，指《周禮》。公冠，即諸侯之冠禮。

【6】伏生，名勝，故秦博士。漢文帝時傳《今文尚書》二十九篇。

【7】六誓五誥，《尚書大傳》："六誓可以觀義，五誥可以觀仁。"誓即戰前誓詞，誥即對臣下之誥命。

【8】歆、莽，即劉歆、王莽。康有爲撰《新學僞經考》，以古文經爲劉歆、王莽僞作。

【9】五際，指卯、酉、午、戌、亥等五個陰陽際會之時。六情，一説指好、惡、喜、怒、哀、樂（孔穎達《毛詩正義》本《左傳》説）；一説指廉貞、寬大、公正、姦邪、陰賊，貪狼（《漢書·翼奉傳》注引張晏説）。

【10】庋，擱置。

【11】連鶴壽，字蘭宮，江蘇吳江人，清代學者，撰《齊詩翼氏學》。

【12】劉子駿，劉歆，字子駿，西漢經學家。漢哀帝時，劉歆主張以《左氏春秋》《毛詩》《逸禮》《古文尚書》列於學官，遭諸博士反對，遂撰《移書讓太常博士》以駁斥。

【解説】

　　經學源自王官，由此揭出"六經皆史"之義。太炎此説頗受章學誠之影響，又與實齋有根本不同。其以六經爲史官所掌，即實齋所謂之"先王之政典"。其以歷史爲民族文化精神之根本，則與實齋之説迥異。早期史官尚未形成嚴密史法，六經與標準之"史"並不相類，故《易》《詩》《書》皆有"盈辭"。與此不同，《禮》《春秋》明白易曉，尤爲荀子所重視。自經典文本是否符合"史法"以闡釋荀子的經學立場，是《清儒》特色鮮明的觀點，太炎此後亦不專主此說。

荀子對兩漢經學影響極深。他"隆禮樂"，則禮學文獻多列爲經；主張"殺《詩》《書》"，則後世儒者多刪減《詩》《書》文本。根據太炎的推測，三家《詩》中齊《詩》重二《雅》而不言《頌》與《國風》，便是"殺《詩》《書》"的產物；三家《詩》沒有完整的《詩經》文本，而是根據不同的經學義理"專取其一帙"。值得注意的是，太炎雖不取孔子刪《詩》《書》之說，但也認爲這是荀子以來儒者所爲，反駁了康有爲以"孔壁中書"爲劉歆僞造的觀點。

雖然，治經恒以誦法、討論爲劑【1】。誦法者，以其義束身，而有隆殺【2】；討論者，以其事觀世，有其隆之，無或殺也【3】。西京之儒【4】，其誦法既陋隘，事不周浹而比次之，是故齟差失實【5】，猶以師說效用于王官，制法決事，茲益害也。杜、賈、馬、鄭之倫作，即知"搏國不在敦古"【6】；博其別記，稽其法度，覈其名實，論其羣衆以觀世，而六藝復返于史，秘祝之病不漬于今【7】。其源流清濁之所處，風化芳臭气澤之所及，則昭然察矣。變于魏、晉，定于唐，及宋、明始蕩【8】。繼漢有作，而次清儒。

【1】劑，此謂規範、標準。

【2】誦法，稱頌效法，此謂以經義修身，延伸出以經義致用之義。有隆殺，指根據現實情況，對經義有所去取。

【3】討論，探討評論，此謂對經義進行歷史性理解，由於沒有現實政治的羈絆，故可深入探討，有隆無殺。

【4】西京之儒，指西漢儒生，此謂今文經學家。

【5】周浹，周詳完備。齟差，參差不正。

【6】杜、賈、馬、鄭，指東漢古文經學家杜林、賈逵、馬融、鄭玄。搏國不在敦古，見《管子·霸言》。搏，搏聚。敦古，崇古。章太炎認爲，東漢古文經學家還六經於古史，與今文經學家以六經制法決事不同。

【7】羣衆，《訄書·清儒》作"社會"；秘祝之病，《訄書·清儒》作"神話之病"。秘祝，又作祕祝，掌管祝告祭祀之官。此謂古文經學家視經典爲古史，考察其語言、史事、制度以見歷史規律，使經學擺脫神學的不實之弊。

【8】此句《訄書·清儒》作"亂于魏晉，及宋明益蕩。"按《檢論》有《案唐》篇，謂孔疏"本諸六代，言雖煩碎，寧拙不巧，足以觀典型。""定于唐"即指孔疏對漢學的繼承整理之功。

【解說】

根據"儒家"與"經師"之辨，經學體現出"誦法"與"討論"兩種立場。前者偏於主觀，以經術修身，延伸爲通經致用；後者偏於客觀，對經典中的語言、歷史、制度進行研究，重在"以其事觀世"。一"用"一"觀"，體現出今古文經學的基本差別。在太炎看來，以經學服務於政治，則需要根據時政加以遴選，故"有隆殺"——"隆"指弘揚，"殺"指淘汰。西漢今文經學"以《禹貢》治河，以《春秋》決獄"，皆爲誦法之學。當經典與時政有不合之處，西漢儒者多牽強爲説、扭曲經義，是爲"齟齬失實"。

"討論"則不然，學者把儒家經典作爲歷史進行理解還原，由於没有現實政治的羈絆，故可深入探研、"有隆無殺"。杜林、賈逵、馬融、鄭玄等古文經學家視經典爲古史，博考其語言、事蹟、制度，以觀歷史發展、風俗移易之規律，奠定了古文經學的學術傳統。這種以"求是"與"致用"區分經今古文學的視角，體現出太炎學術的鮮明特色，在中國近現代學術史上影響深遠。"繼漢有作，而次清儒"，清代樸學名爲"漢學"，亦在對這一精神的繼承。

清世理學之言，竭而無餘華；多忌，故歌詩文史楛【1】；愚民，故經世先王之志衰【2】。三事皆有作者，然其弗逮宋、明遠甚。家有智慧，大湊于説經，亦以紓死，而其術近工眇踔善矣【3】。始故明職方郎崑山顧炎武爲《唐韵正》《易、詩本音》，古韵始明，其後言聲音訓詁者稟焉【4】。大原閻若璩撰《古文尚書疏證》，定東晉晚書爲作僞，學者宗之【5】；濟陽張爾岐始明《儀禮》【6】；而德清胡渭審察地望，系之《禹貢》【7】；皆爲碩儒。然草創未精博，時糅雜元、明讕言【8】。

【1】楛，粗劣不精。此謂清代文網嚴苛，故詩文之作不興。

【2】經世先王之志，出自《莊子·齊物論》"《春秋》經世先王之志"，指史學。

【3】湊，集中。紆死，緩死，指清儒在政治高壓之下，只能以說經度日。眇，通"妙"。踔，超遠。

【4】顧炎武，名絳，字寧人，號亭林，江蘇崑山人，明末清初學者、思想家，曾被南明隆武帝授予職方司主事一職。著《日知錄》《音學五書》（《音論》《唐韻正》《詩本音》《易音》《唐韻正》）等，分古韻十部，離析《唐韻》，開清代古音學之先河。太炎極重亭林之學術品行，以其爲"立身、行己、爲學、做事的標準"（《經義與治事》）。他早年改名爲"絳"，別號"太炎"，即由亭林之名號而來。

【5】閻若璩，字百詩，號潛邱，山西太原人，清代經學家，著《尚書古文疏證》等，力辨《古文尚書》爲東晉人僞造，已成定論。

【6】張爾岐，字稷若，號蒿庵，山東濟陽人，清代經學家，精禮學，著《儀禮鄭注句讀》等。

【7】胡渭，字朏明，浙江德清人，清代經學家、地理學家，曾參修《大清一統志》，著《禹貢錐指》等，以《尚書·禹貢》九州爲本，闡述歷代地理沿革。

【8】讕言，虛妄之言。《訄書·清儒》作"時糅雜宋、明讕言"，《檢論》改易，不貶宋儒。

【解說】

經今古文學之辨爲判攝清代學術提供了坐標。《清儒》筆鋒一轉，由漢及清。清廷的政治高壓是清代學術的歷史背景，讓清儒聚焦於典籍考據。這一理解受到了太炎"排滿"革命的影響，爲梁啓超、劉師培等人所承襲，構成了清代學術史研究的"外在理路"。清初學者氣象宏大，但尚未完全形成清學的特質,與元、明以來的理學傳統時有糾葛。正如太炎在《清代學術之系統》中所言:"清代經學前驅亦爲顧炎武,顧氏無説經專書,惟《日知録》中有説經之部分。顧氏説經,均論大體,小處不講。彼時漢學尚未成立,顧氏猶時采宋人之説。然同時已有漢學家出,如陳啓源講《詩》,已專據《小序》,與朱熹相反。考《尚書》者有閻若璩的《尚書古文疏證》,對於今本《尚書》,辨別其中孰真孰僞,於是古文諸篇爲僞造之案始定,此爲漸成漢學之始,然尚無漢學之名。"

其成學箸系統者,自乾隆朝始。一自吴,一自皖南。吴始惠棟,其學好博而尊聞【1】。皖南始江永、戴震,綜形名,任裁斷【2】。此其所異也。先棟時有何焯、陳景雲、沈德潛,皆尚洽通,雜治經史文辭【3】。至棟,承其父士奇學,揖志經術【4】,撰《九經古義》《周易述》《明堂大道録》《古文尚書考》《左傳補注》,始精眇,不惑于護聞【5】;然亦氾濫百家,嘗注《後漢書》及王士禎詩,其餘筆語尤衆。棟弟子有江聲、余蕭客。聲爲《尚書集注音疏》,蕭客爲《古經解鉤沈》,大共篤于尊信,綴次古義,鮮下己見【6】。而王鳴盛、錢大昕亦被其風,稍益發舒【7】。教于楊州,則汪中、劉台拱、李惇、賈田祖,以次興起【8】。蕭客弟子甘泉江藩,復纘續《周易述》。皆陳義爾雅,淵乎古訓是則者也【9】。

【1】惠棟,字定宇,號松崖,江蘇元和人,清代經學家,長於《易》學,以治學淹博、推崇漢儒舊説著稱。章太炎《清代學術之系統》:"此後南方有兩派,一在蘇州,成爲漢學。……在蘇州者爲惠周惕、惠士奇、惠棟。士奇《禮説》已近漢學,至棟則純爲漢學,凡屬漢人語盡采之,非漢人語則盡不采,故漢學實起於蘇州惠氏。"

【2】戴震,字東原,安徽休寧人,清代經學家、考據學家、思想家,長於名物制度之學,"由聲音、文字以求訓詁,由訓詁以尋義理,實事求是,不偏主一家"(錢大昕《戴先生震傳》)。太炎謂戴震兼得文字、聲音、訓詁之條貫,自小

學通於義理，以《孟子字義疏證》批判"以理殺人"之弊，"觀其遺書，規摹閎遠，執志故可知"（《訄書·學隱》）。綜形名，綜合考察事物名實；任裁斷，能夠斷以己見。此與吳派尊漢復古的學風不同。

【3】何焯、陳景雲、沈德潛，皆爲清代前期吳縣一帶學者，以文學馳名，兼治文史之學。

【4】惠士奇，字仲孺，一字天牧，清代經學家，撰有《春秋說》《禮說》等。揖志，集中心志。

【5】謏聞，指微小的聲名，出《禮記·學記》。

【6】江聲，字叔澐，號艮庭，江蘇元和人，清代經學家，其《尚書集注音疏》以惠棟《古文尚書考》爲本，摒棄僞孔傳，專收漢儒之說，以還漢代今文《尚書》舊貌。余蕭客，字仲林，江蘇長洲人，清代經學家，著《古經解鉤沈》，廣集《周易》《尚書》等十三經舊注，萃爲一編。

【7】王鳴盛，字鳳喈，號西莊，江蘇嘉定人，清代經學家、史學家，著《十七史商榷》《尚書後案》《蛾術編》等。錢大昕，字曉徵，號辛楣，江蘇嘉定人，清代經學家、考據學家、史學家、金石學家，治學廣博，長於經史，著《廿二史考異》《十駕齋養新錄》《潛研堂文集》等。發舒，發散，指學術視野趨於廣闊。《清代學術之系統》："錢大昕與惠棟亦有關係，然非師弟。錢氏考經證史均甚精核，音韻亦能發明雙聲，頗多獨得，不泥古，與惠棟不同。"

【8】楊州，即揚州。以下四人皆揚州學者。汪中，字容甫，江都人，清代學者、文學家，治學兼通經子，撰《述學》《荀卿子通論》等。《清代學術之系統》："汪之爲學雖出於戴，而不爲戴氏所縛，又宗顧炎武，不肯爲章句之學。其畢生精力所萃，在《述學》一書中。"劉台拱，字端臨，寶應人，清代學者，著《論語補注》，爲其姪劉寶楠《論語正義》所承。李惇，字成裕，一字孝臣，高郵人，著《群經識小錄》等。賈田祖，字稻孫，一字禮耕，高郵人，長於《左傳》。

【9】江藩，字子屏，號鄭堂，江蘇甘泉人，清代經學家，受學江聲、余蕭客等人，參《周易述》作《周易述補》；作《國朝漢學師承記》《國朝宋學淵源記》，以漢學、宋學判分清代學術，尊漢抑宋，影響深遠。爾雅，雅正。古訓，即故訓，指能發明古義，博通訓詁。

震生休寧，受學婺源江永【1】，治小學、禮經、算術、輿地，皆深通。其鄉里同學有金榜、程瑤田，後有凌廷堪、三胡。三胡者，匡衷、承珙、培翬也，皆善治《禮》。而瑤田兼通水地、聲律、工藝、穀食之學【2】。震又教于京師。任大椿、盧文弨、孔廣森，皆從問業【3】。弟子最知名者，金壇段玉裁，高郵王念孫【4】。玉裁爲《六書音韵表》以解《說文》，《說文》明【5】。念孫疏《廣雅》，以經傳諸子轉相證明，諸古書文義詰詘者皆理解【6】；授子引之，爲《經傳釋詞》，明三古辭气，漢儒所不能理繹【7】。其小學訓詁，自魏以來，未嘗有也。王引之嘗被詔修《字典》【8】，今《字典》繆妄如故，豈虛署其名邪？抑朽蠹之質不足刻彫也？近世德清俞樾、瑞安孫詒讓【9】，皆承念孫之學。樾爲《古書疑義舉例》，辨古人稱名牴牾者，各從條列，使人無所疑眩，尤微至。世多以段、王、俞、孫爲經儒，卒最精者乃在小學，往往得名家支流，非漢世《凡將》《急就》之儕也【10】。凡戴學數家，分析條理，皆仌密嚴璟【11】，上溯古義，而斷以己之律令，與蘇州諸學殊矣【12】。

【1】江永，字慎修，江西婺源人，清代經學家、理學家。長三《禮》，善步算，將顧炎武古韵十部離析爲十三部，主要著作有《古韵標準》《儀禮釋例》等。《清代學術之系統》："在徽州者爲江永，由朱熹之學入門，有《近思錄集注》，本非漢學，惟講《周禮》甚好，且較惠氏尚過之，故世亦稱之爲漢學，然江氏本人則不自認爲漢學也。"

【2】金榜，字輔之，安徽歙縣人，清代學者，善禮學，著有《禮箋》。程瑤田，字易疇，安徽歙縣人，清代經學家，爲學精密，不屑依傍傳注，著有《通藝錄》等。凌廷堪，字次仲，安徽歙縣人，清代經學家，對宋學與漢學皆有反思，倡導"以禮代理"，著有《禮經釋例》等，太炎稱其"比考周密"（《黃先生傳》）。胡匡衷，字朴齋，安徽績溪人，清代經學家。胡承珙，字景孟，安徽涇縣人，清代經學家，精於《儀禮》《毛詩》，所作《毛詩後箋》，"從《傳》而不甚從《箋》"（《經學略說》）。胡培翬，字載屏，一字竹村，胡匡衷孫，清代經學家，其《禮》

學萃於《儀禮正義》一書。

【3】任大椿,字幼植,一字子田,江蘇興化人,清代經學家,擅長典章制度之學,著《弁服釋例》《字林考逸》等,太炎謂其考證服制堪稱"確實"(《國學十講・國學的派別》)。盧文弨,字召弓,號抱經,浙江餘姚人,清代經學家、校勘學家,精於訓詁校勘,嘗校《經典釋文》《逸周書》《戰國策》《荀子》等數十種典籍,合爲《抱經堂叢書》,並輯校勘成果爲《群書拾補》。太炎謂盧從戴震問業,或爲誤記。盧年長於戴,非其弟子。孔廣森,字衆仲,山東曲阜人,孔子六十八代孫,長於公羊學,著《春秋公羊通義》;長音韻學,離析古韻十八部,著《詩聲類》;又著《大戴禮記補注》等,太炎謂其"講音韻極精"(《國學十講・國學的派別》)。

【4】段玉裁,字若膺,一字懋堂,江蘇金壇人,清代訓詁學家、經學家,著《詩經小學》《古文尚書撰異》《周禮漢讀考》等,尤以《説文解字注》影響最著。王念孫,字懷祖,號石臞,江蘇高郵人,清代訓詁學家,著有《廣雅疏證》《讀書雜志》等。

【5】《六書音韻表》,段玉裁撰。是書分古韻爲十七部,建立"同聲必同部"之説,分韻部彙集上古諸聲偏旁。段玉裁將古韻之學應用於《説文解字注》,爲《説文》每一字頭標注上古韻部,根據韻部關係破假借、求同源,以古音貫穿訓詁,實現形音義互求。《清代學術之系統》:"前人講《説文》不甚好,因爲僅講形體;段玉裁出,始將聲音、訓詁、形體三者合講,其《説文解字注》雖有改字及增删之病,然大體實甚精當。"

【6】疏《廣雅》,即《廣雅疏證》。《廣雅》,魏張揖著,是一部仿《爾雅》體例的纂集類訓詁著作。王念孫《廣雅疏證》廣泛徵引各種文獻、故訓,全面校訂《廣雅》,疏證《廣雅》故訓來源;並以古音關係爲綫索,對聲同字異、聲近義同的詞義關係詳加考辨,"就古音以求古義,引伸觸類,不限形體"(《廣雅疏證序》)。"以經傳諸子轉相證明",謂《讀書雜誌》。

【7】引之,即王引之,字伯申,王念孫子,清代訓詁學家,著有《經義述聞》《經傳釋詞》等。辭氣,指包括虛詞在內的漢語語法問題。《清代學術之系統》:"王念孫傳戴氏之學,所著有《廣雅疏證》《讀書雜志》諸書,考明訓詁,

較以前諸人均爲切實。段氏尚有疏謬，王氏則無。其子引之著《經義述聞》，又著《經傳釋詞》，指出古人誤解虚字爲實字，亦是一大發明。"

【8】《字典》，即《康熙字典》。王引之曾奉命修訂《康熙字典》，並作《字典考證》。

【9】俞樾，字蔭甫，號曲園，浙江德清人，清代訓詁學家。效仿高郵二王《經義述聞》《讀書雜志》，撰成《古書疑義舉例》《群經平議》《諸子平議》等，對群經、諸子廣加訓詁。太炎受學於俞樾，每以"俞先生"尊稱之。孫詒讓，字仲容，浙江瑞安人，精於經學、小學，著有《周禮正義》《墨子閒詁》《契文舉例》等。太炎撰《俞先生傳》《孫詒讓傳》，盛讚二家之學。

【10】《凡將》《急就》，漢代字書名。《凡將》，司馬相如撰，已佚。《急就》，漢史游撰，今存，有顏師古注。二書均爲韻文綴成，羅列名物諸字。章黄語言文字之學不限於"字書羅胸"，而是注重系統條理，追求語言文字的源流本末。這一學術追求源自段王之學，故太炎謂清代小學遠邁字書之學。

【11】參密，即縝密。嚴瑮，嚴謹有條理。

【12】蘇州諸學，指以惠棟爲代表的吳學。

【解説】

太炎將清代學術區分爲吳、皖兩派，梳理了它們自乾嘉以至於清末的發展脈絡。這一劃分在《國朝漢學師承記》中已見端倪，"至本朝，三惠之學盛于吳中，江永、戴震諸君繼起於歙，從此漢學昌明，千載沈霾，一朝復旦。"與之相比，太炎之説更爲明確，奠定了清代學術流派的基本框架。他的觀點啓發了梁啓超的相關論述。《清代學術概論》認爲吳派特點在於"信古"，"凡古必真，凡漢皆好"，"膠固、盲從、褊狹、好排斥異己"；皖派特點在於"求是"，"無論何人之言，決不肯漫然置信，必求其所以然之故"，"不以人蔽己，不以己自蔽"，顯然受到了《清儒》的影響。

值得注意的是，太炎認爲皖派之學"綜形名，任裁斷""分析條理，皆參密嚴瑮"，這是章黄小學注重"系統條理之學"的歷史來源。黄侃在《文字聲韻訓詁筆記》中説："夫所謂學者，有系統條理，而可以因簡馭繁之法也。明其理而得其法，雖字不能遍識，義不能遍曉，亦得謂之學。不得其理與法，雖字書羅胸，亦不得名學。"這一學術精神，源自對乾嘉樸學的深刻繼承。

然自明末有浙東之學，萬斯大、斯同兄弟，皆鄞人，師事餘姚黃宗羲，稱説《禮經》，雜陳漢、宋，而斯同獨尊史法【1】。其後餘姚邵晉涵、鄞全祖望繼之，尤善言明末遺事【2】。會稽章學誠爲《文史》《校讎》諸通義【3】，以復歆、固之學，其卓約近《史通》【4】。而説《禮》者羈縻不絶【5】。定海黃式三傳浙東學，始與皖南交通【6】。其子以周作《禮書通故》【7】，三代度制大定。唯浙江上下諸學説，亦至是完集云。

【1】萬斯大，字充宗，號跛翁，浙江鄞縣人，清代學者，與弟萬斯同受學於黃宗羲，精《禮》學，撰《周官辨非》，以《周禮》非周公所作。萬斯同，字季野，清代史學家，博通諸史，康熙時應詔修《明史》。《清代學術之系統》："清代作史者，首爲萬斯同的《明史稿》，萬氏此書，乃私人著作。萬曾客於明史館總裁徐元文家，與《明史》極有關係。"黃宗羲，字太沖，號南雷，人稱梨洲先生，浙江餘姚人，師事劉宗周，清軍入關後舉兵抗清，後在浙東一帶講學，著有《明儒學案》《宋元學案》《明夷待訪録》等。太炎頗輕黃氏之學，有《非黃》一文。

【2】邵晉涵，字與桐，一字二雲，浙江餘姚人，清代經學家、史學家，通訓詁，著《爾雅正義》；博貫舊史，輯《舊五代史》，著有《南都事略》。全祖望，字紹衣，號謝山，清代史學家、文學家，治學宗黃宗羲，續撰《宋元學案》，著有《鮚埼亭集》，多録明末清初碑傳資料。

【3】章學誠，字實齋，浙江紹興人，清代文獻學家、經學家，主張通經致用，將治經與治史相結合，不限於訓詁考證。《文史通義》，内篇五卷，討論經史學術，力主"六經皆史"，以六經爲古代典章制度的集合；外篇三卷，討論方志修撰。《校讎通義》，共三卷十二篇，論述目録學相關問題，主張"辨章學術，考鏡源流"，將目録學視爲進入古代學術的鎖鑰津梁。實齋、太炎思想學

術之淵源異同,爲章學研究之重要命題,今人張榮華、江湄、林少陽等皆有深入論述,可資參考。

【4】歆、固,指劉歆、班固,劉歆撰《七略》,班固以此爲藍本撰《漢書·藝文志》,開中國古代圖書目録之先河。《史通》,唐劉知幾撰,内外篇共四十九篇,論述史書源流、著史體例、作史原則、史官沿革等問題,是中國第一部系統的史學理論著作。《訄書·清儒》作"其卓約過《史通》",《檢論》之評價有所降低。

【5】羈縻,謂連續不絶。

【6】黄式三,字薇香,浙江定海人,清代經學家,著《論語後案》。與皖南交通,謂其兼綜經學、史學。

【7】黄以周,字元同,清代經學家,精三《禮》,晚年主講南菁書院,章太炎曾向其問學。著《禮書通故》一百卷,分宮室、衣服、卜筮諸門,彙集諸家説解,平議三《禮》異説,極爲精博。

【解説】

清代學術於吳、皖兩派之外,尚有浙東學術一派,又名"四明學派"。此派學者在清初之際多重視史學,於"明末遺事"中寄寓亡國之思。清末黄式三、黄以周父子重禮學,禮學需要融合小學、經學,又當參考宋人禮説,故呈現出兼綜小學、史學、漢學、宋學的學術風貌。太炎《黄先生傳》:"初宋世四明之學,雜采朱、陸。及近世萬斯同、全祖望學始端實,至先生(黄以周)益醇,躬法吕、朱,亦不委蛇也。尤不憙陸、王,以執一端為賊道。"《清代學術之系統》:"清代學派中,尚有四明學派,此派不起於清,實源於宋。萬斯大、萬斯同兄弟均四明派,説經多講三《禮》。其後傳至黄式三,式三子以周作《禮書通故》,意欲集《三禮》之大成。此書雜糅漢宋及今古文,因欲説《禮》,則今古文不能不雜糅,漢宋亦不能不雜糅也。若只講古文而不講今文,則先須排斥《禮記》,這是做不到的;而宋儒説《禮》亦有甚好者,不能棄而不録。所以今古文不能不雜糅,漢宋亦不能不雜糅。"皆可參照。

初，大湖之濱，蘇、常、松江、大倉諸邑，其民佚麗【1】。自晚明以來，憙爲文辭比興，飲食會同，以博依相問難，故好劉覽而無紀綱，其流遍江之南北【2】。惠棟興，猶尚該洽百氏，樂文采者相與依違之【3】。及江永、戴震起徽州，徽州于江南爲高原，其民勤苦善治生，故求學深邃，言直覈而無溫藉，不便文士【4】。震始入四庫館，諸儒皆震竦之，願斂衽爲弟子【5】。天下視文士漸輕，文士與經儒始交惡。而江淮間治文辭者，故有方苞、姚範、劉大櫆，皆産桐城【6】，以效法曾鞏、歸有光相高【7】，亦願尸程、朱爲後世，謂之桐城義法【8】。震爲《孟子字義疏證》，以明材性，學者自是疑程朱【9】。桐城諸家，本未得程、朱要領，徒援引膚末【10】，大言自壯。案：方苞出自寒素，雖未識程、朱深旨，其孝友嚴整躬行足多矣。諸姚生于紈绔綺襦之間，特稍恬憺自持，席富厚者自易爲之，其佗躬行，未有聞者。既非誠求宋學，委蛇寧靜，亦不足稱實踐，斯愈庳也【11】。故尤被輕蔑。從子姚鼐欲從震學，震謝之，猶亟以微言匡飭【12】。鼐不平，數持論詆樸學殘碎【13】。其後方東樹爲《漢學商兌》，徽識益分【14】。東樹亦略識音聲訓故。其非議漢學，非專誣譸之言。然東樹本以文辭爲宗，橫欲自附宋儒，又奔走阮元、鄧廷楨間【15】，躬行佞諛，其行與言頗相反。然漢學自三數大師外，亦多拘牽之見【16】。《詩》宗毛公是也，顧未能簡異鄭《箋》。鄭《箋》多雜三家，文義又輒戾不調，將何取焉【17】？《易》宗孟氏，乃因《説文》敘中有《易》孟氏爲古文之説，不知其爲文誤，而强仭爲先秦師説【18】。其于費氏，又重鄭輕王，不悟王《易》多同馬氏，古文家説固然。王、鄭言《易》，其高下亦奚啻霄壤乎【19】！又王肅雖多誣造，然其探本賈、馬之説，尚爲古文舊誼，與康成雜糅今古有殊【20】。今人寧尊鄭氏而黜賈、馬，其見已鄙，釀嘲之由，宜在兹乎【21】！陽湖惲敬、陸繼輅，亦陰自桐城受義法【22】。其餘爲儷辭者衆，或陽奉戴氏，實不與其學相容。儷辭諸家，獨汪中稱頌戴氏，學已不類。其佗率多辭人，或略近惠氏，戴則絶遠。夫經説尚樸質，而文辭貴優衍【23】，其分涂，自然也。

【1】佚麗，光艷美麗。此謂風流輕浮，善屬文辭。

【2】會同，古代諸侯朝覲天子，此處指聚會。博依，廣博比喻，出《禮記·學記》。劉覽，《訄書·清儒》作"瀏覽"。此謂晚明江南文人風氣，遊談無根，虛浮不實。

【3】該洽，完備兼通。依違，依順隨從。謂吴派學術淵博氾覽，故與文人之學尚能會通。

【4】溫藉，通"蘊藉"，含蓄。謂皖派學術質直明白，不適於文人之粉飾修辭。

【5】四庫館，乾隆三十八年（1773 年）爲編修《四庫全書》開設（此據張升《四庫全書館研究》説）。戴震在裘曰修舉薦下入館修書。斂衽，整理衣襟，表示尊敬，其時戴震名滿京城。

【6】方苞、姚範、劉大櫆，皆爲桐城派文學家。方苞，字靈皋，號望溪，清代散文家，桐城派創始人，倡導古文正宗、義法，以古文匡扶風氣，太炎謂其爲"桐城派始祖"（《清代學術之系統》）。姚範，字南菁，號薑塢，清代文學家，著有《援鶉堂文集》《援鶉堂筆記》等。劉大櫆，字才甫，一字耕南，號海峰，清代文學家，倡導文章要兼具"義理、書卷、經濟"，主張"神氣"説，注重句法、文辭的調適。

【7】曾鞏，字子固，江西南豐人，宋代文學家，"唐宋八大家"之一。歸有光，字熙甫，號震川先生，江蘇昆山人，明代文學家，反對前、後七子"文必秦漢，詩必盛唐"的復古文風，提倡"變秦漢爲歐曾"，爲文主張直抒性靈，方苞稱讚其"不俟修飾，而情辭並得"（《書歸震川文集後》）。太炎《文學略説》："若夫桐城派導源震川，陽湖略變其法，而大旨則同。震川之文，好摇曳生姿，一言可了者，故作冗長之語。"

【8】尸，祭祀中代表死者的祭祀者。願尸程、朱爲後世，謂桐城派之義理多宗主程朱理學。

【9】《孟子字義疏證》，三卷，戴震撰，借鑒宋明理學"字義"的著作形式，通過訓詁之法，考察《孟子》中性、理、天道、才、誠等概念的先秦古義，對宋儒之説及其"以理殺人"之弊進行批判。材性，又作才性，即人的自然本性，戴

震主張人性出乎自然，人欲與天理不相矛盾，反對程朱"存天理，滅人欲"之說。太炎《與李源澄》："至言'以理殺人，甚於以法殺人'，此則目擊雍正、乾隆時事，有爲言之。當是時，有言辭觸忤，與自道失職而興怨望者，輒以大逆不道論罪。雍正朝尚衹及官吏，乾隆朝徧及諸生、齊民矣，其所誅者不盡正人。……東原著書骨幹，不過在此，而身亦不敢質言，故託諸《孟子字義疏證》以文之。""疑程朱"，《訄書·清儒》作"薄程朱"。

【10】膚末，膚淺之見解。

【11】委蛇，順禮之貌。《詩·召南·羔羊》："退食自公，委蛇委蛇。"庳，卑下。此句謂桐城諸姚未得宋學之道德實踐。

【12】姚鼐，字姬傳，號惜抱先生，姚範侄，劉大櫆弟子，清代文學家。戴震在四庫館時，姚鼐欲拜戴震爲師，戴震婉言謝絕，稱"僕與足下，無妨交相師，而參互以求十分之見"（《與姚孝廉姬傳書》）。微言，婉轉之言辭。匡飭，匡正告誡。《清代學術之系統》："至姚鼐，則無理學之見。姚在少年時願從戴震學，戴拒而不收。究竟是不敢收，還是不屑收，卻不得而知。因此兩人極相左。"

【13】殘碎，《訄書·清儒》作"殘破"。

【14】方東樹，字植之，安徽桐城人，姚鼐弟子，清代學者、文學家。《漢學商兌》，方東樹針對江藩《國朝漢學師承記》宗主漢學考據之說而作，以程朱宋學爲正統，排斥漢學。太炎在《漢學論》中對方氏之說屢加駁斥。徽識，古代用以區分部屬、等級的旌旗標誌，這裡指漢學、宋學之畛域。

【15】阮元，字伯元，號芸臺，江蘇儀徵人，揚州學派代表人物，清代考據學家、金石學家，長於訓詁、金石之學，曾主持編纂《經籍籑詁》《十三經註疏校勘記》《皇清經解》等。元任兩廣總督，方東樹與江藩俱在其府中任職，《漢學商兌》即作於此時。鄧廷楨，字維周，一字嶰筠，清代學者，著有《雙硯齋筆記》，晚年任兩廣總督，方東樹爲其幕僚。

【16】三數，爲數不多。謂戴震、段玉裁、王念孫、王引之等一流學者。

【17】毛公，即毛亨，作《毛詩故訓傳》。鄭《箋》，即鄭玄《毛詩箋》。三家，指漢代齊《詩》、魯《詩》、韓《詩》三家今文《詩》。觡戾，大相違戾。

【18】《易》宗孟氏，《說文解字敍》："其稱《易》孟氏、《書》孔氏、《詩》毛氏、《禮》周官、《春秋》左氏、《論語》、《孝經》，皆古文也。"孟氏，即孟喜，漢代今文經學家。廖平、康有爲、劉師培等皆以"《易》孟氏"乃"《易》費氏"之誤，可備一説。仍，通認。

【19】王《易》，指王肅撰定王朗《易傳》，魏時與鄭玄《易》同立學官。

【20】王肅，王朗長子，三國魏經學家，注《周易》《尚書》《禮記》《論語》等，編纂《孔子家語》，其學與鄭玄相抗，史稱"鄭王之爭"。

【21】自"東樹亦略識音聲訓故"至此，爲《訄書·清儒》所無。太炎批評清代樸學，可見其立論公允。

【22】惲敬，字子居，號簡堂，江蘇陽湖人，清代文學家，創立"陽湖文派"，詩文以"天成"爲尚，著有《大雲山房文稿》。陸繼輅，字祁孫，江蘇陽湖人，清代詩人，惲敬舊交，著有《崇百藥齋詩文集》等。

【23】優衍，優裕曼衍，此謂文辭繁飾蕪雜。

　　文士既以嬰蕩自喜【1】，又耻不習經典。于是有常州今文之學，務爲瑰意眇辭，以便文士【2】。今文者：《春秋》，公羊；《詩》，齊；《尚書》，伏生；而排擯《周官》《左氏春秋》《毛詩》、馬鄭《尚書》。然皆以《公羊》爲宗。始武進莊存與，與戴震同時，獨憙治公羊氏，作《春秋正辭》，猶稱説《周官》【3】。其徒陽湖劉逢禄，始專主董生、李育，爲《公羊釋例》【4】，屬辭比事，類列彰較，亦不欲苟爲恢詭【5】。然其辭義溫厚，能使覽者説繹【6】。及長洲宋翔鳳，最善傅會，牽引飾説，或采翼奉諸家，而雜以讖緯神秘之辭【7】。翔鳳嘗語人曰：《説文》始一而終亥，即古之《歸藏》也。"【8】其義瑰瑋，而文特華妙，與治樸學者異術，故文士尤利之。

【1】嬰蕩，喜樂遊蕩。《説文·女部》："嬰，説樂也。"

【2】常州今文之學，即常州學派，發源於常州，代表人物有莊存與、劉逢

禄、龔自珍等,推崇以《公羊傳》爲代表的今文經學,以尋繹經典微言大義爲尚,而訓詁考據次之。

【3】莊存與,字方耕,江蘇武進人,清代經學家,常州學派開創者,精於《公羊》學,著《春秋正辭》十三卷,分析《春秋》用辭背後的微言大義。莊氏亦治古文經學,著有《周官記》《周官説》《周官説補》等。《國學十講·國學的派别》:"莊氏治《公羊》,却信東晉《古文尚書》,並習《周禮》。"

【4】劉逢禄,字申受,江蘇武進人,莊存與外孫,清代經學家,治《春秋》宗主《公羊》,擯斥《左傳》,著《春秋公羊經何氏釋例》,歸納發明何休《春秋公羊經傳解詁》所立"通三統""張三世"等條例,據此闡發《春秋》大義。另著有《尚書今古文集解》《書序述聞》等。董生,指董仲舒,西漢《公羊》學宗師。李育,東漢今文經學家,申《公羊》,曾與賈逵爭論《左傳》是否當立於學官。太炎受到與康有爲代表的今文經學論戰的影響,在《春秋左傳讀》《中華民國解》《説于長書》《示國學會諸生》中激烈批評劉氏,在《清儒》及晚年的學術史論述中,辭氣漸趨平和。

【5】屬辭比事,指連綴文辭、排比史事,出《禮記·經解》:"屬辭比事,《春秋》教也。"彰較,顯明確鑿。恢詭,指奇異不經之辭。

【6】説繹,通"悦懌",喜悦开解。

【7】宋翔鳳,字于庭,江蘇長洲人,莊存與外孫,清代經學家,將《公羊》學大義發揮到《論語》等經典中,撰《論語説義》等,專求孔子微言大義,多附會讖緯之言。太炎《信史》:"輓世宋翔鳳輩稱述《論語》,各往往傅以奇邪,名字相似,不復理辭气。吾非不能,固知其違也。"翼奉,字少君,西漢齊《詩》學者。

【8】《説文》始一而終亥,指許慎《説文解字》五百四十部,以一爲始,以亥爲終。《歸藏》,即《歸藏》,《周易》之前的古卜筮書,《周禮·大卜》:"掌三易之灋,一曰《連山》,二曰《歸藏》,三曰《周易》。"晉郭璞《爾雅注》有引用。宋氏之説見其《過庭録》。

道光末,邵陽魏源夸誕好言經世[1],嘗以術奸説貴人[2],不遇;晚官高郵知州,益牢落[3],乃思治今文爲名高;然素不知師法略例,又不識字，作《詩、書古微》【4】。凡《詩》今文有齊、魯、韓，《書》今文有歐陽、大小夏侯，故不一致。而齊、魯、大小夏侯，尤相攻擊如仇讎【5】，源一切掍合之，所不能通，即歸之古文，尤亂越無條理【6】。仁和龔自珍，段玉裁外孫也，稍知書，亦治《公羊》，與魏源相稱譽【7】。而仁和邵懿辰爲《尚書通義》《禮經通論》，指《逸書》十六篇、《逸禮》三十九篇爲劉歆矯造，顧反信東晉古文，稱誦不衰，斯所謂倒植者【8】。要之，三子皆好姚易卓犖之辭【9】，欲以前漢經術助其文采，不素習繩墨，故所論支離自陷，乃往往如讖語【10】。惟德清戴望，述《公羊》以贊《論語》，爲有師法【11】。而湘潭王闓運遍注五經【12】。闓運弟子，有井研廖平，自名其學，時有新義【13】，以莊周爲儒術，左氏爲六經總傳【14】，說雖不根，然猶愈魏源輩絕無倫類者。

【1】魏源，字默深，清代學者，爲學推崇常州今文學派，提倡經世致用，著有《詩古微》《書古微》《老子本義》《海國圖志》等。

【2】奸，通"干"，奸說，干謁遊說。以術奸說貴人，朱維錚以此指魏源爲江蘇布政使賀長齡編《皇朝經世文編》《聖武記》事。

【3】牢落，寥落，困頓無成貌。

【4】《詩、書古微》，即《詩古微》《書古微》。《詩古微》駁斥《毛詩序》不合史實，據三家《詩》對《詩經》各篇本義進行重新解讀。《書古微》力證《古文尚書》《尚書孔安國傳》、馬融《尚書注》、鄭玄《尚書》注爲僞，解讀《尚書》需以伏生、歐陽、大小夏侯等西漢今文經學家爲準。

【5】歐陽，即歐陽生；大小夏侯，即夏侯勝、夏侯建，皆西漢今文《尚書》代表學者。相攻擊如仇讎，謂兩漢今文經學門户對立，互相攻擊。

【6】掍合，混合。《說文·手部》："掍，同也。"謂魏源混同家法，牽強調和。太炎素鄙魏源之學，《膏蘭室札記》《春秋左傳讀》多駁斥其說。《檢論·學隱》："魏源深詆漢學無用。其所謂漢學者，戴、程、段、王未嘗尸其名。而魏源更與常州漢學同流，妖以誣民，夸以媚虜，大者爲漢姦、劇盜，小者以食

客容於私門。三善悉亡,學隱之風絶矣!"認爲魏源之學不足取信,有"誣世"之弊,且有向清統治者獻媚之意。《經學略説》:"其後魏源作《書古微》,最爲荒謬。魏源於陳氏父子之書,恐未全見,自以爲采輯今文,其實亦不盡合。源本非經學專家,晚年始以治經爲名,猶不足怪。……其後魏源作《詩古微》,全主三家。三家無序,其説流傳又少,合之不過三十篇。謂之古微,其實逞臆之談耳。"可謂終身鄙之。

【7】龔自珍,字璱人,浙江仁和人,號定盦,清代學者、詩人,治經宗法今文學派,與魏源齊名"龔魏",著有《定盦文集》等。《説林下》:"自珍承其外祖之學,又多交經術士,其識源流、通條理,非源之儕。然大抵剽竊成説,無自得者。其以六經爲史,本之《文史通義》,而加華辭。觀其華,誠不如觀其質者。若其文辭側媚,自以取法晚周諸子,然佻達無骨體,視晚唐皮、陸且弗逮,以校近世,猶不如唐甄《潛書》近實。"

【8】邵懿辰,字位西,浙江仁和人,清代經學家、目錄學家,編著《四庫全書簡明目錄標注》,撰《尚書通義》《禮經通論》等,力主劉歆僞造古文經説,對康有爲等人頗有影響。倒植,顛倒。太炎《與支偉成》:"逮邵懿辰始專攻古文耳。"

【9】姚易,輕浮放縱,此謂隨意之説。卓犖,卓絶不群,此謂誇大之辭。

【10】繩墨,謂學術規矩。支離自陷,瑣碎雜亂,自相矛盾。讝語,囈語。

【11】戴望,字子高,浙江德清人,清代經學家,師事宋翔鳳,撰《論語注》等,嚴守《公羊》家法,發揮《論語》大義。太炎早年頗受其影響,曾撰《哀後戴》一文,表彰其不求仕進之品格,亦惋惜其學流傳至嶺南,成就康有爲《新學僞經考》之説。

【12】王闓運,字壬秋,湖南湘潭人,清代學者、文學家,治經主張求大義,"佐治道、存先典、明古訓、雄文章"(《補注尚書大傳·序》),著有《周易説》《補注尚書大傳》《詩經補箋》《公羊傳箋》《穀梁申義》等。太炎以其爲"辭人説經"之代表,與常州學派不盡相同。《説林下》:"高論西漢而謬於實證,侈談大義而雜以夸言,務爲華妙,以悦文人,相其文質,不出辭人説經之域,若丹徒莊忠棫、湘潭王闓運,又其次也。"《與支偉成》:"王闓運亦非常州學

派，其説經雖簡，而亦兼采古今，且箋《周官》。此但於惠、戴二派外獨樹一幟，而亦不肯服從常州也。”

【13】廖平，字季平，晚年號六譯，近代經學家。其《經學六變記》稱自己爲學凡有六變，其中，初變云“平分今古”，撰《今古學考》，梳理先秦兩漢經今古文學的源流演變，奠定了近代學術史今古文問題研究的範式；次變云“尊今抑古”，崇尚今文經學，作《知聖篇》《辟劉篇》，對康有爲影響極大。“自名其學”，《訄書·清儒》作“傳其學”。太炎之於廖平，素有莊周、惠施之比，雖駁其説，亦重其人。《程師》：“余見井研廖平説經，善分別古今文，蓋惠、戴、凌、劉所不能上，然其餘誣謬猥衆。廖平之學與余絶相反，然其分別古今文，塙然不易。吾誠斥平之謬，亦乃識其所長。若夫歌詩諷説之士，目録札記之材，亦多詆平達悟。己雖無謬，所以愈於平者安在耶？充成都校師，發妄言，爲提學者所辱。或言平憤激發狂故然。若然，誰令平以經術大師，屈身爲輇材下，縱復受賞，猶之辱也。”尤見其相惜之意。

【14】以莊周爲儒術，廖平《莊子經説敘意》：“莊傳孔學。關令、老聃以爲出於古之道術，則實以古爲孔。”“《莊子》傳六經道家之天學，故其心同於《詩》《易》。”左氏爲六經總傳，此句《訄書·清儒》無。廖平反對劉逢禄等以《左傳》不傳《春秋》之説（《左氏春秋考證辨正·敘例》），認爲“《左氏》經傳以通群經”（《群經凡例·左氏春秋學外編凡例》）。

【解説】

　　文學與經學、詞章與考據的關係，是理解清代學術的重要視角。《清儒》從學風差異、漢宋之別等角度，闡發桐城派代表的“文士”與皖派代表的“經儒”的交惡過程。這一綫索直接指向常州學派的興起。關於文士、吳派與常州學派的淵源，劉師培在《近代漢學變遷論》中説：“嘉道之際，叢綴之學多出於文士，繼則大江以南，工文之士以小慧自矜，乃雜治西漢今文學，旁采讖緯。”梁啓超在《中國近三百年學術史》中説：“常州學派有兩個源頭，一是經學，二是文學，後來漸合爲一。”錢穆在《中國近三百年學術史》中説：“常州公羊學與蘇州惠氏學，實以家法之觀念一脈相承。”在不同角度上受到了《清儒》的啓發。

在經學論戰中,太炎立足古文經學,激烈批評今文經學。《清儒》中的評價則相對公允和緩,既認可莊存與、劉逢禄、宋翔鳳等人的學術成就,也批評清代漢學"多拘牽之見"的弊端。區別對待太炎的思想論戰與學史論述,是十分必要的。《清儒》對今文經學的批評,主要針對魏源、龔自珍、邵懿辰等人,體現爲以下角度:首先,以學術"媚虜",取悦滿洲貴族。其次,不明經學條理,混同各家經説。再次,厚誣古人,提出劉歆僞經之論。這三個角度展現出太炎學術的基本態度:堅持求真的獨立精神,擺脱政治對學術的干擾;追求學術的清晰條理,避免含混汗漫的弊端;堅決反對康有爲的"新學僞經"之説。

大氐清世經儒,自今文而外,大體與漢儒絶異【1】。不以經術明治亂,故短于風議【2】;不以陰陽斷人事,故長于求是。短長雖異,要之皆徵其通雅【3】。何者?傳記、通論,闊遠難用,固不周于治亂;建議而不讎,夸誣何益【4】?魖鬼、象緯、五行、占卦之術,以神教蔽六藝,怪妄【5】。孰與斷之人道,夷六藝于古史,徒料簡事類,不曰吐言爲律,則上世人事汙隆之迹,猶大略可知【6】。以此綜貫,則可以明流變【7】;以此裂分,則可以審因革。故惟惠棟、張惠言諸家【8】,其治《周易》,不能無捃摭陰陽,其他幾于屛閣【9】。雖或瑣碎識小,庶將遠于巫祝者矣。

【1】大氐,即大抵。

【2】風議,即諷諫君上、議論時事。

【3】通雅,淹博貫通。《訄書·清儒》作"文明"。

【4】此謂六經傳注去今闊遠,難用於時世;據經傳建言,與時事不甚相應,夸大其詞毫無作用。太炎以此反對今文經學以六經係孔子爲漢世立法之論。讎,相應。

【5】魖,《説文·鬼部》:"魖,鬼俗也。"神教,《訄書·清儒》作"宗教"。

【6】夷六藝于古史，將六經視爲古史。料簡事類，蠤清史實。不曰吐言爲律，不將聖人之言作爲今世律法。人事，《訄書·清儒》作"社會"。汙隆，興衰。

【7】明流變，《訄書·清儒》作"明進化"。

【8】張惠言，字皋文，江蘇武進人，清代經學家、詞學家，著有《周易虞氏義》《周易鄭注》等，治《易》多據漢儒鄭玄、荀爽、虞翻之說，以象數、陰陽、卦氣、消息爲主，與惠棟《易漢學》相似。

【9】捃摭，拾取。屏閣，摒棄。

【解說】

梳理了清代學術的源流演變，《清儒》對其學術精神加以總結。太炎將今文經學排除在外，認爲乾嘉樸學是清代學術主流，其精神在於"求是觀化"，即用客觀審慎的態度，視儒家經典爲古史，實事求是地考察其沿革規律，以達到"明流變、審因革"的目的；而不是把經典與政治牽合附會，"以經術致用"。在太炎看來，這是清代學術超越前代的根本原因，他將其總結爲"以獄法治經"："審名實，一也；重左證，二也；戒妄牽，三也；守凡例，四也；斷情感，五也；汰華辭，六也。六者不具，而能成經師者，天下無有。"（《說林下》）所謂"獄法"，即是實事求是、不加比附的學風。清代學者在小學、經學、史學等領域取得輝煌成績，與"六經皆史"的求是精神密不可分。

晚有番禺陳澧，善治聲律，《切韻》，爲一家言【1】。當惠、戴學衰，今文家又守章句，不調洽于佗書，始勾合漢、宋，爲《通義》及《讀書記》【2】，以鄭玄、朱熹遺說最多，故棄其大體絕異者，獨取小小翕盍【3】，以爲比類。此猶揃豪於千馬，必有其分剬色理同者【4】。澧亦絜行，善教授【5】，諸顯貴務名者多張之。弟子不能傳其聲律韻書，稍尚記誦，以言談勸說取人【6】。及翁同龢、潘祖蔭用事，專以護聞召諸小儒；學者務得宋元雕槧，而昧經記常事。清學始大衰【7】。仲長子曰："天下學士有三姦焉。實不知，詳不言，一也；竊他人之説，以成己説，二也；受無名者，移知者，三也。"【8】見《意林》五引《昌言》。按，今世游閒之士，多意刺探貴人意旨，因以酬對；或有豫檢書傳，用應猝乏，深可鄙笑【9】！昔宋世荀昶，欲舉其子萬秋對策以示沙門慧琳。慧琳曰："此不須看。若非先見而答，貧道不能爲；若先見而答，貧道奴皆能爲。"【10】今之取人意旨者，多似慧琳所譏。乃至科舉對策，學校考驗，悉亦類此。【11】

【1】陳澧，字蘭甫，號東塾，廣東番禺人，清代學者。著《切韻考》，系聯《廣韻》反切上下字以歸納中古聲類、韻類，於音韻學影響深遠。此句爲《訄書·清儒》所無，《檢論》對陳澧之評價，實有所提高。

【2】勾合，聚合。《通義》，即陳澧《漢儒通義》，是書以調和漢宋門户、兼通訓詁義理爲旨。《讀書記》，即陳澧《東塾讀書記》，以筆記形式對十三經中的訓詁、經義、經學史進行討論，所引經説不拘漢宋，淹博通達。

【3】翕盍，相合。

【4】揃豪，剪取毫毛。刌，通"寸"。

【5】《訄書·清儒》作"澧既善傅會"。

【6】勦説，抄襲他人説法。

【7】"及翁同龢、潘祖蔭用事"至"清學始大衰"，《訄書·清儒》無。翁同龢，字叔平，江蘇常熟人，晚清重臣，曾入南書房爲光緒帝師，喜藏書，今多存上海圖書館。潘祖蔭，字東鏞，江蘇吳縣人，嗜古籍及金石收藏，編有《滂喜齋叢書》。謏聞，微小聲名。

【8】仲長子，即仲長統，字公理，東漢思想家、文學家，著《昌言》，"論説古今及世俗行事"（《後漢書·仲長統傳》）。詳，通"佯"，假裝。

【9】意，喜好。此句批評當世無學之人，常常搬用名人論議、書傳典籍，臨時應對作答，裝點門面。

【10】事見《南史·荀萬秋傳》。荀昶，字茂祖，南朝宋大臣。萬秋，荀萬秋，荀昶子。慧琳，南朝宋僧人，精佛學、玄學，著《白黑論》。

【11】此段按語，《訄書·清儒》無。

【解説】

　此段探討清代學術衰敗之因，一在依憑細枝末節，調和漢宋之學；二在尋求珍貴版本，忽略經義常事；三在摘取經典文句，只知應付對答。要之，一代學術失卻其宏闊通達之氣象，即一代學術衰敗寥落之時也。

　自古今文師法散絕，則唐有《五經》《周禮》《儀禮》諸疏【1】，宋人繼之，命曰《十三經注疏》【2】。然《書》用枚頤，《左氏春秋》用杜預，《孝經》用唐玄宗，皆不厭人望【3】。《周易》家王弼者，費氏之宗子，道大而似不肖，常見笑世儒；《正義》又疏略【4】。枚頤僞爲古文，仍世以爲壁藏于宣父，其當刊正久矣【5】。《毛詩傳》最篤雅，《箋》失其宗，而《詩譜》能知遠【6】。鄭氏三《禮》無閒也，疏人或未通故言舊事，多違其本【7】。

　【1】《五經》《周禮》《儀禮》諸疏，指孔穎達《五經正義》、賈公彥《周禮疏》《儀禮疏》（用鄭玄注）。唐太宗詔命孔穎達等修撰《周易正義》（用王弼、韓康伯注）、《尚書正義》（用孔安國傳）、《毛詩正義》（用毛亨傳、鄭玄箋）、《禮記正義》（用鄭玄注）、《春秋左傳正義》（用杜預注）等，作爲科舉取士標準。

　【2】《十三經注疏》，宋代《孟子》升經，除孔穎達、賈公彥之疏外，又合《春秋公羊傳疏》（何休解詁，徐彥疏）、《春秋穀梁傳疏》（范甯注，楊士勛疏）、《論語注疏》（何晏集解，邢昺疏）、《孝經注疏》（唐玄宗注，邢昺疏）、《爾雅注疏》（郭璞注，邢昺疏）、《孟子注疏》（趙岐章句，題孫奭疏），稱《十三經注疏》。

　【3】枚頤，一作梅頤、梅賾，字仲真，東晉學者，通常認爲今傳《古文尚書》是其僞作。杜預，字元凱，西晉經學家、軍事家，自稱有"《左傳》癖"，注《左傳》，清儒多譏杜注遜於賈逵、服虔等漢注。厭，滿足。

　【4】"《周易》家王弼者"至"《正義》又疏略"句，《訄書·清儒》無。宗子，嫡長子。此謂王弼遠承西漢費直取《易傳》釋經、不用章句的簡約風格，但掃除漢儒象數，又取《老子》《莊子》等發揮義理，或爲後世經學家所詬病。

【5】仍世,歷代。宣父,指孔子。

【6】《詩譜》,鄭玄撰,參照《毛詩序》,列出《詩經》諸國風、二雅、三頌的世代譜系,爲《詩經》闡釋建構歷史框架,原本已佚,主要内容散入孔穎達《毛詩正義》。

【7】無閒,没有缺陷,指注釋完備。《論語·子罕》:"子曰:'禹,吾無閒然矣。'"故言,指訓詁。舊事,指典章史實。

至清世爲疏者,《易》有惠棟《述》【1】,江藩、李林松《述補》【2】,用荀、虞二家爲主,兼采漢儒各家及《乾鑿度》諸緯書【3】。張惠言《虞氏義》雖拘滯,趣以識古【4】。《書》有江聲《集注音疏》,孫星衍《古今文注疏》【5】。皆削僞古文。其注,孫用《大傳》、《史記》、馬、鄭爲主;江閒入己說。然皆采自古書,未有以意鈲析者【6】。《詩》有陳奂《傳疏》【7】。用毛《傳》,棄鄭《箋》。《周禮》有孫詒讓《正義》。《儀禮》有胡培翬《正義》。《春秋左傳》有劉文淇《正義》【8】。用賈、服注;不具,則兼采杜解。《公羊傳》有陳立《義疏》【9】。《論語》有劉寶楠《正義》【10】。《孝經》有皮錫瑞《鄭注疏》【11】。《爾雅》有邵晉涵《正義》、郝懿行《義疏》【12】。《孟子》有焦循《正義》【13】。諸《易》義不足言,而《詩》疏稍膠固,其他皆過舊釋。用物精多,時使之也。惟《禮記》、《穀梁傳》獨闕,邵晉涵有《穀梁正義》,見錢大昕《邵君墓志銘》。世未見其書,亦或未成。將孔疏翔實【14】,後儒弗能加。而穀梁氏淡泊鮮味,治之者稀,前無所襲,非一人所能就故。

【1】《述》,即惠棟《周易述》,是書爲注疏體裁,廣取馬融、鄭玄、虞翻、王肅等漢魏舊說爲注,惠氏下以己意爲疏。《四庫全書總目》:"其書主發揮漢儒之學,以荀爽、虞翻爲主,而參以鄭玄、宋咸、干寶諸家之說,融會其義,自爲注而自疏之。"

【2】江藩著《周易述補》四卷。李林松,字仲熙,號心庵,上海人,清代學者,曾講學南菁書院,增《周易述》爲《周易述補》五卷。

【3】荀，荀爽，東漢經學家；虞，虞翻，三國吳經學家。二家著作今佚，清馬國翰、黃奭、孫堂等有輯録。《乾鑿度》，漢代《易》緯，有鄭玄注。

【4】"雖拘滯，趣以識古"，《訄書·清儒》無。

【5】孫星衍，字淵如，江蘇陽湖人，清代經學家，精文字、訓詁、校勘之學。《古今文注疏》，即孫星衍《尚書今古文注疏》，取漢魏至隋唐舊注及清人考證，棄宋明諸説，對《尚書》進行逐篇疏解。

【6】鈙析，裁截分析。

【7】陳奐，字碩甫，號師竹，江蘇長洲人，清代經學家。《傳疏》，即陳奐《詩毛氏傳疏》，宗主《毛詩故訓傳》，對其詳加疏證，以鄭玄《毛詩箋》摻雜三家《詩》説，故棄而不注。《詩毛氏傳疏敍》："今置箋而疏傳者，宗《毛詩》義也。"

【8】劉文淇，字孟瞻，江蘇儀徵人，清代經學家，近代學者劉師培曾祖，世傳《左傳》學。《正義》，即劉文淇《春秋左氏傳舊注疏證》，廣泛輯録賈逵、服虔、鄭玄、潁容等漢代《左傳》舊注，對杜預注多有修正。劉文淇著《疏證》未竟而逝，其子毓崧、孫壽曾續撰至襄公五年。

【9】陳立，字卓人，江蘇句容人，清代經學家，師事劉文淇受《春秋》。《義疏》，即陳立《公羊義疏》，詳盡爬梳唐前《公羊傳》舊注及史傳徵引材料，爲清人《公羊傳》疏中最詳備者。

【10】劉寶楠，字楚楨，江蘇寶應人，清代經學家，承叔父劉台拱受學，主治《論語》。《正義》，即劉寶楠《論語正義》，本何晏《論語集解》，廣徵漢唐舊説加以補充，大量吸收清儒《論語》研究成果。其書未竟，由其子劉恭冕續成。

【11】皮錫瑞，字鹿門，湖南善化人，清代經學家，撰《尚書大傳疏證》《今文尚書考證》《王制箋》《經學歷史》《經學通論》等，力主今文經學微言大義之説。《鄭注疏》，即皮錫瑞《孝經鄭注疏》，稽考鄭玄《孝經注》的基本面貌。章太炎稱揚《孝經鄭注疏》"雖多持緯候，扶微繼絶"，但《王制箋》諸書則"大誣謬""荒忽"（《駁皮錫瑞三書》）。

【12】郝懿行，字恂九，号蘭皋，山東棲霞人，清代訓詁學家、經學家，

著《爾雅義疏》等，以聲音求訓詁、明詞源，或有疏失，王念孫、黄侃多改正之。

【13】焦循，字里堂，一字理堂，江蘇甘泉人，清代經學家、文學家，精經史、文字、訓詁、名物、曆算諸學。《正義》，即《孟子正義》，以趙岐《孟子章句》爲本，對《孟子》的訓詁義理皆有闡發，同時指出趙注的部分錯誤，爲清代《孟子》學的扛鼎之作。

【14】將，連詞，抑或。《經學略說》："《禮記》孔疏理晰而詞富，清儒無以復加，朱彬作《訓纂》，不過比於補注而已。"

他《易》有姚配中，著《周易姚氏學》【1】。《書》有劉逢禄，著《書序述聞》《尚書今古文集解》。《詩》有馬瑞辰、著《毛詩傳箋通釋》【2】。胡承珙，著《毛詩後箋》。探賾達恉【3】，或高出新疏上。若惠士奇、段玉裁之於《周禮》，惠有《禮説》，段有《漢讀考》【4】。段玉裁、王鳴盛之於《尚書》，段有《古文尚書撰異》，王有《尚書後案》。劉逢禄、凌曙、包慎言之於《公羊》，劉有《公羊何氏釋例》及《解詁箋》，凌有《公羊禮疏》，包有《公羊歷譜》【5】。惠棟之於《左氏》，有《補注》。皆新疏所采也【6】。焦循爲《易通釋》，取諸卦爻中文字聲類相比者，從其方部，觸類而長，所到冰釋，或以天元術通之，雖陳義屈奇，詭更師法，亦足以名其家【7】。李善蘭曰：太極即點，天元即線，天元自乘即面，天元再乘即體，準此則四元術所云太極，即可比《易》之太極矣。太極引而長之，爲天元，則"太極生兩儀"矣；天元自乘，則"兩儀生四象"也；天元再乘，則四象生八卦也。然則太極即旋機，猶歐羅巴人所謂重心；而王弼之説，真無可易矣。焦循雖少重王弼，然猶以玄言爲非，則滯于常見也【8】。黄式三爲《論語後案》，時有善言，異于先師，信美而不離其樞者也。《穀梁傳》惟侯康爲可觀，箸《穀梁禮證》【9】。其餘大氐疏闊。《禮記》在三《禮》閒獨寡訓説。朱彬爲《訓纂》，義不師古【10】；陳喬樅、俞樾並爲《鄭讀考》【11】，江永有《訓義擇言》，皆短促，不能具大體【12】。其他《禮箋》金榜箸。《禮説》金鶚箸【13】。

《禮書通故》黃以周箸。諸書，博綜三《禮》，則四十九篇在其中矣。而秦蕙田《五禮通考》【14】，窮盡二千餘年度法，欲自比《通典》，惪以世俗正古禮，雖博識，固不知量也。

【1】姚配中，字仲虞，安徽旌德人，清代經學家，著《周易姚氏學》，用漢《易》象數之學，以鄭玄《易》注爲主，申說卦氣配月令諸義。另著有《周易通論》等。

【2】馬瑞辰，字元伯，安徽桐城人，清代經學家，著《毛詩傳箋通釋》，充分運用因聲求義之法，對《詩經》字詞進行破讀，多有創獲。

【3】嘖，通"賾"，深。愊，旨意。

【4】《禮說》，即惠士奇《周禮說》，以筆記條辨的形式，考證《周禮》疑難問題。《漢讀考》，即段玉裁《周禮漢讀考》，是書發明漢儒"讀如""讀若""讀爲""讀曰""之言""當爲"之例，用以釋讀《周禮》。

【5】凌曙，字曉樓，江蘇江都人。包慎言，字孟開，安徽涇縣人。皆嘉道年間治《公羊》學者。

【6】補注，即惠棟《左傳補注》，本爲氏著《九經古義》之一種，後單行刊印，意在"援引舊訓，以補杜預《左傳集解》之遺"（《四庫全書總目·經部五·春秋類》）。"皆新疏所采也"，《訄書·清儒》作"皆新疏所本也"。

【7】焦循著有《易通釋》《易章句》《易圖略》《周易補疏》等，發明"比例""相錯""時行""旁通"等條例，頗具創新。天元術，中國古代設未知數解方程的計算方法。

【8】"李善蘭曰"至"則滯于常見也"，《訄書·清儒》無。李善蘭，字竟芳，號秋紉，晚清數學家，曾與英人偉烈亞力翻譯歐幾里得《幾何原本》後九卷，創立"李善蘭恒等式"。太炎引李善蘭說無考。李善蘭《方圓闡幽》云："第三當知諸乘方有綫面體循環之理。一乘方爲面，即平方；二乘方爲體，即立方；三乘方爲綫，綫即中法立天元之元、西法借根方之根也。"旋機，即璇璣，北極星。

【9】侯康，字君謨，廣東番禺人，清代目録學家、經學家，撰《穀梁禮證》，

引《左傳》及三《禮》考證《穀梁傳》禮制，書至昭公八年，未竟。

【10】朱彬，字武曾，號郁甫，江蘇寶應人，清代經學家，撰《禮記訓纂》，以鄭注孔疏爲本，旁及宋、元諸家之説，清通簡要。

【11】陳喬樅，字樸園，一字樹滋，福建閩侯人，清代經學家，尤用力於漢儒舊説輯佚，撰《三家詩遺説考》《今文尚書經説考》《歐陽夏侯遺説考》《禮記鄭讀考》等。《鄭讀考》，即《禮記鄭讀考》，陳喬樅、俞樾分別撰有六卷本及一卷本，主要針對鄭玄《禮記注》改字的訓詁條例進行考釋。

【12】《訓義擇言》，即江永《禮記訓義擇言》，摘取《禮記》中《曲禮》《檀弓》等篇部分舊注有分歧或解釋不明的文句，進行平議。

【13】金鶚，字秋史，浙江臨海人，清代經學家，受學杭州詁經精舍，撰《禮説》《四書正義》《鄉黨正義》等。

【14】秦蕙田，字樹峰，號味經，江蘇金匱人，清代經學家，精於《禮》學，所撰《五禮通考》，仿清初徐乾學《讀禮通考》體例，分吉、嘉、賓、軍、凶五門，博考經史，詳細説解每一門類禮制的程序、源流等。《史學略説》謂其“分門之法實不合”，數加駁論。下文“窮盡二千餘年度法”至“固不知量也”句評價，《訄書·清儒》無。

然流俗言“十三經”：《孟子》故儒家，宜出【1】；唯《孝經》《論語》，《七略》入之六藝，使專爲一種【2】。亦以尊聖泰甚，徇其時俗。六藝者，官書【3】，異於口説。禮堂六經之策，皆長二尺四寸。《鹽鐵論·詔聖篇》：“二尺四寸之律，古今一也。”《後漢書·曹襃傳》：《新禮》“寫以二尺四寸簡”。是官書之長，周、漢不異。《孝經》謙半之。《論語》八寸策者，三分居一，又謙焉【4】。鄭《論語序》。以是知二書故不爲經，宜隸《論語》儒家，出《孝經》，使傅《禮記》通論。凡名經者，不皆正經。賈子《容經》，亦《禮》之傳記也【5】。即“十三經”者，當財減也【6】。獨段玉裁少之，謂宜增《大戴禮記》《國語》《史記》《漢書》《資治通鑑》，及《説文解字》《周髀算經》《九章算術》，皆保氏書、數之遺，集是八家，爲二十一經【7】。其言閎達，爲雅儒所不能論。

【1】《孟子》故儒家，《孟子》於《漢書·藝文志》居"儒家類"，自漢至唐皆以子書視之，至南宋方升格進入"十三經"之列。

【2】《七略》入之六藝，《七略》將《論語》《孝經》列入《六藝略》，《漢書·藝文志》設《論語》《孝經》兩類，在《春秋》類之後、小學類之前。

【3】官書，官府的文書。說本章學誠《文史通義·易教上》："六經，皆先王之政典也。"

【4】二尺四寸云云，鄭玄《論語序》："《易》《詩》《書》《禮》《樂》《春秋》策皆二尺四寸，《孝經》謙半之；《論語》八寸策者，三分居一，又謙焉。"（《儀禮疏》卷二十四）太炎據此辨析經典之地位升降，又見《講文學》《國故論衡·文學總略》《經學略說》諸篇。

【5】賈子，指賈誼。《容經》，賈誼《新書》之一篇。

【6】財減，裁減。

【7】"獨段玉裁少之"至"爲雅儒所不能論"，《訄書·清儒》無。段玉裁說見《經韻樓集·十經齋記》。保氏，《周禮》官名，掌管規諫周王過失，以六藝教導貴族子弟。

至於古之六藝，唐、宋注疏所不存者：《逸周書》，則校釋於朱右曾【1】；《尚書》歐陽、夏侯遺說，則考於陳喬樅；三家《詩》遺說，考於陳喬樅；《齊詩》翼氏學，疏證於陳喬樅；《大戴禮記》，補注于孔廣森；《國語》，疏於龔麗正、董增齡【2】。其扶微輔弱，亦足多云。及夫單篇通論，醇美塙固者【3】，不可勝數。一言一事，必求其徵，雖時有穿鑿，弗能越其繩尺，寧若計簿善承跮視而不惟其道，以俟後之咨于故實而考迹上世汙隆者【4】，舉而措之，則質文蕃變【5】，較然如丹墨可別也。然故明故訓者，多說諸子，唯古史亦以度制事狀徵驗，其務觀世知化，不欲以經術致用，灼然矣！

【1】朱右曾,字尊魯,一字亮甫,江蘇嘉定人,清代學者,著《逸周書集訓校釋》。

【2】龔麗正,字闇齋,浙江仁和人,段玉裁婿,龔自珍父,清代經學家,撰《國語韋昭注疏》。董增齡,字慶千,浙江歸安人,清代學者,著《國語正義》。

【3】塙固,堅確牢固。

【4】計簿,記錄人事、戶口、賦稅的冊子。珽視,同"展視",細致察看。《說文・珽部》:"珽,極巧視之也。"惟,思考。此謂清儒之經學著作寧可像賬冊一樣,單純地記錄史實、不作引申,傳於後世,也不強行致用、以媚時世,以反對今文經學"經世致用"之說。汪隆,《訄書・清儒》作"社會"。

【5】質文蕃變,指時世變易。

【解說】

梳理了清代學術的脈絡源流之後,《清儒》進一步總結清人詁經之成就。這一學史寫作方式脫胎於《漢書・藝文志》,將學術史與目錄學相結合,啓發了梁啓超《中國近三百年學術史》先總述"清代學術變遷與政治的影響",再論次"清代學者整理舊學之總成績"的寫作理路。太炎論學注重獨立開新,這也體現在他的具體評價之中。以清代《詩》學爲例,他認爲陳奐《詩毛詩傳疏》"稍膠固",因其宗守《毛傳》之故。馬瑞辰、胡承珙之作則"探賾達怡,或高出新疏上",因其不固守一家,善於出新。梁啓超《中國近三百年學術史》中的評價恰恰相反,個中差異,甚可玩味。

總結清人成就之後,《清儒》再次提撕"觀世知化"之精神,這是溝通求是與致用的橋樑。在太炎看來,學術不可直接致用,但能通過研究歷史規律而指導致用,這是更深刻、更根本的用世。他在《論讀史之利益》中說:"讀史致用之道有二,上焉者察見社會之變遷,以得其運用之妙;次則牢記事實,如讀家中舊契,產業多寡,瞭如指掌。"亦爲此意。

若康熙、雍正、乾隆三世,纂修七經【1】,辭義往往鄙倍【2】,雖蔡沈、陳澔爲之臣僕而不敢辭【3】;時援古義,又椎鈍弗能理解【4】,譬如薰糞雜糅，徒覥其汙點耳。而徇俗賤儒，如朱彝尊、顧棟高、任啓運之徒【5】，瞀學冥行，奮筆無怍，所謂鄉曲之學【6】，深可忿疾，譬之斗筲，何足選也【7】！

【1】籑修七經，指康熙、雍正、乾隆朝，官方對《周易》《尚書》《詩經》《周禮》《儀禮》《禮記》《春秋》七部經書進行文本注釋、經說裁定，形成所謂"御纂七經"，包括《御纂周易折中》《欽定書經傳說彙纂》《欽定詩經傳說彙纂》等，乾隆年間定爲士子科考作文的經義參考。籑，《訄書·清儒》作"纂"，編纂。

【2】鄙倍，鄙陋。倍，通"背"。

【3】蔡沈，字仲默，人稱九峰先生，福建建陽人，南宋理學家，朱熹弟子，撰《書集傳》，爲元代科舉考試官方用書。陳澔，字可大，號雲莊，元代理學家，撰《禮記集説》，在明清影響很大。

【4】椎鈍，木訥遲鈍。

【5】朱彝尊，字錫鬯，號竹垞，浙江秀水人，清代經學家、詞學家，康熙年間任翰林院檢討，撰《經義考》，爲古代首部經學專科目錄。太炎曾批評其學術"武斷"（《跋館森鴻〈與人書〉》）。顧棟高，字震滄，一字復初，江蘇無錫人，清代經學家、史學家，精研《春秋》，將春秋歷史事件按時間、國別、類別排列成帙，撰《春秋大事表》。任啓運，字翼聖，江蘇宜興人，撰《宮室考》《肆獻裸饋食禮》等，又撰《禮記章句》《四書約旨》等，純用宋儒説。

【6】鄉曲之學，指村野鄙陋之學。

【7】譬之斗筲，何足選也，語出《論語·子路》"斗筲之人，何足算也"。斗筲，均爲小容量容器，斗容十升，筲容二升（一説五升），比喻人見識短淺。何足選也，算得上什麽呢。選，通"算"，稱數。

【解説】

在《清儒》篇末，太炎痛詆清廷學術及清儒末流，辭鋒所向，毫不寬假。在反清革命的影響下，他鄙夷"御纂七經"自不足怪，但對朱彝尊、顧棟高、任啓運等人，爲何有如此激烈的批評呢？考其著述，對朱、任之學鮮有評論，唯在《駁箴膏肓評》中深論顧氏之學："若夫毛奇齡、方苞、顧棟高、姚鼐之流，浩漫言經，未知家法，輒以烏有之見，自加三傳之上，此則又遠不及劉氏（逢禄）之塵躅者，直詣守尉雜燒可矣。顧氏《大事表》，其考證可取，然事實掌故雖聚，而言典禮處，則疏陋鄙倍，深可嗤矣。至其《讀春秋偶筆》及《表》中説經處，馮臆妄斷，目無先師，實為《春秋》之巨蠹。而似是而非，最足惑人者，在尊君抑臣之説，每于弒君諸獄，謂《傳》、注歸罪于君者為助亂。"在學術批評之外，最厭其"尊君抑臣之説"，可見太炎學術褒貶中的深意——當經學成為統治者、甚至是專制政權的附庸與鼓吹，也就陷入了"深可忿疾"的地步。

章学新论

章太炎早年政治思想中的墨学因素

成　棣

（中国社会科学院）

摘要：墨家兼爱尚同之说代表着人类社会组织之集权形态在传统经子知识系统内的理念原型。墨学复兴与群学思潮在 19 世纪末的交汇，折射出集权思想在近代中国权力整合进程中的主导地位，其间章太炎的墨学论述发挥过重要作用。戊戌时期章太炎一度尝试调和墨荀，以差序伦理兼摄墨家群体观。随着太炎由改良转向革命，墨学在其政治思想与现实行动中的支配力量日渐凸显，并在章太炎与光复会等组织的互动中参与塑造了清末革命团体的意识形态。但章太炎的独行人格与墨式群学始终存在张力，这正是 1908 年以后太炎构筑齐物哲学，以道家思想对墨学进行系统反拨的重要动因。墨学意识形态在清末革命中的初步实践，预示了 20 世纪中国政治史的基本演进路向。

关键词：章太炎　兼爱尚同　墨学　光复会　国家权力内卷化

诸子学复兴诚可谓近代中国学术思想史上的"一大事因缘"，而章太炎则是这股思潮最重要的代表人物之一。章太炎以庄学与唯识学为基础构建的齐物哲学，殆无愧为近代子学原创性理论成就之最高代表。不过，仅据庄学与唯识学二端，尚不足以穷竟章氏诸子学全貌。方授楚《墨学源流》自序开篇即言："予自弱冠读章太炎、梁任公、谭复生诸人著作，见其时时称道墨义，窃私心好之。"[1]可见庄、释二家之外，章太炎也与墨学渊源甚深。章太

---

[1]　方授楚《墨学源流》，北京：商务印书馆，2015 年，第 1 页。

炎对墨家兼爱、尚同等社会政治主张的理解，及其与太炎现实行动取向乃至近代中国转型大势的联系，亦属值得分疏的重大课题。

无论章学研究抑或近代诸子学研究，都有不少论著涉及章太炎与近代墨学思潮的交集。①然而，对章太炎的墨学政治观尚罕见整体性、系统性研究，特别是墨家社会政治思想在章太炎由改良转向革命过程中所发挥的重要作用仍缺乏充分揭示。究其原因，一方面是道家、法家以及儒家的相关讨论在章太炎著作中尤为突出，对墨学造成遮蔽；另一方面则是墨学内涵本身过于庞杂。《墨子》一书，既有指向社会政治生活的《尚贤》《尚同》《兼爱》《非攻》，又有涉及逻辑学、认识论乃至自然科学知识的《经》上下、《经说》上下、《大取》《小取》诸篇，这就导致近代中国的墨学复兴同时涵泳着两条相对独立的线索：其一是借墨家社会政治理论探索现代国家权力整合之道，其二是构建知性思维运用的子学范式以回应西学东渐的冲击。既往研究大多将关注重心放在章太炎《论诸子学》《国故论衡·原名》及晚年讲演录《诸子略说》等文对墨家逻辑学的发明，却较少留意政治观念的实践性表达形式往往不可与所谓"纯学术"的长篇大论同日而语，而是在字里行间乃至无声的现实抉择中表露，吉光片羽之间，便与笼罩一时的思想主题暗中相应。章太炎对墨学的解读，如何推动墨学复兴深度介入清末革命的现实历史进程，仍需进一步澄清。同时，对于他所理解的墨学，章太炎在不同时期表现出的评价变化，折射出其人其学的深层性格，是理解太炎思想变化、特别是齐物哲学系统建构动因的一条重要线索。有鉴于此，在分析章太炎墨学观以前，本文将对近代墨学社会政治理论的演进脉络稍作鸟瞰，以甄明太炎"称道墨义"的历史语境。

一、从墨学重光到群学蔚兴

近代墨学复兴之前奏，至少可以追溯到清中期以降的墨学研究热潮。

① 参见罗检秋《近代诸子学与文化思潮》（北京：中国社会科学出版社，1998年）第三章第二节；张永春《清代墨学与中国传统思想学术的近代转型》（合肥：黄山书社，2014年）第四章第二节；解启扬《显学重光：墨学的近代转化》（北京：中国政法大学出版社，2017年）第五章；何爱国《忧时之学：论章太炎的墨学三变》（《历史教学问题》2016年第4期）。

毕沅、汪中、张惠言等皆对《墨子》文本有所校订，王念孙《读书杂志》、俞樾《诸子平议》则系"以治经之法治诸子"的典范之作；至于孙诒让《墨子间诂》一书，则不愧为晚清以前墨学研究成果的系统总结。①在学问规模已经轶出"汉学专门之业"的中年章太炎看来，乾嘉汉学的诸子研究，虽然提供了以小学明义理的必要准备，实则"惟有训诂，未有明其义理者"，②相对于诸子之真精神仍属以外在视角"从旁窥伺"。③此类批评从反面表明，章太炎自许为上跻魏晋、发明诸子之"微旨"的诸子学研究，根本意图在于进入各家思路内部，甄明其本末体用，使之在文本层面外真正成为活的学问，亦即在知识系统的意义上复活诸子学。

　　大体上看，以汉学考据起家的章太炎针砭乾嘉学者"自古人成事以外，几欲废置不谈"的"短拙"之病，④可谓入室操戈，颇中肯綮。不过，清代《墨子》研究偏重文本，很大程度上是因为《墨子》迟至明代才被学者重新从《道藏》中发现，必先用功于校对整理，其书乃可读；⑤何况若说清儒立足于文本的《墨子》研究皆于义理二字全无关怀，恐怕也有失公允。譬如生活在乾隆朝的汪中，于校注《墨子》之余，极力替墨学的异端身份辩诬，表彰其"述尧、舜，陈仁义，禁攻暴，止淫用，感王者之不作，而哀生人之长勤"的良苦用心，⑥那意旨显然不在于文句训诂，而是要说明墨学与儒学一样包含古之圣王经天纬地的大道，因此在官方尊奉的儒学意识形态愈趋僵死、而"盛世"之败征日渐发露的18世纪下半叶，有被重新诠释的必要。这种借复兴诸子之学术话语表达的经世意图，无疑构成嘉道之际"自改

① 关于清代以来的墨学研究及校注状况，参见郑杰文《中国墨学通史》（北京：人民出版社，2006年）第五至第七章；张永春《清代墨学与中国传统思想学术的近代转型》第一章、第二章的相关论述。

② 章太炎《致国粹学报社书》(1909)，马勇整理《书信集》（上），《章太炎全集》（十二），上海：上海人民出版社，2018年，第328页。

③ 章太炎《菿汉闲话》，黄耀先、饶钦农、贺庸点校《太炎文录续编》，《章太炎全集》（九），第101页。

④ 章太炎《致国粹学报社书》(1909)，马勇整理《书信集》（上），《章太炎全集》（十二），第328页。

⑤ 参见 Stephen W. Durrant, "The Taoist Apotheosis of Mo Ti", *Journal of the American Oriental Society*, 97(4)。

⑥ （清）汪中《墨子序》，《汪中集》，王清信、叶纯芳点校，台北："中研院"中国文哲研究所，2000年，第140页。

革"思潮，①乃至此后维新变法与反清革命志士援诸子学突破清朝体制框架的种种倡议的先声。降及晚清，包括墨学在内的诸子学对社会政治重构问题的讨论，又与群学思潮密不可分。

说起晚清群学，人们自然会联想到严复以此二字翻译"社会学"的创举。由社会学的学科史来看，此举固然意味着达尔文（Charles Robert Darwin）进化论等新知识的输入，但更值得注意的其实是严氏译法所依托的传统知识架构。1895 年，严复在《原强》一文中如此诠释斯宾塞（Herbert Spencer）群学大旨：

> "群学"者何？荀卿子有言："人之所以异于禽兽者，以其能群也。"凡民之相生相养，易事通功，推以至于礼乐兵刑之事，皆自能群之性以生，故锡彭塞氏取以名其学焉。②

群学之名所以成立，其根据在于对人类"能群之性"的发现，特别是荀子对人禽之辨的分疏。无独有偶，《原强》发表后，梁启超、谭嗣同乃至章太炎等一众参与维新运动的群学拥趸，谈及群学内涵时，都无一例外地引用过《荀子》"人能群"诸语。③严复以《荀子》的群概念对译"社会"并不只是为了以旧籍文饰新说；相反，古典中的概念，以及这些古典概念对时弊的折射，很大程度上左右着知识群体对外来观念的接受。

---

① 关于"自改革"思潮及其对清末维新与革命等思想浪潮的启导之功，参见朱维铮先生《"君子梦"：晚清的"自改革"思潮》一文，收入氏著《走出中世纪二集》，上海：复旦大学出版社，2008 年。

② 王栻主编《严复集》，北京：中华书局，1986 年，第 1 册，第 6 页。此文后经修订收入《侯官严氏丛刻》，文字稍有改动，但大意一致（《严复集》第 1 册，第 16 页）。

③ 梁启超 1897 年发表于《知新报》的《说群一群理一》，与严复的群学论述基本吻合（参见汤志钧、汤仁泽编《梁启超全集》第一集，北京：中国人民大学出版社，2018 年，第 198—200 页）。谭嗣同《壮飞楼治事十篇》之九《群学》对《荀子》的引用亦与严复一字不差（《谭嗣同全集》，北京：三联书店，1954 年，第 100 页）。章太炎《菌说》一文欲以荀学"合群明分"之义"御他族之侮"，其中整段抄撮《荀子·王制》的原文（《章太炎全集》（十），第 187 页）；《訄书》初刻本《原变》末尾再度强调"合群之义"，其说在《王制》《富国》"（《章太炎全集》（三），第 27 页）。与严复等人相比，尊荀的章太炎对荀子"合群明分"之义称引尤繁，下文对此还将有所讨论。

严复所谓"人之所以异于禽兽者,以其能群也",实际上是对《荀子·王制》中一段内容的概括:

> 人有气、有生、有知,亦且有义,故最为天下贵也。力不若牛,走不若马,而牛马为用,何也? 曰:人能群,彼不能群也。人何以能群? 曰:分。分何以能行? 曰:义。……

> 人生不能无群,群而无分则争,争则乱,乱则离,离则弱,弱则不能胜物。……

> 君者,善群也。群道当,则万物皆得其宜,六畜皆得其长,群生皆得其命。故养长时,则六畜育;杀生时,则草木殖;政令时,则百姓一,贤良服。①

荀子以"能群"区别人与兽,恰与公元前 4 世纪生活在亚欧大陆另一端的亚里士多德(Aristotle)"人是城邦/政治的动物"、"脱离城邦者,非神即兽"的名言遥相发明,②可知荀子所谓群,乃指贯穿于人类一切集群形式之间的组织性力量,这是对政治权力最广义的理解。因此在以"能群"区别人兽之后,荀子进一步点破"君者,善群也"的定义,实属自然而然。③在荀子身后,"君者善群"又在《春秋繁露》《白虎通义》等汉儒著作中多次出现,④更说明群字蕴含着传统儒学对君权的根本认知。"君"之本义是使分散的个人结为群体的公共性政治力量,而不只是今人对"君"字望文生义联想到的君主制或君主个人,后者只是"君者群也"的公共性君权在特定时空下的某一具体承担者。⑤

---

① 王先谦《荀子集解》,沈啸寰、王星贤点校,北京:中华书局,1988 年,第 164—165 页。

② [古希腊]亚里士多德《政治学》,吴寿彭译,北京:商务印书馆,1965 年,第 7—8 页,1253a。

③ 以"群"定义"君"在《荀子》中尚不止此一见。《君道篇》亦云:"君者何也? 曰:能群也。"(《荀子集解》,第 237 页)

④ 参见《春秋繁露·深察名号》,苏舆《春秋繁露义证》,钟哲点校,北京:中华书局,1992 年,第 290 页;(清)陈立《白虎通疏证》,吴则虞点校,北京:中华书局,1994 年,第 48 页。

⑤ 对传统政治中君权概念之"公共性"与"私人性"二重维度的系统讨论,参见邓秉元《孟子章句讲疏》(上海:上海人民出版社,2022 年)卷一第三章的相关论述。

　　熟读经子的晚清士人，在复述荀子"人之所以异于禽兽者，以其能群也"时，大概不会忘掉紧随其后的"君者，善群也"五字。晚清群学思潮包含着沿传统学术内在理路张扬公共性君权的意图，以黄宗羲《明夷待访录》等著作作为代表的明末清初君权批判思潮被晚清思想界重新发现，实可视为群学思潮的一重侧影。[1]群学旗帜下不乏对"君史""君学"严加抨击者，[2]衡以"君""群"互训的古义，则"群学""君学"即成一物双名，二者冲突似颇形费解；其实如若明了"君"在经典文本内兼具公、私二义，便可涣然于此疑。有学者指出，"用公天下的'群学'来抵抗家天下的'君学'，这是晚清时代反专制主义的经学语言"，斯诚的论。[3]君学与群学的对立，折射出"君"这一传统概念在近代民主革命语境下的裂变征象。

　　公共性君权作为理想固然引人神往。但若只是空谈"君者群也"的堂皇大义，而不探讨公共性君权的实际承担者及其组织形式，则此理想必将化作空中楼阁。因此晚清群学不仅包含君权批判，也指向现实中的社群重建。一个耐人寻味的现象是，就在群学呼声高涨的同时，知识界也对中国社会

①　20 世纪 20 年代，梁启超在《中国近三百年学术史》中回忆，《明夷待访录》在"三十年前，我们当学生时代，实为刺激青年最有力之兴奋剂。我自己的政治运动，可以说是受这部书的影响最早而最深"（汤志钧、汤仁泽编《梁启超全集》第十二集，第 353 页）。有学者质疑梁启超在"五四"之后追述早年刊布《明夷待访录》的可靠性，但梁氏自称受黄著启发，尚难以默证法证伪；并且至少谭嗣同在《仁学》中，已明确将《明夷待访录》奉为三代以下难得的"可读之书"了（《谭嗣同全集》，第 56 页）。章太炎在戊戌前后也一度是《明夷待访录》的推崇者，这不仅体现于他以"太炎"自号的举动，也在《论学会大有益于黄人亟宜保护》（1897）、《书〈原君〉篇后》（1899）及由此文改成的《訄书·冥契》诸篇中有所反映，兹不详及。另据蔡元培日记，1901 年章太炎在苏州东吴大学任教时，指定的课本，就是《明夷待访录》（中国蔡元培研究会编《蔡元培全集》第十五册，杭州：浙江教育出版社，1998 年，第 357 页）。至于章太炎在 1906 年以后出于与立宪派论战的现实需要对黄宗羲与《明夷待访录》不无苛评，则已是后话，并不足以否定他早年曾在公共性君权反思意义上认同黄著的历史事实。

②　梁启超曾指责"君史"偏重"一朝一姓兴亡之所由"，说见《变法通议》（1897）、《续译列国岁计政要叙》（1897），其后《中国史叙论》（1901）、《新史学》（1902）诸文批评旧史学"知有朝廷而不知有国家"即本此，而影响更大。"君学"批判则发自国粹学派。邓实《国学真论》认为"吾神州之学术，自秦汉以来，一君学之天下而已"，强调"国"与"君"的对立（《国粹学报》第 3 年第 2 期）。关于晚清"国学"与"君学"的冲突，参见罗志田《国家与学术：清季民初关于"国学"的思想论争》（北京：三联书店，2003 年）第二章的论述；朱维铮《"国学"岂是"君学"？》，收入氏著《走出中世纪二集》。

③　邓秉元《新文化运动百年祭》，上海：上海人民出版社，2019 年，第 18 页。

"一盘散沙"的病态予以尖锐抨击。这一比喻经言论巨子梁启超使用后不胫而走,非但成为当时报刊政论文章的常见话头,而且出现于孙中山《建国方略》《三民主义》等国民党权威文献,甚至成为蒋介石以"训政"为己任的口实,影响至广且深。①"一盘散沙"病源为何、如何对治,甚至中国是否真患此病,以今观之皆不无商量余地;但对救亡焦虑日渐急迫的近代中国而言,以强有力的政治权威实现对民众的高效动员与严密组织,无疑是一剂相当对症的猛方。这正是墨学社会政治理论流行于晚清最重要的背景。譬如梦想以孔教收拾举国人心的康有为,明面上尊孔子为教主,暗地里却对能令巨子得人死力的墨家组织形态歆羡不已:

> 墨子传教最悍,其弟子死于传教者百余人。耶氏亦然,耶氏身后十三传教弟子皆死于传教。回教亦然,皆以死教人也。②

近代中国孔教运动涵泳着因应西教刺激等多重因缘,此处不遑细论;然而康有为以援儒入墨的方式追求墨家"以死教人"、"传教最悍"之效,实已流露其孔教思想欲以权威主义对治时弊的倾向。更不必说他主持下的万木草堂,对及门弟子严加控制,颇具小教团气息。③而以反对康氏孔教论著称的章太炎,在戊戌变法前夕竟同样提出以墨家尊奉巨子的方式人为制造崇拜对象,振兴孔教:

> 中国之儒,孰敢继素王,三老五更,则无世而无其人。馈酱醢爵,北面拜事,吾知其可也。墨家者流,出于清庙之守,尝见斯礼,则而效之,于是乎有传巨子。九服之大,巨子惟一人,其崇与教皇等矣。今纵不欲

---

① 参见杨雄威《"一盘散沙"病象与现代中国的政治逻辑》,《史林》2020年第1期。

② 康有为《长兴学记　桂学答问　万木草堂口说》,楼宇烈整理,北京:中华书局,1988年,第175页。

③ 李庭绵对康有为思想的墨学成色颇有揭示,参见 Ting-mien Lee, "The Role of Mohism in Kang Youwei's Arguments for His New-Text Theory of Confucianism," *Dao: A Journal of Comparative Philosophy*, Vol.19, issue 3, September 2020。

效西人，宜效墨子；纵不欲效墨子，宜效三代。①

太炎此文问世不久，宋恕也在《墨白辨》中谈及儒墨之贯通：

> 或曰：尚同、尊天旨宁异耶？宋恕曰：夫尚同之说，儒氏共之，古先哲人亦莫不共之，宁墨所专！②

宋恕认为墨家尚同教义与儒学全无不合，这比章太炎仅以墨家尊奉巨子之"礼"亦即外在制度措施为儒家之借鉴的看法，无疑更为激进③，也尤其鲜明地反映出戊戌时期尚同等字眼在士人心目中的快速升温。在群学浪潮推毂下，墨子或墨家，已经成为用宗教途径建立群体权威的一个固定符号，而这个符号一旦与"尊孔"挂钩，便立即使墨子的尚同之教可以轻松地与儒学达成某种程度上的"合流"。

如果说上引康、章、宋三子对墨家合群之道的揭示因其杂糅于孔教论而尚嫌过于侧面，那么梁启超 1904 年发表的《子墨子学说》，则无疑是较早全面清点墨学政治思想遗产的典范性著作。其叙论开宗明义：

> 今举中国皆杨也。有儒其言而杨其行者，有杨其言而杨其行者，甚有墨其言而杨其行者，亦有不知儒、不知杨、不知墨而杨其行于无意识之间者。呜呼！杨学遂亡中国，杨学遂亡中国。今欲救之，厥惟学墨，

---

① 章太炎《论学会有大益于黄人亟宜保护》，原刊《时务报》1897 年 3 月 3 日，此据马勇整理《太炎文录补编》（上），《章太炎全集》（十），第 11 页。

② 胡珠生编《宋恕集》，北京：中华书局，1993 年，第 279 页。还需指出，宋恕此文虽言儒墨尊天、尚同之旨相通，但认为儒墨以隆祀典为尊，西人以废祀典为尊（这或许是基于对 19 世纪进入中国的新教的观察），因而基督教与儒墨并不相通。这与康、章拟巨子于教皇的议论不尽相同。

③ 需要稍加说明的是，此处所谓"激进"，乃着眼于宋恕混同儒墨、进而替墨学辩护的热忱。宋恕毕生学术根柢实在儒家，其论尚同乃援墨入儒，或曰以大同概尚同。如以西学相拟，宋恕之学尤近自由主义，其与墨学意识形态之纠缠远不如康有为、梁启超、章太炎等人深刻复杂。

惟无学别墨而学真墨。①

杨朱以为我著称，所谓"拔一毛以利天下，不为也"（《孟子·尽心上》），代表着"知有个体而不知有群体"之负面典型。在杨学映衬下，真墨学与集体主义群学互为表里的关系自是不言而喻，这由梁启超同时期内推崇伯伦知理（J. C. Bluntchli）学说并译介国家主义与开明专制论即可窥其消息。②下文中梁启超宣称"墨子之政治，宗教主权之政治也"③，尤其说明时人以墨家对标西教，所重者与其说是超越性的宗教精神，毋宁说是教团式的严密组织与成员对领袖层层上同塑造出的绝对权威。

　　耐人寻味的是，在晚清群学语境下，墨学兼爱、尚同诸说被理解为构建集权型社会组织的典范方案，而原本位居九流之大宗的儒学，被夹在非杨即墨的极端化对立之间，其面目是相当暗淡而模糊的——即使不是直接被无视，顶多也只能被当作墨学由异端跻身主流时借用的理论外衣。但是，儒墨是否相通，以及儒墨分野何在，皆系义理上不得不辨明的重要课题。在经学语言中，与人群组织形式问题相对应的范畴是"同"；尚同厥为墨学相应于此范畴的宗旨。在墨家看来，终结"人异义"的"自然状态"必须依靠"政长"的政治权威；从基层官员到诸侯国君以至三公天子，各级政权承担者都必须奉行"上同而不下比"的行动准则（《墨子·尚同上》）。暂时搁置天子"上同于天"这重对君权的超越性约束不论，墨家层层效忠而唯上是从的政治秩序设

① 汤志钧、汤仁泽编《梁启超全集》第四集，第 354 页。
② 梁启超的国家主义，是否构成 20 世纪中国集体主义体制的思想源头，在学界颇多争议。张灏强调梁启超思想的国家主义和政治权威主义倾向，认为梁"基本上是从集体主义和功利主义的观点看待民主制度"，"梁氏国民理想中的集体主义取向自然比胡适思想中矛盾的个人主义特征更能代表中国的自由主义"（［美］张灏《梁启超与中国思想的过渡（1890—1907）》，崔志海、葛夫平译，南京：江苏人民出版社，1995 年，第 211、217 页）。黄克武则强调梁启超坚持"群与己的并重"，认为"个人在此'群己连续'的间架中，是具有终极意义的"（《梁启超的学术思想：以墨子学为中心之分析》，《近代中国的思潮与人物》，北京：九州出版社，2016 年，第 133—134 页）。平情而论，梁启超思想极为圆转多变，1900 年代的国家主义论述或不足为其定论。然就本文立场看，墨学之社会政治理论构成了近代集权体制在经学—诸子学知识体系下的理念模型，梁启超的某些论述与集权风势相呼应，因而具备思想史上的典型意义。
③ 汤志钧、汤仁泽编《梁启超全集》第四集，第 388 页。

计，无疑标志着高效集权的组织思想的成熟，此尚同观念之根基又与《墨辩》知识系统密不可分。《墨子·经说上》释"同"云：

> 同，二名一实，重同也；不外于兼，体同也；俱处于室，合同也；有以同，类同也。①

《墨辩》对"同"的四种理解，分别是完全相等的"重同"、部分相对于整体的"体同"、空间上相伴处的"合同"以及分属同类的"类同"。尚同强调下对上的依附与跟从，实即"重同""体同"等观念在社会政治领域的延伸。《墨辩》的四种"同"，或着眼于名相分析，或着眼于空间直观及类型学考察，皆以知性思维为本，因此"同"与"异"只是并列于知性层面的两个相互排斥的范畴。"同"仅仅是对"异"的排中律式否定，而非对"异"的向下收摄与包容。道家主张"解其分，和其光，同其尘"的玄同（《老子》第五十六章），与墨家尚同虽皆以同为贵，然其要旨在不生分别心，对万事万物边界予以彻底消泯，这与墨家以组织性力量对"人异义"进行强力清除时所秉持的那颗炽烈的别异之心，②构成鲜明对立的两极。而在此两极间秉持中道者则是儒家之大同，在超越个体小我、体认万物一体性基础上，对世间万物的差异性作出如其所是的安置，斯即《易·乾·象传》"乾道变化，各正性命"之义；将此大同观贯彻于心性修养与制度设施之间者，便是儒学中至关重要的礼乐论，所谓"乐统同，礼辨异"（《礼记·乐记》）。大同理境下，同与异不是平级的矛盾对立，而是内外、本末关系；同既是对异的超克，也包含对异的安置。

---

① （清）孙诒让《墨子间诂》，孙启治点校，北京：中华书局，2001年，第352页。

② 《墨子·兼爱下》设想的"兼士""兼君"，要在视人若己之同情感，其中隐含着对人类一体性的认知，本身不即是别异性的。但是，"兼士""兼君"行道的现实路径，乃是各级政长以层层上同的方式统一政教，所谓"上之所是，必皆是之，所非，必皆非之"（《墨子·尚同上》）。于是对兼爱的践行，反而悖论性地导致对异己者的排斥。这一悖论的观念源头就在于"同"与"异"、"兼"与"别"纯属并列关系，倘"兼士""兼君"是，则"别士""别君"必非，兼爱理念遂不得不依照形式逻辑生产出外于自身的他者。有学者曾辨及儒墨对一体性理解之异同，指出墨家兼爱"并非像儒家（主要是孔门德行科）那样诉诸精神的实感，而只能通过思维的转变达到"，实际上是一种"观念的产物"，参见邓秉元《儒墨之间——子路之学索隐》，《中国文化》第57期。

由是观之,在经学—诸子学知识系统视阈下,儒之大同、道之玄同、墨之尚同不啻对社会整合方式的三种典范性理解。①在理念型(ideal-type)的意义上,三者存在根本差异,因此若将群学理解为社会学、政治学在传统学术内的对应名词,则儒道墨三家皆可生发出取径各异的群学学说,并在思想碰撞中使作为复数的群学愈趋丰富多元。晚清群学内部始终众声喧哗,其理论根源即在于此;然而整体上看,占据主导地位者仍是墨家群学。晚清以降的群学思潮,上承宋明儒学余绪的专制君主批判,其命运诚如弗洛姆(Erich Fromm)所谓"历史的两歧"而颇带悲剧意味;以此为背景,下文将继续分疏章太炎中年以前墨学观的政治维度,进而观察太炎学术生命与近代中国政治转型的交织扭结。

二、墨荀同异之辨

章太炎很早便深入思考过"群"的问题,初撰于 1894 年秋的《独居记》即其结晶。彼时章太炎只是一个端坐书斋的青年学究,由《马关条约》触发的维新救亡浪潮也尚未兴起;至于严复等人所揭橥的群学名目,更是人们闻所未闻的了。然而,"大独必群""不群非独""群必以独成"这掷地有声的几句

---

① 关于儒墨两派社会组织理论典范意义的讨论,参见邓秉元《孟子章句讲疏》卷二第二章、卷五第四章、卷七第六章。儒道墨三派组织理论义理上皆可由《易·同人》涵摄,参见邓秉元《周易义疏》,上海:上海古籍出版社,2011 年,第 105—111 页。需要承认的是,就《墨子》文本而论,尚同的终极指向是"上同于天",以爱人、利他等普遍道德准则为"同"之尺度,这一信念并未许诺天子作为政权领袖的绝对权威;本文径将墨学视作集权体制在诸子学谱系中的理论典范,或许亦属对墨学的一偏之见。不过,按照《墨子·尚同》中由"天下之百姓""国之贤可者""诸侯国君""三公"以至"天子"层层效忠、唯上是从的一元化秩序设计,"上同于天"的理想流为现实中的集权政治实有其理论方面的内在原因。蔡仁厚先生指出,墨学"上同于天"并不兼容基督教式的政教分离原则,"天下万民既不能越过天子以上同于天,则天子之极权终究是难以避免的",尽管其初衷未必如是(蔡仁厚《墨家哲学》,台北:东大图书公司,1983 年,第 34 页)。是以包括章太炎在内的晚清群学论者的墨学解读,虽包含从现实需求出发的"误读"因素,仍可谓扣住了墨家一元化层级制度的核心政见。当然,本节所论诸子学三种典范性社会整合方式,实为本文借以理解晚清群学思潮的建构性前见;此一前见是否贴合先秦思想真相,及其在义理上是否周延圆融,仍可在诸子学的视阈下继续检验讨论。

话，①却不啻一年多以后群学思潮汹涌迸发的一记预言。章太炎大独必群的思想，已在冥冥中遥契时代精神内部的某些隐秘诉求。

不过仍需指出，太炎认为"大群"必以"大独"为根基，个性解放与坚卓高洁之理想人格塑造乃是合群之关键，这就肯定了个体独立与群体精神之相互维系；并且从"群必以独成"的表述看，独相对于群甚至具有逻辑上的优先性。在这一点上，早年章太炎的大独必群，与继起的种种群学论未尽相同。因为在1895年以后的瓜分危机面前，士人们在呼吁集群的同时，往往将独视作群之对立面予以屏斥，如梁启超即言：

> 以群术治群，群乃成；以独术治群，群乃败，己群之败，它群之利也。……以独术与独术相遇，犹可以自存，以独术与群术相遇，其亡可翘足而待也。②

就概念内涵而言，梁启超所谓"独术"与章太炎之"大独"并不相同，因此二者并不直接构成观点上的互相否定。只是梁启超字里行间投注于独字的负面情感，已反映出甲午之后群学论者重群轻独的基本倾向。两相对照，不难发现对个体独立性的偏重，是章太炎合群思想根深蒂固的一个鲜明特征；此一特征令他在同时代思想者中显得颇具个性，也使得他的群学论述，从一开始便暗含"群"与"独"两方面的内在张力。

虽然，在《独居记》中，这种内在张力还只是停留在概念自身所蕴含的可能性阶段，而远未形成直接对立。此时的章太炎相信，大独与大群完全一致并可相互成就。《独居记》设想过五种以独合群、堪称"圣之合莫"的大独之士，此五者依其权威性质可分为两大类：第一大类包括"人君之独""大帅之独"与"卿大夫之独"，其权威来自手中握有的刚性军政权力；"儒墨之独"与"父师之独"为第二大类，掌握着柔性的教化权。③古语有云："天佑下民，作

---

① 马勇整理《太炎文录补编》（上），《章太炎全集》（十），第1页。
② 梁启超《〈说群〉自序》（1897），汤志钧、汤仁泽编《梁启超全集》第一集，第196—197页。
③ 马勇整理《太炎文录补编》（上），《章太炎全集》（十），第2页。

之君,作之师。"(《尚书·泰誓上》)章太炎笔下五类独行者,涵盖对中央到地方各级君与师的分类讨论,可见其系统重塑中国政教结构的抱负,而这对清政权自康熙帝玄烨以来标榜"君师合一""治道合一"的官方意识形态构成了颠覆性挑战。另一方面,五种大独者身份各异,相同点则在以自身为枢轴使人群凝聚并为己所用。老子云:"我无为而民自化,我好静而民自正。"(《道德经》第五十七章)《论语》亦言:"为政以德,譬如北辰,居其所而众星共之。"(《为政》)"无为而治者,其舜也与!夫何为哉?恭己正南面而已矣。"(《卫灵公》)章太炎心目中领袖群伦的大独形象,显然掺入了儒道两家,特别是道家的"无为而治"的精神。①章太炎进而借对姻丈汪曾唯的颂扬,详细描摹了大独之士所推崇的大群状态:

> 翁之独,抑其群也。其为令,斡榷税,虽一镒不自私,帑藏益充,而同官以课不得比,怨之,其群于国也。罢归,遇乡里有不平,必争之,穷其柢,豪右衔怨,而寡弱者得其职性,其群于无告者也。詩礼必抨弹,由礼必善,其群于知方之士也。夫至性恫天下,博爱尚同,辄录以任之,虽贾怨不悔,其群至矣,其可谓独欤?②

三种大群典范中,居于首位的"群于国",与上文所谓"人君之独""儒墨之独"相应,指向全国性的政教整合。虽然章太炎尚未在民族国家的高度上强调"群于国"的现代性意涵,然而此处点出的国家建构问题,仍不失为时代先

---

① "无为"思想本为儒道二家所共,但若细加寻绎,其间也不无微妙分别。以引文中太炎所说为例,"抱蜀不言,而四海讋应"的"人君之独",合于《易·坤》六五所示黄帝垂衣裳而天下治的"黄裳元吉"之象,亦与道家"致虚守静"之教相应;但他又把将帅领兵专制于外的"大帅之独"与"人君之独"相提并论,似乎并未意识到集权于上的"无为",与儒家的虚君理想并不一样,而更接近道家与后起的法家。由《膏兰室札记》疏解《管子》的内容看,早年章太炎对道法诸家的权谋之说极感兴趣,这正是他在东京时代将老子之学界定为"权术"的渊源所在,也是他为"人主独贵"的秦政辩护的部分思想根源。尽管章太炎后来修改了对老子的认知,但直到晚年讲学,仍屡言儒道诸家对权术的应用。道家学术对章太炎权术思想的影响贯穿其毕生学术进展与政治活动,相关问题,仍有进一步挖掘的空间。

② 马勇整理《太炎文录补编》(上),《章太炎全集》(十),第2页。

声。同样值得注意的是,章太炎的大群论说之中,已可隐约窥见墨学的影子。太炎忽略儒家依循亲疏差等的秩序观,径将个体与大群联结为一,并据此反对小群,有类墨学之兼爱尚同;①而"群于无告"与"群于知方之士",也颇似墨子"扶弱击强"的担当感与尚贤主张。实际上,《独居记》对举"儒墨之独",便已公然表明了儒墨并尊的基本态度,因此太炎为汪曾唯作"其群至矣"的定评时,径援墨学"博爱尚同"为说,也就毫不稀奇。

从晚清诸子学复兴的背景来看,章太炎并尊儒墨,自是此前百年间学风酝酿的结果。但太炎并未满足于对《墨子》文本的考订,而是通过对墨学基本政治观念的重新评价来讨论现实问题。除《独居记》外,《訄书》初刻本《儒墨》尤可反映这种意图。该文虽然反对墨子之非乐短丧,但对孟子以来儒者所谓"墨氏兼爱,是无父也"的批评意见,却表示更难苟同:

> 诋其"兼爱"而谓之"无父",则末流之噆言,有以取讥于君子,顾非其本也。张载之言曰:"凡天下疲癃残疾鳏寡孤独,皆吾兄弟之颠连而无告者。"或曰:其理一,其分殊。庸渠知墨氏"兼爱"之旨,将不一理而殊分乎? 夫墨家宗祀严父,以孝视天下,孰曰无父? ……以蔽罪于兼爱,谓之无父,君子重言之。②

章太炎申辩兼爱之旨未必不能兼容于儒家,而援宋儒张载、程颐及朱熹关于万物一体性的论述为证。如所周知,早年章太炎对有清一代悬为功令的程朱理学绝少好感,③因此他选取宋儒学说来代表儒家参证墨学之兼爱,恐怕不无借宋儒权威打动饱受理学熏陶的广大士子的策略性考虑。但这不足以

---

① 此处所言只是针对《独居记》表现出的一种倾向。但若据此断定章太炎已经站到儒家思想及与之密切相关的传统宗族伦理的对立面,则未免失之简单化。下文还将就此作出进一步说明。

② 朱维铮点校《訄书》初刻本,《章太炎全集》(三),第8页。

③ 章太炎对清代官方推崇的"理学名臣"极为厌恶,从政治节操角度对此辈屡有严谴,参见《訄书》重订本《学隐》《别录》诸篇。对宋明理学家,章太炎虽未像对清代理学家那样否定其品格,但他中年以前的基本判断,是"此可为道德之训言,不足为真理之归趣"(《致国粹学报社书》,《章太炎全集》(十二),第328页)。显然张载、程颐乃至朱熹等人其实并无资格与"发明真理"的先秦子学相提并论。

证伪章太炎主张"墨家宗祀严父,以孝视天下"的真诚,因为在成文更早的《膏兰室札记》第 440 则《孝经本夏法说》,章太炎已经指出,墨学源出夏禹,故其本旨诸如兼爱、尚同、右鬼之类皆不出严父大孝观念之笼罩,且与《孝经》若合符契。①早年章太炎对墨学社会政治理论的接受,是在捍卫儒学与孝道的大前提下进行的,带有一定的调和气息。

这一点在发表于 1899 年的《菌说》中有更为鲜明的表露。该文将人类克服环境阻力实现进化的关键归结于荀子所谓能群:

> 抑人之异地也,神识未殊,而何以能变? 得无与以思自造之说缪耶? 曰思力所至,形体自更,此谓无阻力耳。苟有阻力,则不足以宣通矣。要使力能抵之,则固足以自立。其道奈何? 曰荀子曰:"人力不若牛,走不如马,而牛马为用,何也? 曰人能群,彼不能群也。人何以能群? 曰分。分何以能行? 曰义。故义以分则和,和则一,一则多力,多力则强,强则胜物。故宫室可得而居也。故序四时、裁万物,兼利天下,无他故焉,得之分义也。"(《王制篇》)是故合群明分,则足以御他人之侮;涣志离德,则帅天下而路。②

晚清群学提倡者尤好引荀子为据,《菌说》大段摘抄《荀子·王制》原文,并非例外。不过,章太炎早年学术本以荀子为宗,对荀学体认尤深。他对荀子的引用,不只是将"人能群"当作口号,而是深入荀子在"人能群"之后提出的"分""义"等概念,并将荀氏群学概括为合群明分,以此为倡导进化论及社会有机论的基本话语框架,③这在同时代的群学论述中是较为少见的。《菌说》接着讨论了实现合群明分的技术手段:

---

① 沈延国点校《膏兰室札记》,《章太炎全集》(一),第 238—241 页。
② 马勇整理《太炎文录补编》(上),《章太炎全集》(十),第 187—188 页。
③ 《訄书》初刻本《原变》再度强调:"以是为忧,故'无逸'之说兴,而'合群明分'之义立矣。""合群之义,其说在《王制》《富国》。"(《章太炎全集》(三),第 27 页)"以是为忧"指人类退化危机。

夫肢体一蹶，前万世而不昭，则孰肯致死？或者以为民气选懦，不能与释迦、基督布教之国抗者，由是故也。然惟无鬼神，而胤嗣之念独重于佗国。今之不合群致死以自御侮，则后世将返为蛮獠狙玃，以此为念，则足以倡勇敢也必矣。是故不言鬼神，而能使人致死者，必于爱类，爱类必于知分。荀子曰："万物同宇而异体。"（《富国篇》）以体异，故必自亲亲始；以同宇，故必以仁民爱物终。惟其群而有分，故有墨子兼爱、上同之善，而畛域有截矣。①

章太炎对"合群致死以自御侮"的急迫性的认识，来自与"释迦、基督布教之国"的竞争，然而他并不愿意直接采纳佛教或基督教作为团结民众的意识形态工具。在他看来，中国人格外浓重的"胤嗣之念"，就是宗教的现成替代物，其终极理据则是"亲亲而仁民，仁民而爱物"（《孟子·尽心上》）的儒家差等秩序观。"惟其群而有分，故有墨子兼爱、上同之善，而畛域有截矣"等语，不啻明白承认差序伦理相对于墨学兼爱尚同的优先性。就其高度集体化的集群方式而论，章太炎设想的那种"使人致死"的合群之道是墨家式的；但此墨家合群之道，仍不得不俯就儒家差序伦理。

章太炎在兼爱、尚同的墨学群体观念中引入荀学之"分"，其间可能包含两方面动机。首先，章太炎对宗教式的鬼神崇拜素无好感。在1899年发表的《儒术真论》中，章太炎据《墨子·公孟》所记儒者公孟子之言，将儒术之"真"界定为"以天为不明及无鬼神"，对此大加赞赏；而敬事鬼神的墨家，显然是作为古代神教典型及儒者之反衬出现的。②1906年章太炎在东京演说诸子学，更对墨学直接作出论断：

---

① 马勇整理《太炎文录补编》（上），《章太炎全集》（十），第190页。
② 同上书，第164—166页。耐人寻味的是，章太炎定儒术之真，不据儒书而据《墨子》，实以作为宗教的墨学为基本坐标。关于《儒术真论》的思想史意义，特别是章太炎借《墨子》定儒学之真的做法"借鉴"康有为之嫌，参见彭春凌《儒学转型与文化新命：以康有为、章太炎为中心（1898—1927）》（北京：北京大学出版社，2014年）第一章第二节的讨论。

> 墨家者,古宗教家,与孔、老绝殊者也。儒家公孟言"无鬼神",道家老子言"以道莅天下,其鬼不神",是故儒、道皆无宗教。……惟墨家出于清庙之守,故有《明鬼》三篇,而论道必归于天志,此乃所谓宗教矣。①

墨学既为宗教,而宗教又非太炎所赞许,那么他在高唱兼爱尚同之余,以罕言鬼神而重视胤嗣的儒学为墨家宗教化倾向"消毒",便是情理中事。但除了对墨学宗教性质的消极抵制,更关键的问题在于章太炎对儒学亲亲之义具有深刻认同。前述太炎以孝道会通儒墨,即属显例。在《訄书》初刻本《商鞅》中,太炎对商鞅"毁孝弟"之法明确表示否定:

> 吾所为瀡鞅者,则在于诋《诗》《书》、毁孝弟而已。有知其毒之菑腊而制之,其勿害一也。昔者蜀相行鞅术,至德要道弗踣焉。贾生亦好法矣,而非其遗礼义、弃仁恩。乃若夫鞔近之言新法者,以父子异财为宪典,是则法乎鞅之秕稗者也。宝其秕稗,而于其善政则放绝之,人言之庚也,一至是哉!②

在中国近代思想史上,章太炎本以替秦政与法家张目著称,但他在孝弟一节上,却不惜与法家立异,可见太炎对儒学亲亲尊尊的恪守。《訄书》初刻本《尊荀》认为,墨翟之法禹与李斯之"涤荡周旧,而一从秦制"皆不免"苟作新法而弃近古"之弊,有悖于"因近古"的保守主义观点,③尤可反映太炎非议墨、法二家的儒家出发点。此外值得注意的是,《商鞅》批评维新派人士盲目仿效西法,"以父子异财为宪典",更表明太炎不仅在思想上持守孝道,并且在现实中的家庭财产制度上,也是以血缘为纽带的传统宗族社会的捍卫者。中华民国成立后,章太炎大力呼吁"中国本因旧之国,非新辟之国,其良法美

---

① 　章念驰编订《演讲集》(上),《章太炎全集》(十四),第55—56页。

② 　朱维铮点校《訄书》初刻本,《章太炎全集》(三),第82页。《訄书》重订本《商鞅》文字与此篇小有异同,但大意未变。

③ 　同上书,第6页。

俗，应保存者，则存留之，不能事事更张也"，不仅"婚姻制度宜仍旧"，而且"家族制度"亦宜仍旧，"如均分支子、惩治恶逆、严科内乱，均不可改"。①这些政见出自被认定为"五四"反传统思想先导的革命文豪之口，似乎颇形吊诡，其实却是太炎毕生相对固定的伦理观念。

近半个世纪以来，学者始终对章氏大独必群之论的个性解放意义保持高度关注，王元化先生便认为：

> 章太炎所谓"大群"，正是卢梭包括全民在内的集体，他像卢梭反对"众意"而主张"公意"，从而反对小团体、小宗派一样，他也反对亲缘宗族的所谓"小群"。……
>
> 照章太炎来看，要实现大群，首先必须大独。所谓大独，即是从小团体、小宗派中解放出来，破除亲缘宗法的一切羁绊。这恐怕是五四时期把非孝和反对家庭作为反封建的一个主要原因。②

王先生将章太炎与卢梭（Jean-Jacques Rousseau）对比，揭示"一些倡导自由平等的人，往往会从他们以幻想绝对的集体主义为终极目标的主张中，导出专制主义"的悖论，固然极具洞见。不过，将《独居记》中的"小群"，指实为"亲缘宗法的一切羁绊"，却恐怕未尽当于文本原意。③章太炎与新文化运动领袖们的确不乏师承渊源，但"五四"时期的非孝论，事实上与章太炎本人恪守的儒学伦理南辕北辙。与其将非孝溯源至大独必群，还不如说谭嗣同《仁学》对三纲的猛烈批判对新青年们更具启发性。

形式上，以"仁民爱物""群而有分"兼该墨学"兼爱、上同之善"尚不失其逻辑自洽，但若以墨学为评判标尺，此情形也未尝不意味着理论的不彻底。

---

① 参见章太炎 1912 年在中华民国联合会第一次大会上的演说，曾业英整理《统一党第一次报告》，章伯锋主编《近代史资料》总 84 号，北京：中国社会科学出版社，1993 年，第 25—26 页。

② 王元化《思辨录》，《王元化集》卷五，武汉：湖北教育出版社，2007 年，第 187—188 页。

③ 章太炎发表于 1907 年的《社会通诠商兑》在一定程度上可以佐证王元化先生的判断。但在太炎思想整体脉络中看，该文对宗法亲缘的破斥实为特定语境下的变例，而非诠释大独必群的绝对依据，详见下文。

质言之,包括章太炎在内的晚清士人理想中的墨家式集群,其力量正是来自群体的最高权威对群内每一个体的直接支配。儒学推崇的亲亲之道,及亲先于君的秩序观,作为一种架设于群体控制力与个体自由之间的缓冲地带,实际上很难被利维坦优容;反倒是"大义灭亲"之举,往往更容易被塑造为教科书式的正面案例。儒与墨、大同与尚同的紧张关系,从根本上决定了以儒(荀)兼墨之论无法长期维持稳态,何况贵独立、恶调和又是太炎最为突出的学术性格。①

于是我们看到,在坚持荀学合群明分与墨学"畛域有截"的同时,更为激进的墨家观念仍在太炎笔下"偶尔露峥嵘",其突出表现即对不能合群的独行之士深致非议。1897 年,章太炎参与组织兴浙会时,便曾批评那些"隐居求志"的浙江同乡"离群涣处,莫相切厉,卒迷阳而不返"。②而在《訄书》初刻本《原变》中,章太炎对离群之害作出更深刻的揭露:

> 物不知群,益州之金马、碧鸡,大古有其畜矣,沾沾以自喜,踽踽以丧群,而亡其种,今仅征其枯腊。知群之道,细若贞虫,其动翩翩,有部曲进退,而物不能害。山林之士,避世离俗以为亢者,其侜张不群,与夫贪墨佣驽之役夫,诚相去远矣。然而其弊,将挈生民以为虙蜎。故仲尼诤之曰:鸟兽不可与同群。③

晚清的群学思潮,既以西方传入的社会达尔文主义为触媒,也与甲午之后国人对瓜分之祸的恐惧密切相关,这些背景因素在引文中均不乏表现。前此在《独居记》中,章太炎已指出深居山林、与世隔绝的"旷夫""似独,然不能群,故靳与之独也";④《原变》所谓"鸟兽不可与同群",当然是《独居记》的延伸。但是在《独居记》里,章太炎还只是认为独善其身的山林之士算不上利

---

① 参见章太炎《论诸子学》,章念驰编订《演讲集》(上),《章太炎全集》(十四),第48—49页。
② 章太炎《兴浙会序》,马勇整理《太炎文录补编》(上),《章太炎全集》(十),第31页。
③ 朱维铮点校《訄书》初刻本《章太炎全集》(三),第27页。
④ 马勇整理《太炎文录补编》(上),《章太炎全集》(十),第1页。

群的大独，因而不值得提倡；而《原变》则指责山林之士"将挈生民以为虆蜼"，非但不能合群，且有害群之虞，批评的严厉程度明显加剧。

尽管《原变》尚未公开对山林之士喊打喊杀，但独行者已经被认定为遏阻进化的害群之马，那么群体对此辈一意孤行的少数派予以打击乃至清除，便属理所应当。对于这些隐含在"鸟兽不可与同群"背后的推论，《原变》保持的沉默，毋宁说更像一种默许。章太炎以"贞虫"喻人群，正是将人类社会想象成蜂群那样的组织严密、分工明确的机械团结的群体，其中每一个体的使命，就是做好"螺丝钉"，最大化地发挥对群体的工具性效用；而离群索居的独行者，势必被当做群体之敌。无论对内对外，蜂群式社会对个体而言，都具有强烈的压迫性。

"群必以独成"的理念曾经承诺大独与大群的一致性，但是在实践层面，群体权威与个体之独立性的冲突很难避免。为维护群体权威的优先性，章太炎对自外于群体的个人予以谴责，这种严格的集体主义原则在诸子学系统内的观念原型实为墨家而非儒家。"鸟兽不可与同群"一语见诸《论语·微子》：

> 长沮、桀溺耦而耕，孔子过之，使子路问津焉。长沮曰："夫执舆者为谁？"子路曰："为孔丘。"曰："是鲁孔丘与？"曰："是也。"曰："是知津矣。"问于桀溺，桀溺曰："子为谁？"曰："为仲由。"曰："是鲁孔丘之徒与？"对曰："然。"曰："滔滔者天下皆是也，而谁以易之？且而与其从辟人之士也，岂若从辟世之士哉？"耰而不辍。子路行以告，夫子怃然曰："鸟兽不可与同群，吾非斯人之徒与而谁与？天下有道，丘不与易也。"①

孔子一生知其不可为而为之，诚然与长沮、桀溺等隐者相反。但是孔子向子路陈说"吾非斯人之徒与而谁与""天下有道，丘不与易"等语，并非直接攻讦长沮、桀溺的避世抉择，而只是自述与斯民共患难的决意，言下对隐者所为，

① （宋）朱熹撰《四书章句集注》，北京：中华书局，1983 年，第 184 页。

并非全无宽容。《论语·微子》一章多记孔门师徒与隐士交锋之典故,除长沮、桀溺事外,楚狂接舆过孔子而歌,亦属典型;而孔子对此的反应,是"欲与之言",①显非严拒之态。不宁唯是,孔子在评骘逸民之出处时,还直接表示过他对"隐"的看法:

> 逸民:伯夷、叔齐、虞仲、夷逸、朱张、柳下惠、少连。子曰:"不降其志,不辱其身,伯夷、叔齐与!"谓:"柳下惠、少连降志辱身矣,言中伦,行中虑,其斯而已矣。"谓:"虞仲、夷逸隐居放言,身中清,废中权。我则异于是,无可无不可。"②

显然取舍之异未尝妨碍"圣之时者"对逸民们的欣赏。其后孟子许伯夷为"圣之清者"(《万章下》),对离群索居的陈仲子,虽讥之为"蚓而后充其操者",却也承认此人堪称齐国士人中的"巨擘"(《滕文公下》),此皆孟子"乃所愿,则学孔子也"之表征。相形之下,《原变》引《论语》"鸟兽不可与同群",将"夫子怃然曰"复述为"仲尼谇之曰",仅用一个"谇"字,瞬时将喻指人禽之别的中性词"鸟兽"曲解为近世俗语中的"国骂",遂把孔子在隐者飘然远逝的背影后怅望若失的神态偷换为疾声厉色的诟詈,暴露出墨家集群观念严重扭曲了章太炎对儒学的理解。

在孔孟一系儒学视阈下,群独关系实为从属于出处大义的一个子课题。儒者修身现世,以师道自任,即其尽心于群之形式;无论是"君臣以义合""学然后臣之"的出仕状态,还是退而为处士、"得天下英才而教育之",皆不失其合群之义。③"不仕无义"的隐者,在出处之义的坐标轴上,代表着"处"的极致。他们虽有绝物之弊,却未失出处大节,因此儒学批评隐者的同时,对其自由选择权始终保有相当程度的尊重,这也为后世面临极端严酷环境的若

---

① (宋)朱熹撰《四书章句集注》,第184页。
② 同上书,第185—186页。《论语》他章亦记孔子称伯夷、叔齐"不念旧恶,怨用是希"(《公冶长》)、"求仁而得仁"(《述而》)。
③ 关于儒学出处之义,可参邓秉元《孟子章句讲疏》卷四的相关疏解。

干个体生命预留了一线生机。而墨学的尚同教义，对人各异义的"别士"们，向来罕见恕辞；待到继起的法家及倚靠法家富国强兵的时君世主口中，对隐者必欲除之而后快的恨意，就彻底图穷匕见了。据说战国时代赵威后会见齐国使臣时，便对孟子赞为巨擘的陈仲子表达过令人毛骨悚然的关切之情：

> 於陵子仲尚存乎？是其为人也，上不臣于王，下不治其家，中不索交诸侯。此率民而出于无用者，何为至今不杀乎？[1]

时隔一千六百余年君临天下的半文盲皇帝朱元璋，未必熟读《战国策》，但他在明初铁腕惩办"寰中士夫不为君用"，罪名却与赵威后所言一般无二。直到近百年间，对伯夷的评价仍不时变成新问题，其历史脉络自不难寻绎。

从义理角度看，对独行隐逸之士曲予谅解抑或在所必诛，是理解儒家与墨、法诸家分际的重要参考。当章太炎以群的名义对避世离俗者严加非难时，其立场已愈趋墨学化。这既加剧了太炎思想中的群独张力，也与他固守的儒学合群明分的差序伦理构成难以化解的矛盾，其直接诱因则在于戊戌至庚子间时局的刺激。随着由改良到革命的转向，更具反叛色彩的墨学将进一步压倒迂缓而富于温情的儒学，成为章太炎采取现实行动时尤为倚重的理论范式。

三、墨学与光复会的意识形态

1898 年 5 月 16 日，孙宝瑄记下了当日章太炎对杨、墨两派的一番评论：

> 过午，访枚叔谈，燕生俄至，纵论古今。枚叔谓：伯夷近杨，伊尹近墨。孟子尊伯夷、伊尹而辟杨、墨者，因杨、墨以是立教，则惧有流弊。若独行其是，斯皆有坚卓独到之境，非不可贵也。……

---

[1]　（汉）刘向集录《战国策》，上海：上海古籍出版社，1985 年，第 418 页。

> 枚叔又云:杨子所谓拔一毛弗为者,非吝财之谓也。墨子所谓摩顶
> 放踵为之者,非殉身之谓也。杨子志在励己,损己之节以救人,不为也。
> 墨子志在救世,故虽污己之名,亦为之。孟子盖以节操言,而取喻于身
> 体也。①

章太炎对象征群独两极的墨翟与杨朱兼容并包,许可二者"若独行其是,斯
皆有坚卓独到之境,非不可贵",与他调和大独与大群的理想相互印证。不
过,太炎还以出处之义视野下的"节操"为坐标,将杨墨之对立理解为"志在
励己"与"志在救世"的不同。如果说兼爱尚同等宗旨所表达的是章太炎对
国人合群之道的理论规划,那么墨者的救世之志,则更多地指向太炎在民族
危亡之秋对自身人生道路选择的思考,亦即其人之现实行动取向。

虽然章太炎对"志在励己"的杨朱与"志在救世"的墨翟同样表示赞许,
但戊戌政变爆发之后,章太炎很快便身撄党祸,被迫出走海外;迅速恶化的
政治环境,正促逼着太炎在"励己"与"救世"之间作出取舍。1899 年 1 月 14
日,章太炎主笔的《台湾日日新报》刊发了一首署名为"殷守黑"的《摸鱼儿·
送枚叔东渡》,并附有太炎后识:

> 殷君参贯天人,于哲学、经世学,皆能道其究意。而性喜黄老,言今
> 日支那,无可为者,送余东渡,复拳拳以钳口结舌相勉,是篇即其寓意
> 也。余志磨顶踵,与殷君宗旨绝殊,而坐谈名理,鲜不移晷,既崇山秘之
> 好,复感其以至言相勖,鸣弦倚响,常裴回不置云。②

这位殷君的本名及生平尚待详考。从"守黑"二字化自《老子》第二十八章
"知其白,守其黑,为天下式"看来,殷守黑实即道家避世取向的拟人化形象。
面对此人"钳口结舌"的"励己"之诚,太炎立即作出"余志磨顶踵,与殷君宗

---

① 童杨校订《孙宝瑄日记》,北京:中华书局,2015 年,光绪二十四年戊戌闰三月二十六日条,第
195 页。
② 《台湾日日新报》,1899 年 1 月 14 日。

旨绝殊"的斩截回应，不仅生动反映出他在戊戌之后愈挫愈勇的精神状态，①也表明"志在救世"的墨者形象已经内化为章太炎的现实身份认同。既然如此，儒学亲亲伦理与墨家式机械团结的出入便不得不暂时搁置；剩下的唯一问题，只是如何在现实中找到一个足以承载墨学精神、扮演救世主角色的高效集权之群。对此章太炎很快也找到了答案——那就是由他的浙江同乡们在1904年冬宣告成立，而奉太炎为精神领袖的光复会。下文拟由侠者人格、墨者法禹论与革命道德观三个角度入手，对章太炎参与将墨学话语打造为光复会意识形态的历史过程略作疏释。

1. 墨者·侠士·会党

侠士形象在晚清思想家们笔下重新复活，是近代思想史上一个引人瞩目的现象；这一现象既寄托着那个时代对尚武精神的呼唤，也与日本汉文史传对明治维新志士的书写密切系联。②不过需要指出的是，在诸子学复兴背景下，人们往往将侠士与墨家相提并论。康有为早年讲学时便曾断言"侠即墨派"，③梁启超《论中国学术思想变迁之大势》亦称游侠为"墨离为三"之一支，"自战国以至汉初，此派极盛，朱家、郭解之流，实皆墨徒也"。④章太炎同样对侠士颇为心折，《訄书》初刻本《儒侠》有言：

> 侠者无书，不得附九流，岂惟儒家摈之，八家亦并摈之。然天下有亟事，非侠士无足属。……
>
> 且儒者之义，有过于"杀身成仁"者乎？儒者之用，有过于"除国之

---

① 此例尚非反映太炎戊戌后精神状态的孤证。宋恕1899年2月9日致汪康年书亦云："比来意兴毫无，兼病后元气未复，故人踪迹，遂皆疏阔。荀君言：'存吾春。'今弟则非但不能存吾春，且不能存吾秋，枯木寒鸦，胸腹直全是冬气，良自怜也。想阁下不至此。枚公则秋气之中尚带夏气，大奇大奇。"（胡珠生《宋恕集》，第598页）"秋气之中尚带夏气"，不惟刻画传神，亦与宋恕等友人政变后噤若寒蝉的惊弓之态恰相对照，颇堪玩味。

② 相关研究参见陈平原《中国现代学术之建立——以章太炎、胡适之为中心》第七章《晚清志士的游侠心态》，北京：北京大学出版社，2010年；崔文东《从崇儒到尚侠——论晚清士人对明治汉文史传中志士形象的接受与转化》，《汉学研究》第38卷第4期。

③ 康有为《长兴学记　桂学答问　万木草堂口说》，第175页。

④ 汤志钧、汤仁泽编《梁启超全集》第三集，第32页。

大害，扞国之大患"者乎？得志有夏后，不得志有比干、荼龙逢，儒者颂之，任侠之雄也。①

与康、梁相比，《儒侠》坦承"侠者无书，不得附九流，岂惟儒家摈之，八家亦并摈之"，不径言侠出于墨，在文献上显得更为严谨。不过"得志有夏后"一语，表明章太炎仍将夏禹视作"任侠之雄"的巅峰状态，而夏禹在先秦诸子系统内与墨家关系至为密切。《訄书·儒墨》开篇便说："《春秋》《孝经》，皆变周之文，从夏之忠，而墨子亦曰法禹。"②侠士与墨者既同出于禹，其亲缘关系不言自明。此前在《变法箴言》(1897)中，为了规谏变法派的"华妙"之病，章太炎曾以墨子与"书生剑客，忼慨国事"的烈士形象相勉，③更属墨侠趋同的典型表征。可见在1899年以前，章太炎的墨侠论，无论在问题意识上，还是在知识来源方面，与维新派皆无显著区别。

　　然而到1903年，情况却发生了变化。《訄书》重订本《儒侠》的前半部分与初刻本并无二致，但对该文的后半段，章太炎进行了彻底的改写：

　　　　大侠不世出，而刺击之萌兴。虽然，古之学者，读书击剑，业成而武节立，是以司马相如能论荆轲。天下乱也，义士则狙击人主，其他藉交报仇，为国民发愤，有为鸱枭于百姓者，则利剑刺之，可以得志。当世之平，刺客则可绝乎？文明之国，刑轻而奸谀恒不蔽其辜，非手杀人，未有考竟者也。康回滔天之在位，贼元元无算，其事阴沈，法律不得行其罚，议官者麏而去之。虽去，其朋党众，谨于井里，犹纍纍疑沮事。当是时，非刺客而巨奸不息，明矣。

　　　　故击刺者，当乱世则辅民，当治世则辅法。④

----

① 朱维铮点校《訄书》初刻本，《章太炎全集》(三)，第10页。
② 同上书，第7页。
③ 马勇整理《太炎文录补编》(上)，《章太炎全集》(十)，第18页。
④ 朱维铮点校《訄书》重订本，《章太炎全集》(三)，第138—139页。

太炎将刺客也归入侠之范畴，并盛赞刺客是无论治世乱世都不可或缺的正义维持者，这种论调在同时代的颂侠论中显得尤为突兀。这便令人很难不联想到以暗杀为能事的众多浙江系革命团体，以及在此基础上整合而成的光复会。

尽管 1904 年光复会成立时，章太炎已因"苏报案"身陷囹圄而未能躬逢其盛，但他对这个组织的影响力是毋庸置疑的。1913 年，章太炎为李燮和《光复军志》作序时追忆：

> 光复会初立，实余与蔡元培为之尸，陶成章、李燮和继之。总之，不离吕、全、王、曾之旧领也。①

光复会之前身系东京军国民教育会；军国民教育会则可以追溯至章太炎、秦力山、冯自由所发起的支那亡国二百四十二年纪念会。②军国民教育会自创办之初即"决定进行方法三种，一曰鼓吹，二曰起义，三曰暗杀"。③在晚清时代各个秘密从事革命的小团体中，这恐怕是最早将暗杀手段明确揭橥为组织原则的个例。

若说现有史料尚不足以提供章太炎在军国民教育会成立之初即已与闻其事并鼓吹暗杀的确据，那么当后来成为太炎长婿的龚宝铨受军国民教育会委派回国组织暗杀团，并被蔡元培邀入上海爱国学社、与太炎同执教役之际，已经与清王朝割辫示绝的章太炎，对他们的革命主张，就绝无充耳不闻之理了。蔡元培曾经回忆过：

> 自三十六岁以后，我已决意参加革命工作。觉得革命止有两途：一是暴动，一是暗杀。在爱国学社中竭力助成军事训练，算是下暴动的种子。又以暗杀于女子更为相宜，于爱国女学，预备下暗杀的种子。④

---

① 朱维铮点校《检论》，《章太炎全集》（三），第 640 页。
② 参见冯自由《光复会之起源》，《革命逸史》第五集，北京：中华书局，1981 年，第 54 页。
③ 冯自由《东京军国民教育会》，《革命逸史》初集，第 112 页。
④ 蔡元培《我在教育界的经验》，高平叔编《蔡元培全集》第七卷，北京：中华书局，1989 年，第 196 页。蔡元培自述中的"三十六岁"当 1902 年。

依此说，以暗杀推进革命，已成爱国学社的一项基本办学宗旨，其后徐锡麟刺杀恩铭，便是浙江革命团体在暗杀方面取得的最具震撼性的成果。明乎此便不难想见，在爱国学社内带头高唱革命的章太炎，于《訄书》重订本《儒墨》所歌颂的"狙击人主""为国民发愤"的乱世刺客，其现实原型究系何方神圣。

虽然，以暴力手段推行革命，暗杀仅居其中一端。要策划暴动或起义，显然不能光靠"伏尸二人，流血五步"的匹夫之勇，还需更大规模的墨家式群体来充当后盾。而在晚清时代，最可供革命者直接利用的有组织的武装力量，非会党莫属。"私怀墨子摩顶放踵之志"的谭嗣同，起初将群学萌蘖的希望寄托于群学会、南学会等讲学团体，但在戊戌政变的最后关头，却不得不寄望于会党中的草莽英雄；谭氏殁后，挚友唐才常绍其遗志策划自立军起事，也极倚沿江会党之力。至于孙中山的兴中会与康有为的保皇会，尽管宗旨水火不容，却都与哥老会过从甚密。凡此诸例，尤可反映出自甲午至庚子间，改良派与革命党中部分人士的群学实践与会党活动交集日渐扩大的趋势。在此背景下，光复会的缔造者们当然也不会放弃对会党力量的吸纳。事实上，组织暗杀团的龚宝铨，以及光复会秘密活动的灵魂人物陶成章，均系从事会党运动的老手。就在章太炎因"苏报案"名震中外的1903年，龚宝铨与陶成章也开始与浙省各处会党秘密联络。[①]那以后，章太炎以龚、陶等人为媒介，与光复会号召下的浙江会党有了直接接触。据太炎子女回忆，

> 我姊夫回国时，得到黄兴廑吾的协助，在上海组织暗杀团。开始团员人数不多，力量单薄。迨光复会组成，陶焕卿和我姊夫奔走浙江诸地，联系会党。时平阳党首领竺绍康和其别支乌带党首领王金发诸人，在浙江上八府颇有声望，两人都精于技击，为双枪射手，经陶、龚罗致，于一九〇五年参加光复会，进行革命活动。不久，王金发东渡日本，留

---

① 龚、陶等人联络会党情形，参见冯自由《浙江之秘密会党》，《革命逸史》第五集，第42—47页；张玉法《清季的革命团体》，台北："中研院"近史所，1982年，第295—297页。

学大森体校。我父这时已出狱，也在日本东京，经陶焕卿介绍，与王认识。我父自称"深山大泽之夫"，也暗暗称誉陶焕卿、王金发乃养勇之士，"不肤桡，不目逃"，戏呼陶焕卿为"焕强盗"，王金发为"发强盗"。有一次，我父与我在寓所，看到陶、王同临，高兴地说："看到你们两个大小'强盗'，使我精神焕发。""焕发"语含双关，有陶焕卿、王金发两人之名字在内，闻者（有厉绥之等）觉得绝妙。①

"不肤桡，不目逃"二语出自《孟子·公孙丑上》，原本形容的是"视刺万乘之君，若刺褐夫"的刺客北宫黝；章太炎以此称许陶、王，与光复会的暗杀狂热是吻合的。一介书生与大小强盗们情投意合的场面，侧面揭示出光复会等革命团体内部人事构成。1906 年 12 月 2 日，章太炎在《民报》一周年纪念会上发表演说：

> 以前的革命，俗称强盗结义；现在的革命，俗称秀才造反。强盗有力量，秀才没有力量。强盗仰攀不上官府，秀才就有倚赖督抚的心。……强盗从没有靠官造反的心，会党略有数分，学界中人，更加数倍。②

此处对学界中人的指摘合理与否另当别论，但将学人与会党、强盗的革命道德相提并论，无疑表明章太炎已充分认识到，他所投身的革命群体，实际是由知识分子与会党成员两种人物共同组成的。1910 年，陶成章在《光华日报》连载《浙案纪略》，其第二章《党会原始》追述自身历史，开篇即对"党会"名义作出解释："所谓党，即指革命党也；所谓会，即指诸会党也。"③该章第

① 章导《章太炎与王金发》，政协浙江省委员会文史资料研究委员会编《浙江文史资料选辑》第三十辑，杭州：浙江人民出版社，1985 年，第 122 页。引文中"姊夫"指龚宝铨，"焕卿"为陶成章表字。按：这篇回忆文章虽署太炎长子章导之名，但章导出生于 1917 年，绝不可能见过太炎在东京会晤陶成章、王金发的场景。本段文字，或许出自曾随乃父寓居东京的太炎幼女章㻑（穆君）之手。
② 章念驰编订《演讲集》（上），《章太炎全集》（十四），第 68 页。
③ 汤志钧编《陶成章集》，北京：中华书局，1986 年，第 332 页。

一节《革命党原始》缕叙励志会、亡国纪念会、青年会、义勇队、军国民教育会、光复会及同盟会等留日学生革命组织始末,而第二节《诸会党原始》所述伏虎会、白布会、终南会、双龙会、龙华会、平阳党、私贩党等,皆系浙江各地下层社会秘密结社。①以留日学生为骨干的革命党,与秘密会党二水分流的篇章结构,清晰地揭示了新军被广泛策动以前革命阵营的基本人事格局。由"秀才造反"成为革命派精神领袖及舆论先锋的章太炎,将他对墨者及侠士的期许投射到绿林好汉身上,反映的实际是革命派知识分子试图主动串联并以革命思想部勒会党的共同意识。

秘密会党提供了进一步将墨学尚同观念与暴力革命结合起来的基础。以暗杀与暴动为根本方略的光复会,对"墨子服役者百八十人,皆可使赴火蹈刃,死不还踵"(《淮南子·泰族训》)的感召力,表现得格外向往。1904年,陶成章撰著《中国民族权力消长史》,该书叙例以大量篇幅借历史人物宣传民族主义,尝言:

> 我中国有唱兼爱、申民权、表明大同学说之大宗教家(墨翟、孔子、孟子、黄宗羲),世界莫能及;我中国有热心爱国、抗拒异族、百折不磨之大义烈家(刘(昆)[琨]、祖逖、岳飞、文天祥、张世杰、郑成功、张煌言、李定国),世界莫能及;我中国有手提匕首、身履不测、威慑帝王之大义侠家(荆轲、聂政),世界莫能及。②

三类历史人物中,"抗拒异族"的"大义烈家"可谓近代"排满"论者的民族主义榜样,刺杀帝王的"大义侠家"不啻光复会自身暗杀政策的投影,而"唱兼爱、申民权、表明大同学说之大宗教家",指涉的则是光复会社会政治理论的传统来源。在陶成章罗列的四位"大宗教家"中,墨子非但在座次上力压孔、孟及浙省先贤黄宗羲而居于首位,并且墨家的兼爱,也被陶成章拈出,作为

---

① 汤志钧编《陶成章集》,第332—338页。
② 同上书,第214页。括号内容为作者原注。

领起民权主义与大同学说("大同"二字典出《礼记》,本系儒家之说)的首要宗旨。①这种扬墨抑儒且以墨兼儒的言论,不仅对以儒学为大宗的传统经子知识系统构成挑战,同时表明墨学已经成为光复会集体奉行的意识形态。

2. 墨者法禹:古史传说的地缘投射

墨者法禹是经子旧籍中一个常见的表述。《庄子·天下》称墨者"以自苦为极,曰不能如此,非禹之道也,不足谓墨";《淮南子·要略》亦云墨者"背周道而用夏政"。当晚清学者试图重新发掘墨学并清理上古史时,墨者法禹自然也引起了他们的重视。康有为及其门徒炮制诸子托古改制之说,以"墨子之托大禹"为一有力证据,即属显例。②如前所述,在《膏兰室札记》卷三《孝经本夏法说》与《訄书》初刻本《儒墨》《儒侠》等文中,章太炎也曾以墨者法禹论证儒墨之相通。不过章太炎与同时代人的区别在于,他并不满足于把墨者法禹当做一个陈陈相因的典故来复述,而是更多地表现出一种在理论上证明墨子与夏禹关系的兴趣,譬如《孝经本夏法说》曾以严父大孝为观念依据融贯墨学、夏政、《孝经》。然而夏政"宗祀严父,以孝视天下"究竟意义何在? 章太炎晚年于此一语道破:

> "《孝经》'先王有至德要道','先王'谁耶? 郑注谓先王为禹,何以孝道始禹耶?"余谓:"经云'先王有至德要道以顺天下'者,明政治上之孝道异寻常人也。夏后世袭,方有政治上之孝道,故孝道始禹。"③

"政治上之孝道"是将血缘伦理与政权代际嬗递绾合为一的关节点,因而作

---

① 陶成章此书并非革命党历史文献将墨子尊为偶像的孤例。另一则常被人们提到的案例,是1905年的《民报》创刊号,将墨子像置于黄帝、卢梭、华盛顿之后,尊之为"世界第一平等博爱主义大家"。不过,《民报》刊出墨子像晚于章太炎、陶成章等人的著作,并且《民报》由"平等博爱"的启蒙主义视角定位墨子,侧重点与光复会重视墨家组织纪律及任侠精神有所不同。以此观之,浙江系革命党人对墨学意识形态的塑造,在晚清各派革命势力中,仍是颇具个性的。
② 梁启超《清代学术概论》,汤志钧、汤仁泽编《梁启超全集》第十集,第 273 页。
③ 章太炎口述,诸祖耿记录《自述治学之功夫及志向》,章念驰编订《演讲集》(下),《章太炎全集》(十五),第 502 页。引文系章太炎在 1933 年关于早年应答俞樾之问的回忆,其内容实为《孝经本夏法说》前半部分的提要钩玄。

为孝道的开创者,夏禹实际上扮演着奠定此后数千年政治秩序基石的立法者角色。不宁唯是,《膏兰室札记》第 449 则《儿夷同字说》认为夷、仁、人三字同源,三字之孳乳分化表征着夷夏之别的诞生,而其中最具标志性意义的里程碑事件,又是禹创建夏朝:

> 自禹别九土,始有夏称。制字从页白久,以为中国之号。自禹以前,夷与夏固皆谓之人而已。夷俗仁,故即称其类为人,以就人声而命其德曰仁,仁即人字也。……自夷夏既分,不容统谓之人,始就其转音制夷字。①

章太炎平生屡言他用以提奖光复的民族主义并非"以天然民族为界",而是"要以有史为断限"的"历史民族主义",②却未尝道破此"断限"究在何处;由"禹别九土,始有夏称"来看,章太炎心目中默认的夷夏始分的历史基点,就是夏王朝的建立。如此说来,夏禹便不仅是传统政治世袭制度的创立人,还是作为反清革命旗帜的民族主义的滥觞地,其意义之重大,已无待烦言。

为进一步证成夏禹对中国古代文明的奠基性意义,章太炎还试图凭借木火土金水的五行相生次序与父子天伦的相似性,将五行解释为夏政、孝道的衍生物,以及夏禹立政行教的意识形态工具:

> 父子之爱,本属天性,今必谓因五行而立之,盖禹以五行立教,故举此傅会,抑《孝经》实本夏法,而说《孝经》者乃引五行以比傅证成之欤?③

其后在《訄书》初刻本《争教》中,章太炎不惟径指五行为禹之教,还将禹攻有

---

① 沈延国点校《膏兰室札记》,《章太炎全集》(一),第 246 页。
② 章太炎《序种姓上》,朱维铮点校《訄书》重订本《章太炎全集》(三),第 169 页。另参太炎 1913 年 11 月 9 日致袁世凯书,马勇整理《书信集》(上),《章太炎全集》(十二),第 577 页。
③ 章太炎《五行傅孝说》,沈延国点校《膏兰室札记》,《章太炎全集》(一),第 263 页。

扈与十字军东征等宗教战争相提并论。太炎认为，虽然五行观念本身乃"诬民"之说，但夏禹借宗教战争开辟本族生存空间的"争教"之举仍值得肯定。①平情而论，孝道是否足以涵盖五行说之全部真谛尚成问题（至少太炎未能说明五行之相克如何用父子之爱来解释）；然而章太炎将五行理解为仅具意识形态工具性意义的谰言，却直接启发了后世学者将《易·观·象》"圣人以神道设教而天下服"解读为"明知宗教之妄而诱民信为真"的愚民政策。②这种新解对明清以降的中国政治状况固不无针砭之效，但对"神道设教"在经典中的本义来说，也未尝不是"以今度古，想当然耳"。不过，无论章太炎的五行观念是否存在偏颇并产生负面历史效用，重要的是，自 1890 年代中期起，太炎便尝试通过看似琐碎凌乱的经史考据，将"大禹—夏政—孝道—五行—墨学"诸意象整理为一个首尾相衔的逻辑闭环，借此使作为诸子学之一的墨家与以夏禹为中心的上古史转相发明。在此过程中，夏禹的意义得到空前提升：这一形象锚定了华夏文明史的开端。

无独有偶，在《中国民族权力消长史》中，陶成章也将禹"登茅山以朝四方群臣"视作上古华夏族"中央集权"已集大成的标志性事件：

> 盖至是而中央集权之制始臻完美，统一之基业克就，我中国民族强莫与京，确定为中原主人翁矣，是为中央集权之第四次。禹崩会稽，因葬焉，现今浙江绍兴会稽山上，有大禹陵即是也。③

① 朱维铮点校《訄书》初刻本，《章太炎全集》（三），第 91—92 页。《儒术真论》亦曾指出箕子之《洪范》与夏禹之洛书在五行观念上属于同一系统。《齐物论释·释篇题》论及宗教之说，谓其"出乎巫咸，乃因天运地处，日月云雨之故，不可猝知，而起大禹、箕子之畴，则以之涂民耳目而取神器也"（孟琢《齐物论释疏证》，上海：上海人民出版社，2019 年，第 23—24 页）。其后《菿汉微言》犹言"道天无极以行威，则神道设教之事也。殷周之间，举此足以震叠愚氓。墨翟、董仲舒欲以施之晚世，滋为惑矣"（虞云国整理《菿汉微言》，《章太炎全集》（七），第 50 页）。可见章太炎对大禹"神道设教"的理解具有一贯性；而夏政之宗教性，显然与墨学尊天明鬼相通。

② 此说已成 20 世纪中国人文学界对"神道设教"四字的常识性理解，其中最具代表性的案例莫过于钱钟书《管锥编》（北京：三联书店，2008 年）对《周易》观卦的发挥（第 30—39 页）。另如张舜徽亦云："'圣人以神道设教，而天下服矣。'此一语也，足以蔽数千年间帝王欺世之术而无余。"（《学林脞录》，天津：南开大学出版社，2018 年，第 149 页）它例甚夥，不遑枚举。

③ 汤志钧编《陶成章集》，第 307 页。

以"我中国民族强莫与京,确定为中原主人翁"评定夏禹功业,与章太炎以夏禹为"历史民族"之始基的判断相应和,可见章太炎与光复会志士们在墨学意识形态方面的共识,自然而然地延伸到以夏禹为媒介的民族主义表述中。

与章太炎对夏法重孝及五行本义刨根问底的学究兴味相比,陶成章尊禹的动机,更多来自"禹崩会稽因葬焉"触发的乡土意识,这由陶著《中国民族权力消长史》内所有论赞皆以"会稽先生曰"领起,已可窥见一斑。如所周知,光复会成立于上海并以江浙沪皖等地为主要活动范围,其领导成员大多出自浙江绍兴,如蔡元培、陶成章、秋瑾、徐锡麟皆是;1905 年至 1907 年间,徐锡麟、秋瑾先后将绍兴大同学堂经营为培训骨干、联络会党、指挥革命的地下枢纽,绍兴遂成为光复会事实上的大本营。近三十年后,加入过光复会、又曾受业太炎门下的绍兴人鲁迅,在《故事新编·理水》中将夏禹及其追随者描绘为一群"形劳天下"而又有些咄咄逼人的墨者式粗汉,且在去世前夕仍引明末王思任"会稽乃报仇雪耻之乡,非藏垢纳污之地"之语述说会稽民风,①便未尝不是抗战危局唤起的关于光复会地缘情结的历史记忆。

然而,作为光复会思想领袖的章太炎,于其墨禹关系论说中,却未尝正面强调夏禹与绍兴或浙江的渊源。《訄书》重订本《方言》认为,夏禹所都在颍川、南阳,夏与楚"相为扶持",②强调的是夏禹与江汉平原即楚地的关联。这种认识通过章太炎著名的文学史论断"楚本同夏说"持续得到巩固,并参与塑造了章太炎的"武昌情结",对其现实政治活动影响深远。③概括而言,无论"楚本同夏"抑或"禹崩会稽",在清末语境下皆隐寓以"南方"意象确立革命正统、进而反抗北地清廷之意,同属"南方话语"范畴;④但章太炎的夏禹想象,其空间重心在楚而不在越,这就与陶成章等人强烈的会稽本土意识

---

① 鲁迅《女吊》,《且介亭杂文末编》,《鲁迅全集》第 6 卷,第 637 页。文学史领域对鲁迅与墨学之关联讨论较多,参见高远东《论鲁迅与墨子的思想联系》《中国现代文学研究丛刊》1999 年第 2 期;蒋永国《鲁迅与禹墨的相遇及其启示》《广西社会科学》2014 年第 4 期;孙郁《晚年鲁迅文本的"墨学"之影》《北京大学学报》2020 年第 6 期。

② 朱维铮点校《訄书》重订本,《章太炎全集》(三),第 204—205 页。

③ 参见成棣《章太炎的武昌情结及其地缘政治视阈下的南方图景》《汉学研究》2021 年第 3 期。

④ 关于"南方话语"概念,参见林少阳《鼎革以文——清季革命与章太炎"复古"的新文化运动》(上海:上海人民出版社,2018 年)第一编第一章的相关讨论。

形成微妙反差。这种反差预示了1910年以后章太炎与光复会的离心趋势；章太炎辛亥时期以武昌为中心的地缘政治活动脉络，亦已根植于此处。①

3. 墨学与清末革命道德观

东渡日本之后，章太炎在许多场合都表示过对墨学道德品质的推崇。在1906年的《论诸子学》中，章太炎认为作为"古宗教"的墨学虽不及儒、道之无宗教，"其道德则非孔、老所敢窥视也"，②几乎已将墨学道德价值推上先秦九流巅峰。其后在《革命之道德》这篇代表革命阵营系统反思道德建设问题的名作内，章太炎于开篇处便感慨道：

> 呜呼！天步艰难，如阪九（折）[折]，墨翟、禽滑厘之俦，犹不能期其必效，又乃况于柔脆怯弱如吾属者！③

可见墨翟与禽滑厘师徒，已经成为革命者理想人格的化身。事实上，《革命之道德》的墨学色彩，绝不仅见于对墨子大名的标榜，更已内化于对革命道德的具体要求：

> 道德者不必甚深言之，但使确固坚厉、重然诺、轻生死则可矣。④

这种道德要求，极像司马迁在《史记·游侠列传》中描绘的大侠形象："今游侠，其行虽不轨于正义，然其言必信，其行必果，已诺必诚，不爱其躯，赴士之阸困，既已存亡死生矣，而不矜其能，羞伐其德，盖亦有足多者焉。"⑤这与上文所论光复会对墨侠的推尊是相应的。在《革命之道德》一文后半部，章太炎标举明末顾炎武所论知耻、厚重、耿介三事以为救治道德堕废之方，且另增必信二字：

---

① 参见成棣《章太炎组建统一党史事考论》，《史学月刊》2023年第9期。
② 章念驰编订《演讲集》（上），《章太炎全集》（十四），第57页。
③ 章太炎《革命之道德》，《民报》第8号，1906年10月8日。校改的文字参考了收入《太炎文录初编》的《革命道德说》。
④ 章太炎《革命之道德》，《民报》第8号，1906年10月8日。
⑤ （汉）司马迁《史记》，北京：中华书局，1959年，第3181页。

> 余以为知耻、厚重、耿介三者，皆束身自好之谓，而信复周于世用，虽崔苻聚劫之徒，所以得人死力者，亦惟有信而已。……
>
> 言必信，行必果，久要不忘平生之言，贯四时而不改柯易叶者，盖有之矣，我未之见也。必欲正之，则当立一条例。今有人踵门而告曰：尔其为我杀人掘冢。应曰：诺。杀人掘冢，至恶德也，后虽悔之，而无解于前之已诺，则宁犯杀人掘冢之恶德，而必不可失信。以信之为德，足以庚偿杀人掘冢之恶而有余也。①

"言必信，行必果，硁硁然小人哉！抑亦可以为次矣"（《论语·子路》），这是孔子答子贡问"何如斯可谓之士"时给出的最低标准；然而在章太炎看来，这种底线道德却是"周于世用"的当务之急。原因在于必信不止是一己之事，而且涉及个体对群体以及某种主义的忠诚，这正是墨学话语以集体主义推行暴力革命的核心关切。太炎径举"崔苻聚劫之徒"为例，甚至作出"信德之可贵重于杀人掘冢之恶"这样惊世骇俗的价值论断，更暴露他此文是在对革命党内的会党分子应机说法。凡此种种线索，皆表明章太炎东京时代揭橥的"革命道德说"，亦属革命派墨学意识形态之一部分。

《革命之道德》作出过一个著名判断，即"道德大率从于职业而变"。该文认为，在农人、工人、稗贩、坐贾、学究、艺士、通人、行伍、胥徒、幕客、职商、京朝官、方面官、军官、差除官、雇译人等十六类职业序列中，道德水准逐类递减；而整体上，道德与不道德的界限，被划定在第六类艺士与第七类通人之间："自艺士以下率在道德之域，而通人以上多不道德者"。这些论述之所以令思想史研究者极感兴味，是因为以职业为界划分道德高下、并认为下层劳动者道德高尚，绝似 20 世纪席卷中国的阶级分析法的预演。类似见解在太炎 1906 年的其他文字中也有所表露，如《民报》一周年纪念会之演说，指责学界中人常有借权督抚的念头，"志气的下劣，与自信力的薄弱，较之会

---

① 章太炎《革命之道德》，《民报》第 8 号，1906 年 10 月 8 日。

党、强盗，不免有些惭愧"，①似乎抢先半个世纪论证了"知识分子接受贫下中农再教育"的必要。章太炎既将提倡革命道德之责归诸通人，又把通人划入"率多无行"的不道德领域；在 20 世纪的历史上，知识分子一面以启蒙大众的先觉者自任，一面又时时面临沦为革命对象的危险，这种尴尬境地，似可于《革命之道德》一文窥其缩影。如前所述，清末革命阵营内，知识分子的革命主张必须倚赖来自农工商各业的会党分子方得实行，这就难怪章太炎等理论家在借墨者人格塑造革命道德时，会表现出站在劳动阶层立场上规训知识分子的倾向。至于这种倾向很大程度上催化了近代以来知识分子的自我贬抑与矮化，②则为太炎始料所未及。

　　除了道德与职业相挂钩，《革命之道德》的另一突出特点，是对私德的极端重视：

　　　　吾闻古之言道德者曰：大德不踰闲，小德出入可也。今之言道德者曰：公德不踰闲，私德出入可也。道德果有大小公私之异乎？于小且私者，苟有所出入矣；于大且公者，而欲其不踰闲，此乃迫于约束，非自然为之也。……吾辈所处，革命之世，此政府未立、法律未成之世也。方得一芥不与一芥不取者，而后可与任天下之重。……

　　　　优于私德者亦必优于公德，薄于私德者亦必薄于公德，而无道德者之不能革命，较然明矣。③

在《革命之道德》问世以前，对道德公私问题最具影响力的公开讨论，非梁启超刊发于《新民丛报》、后又收入《新民说》的《论公德》《论私德》二文莫属。这两篇立宪派领袖的大作，显然便是章太炎针砭的对象。梁启超借鉴"泰西

---

① 章念驰编订《演讲集》（上），《章太炎全集》（十四），第 68 页。
② 关于近代知识分子的自我贬抑，王汎森《近代知识分子自我形象的转变》（收入氏著《中国近代思想与学术的系谱》，上海：上海三联书店，2018 年）一文已有讨论，其中第三部分集中分析了《革命之道德》。
③ 章太炎《革命之道德》，《民报》第 8 号，1906 年 10 月 8 日。

新伦理"而弘扬的公德,指的是人类赖以结为群体、铸造国家的"相善其群"的能力,强调"一私人对于一团体"(如家族、社会、国家等)的责任,其以道德增进国族凝聚力的意图,与章太炎的墨学论述,其实异曲同工。[1]并且梁启超主张公德,也未尝偏废私德。《论私德》特意强调"德一而已,无所谓公私",并以"谨小"之戒匡救"大德不逾闲,小德可出入"之失。[2]以此观之,章太炎所谓"今之言道德者曰:公德不逾闲,私德出入可也",多少有些为争胜而曲解论敌原意的嫌疑。[3]

虽然,若说章、梁的道德观,在意气之余另有思想分歧可寻,那分歧或许便在于尽管二者同以集体主义为指归,但梁启超以"对私人"与"对团体"分别私德与公德,言下仍有维护群己权界之意,循此以往,私德或将构成群体事务之外的独立空间;而章太炎将革命道德彻底还原为私德,意在强化群体对每一成员的直接且绝对的支配,因而对脱离于群体的个人活动余地更少宽容,其集体主义约束力实较梁启超更为严苛。不仅如此,以私德为革命动员纽带,势必导致将政治行为评判标准化约为道德。清儒戴震所著《孟子字义疏证》借批评宋儒表达对清代君主"以理杀人"的隐微抗议,极得章太炎欣赏;然而当太炎将墨学意识形态贯注于革命道德时,似乎尚未意识到,此举与他极为憎恶的"以理杀人",就其政治道德化一点而论,可能产生近似的流弊。

在以革命私德强化群体控制力的同时,章太炎本人也遭受着墨式群学思想后坐力的冲击。1907年,章太炎在《民报》发表《社会通诠商兑》。为批驳严复所译英人甄克思(Edward Jenks)《社会通诠》(*A History of Politics*)将民族主义绑定于宗法社会的论断,太炎写道:

① 梁启超《论公德》,汤志钧、汤仁泽编《梁启超全集》第二集,第539页。除《新民说》,1900年代初梁启超的道德论述,还见于《德育鉴》《节本明儒学案》《中国之武士道》诸作,其中的集体主义狂热与尚武精神皆与太炎墨侠论同多异少。对梁启超相关著作的解读参见[美]张灏《梁启超与现代中国思想的过渡》,崔志海、葛夫平译,第194—198页。
② 汤志钧、汤仁泽编《梁启超全集》第二集,第634、651页。
③ 彭春凌指出,在革命派与保皇党政敌的论战中,"无事生非、同中求异,才往往是政治攻伐的常态。两党也每每故意将焦点转移到价值层面上,指责对方丧失正义与道德"(《章太炎在台湾与明治日本思想的初遇——兼论戊戌后康有为、章太炎政治主张之异同》,《近代史研究》2013年第5期)。章太炎对梁启超公德论的非难,亦可为此判断添一注脚。

今之民族主义，非直与宗法社会不相一致，而其力又有足以促宗法社会之镕解者。夫祠堂族长之制，今虽差愈于古，亦差愈于欧洲。要其仆遬之体，褊陋之见，有害于齐一亦明矣。……今有外敌以乘吾隙，思同德协力以格拒之，推其本原，则曰以四百兆人为一族，而无问其氏姓世系。……

故内之以同国相维，外之以同患相救，当是时，则惟军国社会是务，而宗法社会弃之如脱屣耳矣。……自有会党，而其人粮不宿舂，襆被远行，千里无饥寒之患；其在同党，虽无葭莩微末之亲，一见如故，班荆而与之食，宝刀可脱也，轻裘可共也，左骖可解也，斯无待祠堂义庄之补助，而宗法社会之观念自灭。视同姓之昆弟，常不如其同会，虽古之郑庄、剧孟，方之末矣！①

前文指出，儒学亲亲伦理实为章太炎思想的一层重要底色，基于这一点，太炎对爱无等差的墨家群学始终不无微词。然而在《社会通诠商兑》中，章太炎竟罕见地批评宗族制度"有害于齐一"，呼吁以对四百兆人之每一分子直接动员的军国社会代替宗法社会，并称其间之跳板即是革命派倚为干城的会党。在光复会等墨家式集群中浸淫日久的章太炎，其思想亦在道家玄同、儒家大同、墨家尚同的诸子学义理光谱内显现"向左转"趋势。此一趋势是章太炎与革命派，特别是其中的会党分子长期互动的结果，也是他在此后不久即由墨家兼爱尚同改宗庄生齐物的极为关键的思想背景。

在前辈学者的研究中，章太炎革命道德说与光复会等浙江系革命势力的相关性，已经得到过指认。日本学者近藤邦康以地缘为界，将革命思想分为浙江、湖南、广东三大派，而以关注"每个人的革命道德"为浙江派、特别是光复会区别于湖南派（华兴会）之"一省自立"、广东派（兴中会）之"一国的革命方略"的突出特征。②在此基础上，如果进一步了解革命道德说相对于墨学意识形态的从属性关系，便可知对"每个人的革命道德"的强调，

① 章太炎《社会通诠商兑》，《民报》第 12 号，1907 年 3 月 6 日。
② ［日］近藤邦康《革命思想的三大潮流——浙江、湖南、广东》，《救亡与传统——五四思想形成之内在逻辑》，丁晓强等译，太原：山西人民出版社，1988 年，第 118—119 页。

实质上反映出高度集权的墨式群学伦理,在浙系革命组织中,达到了更高程度的自觉。此一观察,或将有助于更为深入地理解清末革命思潮内部的派系分野。

余论:群独张力及其历史回声

本文梳理了墨学与章太炎早年社会政治思想及现实行动的关系以及章氏墨学论述与光复会意识形态的互动。墨式群学核心诉求在于集权于上;"法家之所患,在魁柄下移",[①]"人主独贵者,其政平",[②]章太炎的法家观点与他的墨学见解是相通的。"法者,制度之大名"[③]的基本判断固然表明太炎推崇法家并不等于鼓吹君主专制,但他的集权倾向,不仅闪现于他的诸子学见解,也贯彻于转向革命之后的一系列政治实践。

不过,正如前文提到的那样,在最早提出大独必群的《独居记》中,"大群"本是以"大独"为先决条件的。虽说集权与群体主义倾向构成了戊戌政变至 1906 年二次东渡日本之间章太炎思想结构的一重典型面貌,但"独行"精神,也未尝不是太炎心灵深处的一项基本人格特征。[④]《独居记》文末,章太炎为自己的"独夫"面目绘制了一幅相当坦诚而生动的自画像:

---

① 章太炎《正葛》,朱维铮点校《訄书》重订本,《章太炎全集》(三),第 266 页。
② 章太炎《秦政记》,徐复点校《太炎文录初编》,《章太炎全集》(八),第 64 页。
③ 章太炎《商鞅》,朱维铮点校《訄书》重订本,《章太炎全集》(三),第 263 页。
④ 既往研究中,王玉华将"特立独行"的品性与太炎在文学方面对"魏晋风骨"的推尊联系在一起并予以考察(《多元视野与传统的合理化》,上海:上海人民出版社,2018 年,第 78—89 页)。张春香讨论过章太炎的"大独"人格之形成与其家世、师承及时代氛围的关联(《试析章太炎"大独"人格形成之原因》,《湖北社会科学》2006 年第 5 期)。林少阳以章太炎早年著作中频繁出现的"哀""独"概念为切入口,探究传统经典中的"狂狷"精神与太炎儒学革命思想的关联(《鼎革以文》,第 314—326 页)。彭春凌则指出,在译介岸本能武太《社会学》的过程里,章太炎将"隐""废""逃群"等中国传统词汇与近代个人自由思想勾联,进而以"出世"抵抗清末新政、推动革命(《从岸本能武太到章太炎:自由与秩序之思的跨洋交流》,《历史研究》2020 年第 3 期)。以上研究视角各有千秋,所涉亦与本文关注的独行人格颇有交集,但本文主要问题意识,是分析章太炎独行人格与墨家式群体及清末革命之意识形态的紧张关系,这与先行学者关注太炎对东西知识资源的整合,就侧重点而言仍稍有不同。

  乌乎！吾亦独夫而已。耿介好制行，时有所是非，则人亦媚之。眸子如豆，以自观也；心如丸卵，以自知也。踵翁之独，顾未能逮其群，故曰独而已。翁之独既燿于众，而吾之独尚莫甄襮之，悲夫！①

章太炎因自己能独而未能群、且其独未得甄襮而发出的慨叹，恰好说明以"必群"为理想的他，其实际心理状态与行动取向皆更偏于独行。己亥（1899）夏历岁末，章太炎在初刻本《訄书》目录后的题词中写道："幼慕独行，壮丁患难，吾行却曲，废不中权"，②正是对《独居记》中自我人格剖析的凝练概括。同样认知亦见于回应俞樾的《谢本师》："先生为人岂弟，不好声色，而余喜独行赴渊之士。"③凡此诸例，皆表明章太炎对自身的独行品格有着明确的自觉。而在章太炎的朋友们眼中，独行也是形容太炎性格的头号标签，孙宝瑄便曾"赠枚叔以寒梅独鹤四字肖其性格"。④然而，独行人格与"上之所是，必皆是之"的墨式群学伦理明显相悖，因此二者的冲突，遂成为困扰太炎的一大难题。

  初刻本《訄书》结集时，章太炎将修订后的《独居记》改题为《明独》收入其中。值得注意的是，《明独》对前揭《独居记》自"乌乎！吾亦独夫而已"以下的文字全部改写；其中关于求群而不得的自伤之辞，不仅篇幅更长，并且尤为沉痛悲观。在对戊戌维新的壮烈失败后国事日非、大群将涣的现实深致慨叹之余，章太炎写道：

  余，越之贱氓也，生又赢弱，无骥骜之气，焦明之志，犹惛凄忉怛，悲世之不淑，耻不逮重华，而哀非吾徒者。窃闵夫志士之合而莫之为缀游也，其任侠者又吁群而失其人也，知不独行不足以树大旅。虽然，吾又

---

① 马勇整理《太炎文录补编》（上），《章太炎全集》（十），第 3 页。
② 朱维铮点校《訄书》初刻本，《章太炎全集》（三），第 5 页。太炎题词时间考证参见朱维铮先生在该卷前言中的说明。
③ 马勇整理《太炎文录补编》（上），《章太炎全集》（十），第 230 页。
④ 童杨校订《孙宝瑄日记》，光绪二十四年戊戌十月初二日条，第 298 页。

求独而不可得也。于斯时也,是天地闭、贤人隐之世也。吾不能为狂接舆之行唫,吾不能为逄子庆之戴盆,吾流污于后世,必矣!①

"窃闵夫志士之合而莫之为缀游",隐含着对维新运动陷入低潮的哀惋;不过更可玩味的却是"其任侠者又吁群而失其人"一语。前文已经指出,"任侠"二字在晚清语境下常常是作为会党之别名而出现的。②章太炎由改良转向革命的蜕变,与他在思想上对墨式群学的推尊及现实中与会党中人的合流过程相为表里;但《明独》对任侠者"失人"的非议,则表明太炎并非与墨学意识形态及其奉行者一拍即合,而是在与后者趋近的同时仍旧心怀疑虑。在这种悲观情绪驱使下,志在求群的章太炎反而断定当下乃是"天地闭、贤人隐"的绝望之世,并流露出对楚狂接舆、逄萌等古代独行隐逸之士的歆羡之情,似乎浑然忘却《訄书·原变》等文对"山林之士"的严谴,颇显进退失据之态。

独行人格与救亡思潮的冲突给章太炎造成的精神压力,在《菌说》中有着更为沉痛深刻的表达:

仲虺有言:兼弱攻昧,是道家之说也。其心独鸷,亦独明于天人之故……白人果有大同之志,博施济众之仁,能胜于黄人也?惟其智勇能窃圣法焉尔。……

然则以大智而充仁义之量,诚无如荀子所言哉?然而洁身中清者,将安往矣。呜呼!吾于是知兼弱攻昧,则迫务光于清冷,而驱伯夷于首阳也。彼大盗者,诚非独行之士所能与处也。③

---

① 朱维铮点校《訄书》初刻本,《章太炎全集》(三),第54—55页。由该文中"西入周南,而东入郁銊之都"二语判断,《明独》修订完成必在1899年夏首次东游日本之后。
② 《章太炎选集》在此篇"任侠者又吁群而失其人"一语下出注云:"吁群,指游民无产者为主结成的秘密会社,如哥老会、袍哥会、理教会、三合会、三点会等。"(朱维铮、姜义华编《章太炎选集(注释本)》,上海:上海人民出版社,1981年,第9页)限于史料,我们至今尚难确定在1890年代具体有哪些秘密会社与章太炎有过现实接触并可能成为《明独》意中所指,但《选集》的这则注释,无疑仍是细致而有见地的。
③ 马勇整理《太炎文录补编》(上),《章太炎全集》(十),第190页。

《菌说》断言"彼大盗者，诚非独行之士所能与处"，对强权体制的反感表现得更加鲜明。不过此语还不只是章太炎个人政治诉求的表达。因为在上文中，章太炎批判19世纪由西方帝国主义者主导的国际丛林法则，惟力是视而毫无仁义可言；此一批判隐含的推论，便是即使国人能以"合群明分"的方式同心抗敌，实际也仍是在复制"兼弱攻昧"的丛林法则，"以暴易暴，不知其非"，故而无救于中华礼乐文明之劫运。这正是章太炎刚刚在上文中呼吁以荀兼墨实现"合群致死以自御侮"，紧接着却又笔锋一转，为独行之士作穷途之哭的根本原因。《菌说》中"独行之士"与"大盗"的对立，既是章太炎本人与墨家式团体既相吸又相斥的隐喻，也构成古老的中国文化在帝国主义压迫下逐渐失去生存空间的隐喻；个体生命与国族命运的相互交叠，极大地增加了独行人格的思想深度，同时也埋下了太炎在1908年以后抨击文明论等殖民主义意识形态的伏笔。

有读者或许会质疑，1899年的《明独》与《菌说》仅能反映章太炎从改良向革命过渡期间的短暂摇摆，而不足以代表太炎决意暴力抗清之后的思想状态。那么我们不妨重温一下发表在同盟会机关报上的《革命之道德》。在缕析十六种行业道德高低之后，太炎写道：

> 今日与艺士通人居，必不如与学究居之乐也；与学究居，必不如与农工裨贩坐贾居之乐也；与丁壮有职业者居，必不如与儿童无职业者居之乐也。呜呼！山林欤？皋壤欤？使我欣欣而乐欤？乐未毕也，哀又继之。哀乐之来，吾不能御，其去弗能止。悲夫！[1]

按照"知识愈进，道德愈下"的逻辑推论下去，人间之乐乃在"与儿童无职业者居"，甚至退回山林皋壤之间；而一旦退回山林，又将面临失群之哀。这种趋向独行隐逸的退志，以及徘徊在人群与山林之间的失路之悲，正是《明独》《菌说》等早期作品中同一独行情结的再度流露。在卷帙浩繁的遗著中，读

---

[1] 章太炎《革命之道德》，《民报》第8号，1906年10月8日。

者或许早已见惯了那个个性强悍且善作理性分析的章太炎；然而，山林之乐与失群之哀的交相刺激，竟也将他引向哀乐无节的失控状态，并最终在群与独、乐与哀的撕扯中陷入无力的悲叹，这里展现出章太炎性格中敏感、脆弱，甚至有些情感导向的一面，不仅与人们习见的太炎形象形成尖锐反差，也严重偏离了《革命之道德》全文乃至《民报》动员革命的主题。①群独张力不是章太炎思想转型期内的暂时症状，而是他在接受墨式群学的同时始终未能走出的精神困境。

萧公权尝谓"章氏言九世之仇则满腔热血，述五无之论则一片冰心，寒暖相殊，先后自异"，"盖章氏之政治思想乃一深切沉痛而微妙之抗议也"。②从章太炎精神深处的群独张力来看，萧氏此论对太炎学术基本气质是极具洞见的。而独行人格对集体主义与丛林政治的执拗反抗，正是齐物哲学在社会政治思想方面的出发点。《检论·订孔下》非难墨学"天志、尚同之末，以众暴寡"，而"荀卿虽解蔽，观其约束，举无以异于墨氏"。③《齐物论释》阐发庄学"自在而无对""平等而咸适"的奥义，进而捍卫个体生命的自由与不同文明平等生存的权利，更是以批评墨学"兼爱不可以宜众"发端。④齐物哲学以个体自由为本位的政治理念，乃是对墨式群学伦理的极具针对性的自我反拨；如以作为知识系统的经学—诸子学为观察坐标，则齐物哲学之建立的意义，在社会政治思想的维度上，应当被理解为一场从墨家转向道家的子学范式革命。

潜伏在章太炎思想世界中的群独张力同样存在于光复会的精神结构。

①　《庄子·大宗师》："安时而处顺，哀乐不能入也，此古之所谓县解也。"《革命之道德》悲叹"哀乐之来，吾不能御，其去弗能止也"，似反用《庄子》典故。太炎与庄学之投缘，预示着他日后以庄学反思墨学的思想转折。林少阳《鼎革以文——清季革命与章太炎"复古"的新文化运动》第六章对太炎著作中"哀"之概念的分析，及秦燕春《剥皮寮中的情圣》（《书城》2020 年 12 月号）对太炎重情性格及道德情感认知的讨论，皆触及章氏思想的情感主义维度，可参看。

②　萧公权《中国政治思想史》，沈阳：辽宁教育出版社，1998 年，第 819 页。

③　朱维铮点校《检论》，《章太炎全集》（三），第 434 页。

④　孟琢《齐物论释疏证》，第 3—8 页。无独有偶，1921 年梁启超著《墨子学案》，也批评"墨子的新社会，可谓之平等而极不自由的社会"，"不免干涉思想自由太过"，且引用了章太炎中年以后对墨学的批评（汤志钧、汤仁泽编《梁启超全集》第十一集，第 150 页），二人思想变迁轨迹仍不无交集。

墨者、侠士、刺客三种形象的糅合，是墨学与光复会结合的重要渠道；但这种糅合也不无可商。郭沫若尝言：

> 侠何尝就是墨呢？侠者以武犯禁，轻视权威，同情弱者，下比而不上同，在精神上与墨家正相反对。①

单就学术评价一点而论，郭沫若可谓近代墨学升格潮流的逆行者。他鲜明地指出墨学的极权政治取向，进而抉发墨学权威意识与侠者反叛精神的分歧，诚为有识。惟稍有辨者，则在郭氏所谓侠者之内涵。倘若侠者指独立于现政权外的集权化团体，则其"轻视权威，同情弱者"未必与墨学反对，毕竟藐视旧权威而欲代之以新权威者本身仍难脱权威主义藩篱。但是，如果侠者"以武犯禁"的方式是自行其是、单兵作战，则确与尚同观念矛盾。而光复会的暗杀狂热，更接近的恰恰是个人主义而非群体本位。这就意味着光复会所认同的刺客形象，与墨者或侠者并不能划上等号，其间甚至可能存在尖锐对立。对此陶成章有过明确反思：

> 盖浙人素多个人性质，少团体性质。其行事也，喜独不喜群，既不问人，亦愿人之不彼问。②

墨家群学伦理在清末革命史上的充分自觉，竟是由"喜独不喜群"的浙系革命团体实现，这一历史奇观同章太炎思想中的群独张力具有高度同构性，亦与光复会的命运密切相关。1910 年光复会重新独立后，愈加专重以暗杀活动"一举覆清"，同时提倡"专主个人运动，以教育为根本"。③在单靠刺杀实现革命目标这一带有极强空想性的计划难以快速奏功的情况下，光复会转

---

① 郭沫若《青铜时代·墨子的思想》，《郭沫若全集》历史编第一卷，北京：人民出版社，1982 年，第484 页。
② 陶成章《浙案纪略》，汤志钧编《陶成章集》，第 335 页。
③ 陶成章《致魏兰书》，汤志钧编《陶成章集》，第 189—190 页。

向缓进乃至陷入困顿,终于在辛亥革命后随着陶成章遇刺而烟消云散,就并不令人意外。①光复会衰亡于其"个人性质"对墨家群学的消解,亦即墨学意识形态的不彻底性。尽管如此,光复会等浙系革命团体的集群实践,仍然准确切中了后来国家权力内卷化的基本问题,所待者惟在组织形式之更新与社会经济结构更加深刻的系统性变动。清末革命的未竟之业,由此成为 20世纪中国漫长革命史的序曲。

① 关于光复会后期历史的简要梳理,参见杨天石、蒋学庄《同盟会的分裂与光复会的重建》,《近代史研究》1979 年第 1 期。

The Mohist Influences in Zhang Taiyan's Early Political Thought

Cheng Di

Abstract: In the knowledge system of Chinese classics and Zhu-zi-xue, the theories of "Jian-ai" and "Shang-tong" advocated by Mozi represents the conceptual prototype of centralized social-organize form in human life. The convergence of the revival of Mohism and the ideological trend of "Qun-xue" at the end of the 19th century reflected the dominance of centralism thought in the process of power integration in modern China, during which Zhang Taiyan's Mohism discussions played an important role. In the 1890s, Zhang once tried to reconcile Mohism with the *Xunzi*, and settle Mohism "Qun-xue" in the "differential mode of association". As Zhang shifted from reformism to revolution, Mohism's dominant power in his political thought and practical actions became increasingly prominent, and thus participated in shaping the ideology of revolutionary groups such as the Restoration Society through their interactions with Zhang in the late Qing Dynasty. However, there was always a tension between Zhang's solitary personality and Mohism "Qun-xue", which was an important motivation for Zhang to construct the "Qi-wu" philosophy after 1908 and systematically reverse Mohism with Taoism. The initial practice of Mohism ideology in the late Qing revolution foreshadowed the basic evolution route of Chinese political history in the 20th century.

Keywords: Zhang Taiyan, "Jian-ai Shang-tong", Mohism, the Restoration Society, state involution

中外融贯，韵旋毂转

——章太炎《成均图》图式研究

周敏秋

（华东师范大学思勉人文高等研究院）

摘要：《成均图》是章太炎的音学代表作，也是中国现代语言学的名著。故历来为之注疏者众多，且多是语言文字学名家。然而，关于其图式原型，学者们皆囿于"如陶均之圆"五字，长期以来均主陶均圆盘说，未能明确指出《成均图》图式的真正来源，从而无法揭橥章太炎在图式的选择和设计上的一片苦心。文章通过分析章太炎创作《成均图》的学术背景，确定其图式的原型有二：一是来自戴震《考工记图说》与阮元《考工记车制图解》所绘制的轮图，实为由毂、辐、牙等部件组合而成的车轮图（Wheel）；图式创作完成之后，为实现执简驭繁、图文合一，《成均图》的图式摆置凡经三变，最终确定为分界竖立、中轴横摆、左阴右阳的型式。二是来自早期国际音标（IPA）的三角元音图。先根据元音三角图确定基本元音，再根据对转关系制作鼻音三角图，以轴声为钤键，平均分配古韵，制成二十三部阴阳平列直排图。章太炎以海纳百川的开放态度，从中国、欧洲、印度及日本等不同文化系统中汲取营养，融会乾嘉小学、欧洲历史比较语言学、普通语言学与印度声明学等语言学理论和成果，创建出别具一格的中国音学理论体系。荟萃中外音学成果的《成均图》，先改清儒韵目表的平行线为国际音标三角图，最终改用圆转轮图，由列表排列变为周回运转的图形，采用圆轮图来展示阴阳对转理论，不仅减省识记之繁，视觉呈现效果极佳，而且体现了章氏将古韵二十三部分配入图的巧思，蕴含着独特的音学理论和经世思想。

关键词：章太炎 《成均图》 阴阳对转 车轮图 国际音标（IPA）

一、陶均圆盘说质疑:《成均图》研究史的回顾与检讨

《成均图》是章太炎的音学代表作,也是中国现代语言学的名著。俞敏甚至认为,《成均图》"于古音之学,独揽其全,自为体系","生今之日而言小学,舍章氏之书末由"。①尽管章太炎在清末与民初曾亲自讲解过《成均图》,但因《成均图》蕴含了他"在音理上的独创见解及其深邃的命题",往往被学人视为"天书",令"望者生畏,行者却步"。②因此,民国以来,学者们纷纷为之注疏与解说,如胡以鲁、黄侃、李镜蓉、沈兼士、钱玄同、魏建功、罗常培、王力、马宗霍、徐复、潘重规、汤炳正、姜亮夫、陈新雄、郭诚永、俞敏、朱星、唐文等中国语言文字学名家,或讲解演绎,论其得失;或注释疏证,详其事理。

目前所知,最早为《成均图》作注释者,或是东京时期的章门弟子李镜蓉。李镜蓉(1882—1947),字亮工,山西河津人。1904 年公费留学日本帝国大学,1908 年毕业回国。居东期间,师从章氏研习国学,精絜《说文》《尔雅》。回国后任教于山西大学国文系,讲授语言文字之学。李镜蓉笺释章氏著作,阐扬师说,不遗余力,适与南通缪篆南北辉映。③其遗著中有《〈成均

---

① 俞敏《章氏小学三书索引序》,氏著《中国语文学论文选》,东京:日本光生馆,1984 年,第 198 页。

② 汤炳正《从〈成均图〉看太炎先生对音学理论的建树》,章太炎纪念馆编《先驱的踪迹》,杭州:浙江古籍出版社,1988 年,第 200 页;又《语言之起源(增补本)》,太原:三晋出版社,2015 年,第 217 页。

③ 按:缪篆师从章太炎,在 1913 年章氏出任东北筹边使之时。《太炎自定年谱》说:"吉林民政司韩国钧紫石适去官,荐泰县缪学贤子才于余。子才擅测绘,尝为《吉林图》,余甚爱之。……子才复为绘《黑龙江图》,校旧东三省图为精矣。"其后,缪篆任教于各校,笺释章氏著作,阐扬师说,不遗余力,适与山西李镜蓉南北辉映。章太炎称赞道:"泰县缪篆子才,学问精博,兼能文章,尝为余所著《齐物论释》等作注,皆萃十余年之精力为之。"(《申报》1933 年 5 月 13 日,第 21581 号,第 11 版。)沈延国《缪子才先生遗著》识语说:"泰县缪君子才以疾卒于香港,噩耗遽传,闻之怆痛。民国二年,章公筹备东三省,缪君因吉林民政司韩公紫石介,从章公问业。君绘吉林、黑龙江二图,较旧东三省图为精,章公爱之。其后教授厦门、中山诸大学,著述益丰,有《齐物论释注》《国故论衡注》《检论注》《老子古微》等书,皆成巨帙。君又同县黄锡朋游,所著《显道》《原道》如干卷,间涉黄学,亦别有利解。然勤阐师说,征引广博如君者,吾同门中不多觏焉。《老子古微》将于次期续完,《齐物论释注》《国故论衡注》《检论注》亦拟由《制言》次第付印。"(《制言》1936 年第 50 期,第 61 页。)

图〉解《章太炎〈文始〉注释》《〈文学总略〉笺注》《〈左氏春秋疑义答问〉笺记》四种。①李氏于民初目睹南北分裂，外交穷困，"内忧外患，危险万分"，②又挥毫作文《释洗心》，大声疾呼，发扬章太炎以佛学发起信心、增进国民道德之旨，希冀国人"各洗心田，以培元气"，养成民族精神，以维护国家统一，"南北一家，无阋墙之衅"。③故其病逝后，门人贾止净在挽联中说他"术学继叔董，心传章绛"。④惜其书稿多毁于"文革"之中，今存者仅《左氏春秋疑文答问笺注(外二种)》一种，三晋出版社 2015 年影印刊行，改名《春秋左氏疑义答问笺注》。至于《成均图解》对章氏音学名著之解析，恐怕已与人俱逝矣。⑤

其次有章太炎私淑弟子庞俊。庞俊(1895—1964)，字石帚，四川綦江人。庞氏因歆慕乾嘉实事求是之风，又倾心于章太炎其人其学，乃遍阅《章氏丛书》，钻研十年，窥见章氏学术要旨，敬佩万分，遂遥执师礼，自称私淑。执教巴蜀各校间，奋力笺注《国故论衡》，以为授课讲义。1934 年，章太炎讲学苏州，庞俊适作南游，以"所为《国故论衡疏证》，颇有疑滞，恨未能摄齐请益……谓当弭棹吴江，瞻郑乡之乔木"。⑥不料故里兵祸，只能仓卒西还。惟有修书寄奉《疏证》与近著，聊慰遗憾。1936 年太炎病殁后，庞俊与四川学界发起公祭，并作《四川公祭余杭章先生文》，以表心丧之恸。祭辞中说："或发私淑之慕，或霑启发之诲。山川修阻，邈矣曷攀。吊不及门，哭不凭棺。惟此尊酒，以酹烦冤。"虽为私淑，而尊师之道不下于及门诸子，弘扬师说不亚乎著籍多士。庞俊所作《国故论衡疏证》，中卷文学、下卷诸子均告成书，

---

① 尚恒元《读春秋左氏疑义答问笺注》，《运城学院学报》2013 年第 6 期，第 31 页。按：关于李镜蓉生平与著述，除本文所引樊廷英、尚恒元两文外，详参薛千山《国学大师李亮工》，太原：三晋出版社，2012 年。李氏遗著，尚有《音韵学》《音韵学增订加注》《说文解字注订》《说文解字增订笺记》《尔雅新义》《说文例十六种》《春秋五十九凡例》《吕季姜醴壶铭记》等数种，"文革"时被西安"红恐队"抄走，多已亡佚。

② 李镜蓉《释洗心》，《尚贤堂纪事》1920 年第 11 卷第 4 期，第 16 页。

③ 李镜蓉《释洗心》，《尚贤堂纪事》1920 年第 11 卷第 5 期，第 19 页。

④ 樊廷英《南章北李 一代宗师——同盟会员、著名国学家李亮工先生生平》附《各界致亮工先生寿联挽联选录》，《河津文史资料》(第 2 辑)，河津：河津市阳光胶印厂，1986 年，第 63 页。

⑤ 按：徐复《章氏〈成均图〉疏证》注⑪⑲⑳，三次援引"李镜蓉《〈成均图〉释》"，说明徐氏曾见李氏手稿，但书名不作《〈成均图〉解》。

⑥ 庞俊《与章太炎先生书》，氏著《养晴室遗集》卷七，成都：巴蜀书社，2013 年，第 267 页。

惟上卷小学付诸阙如。弟子郭诚永，以师之《疏证》尚阙一卷为憾，乃立志续注上卷，誓成完璧。两年劬苦，卒于1984年完成《国故论衡上卷小学之部疏证》，而其书迟至2008年方由中华书局出版。[①]

黄侃门生、章太炎晚年弟子徐复（1912—2006，字士复，江苏武进人），亦尝笺注《成均图》。其文先略举胡以鲁、黄侃、钱玄同、王力、杨树达五家对《成均图》的评论，再对比《章氏丛书》本《国故论衡·成均图》与《文始·成均图》之异同，尔后对全文进行详注。注释共417个，详注音证、音例，纂《章氏〈成韵图〉疏证》，文成于中国社会转型之1977—1978年。[②]其后，徐氏耗费二十年光阴，为章氏壮年所著之《訄书》作注，撰成巨帙《訄书详注》。

稍后于徐复，意欲注释《成均图》者，尚有朱星与唐文。朱星（1911—1982），字星元，江苏宜兴人，曾在无锡国学专修学校肄业。1942年，朱星任教于天津工商学院女子部文学系，因讲授文字学而研读章氏著作，认为"《国故论衡》上卷十一篇是中国最早之语言学概论，但文字艰深"，打算详作注释。1950年，朱氏赴锦帆路拜访章夫人汤国梨，汤夫人对其注释《国故论衡》上卷之意甚为赞许，并赠以《訄书》一部。惜政治运动频繁，朱氏未能竟其绪业，但"注《国故论衡》之心未已"。1980年秋，唐文因老师徐复引见，在某学术会议上拜谒朱星，每日论学竟夕，相得甚欢。次年12月，朱氏致函唐文，提及早年阅读和拟注《国故论衡》的想法，提议由二人合作注译《国故论衡》小学卷："足下若能与我合作，《国故论衡》上卷11篇至多一年当可完成并加译为白话文，这对于建立适合汉语情况的语言学概论，将大有裨益。"唐文慨然应命，拟定计划：先由唐草拟初稿，然后由朱修正定稿。徐复闻讯，亦极表鼓励。1982年8月，朱星元病重住院，入院前致函唐文，"谆嘱抓紧独

---

① 郭诚永《国故论衡疏证上卷序》，庞俊、郭诚永《国故论衡疏证》，北京：中华书局，2008年，第1—3页。

② 徐复《章氏〈成均图〉疏证》，氏著《徐复语言文字学丛稿》，南京：江苏古籍出版社，1990年，第44—114页。文末说明撰作时间是："1977年10月撰稿，1978年在南京师院校庆学术会上报告。"

自完成此项工作，俟病稍瘥，当为作一序文"。①惜唐氏注译即将告成之时，噩耗传来，《〈成均图〉疏证》②之朱序，从此难全。

　　章氏三传弟子俞敏（1916—1995，天津人），"自廿三岁，读章氏书，心仪其学"，以为"余杭章氏，生戴、钱、段、王之后，潜心其学，列古韵廿三部，为《成均》之图，部为之'音准'；又申'娘日归泥'之辨，斯于古音之学，独揽其全，自为体系"。同时又汲取印欧比较语言学理论，推寻语根，建立汉语词源学。俞敏由此而感慨道，章氏之学"度越前人远矣"，"生今之日而言小学，舍章氏之书末由"。故而在 1930 年 7 月至 1932 年 9 月间，费时两年余，编成《章氏小学三书索引》，"于《文始》用朱书，《新方言》用青，《小学答问》用紫"，取以自便。③其后，作《论古韵合帖屑没曷五部之通转》，论章氏词源学名著《文始》之理论渊源，"实出德人牟拉（Max Mueller）之《言语学讲义》"；④又著《章太炎语言文字学里的梵文影响》，申论章氏语言文字学中西欧与印度语言学的学术渊源，认为章氏音学名著《成均图》"受梵文影响更大"：如古音音系元音部分是全盘比照梵文而定，古音构拟是"以梵律周"，古纽方面偏重喉牙音，同样是深受梵文模式的影响。至于语根、语转理论，更是处处以梵语为参照。⑤约与徐复同时，俞敏有见于《成均图》之难读，为便于初学者，乃"随文略加注释"，对于章太炎古音学中承自清儒、取自梵文影响之处，"也随文略加笺注"。不仅如此，俞氏认为，"戴（震）、章（太炎）除分部外，都拟过音"，因此在注释《成均图》时，借其精通梵文、普通语言学的学识，根据《成均

①　唐文《深切怀念星元先生》，本社编《朱星先生纪念文集》，北京：语文出版社，1994 年，第 54—56 页。

②　唐文《〈成均图〉疏证》，连载于《苏州科技大学学报（社会科学版）》1985 年，第 106—118 页；1986 年第 1 期，第 31—37、15 页。按：编者致意说："本文系《国故论衡疏证》一书中的一章，约五万字。本刊已连载约三万字，但囿于篇幅，不拟再续。读者可阅读专著《国故论衡疏证》，将由陕西人民出版社出版。"笔者未能查到该书信息，不知出版与否。

③　俞敏《章氏小学三书索引序》，《中国语文学论文选》，第 198—199 页。按：俞氏编纂之《章氏小学三书索引》，至今未见出版。2022 年 12 月 4 日，汤方波先生曾代笔者向美国华盛顿大学英文系教授俞宁先生咨询，俞先生答覆说：先父遗稿均已捐给北京师范大学，年远事久，《章氏小学三书索引》的存遗情况，今已不能周悉。

④　俞敏《论古韵合帖屑没曷五部之通转》，《燕京学报》1948 年第 34 期，第 30 页。

⑤　俞敏《章太炎语言文字学里的梵文影响》，《中国语文学论文选》，第 247—253 页。

图》和《二十三部音准》,用国际音标为章氏古韵二十三部构拟音值。①但出于排印方便的考虑,同时为避免在引用梵文时引起歧义,最终采用拉丁字母。②其弟子邹晓丽为之理董、校补,撰成《〈国故论衡·成均图〉注》一文,时在 1981 年。③

1983 年前后,章太炎晚年弟子汤炳正,为四川师范大学中国古代文学所的研究生讲授语言文字学,选取《成均图》一篇,为之详细注释和讲解,其备课讲义即《〈国故论衡〉讲疏》。《讲疏》分"引言""《成均图》概述""《成均图》注释"三个部分。概述部分,包括《成均图》的名称解释、主要特点、名词解释、十二条例,以及对黄侃、钱玄同、王力评论《成均图》的意见提出自己的看法。注释部分,除详注原文外,尤其注重阐明音理,与各家注释本最为不同。④1986 年,时值太炎先生逝世五十周年,汤炳正撰《从〈成均图〉看太炎先生对音学理论的建树》一文,对《成均图》音学理论之科学论断与探索精神进行阐幽发微,其见解之高明,论断之精辟,至今仍是解读和阐释章氏音学理论和《成均图》不可多得的佳作。⑤

自清末章太炎亲自讲解《成均图》以来,章门弟子黄侃、沈兼士、李镜蓉、汤炳正、姜亮夫等人踵武其后,相继在课堂上讲授,李、汤二人更有注释之作;章门再传弟子徐复、郭诚永,三传弟子唐文、俞敏,四传弟子邹晓丽,亦先后疏证《成均图》。前后四五代人,历时将近百年,纷纷致力于注疏、讲解章

---

① 按:俞敏用国际音标为《成均图》二十三部古韵拟音,曹述敬在《钱玄同的古韵说——古语廿八部音读之假定》附《十七家古音分部对照表》的附记中说道:"这次印刷的时候,又于章太炎的古韵二十三部之下加注了用国际音标标记的音读,这是俞敏先生根据章氏《二十三部音准》《音理论》等文构拟的。承俞先生允予过录,公诸同好,至为感佩。一九八二年四月补白。"见曹述敬编《钱玄同音学论著选辑》,太原:山西人民出版社,1988 年,第 176 页。

② 俞敏注释,邹晓丽校补《〈国故论衡·成均图〉注》,北京市语言学会编,傅懋勣、周定一、张寿康、罗慎仪主编《罗常培纪念论文集》,北京:商务印书馆,1984 年,第 282 页。

③ 俞敏注释,邹晓丽校补《〈国故论衡·成均图〉注》前记,《罗常培纪念论文集》,第 281 页。

④ 汤炳正《〈国故论衡〉讲疏》,氏著《语言之起源》(增补本),太原:三晋出版社,2015 年,第 261—265 页。按:《〈国故论衡〉讲疏》收入《语言之起源》时,第二部分概述"名词解释"以下与第三部分注释均漏收。近日由汤先生文孙汤序波先生检出,并嘱托笔者代为整理。

⑤ 汤炳正《从〈成均图〉看太炎先生对音学理论的建树》,章太炎纪念馆编《先驱的踪迹》,杭州:浙江古籍出版社,1988 年,第 200—216 页;收入《语源之起源(增订本)》,第 217—231 页。

氏音学名篇《成均图》，为后人的研读扫却无数障碍。①近年王宁、黄易青重新分析《成均图》的结构，构拟其元音系统，在前人的基础上更进一步。②《成均图》注释之详细，解说之深邃，亦可谓至矣备矣！

然而，关于《成均图》的图式，学者们皆囿于"如陶均之圆"五字，长期以来均主陶均圆盘说，未能明确指出《成均图》图式的真正来源，从而无法揭橥章太炎在图式的选择和设计上的一片苦心。

关于《成均图》的命名，章太炎本人的解释是：

> 成均图者，大司乐掌成均之法，郑司农以均为调，古之言韵曰均，如陶均之圆也。③

在早年著作《膏兰室札记》中，章太炎论"曲均"时曾明确指出，"均"即《考工记》所载的"陶均"，"为陶人模范之器"：

> 《管子·宙合》篇："物至而对形，曲均存矣。"按：曲即曲矩之曲。《考工》之审曲面势，亦当指此。均即陶钧之钧，《淮南·原道训》所谓"钧旋毂转"者也。曲为匠人模范之器，均为陶人模范之器，此言圣人畜道待物，故物至而与形相配，斯模范常在矣。④

---

① 20世纪80年代以来，对章氏古音学和《成均图》的研究，有靳华《章太炎的古音学》(《研究生论文选集》，南京：江苏古籍出版社，1985年)，李子君《章炳麟的成均图及"音转理论"》(《山西大学学报(哲学社会科学版)》2004年第2期)，刘艳梅《章炳麟古音学理论与应用研究》(南京大学博士论文，2004年)，刘丽群《章太炎〈文始〉研究》(北京师范大学博士论文，2009年)，黄娟娟《章太炎〈文始〉研究》(华中科技大学硕士论文，2011年)，许良越《章太炎〈文始〉研究》(北京：中国社会科学出版社，2015年)，张虹倩《章太炎语源学思想及其现代意义》(北京：商务印书馆，2020年)，朱乐川《章太炎词源学研究》(南京师范大学博士论文，2014)，董婧宸《章太炎词源学研究》(北京师范大学博士论文，2016年)等。

② 王宁、黄易青《章太炎先生成均图的结构及其元音系统》，《中国语言学》(第二辑)，济南：山东教育出版社，2009年，第40—50页。

③ 章太炎《成均图》，《国故论衡》，东京：秀光社，1910年，第11页。

④ 章太炎《膏兰室札记》卷二(三一四)，《章太炎全集》(一)，上海：上海人民出版社，1982年，第179页。

"均"又写作"钧"，《文始》"亘"字条下说："钧形如水碓，既取平义，亦取回旋义，故陶家名模下圆转者钧。《淮南·原道训》言'钧旋毂转'是也。"①

"均"即陶匠抟泥造器的轮盘，其作用如同乐师调节音律的均钟木。《国语·周语下》："律所以立均出度也。"韦昭注："均者，均钟木，长七尺，有弦系之；以均钟者，度钟大小清浊也。"②明代方以智在《东西均》开章篇，开宗明义即说："均者，造瓦之具，旋转者也。董江都曰：'泥之在均，惟甄者之所为。'因之为均平，为均声也。乐有均钟木，长七尺，系弦，以均钟大小、清浊者；七调十二均，八十四调因之。"③"均"的本义为盛泥旋转的陶钧、击器调音的均钟木。这一点，无论是章太炎，还是注释《成均图》的各家，均无异议。

徐复《疏证》说："均，通钧。陶家称模下圆转者为钧。"④郭诚永《疏证》更引汉唐古注为证："《集解》引《汉书音义》曰：'陶家名模下圆转者为钧。'《索隐》引张晏曰：'陶，冶也；钧，范也。作器下所转者名钧。'"⑤俞敏主要从音乐的角度进行解释："要追究语源，'成'就是'箫韶九成'的'成'字，当打讲。一套编钟，从黄钟算'宫'打起，打到黄钟清算宫，正好一'巡'（在数日子上叫一句），也就是一圈儿。'均'就是一个八度（octave）。'清'就是高一个八度。振动数加一倍。"⑥且别具巧思，以乐器钢琴为喻，认为"成均"即音乐上所说的"变调"。汤炳正在谈论《成均图》的名称时，综贯章太炎所说的三义，指出：

事实上"成均之法"的"成均"已形成一个词语，不必分开讲。亦即指乐谱、音律之类。"均"有调和平均之义；亦有周回运转之义。因均古与钧通，多作为"陶均""陶钧"用。章先生的这个韵谱，实际上含有上述

① 章太炎《文始》一，《章氏丛书》，杭州：浙江图书馆，1919 年，第 29b—30a 页。
② 徐元诰《国语集解》，王树民、沈长云点校，北京：中华书局，2002 年，第 113 页。
③ （清）方以智著，庞朴注释《东西均注释》，北京：中华书局，2001 年，第 1 页。
④ 徐复《章氏〈成均图〉疏证》，《语言文字学丛稿》，第 65 页。
⑤ 庞俊、郭诚永疏证《国故论衡疏证·成均图》，第 47 页。
⑥ 俞敏注释，邹晓丽校补《〈国故论衡·成均图〉注》，《罗常培纪念论文集》，第 284—285 页。

三个意思：(1)与意在调和声音的古乐谱一样，故曰"成均图"（即"古韵谱"）；(2)对古韵部的划分排比，有调和平均之义；(3)此韵图，乃圆图，故亦有周回运转之义。①

其实，早在各家之前，罗常培早已一语道破《成均图》的图式：章太炎"所绘之图，如陶均之圆，始终调融，故名《成均图》"。②

可见，从章太炎自述《成均图》取名于陶模圆轮以来，关于《成均图》的图式原型，学者们囿于原文"如陶均之圆"五字，长期以来皆主陶均圆盘说，未能明确指出《成均图》图式的真正来源，实是车轮图。据《说文解字》，轮制有二："有辐曰轮，无辐曰轾。"商周金文中，车轮亦有⊗、⊕、〇(●)诸形。③抟瓦之陶轮，载驰之车轮，皆是圆轮，英文均作 wheel，但二者的结构并非完全一致。《老子》说："三十辐共一毂，当其无，有车之用。埏埴以为器，当其无，有器之用。凿户牖以为室，当其无，有室之用。故有之以为利，无之以为用。"车轮与陶均，二者一虚一实，互有异同，而各有其用：前者利其虚，后者用其实。"车有辐有毂，辐共三十，以象日月之运行，毂居正中，为众轴所贯，毂空其内，辐凑其外，所以运转而无难。"车轮中空，轻而利转；陶均密实，平而用稳。"对于任意陶轮装置而言，皆需具备中轴与轮盘两个构件。轮盘为操作台面，是放置泥料、制作陶器的部件，中轴为支撑及固定轮盘的部件，通常深埋地下以保持陶轮的稳定。"④陶匠的盘筑拉坯、修整装饰等制陶工艺，需在定轴转动的轮盘上作业，"模下圆转者"不可能是空虚之轮。因此，尽管章太炎说《成均图》"如陶均之圆"，取其周回圆转、调匀模范之意，但其图式并非陶轮，而是"毂空其内，辐凑其外"的车轮（图四。按：四角的饰线是因说明需要而增加）。

---

① 汤炳正《〈国故论衡〉讲疏》，《语言之起源》（增补本），第 264 页。

② 罗常培《周秦古音研究述略》，《罗常培纪念论文集》，第 24 页。

③ 参阅周法高主编《金文诂林》第 14 卷"车"字条(1794)，香港：香港中文大学出版社，1975 年，第 7731—7733 页；季旭昇《说文新证》卷十四上，福州：福建人民出版社，2010 年，第 979 页。

④ 邓玲玲、田苗《转动装置与陶轮初识》，《先秦制陶手工业研究》2022 年第 3 期，第 80 页。

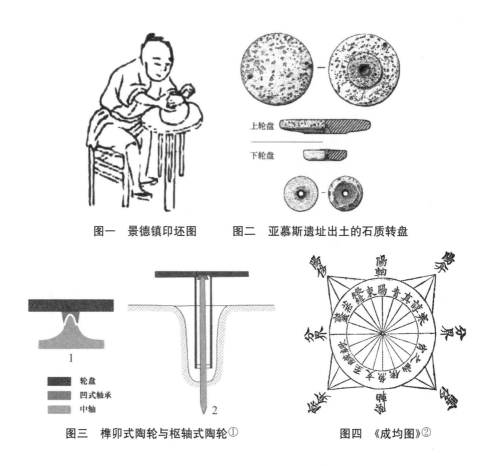

图一　景德镇印坯图　　　图二　亚慕斯遗址出土的石质转盘

图三　榫卯式陶轮与枢轴式陶轮①　　　图四　《成均图》②

二、车轮图(Wheel):《成均图》图式的原型与来源之一

　　有学者认为,章太炎对汉语系统性的论说,"表现在语音上,是'对转旁转,源于一声',所以他定二十三部音准,把汉语的韵部通转关系设计为圆形的'成均图'"。这一认识无疑是准确的,但其由圆形的成均图而"想到'八卦图',想到庄子的'七窍合一'和老子的'九九八十一章',想到《说文》的'始一

———————————

① 关于陶轮的结构和转动装置,可参阅邓玲玲、田苗《转动装置与陶轮初识》一文,图一、图二、图三引自该文第80页图一、82页图二(1)、第86页图五。

② 章太炎《成均图》,《国故论衡》,上海:中国第一书局,1924年,第7页。

终亥'和'六九五百四十部'"，①则似乎联想太富。

　　从圆形图的外观形式看，神珙《四声五音九弄反纽图》的"五音之图"（图五），②乃至是江永的《字母配〈河图〉图》（图六），③均有着《周易》八卦图④的影子。江永将三十六字母与《河图》相配，更是将传统声韵学与阴阳五行学说的结合达至顶峰。⑤以同心圆图来表示韵目排列，最早有明清之际西洋传教士金尼阁《西儒耳目资》的《万国音韵活图》与《中原音韵活图》

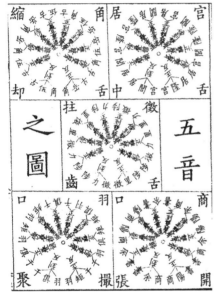

图五　《四声五音九弄反纽图》五音之图　　　　图六　江永《字母配〈河图〉图》

①　万献初《章太炎的说文讲授笔记及其文化阐释》，《中国典籍与文化》2001年第36期，第23页。

②　《四声五音九弄反纽图》，《宋本玉篇》，北京：中国书店，1983年，第541页。

③　（清）江永《音学辨微》，严式诲编《音韵学丛书》第七册，北京：国家图书馆出版社，2011年，第523页。

④　按：《易经》本因图象而作，清人冯道立仿其义而绘图三百三十余幅，圆图颇多，详参（清）冯道立《周易三极图贯》，北京：团结出版社，2009年。

⑤　相关研究，可参阅陈鑫海《江永字母学说的数学——易学观念基础》，《励耘语言学刊》2018年第2期，第169—178页。

(图七、图八)。①金尼阁之后,又有方以智《旋韵图》②(图九)和杨选杞的四幅圆旋图(图一〇)。③

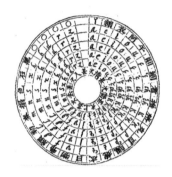 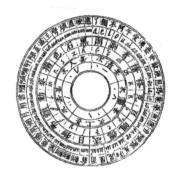

图七　金尼阁《万国音韵活图》　　图八　金尼阁《中原音韵活图》

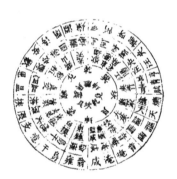 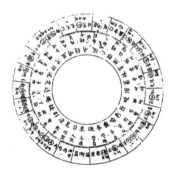

图九　方以智《旋韵图》　　　图一〇　杨选杞《同然图》

参校诸家之图,《成均图》不仅在外观上与之相差甚远,而且在结构系统

---

① 金尼阁《西儒耳目资》,北京:文字改革出版社,1957年,第55页、第60页。相关研究,请参阅王松木《明代等韵之类型及其开展》(新北:花木兰文化出版社,2011年)、谭慧颖《〈西儒耳目资〉源流辨析》(北京:外语教学与研究出版社,2008年)的相关章节。

② 方以智《切韵声原》,《通雅》卷五十,北京:中国书店,1990年,第610页。按:方以智融贯中西,旋韵图的形制是仿自金尼阁《音韵活图》,抑或是另有所承,学者意见不一。任到斌认为是摹仿《西儒耳目资》,罗常培、王松木则认为是杂糅象数。详参王松木《明代等韵之类型及其开展》第四章第五节"方以智《切韵声原》",第230—233页;谭慧颖《〈西儒耳目资〉源流辨析》第四章"《西儒耳目资》'活图'探源",第48—70页。

③ 详参谭慧颖《〈西儒耳目资〉源流辨析》第七章"《西儒耳目资》在明末清初学者中产生的影响",第164—167页。杨选杞的《同然集》,笔者搜寻多年而未能见到,本文的《同然图》转引自谭书,第166页。

和运作机制上更是风马牛不相及。因此，寻求《成均图》的图式原型，与其舍近求远，不如回到章氏原文。章太炎在《成均图》《膏兰室札记》与《文始》中，反复提到《考工记》。循此线索，检阅《周礼·考工记》，参考清人研究，可以断定：《成均图》的图式原型，实来自戴震《考工记图》与阮元《考工记车制图解》中所绘制的车轮图（图一一、图一二）。

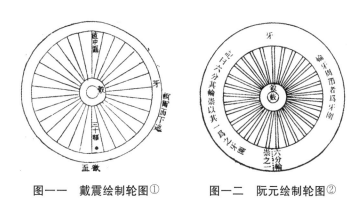

图一一　戴震绘制轮图①　　　　图一二　阮元绘制轮图②

　　章太炎在青年时期，研读过阮元编纂的《皇清经解》。《章太炎自定年谱》光绪十一年(1885)条说：十八岁始"壹意治经"，十九岁时"又得《学海堂经解》，以两岁绅览卒业"。《自述学术次第》(1913)亦说：十八岁时研治经书，"时时改文立训，自觉非当，复读学海堂、南菁学院两《经解》皆遍"。③戴震的《考工记图》、阮元的《车制图考》（即《考工记车制图解》）均收入《皇清经解》。进入诂经精舍后，章太炎师从俞樾研治汉学，并时时从黄以周、谭献、高学治诸人问学。中日甲午战后，章太炎投身政治改革运动，并于1903年因"苏报案"入狱三年。

　　1906年6月29日，章太炎刑满出狱，孙中山自东京遣使来迎往日本。

---

①　(清)戴震《考工记图》(上)，戴震研究会等编纂《戴震全集》(二)，北京：清华大学出版社，1992年，第718页。

②　(清)阮元《考工记车制图解》(上)，《揅经室集》卷六，邓经元点校，北京：中华书局，1993年，第138页。

③　汤志钧编《章太炎年谱长编(增订本)》上册，北京：中华书局，2013年，第5—6页。

章氏"亡命东瀛,行箧惟《古经解汇函》《小学汇函》二书"。①1907 年 8 月,《新方言》在东京出版后,章太炎给国内的孙诒让奉寄一册,以为"阙失尚多",希望其能"有所诲正"。②孙诒让用朱笔"为圈出精审者若干事,又下校记一条",③在回信中对《新方言》评价极高,并将新著《周礼正义》寄赠远在日本的章太炎。可惜书信寄到东京的时候,已是 1908 年 5 月。章太炎收到孙诒让赠书后,打算"以一二月功得卒读之,后有疑滞,复当以书请益"。④但章氏"是时方讨论震旦方言,不皇辍业",⑤而孙诒让骤然于 1908 年 6 月 20 日病逝。在 7 月 10 日发表的《瑞安孙先生哀辞》中,章太炎津津乐道的仍是《新方言》,对《周礼正义》并无一字评论。只有在 1908 年底、1909 年初《新方言》重定本的修订工作完成之后,方能从容拜读孙氏《周礼正义》。世道交丧,老成凋零,章氏"求良友且不得一二",深恐"学术既亡,华实蔫剥,而中国亦将殄绝矣",⑥乃硁硁然独守旧学,恢弘国粹,致力于汉语方言与词源研究。令人欣慰的是,1909 年 9 月《新方言》重订本出版之后,章太炎在拜读《周礼正义》时,参阅清人著作,并从中获得启发,借用戴震《考工记图》、阮元《考工记车制图解》所绘制的车轮图,重新改编《新方言·音表》,创作出《成均图》,完美地展示了古韵二十三部及其通转关系。

阮元认为:"车虽有轮、舆、辀之分,而其用莫先于轮。故《考工记》曰:'凡察车之道,必自载于地者始也。是故察车自轮始。'《说文解字》曰:'有辐曰轮,无辐曰辁。'是轮又牙、辐、毂之总名矣。"⑦轮是车最主要的部件,主要由毂、辐、牙三部分构成(图一三)。⑧郭宝钧指出:"毂居圆心,牙在圆周,辐

---

① 诸祖耿《记本师章公自述治学之功夫及志向》,章念驰编订《章太炎演讲集》,上海:上海人民出版社,2011 年,第 361 页。
② 章太炎《与孙诒让》,马勇编《章太炎书信集》,石家庄:河北人民出版社,2003 年,第 188 页。
③ 瑞安文史资料委员会编《瑞安文史资料第十九辑·孙诒让学记(选)》,香港:天马图书有限公司,2000 年,第 65 页。
④ 章太炎《与孙诒让》(1908 年 6 月 1 日),马勇编《章太炎书信集》,第 188 页。
⑤ 章太炎《与梦庵》(1908 年 6 月 10 日),马勇编《章太炎书信集》,第 230 页。
⑥ 章太炎《瑞安孙先生哀辞》,《民报》1908 年 7 月 10 日(第 22 期),第 125—126 页。
⑦ 阮元《考工记车制图解》,《揅经室一集》卷六,第 127—128 页。
⑧ 郭宝钧《殷周车器研究》,北京:文物出版社,1998 年,第 6 页。

是由圆心到圆周的连接支柱。《考工记》说：'毂也者，以为利转也；牙也者，以为固抱也；辐也者，以为直指也。'这三句话说明了三个部分的主要功用。"①毂是轮中心的圆木，车轴横穿毂心，贯连车之两轮。行车时马不停蹄，轮的周转无滞，主要靠毂不停的转动（如今之轴承）。辐即辐条，是插在毂外圈的榫眼与轮圈内侧牙位之间的木件。辐上接毂，下接牙，是车轮的支柱。辐虽多条，但同时起支柱作用的只有两条。辐条插入轮周的牙位，牙的功用是咬合直辐，使之牢固。制作车轮时，为增强轮辐的支力，或预备辐敝后替换使用，往往另取一根辐形长棍作为夹辅，绑缚于轮旁。夹辅和辐条处在同一平面(图一四)。②

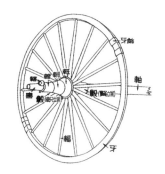 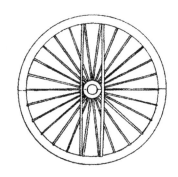

图一三　轮的毂、辐、牙等位置图　　图一四　琉璃阁 131 墓 16 号车轮复原图

关于每一轮的用辐数目，不同时代有不同的标准。戴震认为，古代"轮辐三十，上下相直"。③阮元根据战国文献记载，同意古代一轮三十辐的说法：

> 《老子》曰："三十辐共一毂。"《淮南·泰族训》曰："输不运而三十辐
> 个以其力。"《大戴礼·保傅篇》曰："三十辐以象月。"说并与《考工记》
> 同。(《记》曰："轮辐三十，以象日月。"日月三十日合朔迁一舍，轮周三

---

①　郭宝钧《殷周车器研究》，第 4 页。

②　同上书，第 17—18 页。

③　戴震《考工记图》，《戴震全集》(二)，第 717 页。

十辐在地迁一隽，似之。)①

　　但随着现代考古学的兴起和考古文物的出土，现代考古学家综合考察各地出土的考古材料，认为殷代和西周早期的轮辐数目，一般是18根，春秋战国时用辐数目虽有增长，增至20、21、24、25、26、28甚至30、32、34根，但最后逐渐减少，返回到殷周标准。②张长寿、张孝光根据殷代和西周的墓葬发掘报告，依考古出土轮痕尺寸略加修正制图，对殷代车轮形制作了复原（图一五）。③

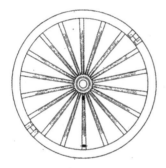

图一五　浚县辛村 M1 车轮

图一六　《成均图》④

　　对比戴震、阮元所绘制的车轮图与《成均图》（图一六），省略《成均图》四角因附加说明而增加的饰线，不难发现，戴、阮的车轮图正是章太炎《成均图》的图式来源。质言之，为了能够合理展现古韵及其通转关系，章太炎采用戴震、阮元绘制的车轮图作为图式，巧妙地安置古韵。但因章太炎分古韵为二十三部，以收鼻音韵尾的为阳声韵，非收元音韵尾的为阴声韵，区分作

---

① 阮元《考工记车制图解上》，《揅经室集》卷六，第134页。
② 参阅郭宝钧《殷周车器研究》，第16页；张长寿、张孝光《殷周车制略说》，"中国考古学研究"编委会《中国考古学研究：夏鼐先生考古五十年纪念论文集》，北京：文物出版社，1986年，第140页；郭德维《楚车考索》，《东南文化》1993年第5期，第77页。
③ 张长寿、张孝光《殷周车制略说》，《中国考古学研究：夏鼐先生考古五十年纪念论文集》，第158页。
④ 章太炎《成均图》，《国故论衡》，东京：秀光社，1910年，第7页。按：由于印刷问题，1910年版《成均图》的轮毂中空不太明显，1912年大共和日报馆版、1915年上海右文社版、1919年浙江图书馆校刊本、1924年中国第一书局版、1924年中西书局版，图中轮毂均极明显。图见第四节。

阴阳两大部，每部各有九类，阴阳相配对转；又根据音之弇侈，分二十三部古韵为阳弇、阳轴、阳侈、阴弇、阴轴、阴侈六类，阳声、阴声各三。因此，章太炎的车轮图用辐十八，而非三十之数。令人惊奇的是，《成均图》所用轮辐与殷周轮辐所用数目竟相吻合。①

　　章太炎在《文学总略》中讨论"文学"的定义，批评阮元区分文笔、力主骈文方可称文的说法过于褊狭，但他对阮说的合理之处则多所吸收。②熟读章氏著作的顾颉刚，据此认为："太炎所最攻之人，即其所从以得力最多之人，昭明（萧统）、实斋（章学诚）、芸台（阮元）、定庵（龚自珍）是也。"③章太炎的思想富有批判性，但其对前人学说的批评并非全盘否定，而是取其精华去其糟粕。正因用力深巨，故往往能洞其窾窍。章氏说"阮芸台元不知韵学"，④但在创作《成均图》时，则径取戴、阮二人的"轮图"作为图范。

　　章太炎的音转理论，同样是对清儒音学研究成果的批判性继承。章太炎曾多次对清代各家音转学说的得失进行总结：

> 近世言音均者，顾炎武《音学五书》分古音为十部，江永《古韵标准》分十三部（江书在《守山阁丛书》中），段玉裁《六书音均表》分十七部。三家以段为最密，然当博览顾书方得实据。孔广森分十八部，三家只知"旁转"，孔氏始明"对转"之例，故最精莫如孔氏。⑤

---

① 按：轮辐十八或与中国古代的四维九宫空间观念有关。冯时认为，中国传统的空间思想经历了从四方五位到八方九宫的演变，对中国文化影响深远，如中国古代九州的空间规划，即根据九宫格局来设计："禹作为夏王朝的始祖，其以敷布九州成就功烈，所定之天下格局必将为夏之后人所继承，于是九宫便理所当然地成为规划夏王庭的制度蓝本。今已探明作为夏代晚期王邑的二里头遗址即呈九宫布局，已充分印证了这一事实。很明显，以九宫规划王庭的思想直接影响着《考工记》关于九经九纬规制的形成，成为中国传统都城布局的理想制度。事实很清楚，夷夏早期文明无不建立在先民对于空间和时间有意识地规划这一基本的认知之上。"《华夏文明考源——柳林溪先民的宇宙观》，《中国文化》2023年春季号，第57期，第7页。《成均图》的分界与轴线，阴阳二分、弇侈六类、九类对转，无意中与四方五位、八方九宫多有相合之处，恐非偶然。
② 章太炎《文学总略》，《国故论衡》，东京：秀光社，1910年，第70—71页。
③ 傅斯年批注本《国故论衡》顾颉刚识语，转引自陈平原《失落在异邦的"国故"》，《读书》2002年第6期，第105页。
④ 章太炎《小学略说》，章念驰编订《章太炎演讲集》，第476页。
⑤ 章太炎《与钟正楙》，《章太炎书信集》，第251页。

孔广森《诗声类》的古韵分部，分列上下两行为阳声、阴声，阴阳对转，最是直观。"古韵之分阴阳，自孔氏广森始，斯于韵学功为最高。"①章太炎对孔氏的评价极高，以为"定韵莫察乎孔"，②"研精韵理，终以挐约为第一人。其言对转，思通鬼神"。③但同时也发现其存在不足之处。具体而言，章太炎认为孔广森的阴阳对转表，有一得三失：

> 孔氏所表，以审对转则优，以审旁转则戾。辰、阳麟次，脂、鱼栉比，由不知有轴音，故使经界华离，首尾横决，其失一也。缉、盍二部，虽与侵、谈有别，然交广人呼之，同是撮唇，不得以入声相格。孔氏以缉、盍为阴声，其失二也。对转之理，有二阴声同对一阳声者，有三阳声同对一阴声者，复有假道旁转以得对转者。非若人之处室，妃匹相当而已。孔氏所表，欲以十八部相对，伉儷不踦，有若鱼贯，真、谆二部，势不得不合为一。拘守一理，遂令部曲捉溽，其失三也。④

孔广森十八部古韵阴阳对转表⑤

	1	2	3	4	5	6	7	8	9
阳	原	丁	辰	阳	东	冬	缎	蒸	谈
阴	歌	支	脂	鱼	侯	幽	宵	之	合

章太炎二十三部古韵表

	1	2	3	4	5	6	7			8	9	
阳	寒	真	谆	青	阳	东	侵	缉	冬	蒸	谈	盍
阴	歌	泰	至	队	脂	支	鱼	侯	幽		之	宵

孔广森分古韵十八部为九类，每类之中又分阴声、阳声两类，上阳下阴，

---

① 金毓黻《国学会听讲日记》，《东北丛刊》1930年第7期，第11页。
② 章太炎《小学略说》，《国故论衡》，东京：秀光社，1910年，第4页。
③ 章太炎《与丁以此》（1910），马勇编《章太炎书信集》，第273页。
④ 章太炎《成均图》，《国故论衡》，东京：秀光社，1910年，第11页。
⑤ 孔广森《诗声类》卷一，严式诲编《音韵学丛书》第九册，第155—156页。

相配对转，一目了然。但孔氏不知有轴音，阳声辰阳二部相邻、阴声脂鱼二部栉比，排序未当，"以审旁转则窒"；阳声有鼻音，阴声无鼻音，孔广森将收撮唇鼻音的入声缉、曷二部归入阴声，淆乱阴阳分界；音韵本出于天然，而孔广森在韵目分配上太过追求整齐，必以一阴一阳相耦，"则近于造矣"。①章太炎的《成均图》以分界为限，分古韵二十三部为九类，每类之中，区别阴阳，承用了孔氏学说的合理之处，但不取阴阳一一相耦的做法。在具体的分部和对转关系上，章太炎吸收了孔广森的东冬分部说和严可均的宵幽对转说："扐约（孔广森）以侵谈对转缉盍，未确。侵当对转幽，谈当对转宵，此从严铁樵（严可均）说而酌之。"②在韵目次序和排列图示方面，章太炎汲取顾炎武、江永、段玉裁、严可均等人的"旁转"说，进一步完善孔广森的"阴阳对转"说，并借用轮图创制圜圆的《成均图》，克服了孔广森阴阳对转平列直排的缺陷。

章太炎具体的做法是，先居中水平作分界线，界线与辐条相合并延长至轮周外沿，将轮图一分为二，划出阴声、阳声两部的界限，分界的上方为阳声，分界的下方为阴声，形成上阳下阴、相配互转的二分格局。然后"区其弇侈"，根据音之弇侈，放置次第毗邻、联贯递转的韵目，分隔为阳弇、阳侈、阴弇、阴侈四部分。因为"鱼者闭口之极，阳者开口之极"，③于是又以阴声、阳声中垂直于分界的辐线为轴，在阴轴上安置开口度最小的鱼韵，在阳轴上安置开口度最大的阳韵，作为轴声，分别独占一区，阴轴的左右分别为阴弇声和阴侈声，阳轴的左右分别为阳弇声和阳侈声，由此造成六合之势。《成均图》中所谓："夫阳声弇者，阴声亦弇；阳声侈者，阴声亦侈；阳声轴者，阴声亦轴。是故阴、阳各有弇、侈而分为四，又有中轴而分为六矣。"④说的正是二十三部古韵阴阳二分、弇侈六类的分布格局（图一六）。

阳韵作为阳轴声，顺时针依次旁转阳弇声青、真、谆、寒，流转将窒于寒，而对转阴弇声泰，继续流转；逆时针依次旁转阳侈声东、冬侵缉、蒸、谈盍，流

① 金毓黼《国学会听讲日记》，《东北丛刊》1930年第7期，第11页。
② 章太炎《与丁以此》，马勇编《章太炎书信集》，第273页。
③ 章太炎《成均图》，《国故论衡》，东京：秀光社，1910年，第9—10页。
④ 同上书，第9页。

转将窒于谈，而对转阴侈声宵，继续流转。同理，鱼韵作为阴轴声，顺时针依次旁转阴弇声支、至、脂队、歌泰，流转将窒于歌，而对转阳弇声寒，继续流转；逆时针依次旁转阴侈声侯、幽、之、宵，流转将窒于宵，而对转阳侈声谈，继续流转。《成均图》中所谓："阳部与阳侈声、阳弇声皆旁转，鱼部与阴侈声、阴弇声皆旁转，余势未已，阳与阳弇声旁转，极于寒矣，又从寒以对转而得泰；阳与阳侈声旁转，极于谈矣，又从谈以对转而得宵。鱼与阴弇声旁转，极于歌矣，又从歌以对转而得寒；鱼与阴侈声旁转，极于宵矣，又从宵以对转而得谈。"①说的正是二十三部古韵次第联贯递转、阴阳相配对转的周流情况（图一七）。

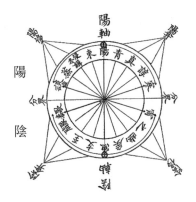

图一七　二十三部古韵次第联贯递转、阴阳相配对转周流图

　　二十三部古韵，根据阴、阳、弇、侈、轴的要求，平均放置在轮周的牙位中，各韵部之间的界线森严。轮辐十八，上下相直，展示的是九类韵的阴阳对转关系。因章太炎主张阴入二声不分，对入声的具体处理也有不同："（1）入声缉、盍二部，与阴声分而不合。（2）之与职、幽与觉、侯与屋、鱼与铎、支与锡等部，皆阴入合而不分。（3）入声至、队、泰三部，则视其与阴声的疏密程度，分别处理。亦即：至部作为阴声，独立成部；队部则附于阴声脂

---

①　章太炎《成均图》,《国故论衡》,东京:秀光社,1910年,第10—11页。

部；泰部者附于阴声歌部。"①是以九类阴阳对转中，有四类并非一一对应关系，而是一对二（谆－脂队、寒－泰歌、宵－谈盍）或三对一（冬侵缉－幽）。即脂与队同居，而与谆对转；泰与歌同居，而与寒对转；盍与谈同居，而与宵对转；缉与侵冬同居，而与幽对转。章太炎悉为部署，不令离局，使居于同一牙位的韵部属于"同列"关系，故而轮辐十八、牙位十八，已将二十三部囊括殆尽。韵轮纠合阴阳两部，分界线居中矩隔，如固定车轮之关锁，止其运转。阴阳半轮，各分弇侈，轴声阳韵开口最大，鱼韵合口最小，居中沟通弇侈，尤为韵转之钤键。轮轴固定，阴阳两隔，一旦韵旋毂转，阴阳调和，自然周回运转，始卒若环；语音迁变，犹如轮转，辗转讹溷，势所必有，但其"合符持轨，不越音律"。②

　　章太炎创作《成均图》，"分其部什，综其弇侈，以简驭纷，则总纽于此，成文于彼，无患通转有穷，流逐或窒"，③不仅克服了韵目平列直排表展示的语言流转"往而不返"之弊，而且阐明了"声音转变若环无嵨，终则有始"之理。④图表形式的不同，反映了章太炎语言观念与清人的不同，其音学研究更有着现代语音学的理论支撑。事实上，《成均图》二十三部韵目表的排列，不仅汲取了现代语音学的音理，而且化用了早期国际音标的元音舌位图。

三、国际音标(IPA)：《成均图》图式的原型与来源之二

　　新文化运动以来，随着欧美留学生的回国，执教于国内各高校，普通语言学从欧美发源地直接输入中国。1920 年、1924 年北大研究所国学门成立歌谣调查会和方言研究会，刘复、林语堂、钱玄同等倡议采用国际音标记音；1926 年清华大学国学研究院的吴语调查、1928 年以来中央研究院史语所语言组的方言调查，赵元任、罗常培、李方桂等主张方言调查应用国际音标记

---

① 汤炳正《入声与阴声的关系》，《语言之起源》（增补本），第 57—58 页。
② 章太炎《新方言·音表》，东京：秀光社，1909 年，第 99a—99b 页。
③ 章太炎《文始叙例·略例辛》，《章氏丛书》，杭州：浙江图书馆，1919 年，第 6a 页。
④ 章太炎《二十三部音准》，《国故论衡》，《章氏丛书》，第 20b 页。

音。在实际调查方言工作中，林语堂、刘复、赵元任、周辨明、罗常培、李方桂等更是身体力行。20 世纪 20 年代以来，中国语言学界在中西、新旧之争下，新派语言学家和方言学者纷纷以国际音标为记音、审音的先进工具，不仅视未用国际音标者为复古守旧，而且认为不用国际音标意味着不能审音。章太炎虽然在著作中大量谈论语音学理论，"有言语学之意味"，①但其著作中并未出现欧美留学生所习知的国际音标，因而被冠上"考古之功多，审音之功浅"的守旧之名。

此后学者均沿袭"五四"时期新派观点，将章太炎归入清代传统语文学行列，理由便是："章太炎是借汉字譬况古代的音读，或用声势来解说……没有使用现代的'音标'，也不利用注音符号。"②全然未察国际音标自诞生至日益精密亦有一个逐步完善的过程，注音符号更是出自章太炎之手。更根本的原因则在于，欧美现代语言学自欧洲传入东亚，在 19 世纪末由语言学中心的德法传到日本，再从日本传入中国，这一学术脉络长期以来隐而不彰。章太炎作为欧美现代语言学从日本传入中国的关键人物，其《新方言·音表》和《成均图》正是汲取现代语音学成果、化用国际音标元音图的作品。

（一）《音表》《成均图》韵目表与元音三角图

1906 年 6 月 29 日，因"苏报案"入狱的章太炎，刑满出狱，三天后匆匆东渡日本，开始了长达五年多的海外流亡生活。是年 9 月，章太炎在《论中国语言文字之学》的讲义中，总结清代音学研究成就，倡导改小学为独立的"语言文字之学"。

　　治小学者，实以音韵为入门。自顾宁人作《诗本音》，分东、支、鱼、真、萧、歌、阳、庚、蒸、侵凡为十部。江慎修作《古韵标准》，分东、支、鱼、真、元、宵、歌、阳、庚、蒸、尤、侵、覃凡为十三部。段若膺作《六书音韵表》，分之、萧、尤、侯、鱼、蒸、侵、覃、东、阳、庚、真、谆、元、脂、支、歌凡为

---

① 沈步洲《言语学概论》，上海：商务印书馆，1931 年，第 8 页。
② 曹述敬《钱玄同的古韵说——关于古韵廿八部》，钱玄同遗著，曹述敬选编《钱玄同音学论著选辑》，太原：山西人民出版社，1988 年，第 158 页。

十七部。张皋文就十七部，分冬于东。王怀祖就十七部，分祭于脂，又分入声十月以下七韵，独为一部。侵之入声，二十六缉以下三韵，覃之入声二十七，合下以十六韵，皆各为一部。故就张氏所分，可成十八部。就王氏所分，可成二十一部。计实可得二十二部，曰：之、萧、尤、侯、鱼、蒸、冬、侵、覃、缉、合、东、阳、庚、真、谆、元、脂、祭、月、支、歌之部。所生有二派别，曰：萧、尤、侯、鱼为一类；蒸、冬、侵、覃、缉，合为一类。二类不同，而皆与之部为类。其他东、阳、庚为一类，真、谆、元、脂、祭、月为一类，支、歌为一类。凡同部者多可假借，凡异部者同为一类，有时亦可假借。

章太炎此时分古韵为二十二部，主要承用王念孙二十一部说，并取张惠言的冬部独立说。"二十二部以敛侈分"，即以开口度大小为标准，约可分成六类：萧、尤、侯、鱼为一类；蒸、冬、侵、覃、缉、合为一类；之为一类；东、阳、庚为一类，真、谆、元、脂、祭、月为一类，支、歌为一类。韵部之间的通转关系，尚未明确提出旁转、对转理论。

1909 年 9 月，《新方言》定本在东京出版。与 1907 年 8 月印刷的《新方言》初本相比，定本的内容由 375 则增加至 861 则，编纂体例摹仿《尔雅》，分为十卷。①最为不同的是，章太炎在定本中增加《音表》一篇，正式提出古音二十一纽、古韵二十三部，第一次建立中国的古音系统，以便从音理上讨论古今音转、方言音变的现象。古韵二十三部，"合数韵为一类，分得九类，而每类之中，又析为阴声、阳声二种"。韵目表采取平列直排式，继承孔广森阴阳对转学说，上阴下阳，相配对转；又吸收顾炎武、江永、戴震、段玉裁、王念孙、严可均等人的旁转学说，根据韵部之远近，次第毗连，联贯递转。具体而言，阴声韵中，之、幽、宵、侯、鱼、歌、灰、脂、支比邻；阳声韵中，蒸、侵冬缉、谈盍、东、阳、元、谆月、真质、耕比邻。鱼、阳分别居于阴声、阳声的中间。由此

---

① 关于《新方言》初刻本与重订本的异同，请参阅周敏秋《章太炎〈新方言〉版本源流考》、董婧宸《章太炎〈新方言〉的版本与增订内容》二文，均载《文献语言学》第六辑，北京，中华书局，2018 年，第 198—227 页。

形成二十三部古韵"横迤则为旁转，纵贯则为对转"①的韵转格局。

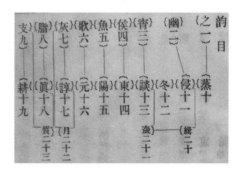

《新方言·音表》之韵目表

《国故论衡·成均图》之韵目表

　　1909年1月到3月间，章太炎提出"二十三部古音，以为灰、脂当分"，但"证据尚未极成，故不著论"。②1909年9月《新方言》重定本正式出版时，章太炎在《音表》中明确提出二十三部古韵说，③但很快感到不满意，又进行了修改。1910年5月15日，《国故论衡》由东京秀光社刊印发行，其中收录的《成均图》一篇，正是在《音表》基础上修订而成的最新研究成果。最引人注意的是，《成均图》二十三部韵目表的分布格局，与《音表》相反，改作上阳下阴："上列阳声、下列阴声为对转，其数部同居者同一对转。"其次是韵部名称

---

① 章太炎《音变》，《新方言》，东京：秀光社1909年，第98b页。

② 章太炎《与钱玄同》，马勇编《章太炎书信集》，第103页。

③ 按：关于《新方言·音表》的写作时间，董婧宸据章氏论著与书信集，参以朱希祖日记、钱玄同日记等材料，进行过细致的研究，认为《音表》的写作时间，约在1908年至1909年间，最终定稿当在1909年3月9日以后。详见董婧宸《章太炎词源学研究》，第46—47页。2018年3月初，笔者与其曾有讨论，彼时犹未敢遽信，后反复考求，始确信其说可从。

的不同，改质为至，改灰为队，改元为寒，改耕为青，改月为泰。再者是韵目次序有所调整，阴声韵的之、宵二部顺序对调，阳声韵的谈部调至蒸部之后，元（寒）、谆、真、耕（青）的顺序改作青（耕）、真、谆、寒（元），泰改附歌，队改附脂。①以上变化与调整，正是章太炎根据音学理论重建古韵系统的探索与尝试。

在《成均图》中，章太炎第一次明确提出，阴阳声的区别标准在有无鼻音韵尾："阳声即收鼻音，阴声非收鼻音。"鼻音有三种类型，上舌鼻音 n、撮唇鼻音 m 和独发鼻音 ŋ。阳声韵根据鼻音种类的不同，可分为弇声、侈声、轴声三类：

> 鼻音有三孔道，其一侈音，印度以西，皆以半摩字收之。今为谈、蒸、侵、冬、东诸部，名曰撮唇鼻音。其一弇音，印度以西，皆以半那字收之。今为清真谆寒诸部，名曰上舌鼻音。其一轴音，印度以西以姎字收之。不待撮唇上舌，张口气悟，其息自从鼻出，名曰独发鼻音。夫撮唇者使声上扬，上舌者使声下咽，既已乖异；且二者非故鼻音也；以会厌之气，被闭距于唇舌，宛转趋鼻以求渫宣，如河决然，独发鼻音则异是。印度音摩、那皆在"体文"，而姎独在"声势"，亦其义也。②

尤为关键的是，章太炎明确提出轴声的概念，并以鱼部为阴轴声，阳部为阳轴声，理由是："鱼者闭口之极，阳者开口之极，故阳部与阳侈声、阳弇声皆旁转，鱼部与阴侈声、阴弇声皆旁转。"鱼、阳二部在《音表》中虽有轴声之实而无轴声之名，在《成均图》中始明确提出。章太炎衡论各家，重排韵目，正是以轴声作为标准，无论是韵目表，还是圊轮图，轴声均是韵目排列的钤键。

---

① 关于《音表》与《成均图》韵目的调整和泰队至脂诸韵的前后变化，据笔者所见，当以董婧宸的讨论最为详细。详参氏著《章太炎词源学研究》，第 92—95 页。

② 章太炎《成均图》，《国故论衡》，东京：秀光社，1910 年，第 9 页。

论者多以圜轮图为章太炎的一大创造,而对韵目表的轴声多所忽略,罕作分析。试将《成均图》关于二十三韵目表的论述,作一粗略注解,标记表旁,不难发现,韵目表的排列顺序与《成均图》完全一致。至为突出的是,阴声韵中,收声近撮唇鼻音 m 的阴侈声、收声近上舌鼻音 n 的阴弇声与轴声之间,恰好构成三角形分布格局。具体而言,是阴侈声的宵韵(第一部,因之、宵互换位置,第一部当是之部)、阴弇声的支部(第十一部),与轴声鱼部(第五部)之间,构成三角形布局;这一布局与《音表》一致。无独有偶,阳声韵中,收-m 尾的阳侈声韵、收-n 尾的阳弇声韵与轴声(-ŋ)之间,也恰好构成三角形分布格局,阳侈声的谈部、阳弇声的寒部、轴声阳部,分别处于三个角上。为方便作图描述和行文,暂将韵目表上阳下阴的排列进行适当调整,变作左阳右阴排列的平面图(图一八)。

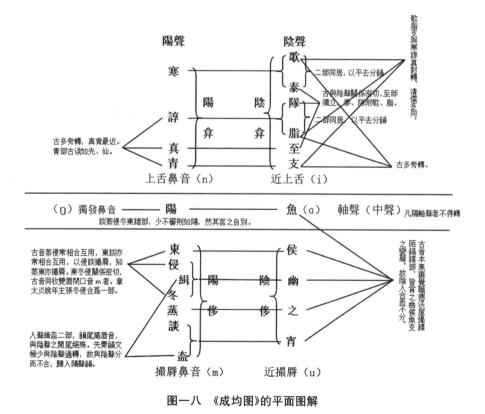

图一八 《成均图》的平面图解

由表可见，阴声韵的三个基本元音与阳声韵的三鼻音，其分布均呈三角图形。事实上，章太炎东京时期的弟子胡以鲁，就曾参酌德国语音学家海尔华尔胥（Hellwarg）的元音系统和三角形图，来为《成均图》的阴声韵拟音和画图。①胡以鲁的拟音，第一部之韵作 u，第七部泰韵作 a，第二十三部至韵作 i，泰（a）、至（i）、之（u）三者构成基本元音三角图。

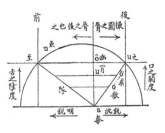

胡以鲁《阴声韵三角分布图》

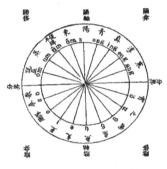

二十三部古音构拟②

二十三部中古音构拟③

循此线索去查找早期国际音标元音图，④，不难发现，《成均图》的韵表平面图与国际音标的元音三角图极为相似。以 Brücke 的元音三角图与元音直面排列图为例，取其三角元音图制作元音 ɑ、i、u 与鼻音 ŋ、n、m 的三角图，两者竟相吻合，且成对称关系。

---

① 胡以鲁《国语学草创》，上海：商务印书馆，1923 年，第 17 页。

② 同上书，第 34 页。

③ 同上书，第 35 页。

④ 关于国际音标表的变化，可参阅曹文《国际音标表的变化——增减与修改》，《民族语文》2012 年第 5 期，第 8—19 页。按：笔者在 2018 年入学后，致力于寻找早期国际音标的外文材料，梳理其流变简史，乃知元音三角图由来已久。2022 年 3 月 16 日，特向专攻方言研究的张梦瑶兄请教元音三角图与四角图的异同。数日后，始从网上读到曹氏之文，愈信前此对《成均图》阴声韵之认知不误；而曹文论说大备，无烦重复赘论。因其未见 Haldeman 与 Brücke 之元音图，而此两图有助于理解章、胡之拟音，故采其图以便论述。

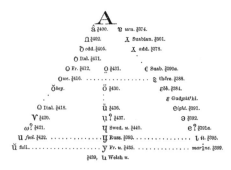

Haldeman　Scheme of The Vowels[1]

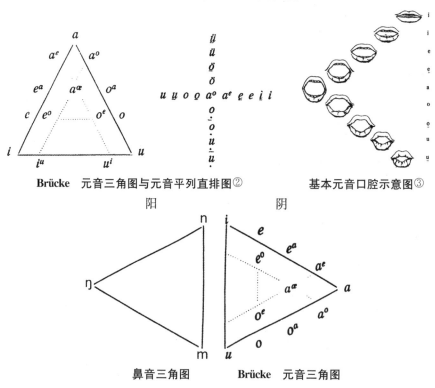

Brücke　元音三角图与元音平列直排图[2]　　　基本元音口腔示意图[3]

阳　　　　　　　　阴

鼻音三角图　　　Brücke　元音三角图

---

① S. S. Haldeman, *Analytic Orthography; An Investigation of the Sounds of the Voice, and Their Alphabetic Notation*, Transactions of the American Philosophical Society, 1860, Vol. 11(1860), p. 337.

② *Die Sprachlaute und ihre Darstellung in einem allgemeinen linguistischen Alphabet*. D. System der Sprachlaute und einer Lautschrift, Anthropos, Bd. 2, H. 3. (1907), pp. 526—528.

③ Die Sprachlaute und ihre Darstellung in einem allgemeinen linguistischen Alphabet. D. System der Sprachlaute und einer Lautschrift, Anthropos, Bd. 2, H. 3. (1907), pp. 508—509.

　　日本明治时期，伊泽修二、冈仓由三郎、远藤隆吉等人的语音学著作中，关于基本元音的发音部位、发音方法和音理分析，描述细腻，图示精详，非常直观易懂。尤为明显的是，元音图也作三角形。冈仓由三郎在《发音学讲话》①(1901)专论元音的第十九讲中，更是列举了海尔华尔胥(Hellwarg，ヘルウ゛アッハ)的等边三角形元音舌位图和 Brücke(ブリウツケ)的三角形元音图。②直至 1921 年，中华书局出版沈彬编辑的《万国语音学大义》一书，其"元音分析表"仍是三角图。因此，章太炎在日本创作《成均图》时，所能见到的国际音标元音舌位图，只能是三角形分布的元音格局，三个基本元音为 a、i、u。胡以鲁对《成均图》阴声韵进行构拟，所绘之图为三角图，其依据也正在于此。

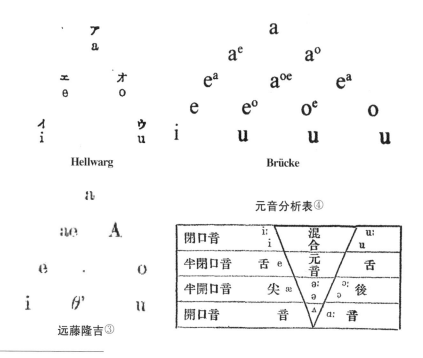

Hellwarg　　　　　　　　Brücke

元音分析表④

远藤隆吉③

	i: / i	混合元音	u: / u
闭口音			
半闭口音	舌 e		舌
半开口音	尖 æ / e:		後 ɔ:
开口音	音	△ ɑ:	音

①　按：冈仓由三郎的《发音学讲话》，先后多次出版，有宝永馆书店明治三十四年(1901)、朋堂明治三十九年(1906)版。
②　［日］冈仓由三郎《发音学讲话》，东京：宝永馆书店，1901 年，第 63 页。
③　［日］远藤隆吉《视话音字发音学》，东京：博文馆，1906 年，第 58 页。
④　沈彬编辑《万国语音学大义》，上海：中华书局，1921 年，第 35 页。

1913 年，金毓黻在北京国学会的听讲日记中载，章太炎的古韵二十三部，是先立阴声，后立阳声：

> 古韵可分为二十三部，合数韵为一类，可得九类，而每类之中，又析为阴声、阳声二种。大氐先有阴声，而后有阳声。如：阳、鱼二韵为正对转，阖口为鱼，开口则为阳。鱼、阳本为一音，不过以口有开阖，其音遂转，然必先有鱼音，而后有阳音，是先有阴声，后有阳声之证也。①

先有阴声，后有阳声；阳声根据鼻音类型可分三种，阳声乃"从阴声而加之鼻音"，阳声之鼻音脱落即成阴声，则阴声韵也应分三类。返观《成均图》所说："音之正者，呼侯、幽、之、宵诸韵，声固近撮唇；呼歌、泰、脂、队、至、支诸韵，声固近上舌矣。"阴声韵正分作收声近撮唇鼻音的阴侈声、收声近上舌鼻音的阴弇声和轴声三类，而阴弇声之部、阴侈声支部，与轴声鱼部形成三角形布局，恰与阳声鼻音三种构成对称结构："夫阳声弇者，阴声亦弇，阳声侈者，阴声亦侈，阳声轴者，阴声亦轴。"②具体而言，阳侈声东、冬侵、蒸、谈一类以撮唇鼻音 m 收尾，与之相对转的阴侈声侯、幽、之、宵一类声近撮唇鼻音；阳弇声青、真、谆、寒一类以上舌鼻音 n 收尾，与之相对转的阴弇声支、至、脂、歌一类声近上舌鼻音。阳部为轴声，与之相对转的鱼部同是轴声。正因为阴阳弇侈相对，在语音上各各相近，故能相对转。可见，章太炎的阴声韵、阳声韵是根据元音三角图来分布，且先确立阴声韵的元音三角图，再根据阴阳对转关系，建立阳声韵的鼻音三角图。在 1914—1915 年间所著的《二十三部音准》中，章太炎构拟古韵音值，往往根据阴阳对转韵部的元音相近的原则进行拟音。后来学者对古韵音值的构拟、对《成均图》的研究，也基本遵循这一原则。国际音标的元音三角图，是国际语音学会根据语音实验所得音理而建立，章太炎据之建立鼻音三角图，则未必有音理依据，恐怕只

---

① 金毓黻《国学会听讲日记》，《东北丛刊》1930 年第 7 期，第 8 页。
② 章太炎《成均图》，《国故论衡》，东京：秀光社，1910 年，第 9 页。

是根据阴阳对转关系来假立，方便说明而已。

接下来的难题在于，章太炎二十三部古韵的具体拟音如何？尤其是鱼部应拟作何音？钱玄同、俞敏、汤炳正、王宁、黄易青等对此均有探讨和构拟，人言言殊，互有异同。仅鱼部的拟音，学者们即各不相同，同一学者也前后不一。胡以鲁拟作 u 的中元音 ü；钱玄同先拟作后低元音 u、复合元音 ua，后又拟作短元音 ɔ；王力拟作 u；俞敏拟作后 ɑ 或 u；汤炳正认为应拟作 u，但若取古音学界的一般做法拟成低元音 a，鱼部应是后 ɑ 而非前 a；王宁、黄易青拟作后 ɑ。此问题牵一发而动全身，必须对章太炎的弇、侈、开、合、撮口、满口等语音概念展开细致讨论，系统分析其古韵音值的描写，及各韵部之间的旁转、对转关系，重新据元音三角图进行拟音。此非本文所能解决，故暂从《成均图》韵目表的顺序，旁采各家拟鱼作 ɑ 或 u 音，来考察其元音三角图的布局。

章太炎说："鱼部古皆阖口，如乌、姑、枯、吾。其撮口如于、居、袪、鱼者，后世之变也。"胡以鲁将鱼部的上古音与中古音均拟作撮口 ü，与鱼部的后世之变音相同；基本元音泰（a）、至（i）、之（u）的三角图，与其二十三部中古音构拟图相同，而与上古音构拟图不符。故而此后各家均不采其说。但胡以鲁采用元音三角图的格局来构拟章氏古韵音值，重新排列韵目次序，均与《音表》的三角格局相近，而与《成均图》有所不同，因为《成均图》的韵目次序经过调整后，元音三角格局反不如《音表》明显。

若如学者所说，将鱼部拟为元音 ɑ，则支拟作 i，之拟作 u。据此画图排列，《音表》二十三部的阴阳对转，阳弇声与阴弇声之间、阳侈声与阴侈声之间，对转极为整齐划一（图一九）。

虽说"韵目之次序，本无一定，古人只取其音相近者排列之，惟求大致不差，不屑一一求安"。[1]但衡以音理，轴声阳部向上逆时针旁转元、谆、真、耕，向下顺时针旁转东、谈、冬侵、蒸，次序安排稍显扞格不畅。根据口腔大小、舌位高低，当是轴声阳部旁转阳弇声耕、真、谆、元，旁转阳侈声东、冬侵、蒸、

---

[1] 金毓黻《国学会听讲日记》，《东北丛刊》1930 年第 7 期，第 4 页。

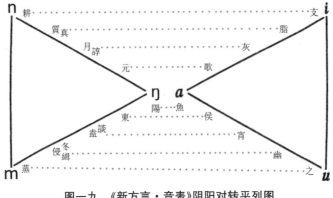

图一九　《新方言·音表》阴阳对转平列图

谈。因此，章太炎在清儒的韵例归纳基础上，根据现代语音学理论建立其古韵系统之后，对《成均图》韵目表进行大调整，使之面目焕然一新。据之画图，其与《成均图》所说邻韵连贯递转、阴阳对转亦相符合。如谈盍移到蒸部后，与谈盍对转的宵部移到之部后，阳侈声韵与阴侈声韵的对转得以保持整齐划一。但阳弇声韵目的次序调整之后，阳弇与阴弇的对转颇显交杂，对称性反不如《音表》整齐（图二〇）。追求对称性，则阳弇声韵目次序应从《音表》不变；但章太炎在严格分部、精密审音的基础上，遵从音理而未作调整。

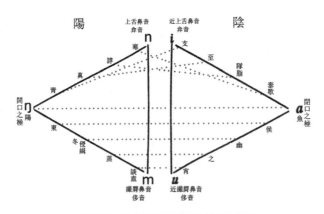

图二〇　《成均图》阴阳对转平列图

后人拟鱼部为后α音，依据的是修订后的国际音标元音四角图，而非早期的元音三角图，具有对转关系的阴声韵、阳声韵的元音，其音标符号可以做到整齐对称。但如前所说，章太炎二十三部的安排，依据的是元音三角图的结构，恐怕不能像后出的元音四角图结构如此整齐划一。而且章太炎在日本所能接触到的语音学知识，其元音图多为三角图，"闭口之极"即开口度最小的元音是指 u，伊泽修二《视话应用音韵新论》更是把 a、i、u、e、o 五个基本元音均附口腔发音图。①

章太炎说"鱼者闭口之极，阳者开口之极"，闭口又作阖口：

> 阳、鱼二韵，古本相通，闭口为鱼，开口则为阳……考之古书，鱼、阳二韵，关系最多。例如去往，往，古音若匡，去、匡双声，古本为一字。……又，吾与卬，余与阳，鋓与隍（或潢）皆双声，闭口为去、吾、余、鋓，皆鱼韵。开口则为匡、卬、阳、隍，皆阳韵。②

> 鱼部古皆阖口，如乌、姑、枯、吾。其撮口如于、居、袪、鱼者，后世之变也。从是开口则近歌，从是齐齿则近支，此鱼部所以常与歌、支相转。（《二十三部音准》）

章太炎在《音理论》又说："鱼、阳曰乌、狹"，"支、青曰洼、䀼"，"歌、泰、寒曰阿、遏、庵"，"伊，齐齿；乌，阖口"。则鱼部似应拟作阖口呼的 u，支读齐齿 i，歌读开口 a。俞敏以鱼为后高元音 u，支为前高元音 ɐ。汤炳正亦拟鱼作 u，对转之阳为 ɑŋ；支为 i，对转之青为 iŋ，但"始终感到不妥"，其后探究音理，始悟"凡收 n 鼻音者，其元音皆偏前舌元音，始与 n 鼻音部位相近；凡收 ŋ 鼻音者，其元音皆偏后舌元音，始与 ŋ 鼻音部位相近"，③则与俞敏所拟支为 ɐ 相同。照汤炳正所说，则阳弇声的元音宜拟作偏前元音，与之相对的阴弇声亦然；阳侈声的元音宜拟作偏后元音，与之相应的阴侈声亦然。王宁、黄易青的构拟与汤炳正相似，即阴弇声为前元音，阴侈声为中、后元音。

若将鱼拟作阖口 u，则歌拟作 a，支拟作 i。二十三部古韵的阴阳对转平

---

① ［日］伊泽修二《视话应用音韵新论》，东京：大日本图书株式会社，1906 年，第 81 页。
② 金毓黻《国学会听讲日记》，《东北丛刊》1930 年第 7 期，第 8 页。
③ 汤炳正《〈国故论衡·成均图〉讲疏》注释⑤，手稿，第 18—19 页。

列图,相对整齐,歌寒对转的距离较近,而谈宵对转的距离稍远(图二一)。

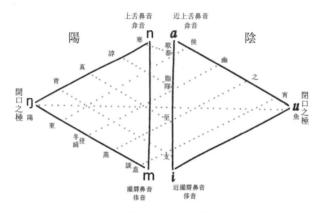

图二一　《成均图》阴阳对转平列图

　　无论将鱼部拟作 a 或 u,兼顾考古与审音的韵目表,始终无法调整至理想的对称结构,难以符合章太炎"始卒若环"的音学观念。因而在看到车轮图后,章太炎径取之以为图式,使之与其"声音转变若环无端,终则有始"的音学理论相契合。

(二) 章太炎的语音学与日本明治时期的语音学

　　关于章太炎的语言学知识来源,自俞敏提出来自马格斯牟拉和印度梵文以来,学者们多承用其说,而未能更进一步,探讨章太炎语言学理论与日本明治语言学之间的关联。近年来沈国威、海晓芳、李无未、大西克也等研究章氏弟子胡以鲁的《国语学草创》一书,始将晚清民初中国语言学界与日本明治时期语言学的学术脉络进行了梳理和勾勒。海晓芳、李无未、李逊更是将胡以鲁纳入欧美语言学理论传入东亚的视野进行考察,踵武日本学者疏通欧洲语言学中心的德国、法国与日本东京帝国大学的上田万年学派的学术脉络之后,爬梳胡以鲁与东京帝国大学语言学系的学术关联,建立了欧洲(德、法)、日本、中国三者之间的现代语言学谱系。[①]

---

① 海晓芳《文法草创期中国人的汉语研究》,北京:商务印书馆,2014 年;李无未、李逊《任尔西东:〈国语学草创〉原理》,厦门:厦门大学出版社,2022 年。

　　胡以鲁与马裕藻 1905 年同批考取官费留学，同入日本早稻田大攻读法学。[①]1906 年章太炎东渡后，开设国学讲习会，胡以鲁、马裕藻均师从章氏研习国学。1908 年留学期将满，胡以鲁向浙江旅沪学会报名，申请考试游学欧美。主事者经讨论后认为，欧美大学课程，以英国水平为最高，然而"学费尤巨，中国咨遣学生颇不合宜"。[②]胡以鲁留学欧美之事未果，唯有"禀请继续官费三年"，但因"学部所订游学日本新章，非入高等专门学堂及学部所指定之五校外，概不给与官费"，留学申请再次遇阻。胡以鲁随后争取到大清公使馆书记官林鲲翔和东京大学讲师鸠山秀夫的担保，得以在 1909 年 9 月顺利进入东京帝国大学攻读语言学。[③]同时，经两级师范学堂监督沈钧儒一再恳请与多方争取，胡以鲁的官费留学亦获得批准。"今该生既由专门学堂毕业，又以监督绍介得入帝国大学，是该生程度较胜于高等专门各学校，诚如抚宪批示所云，'笃志向学，殊属可嘉'，应请特别给予官费三年，以示鼓励。"[④]胡以鲁居东留学长达七年，故得以长期师从章太炎精研国学，熟知章氏学说与著作，又因专攻语言学，大量汲取西方语言学的理论，融合中西，撰写出《国语学草创》一书。1912 年回国后，胡以鲁任教北京诸校，惜"中道迁化"，[⑤]英年早逝，未能尽其所学，成为中国语言文字学的重大损失。《国语学草创》虽于 1913 年刊行，然坊刻甚少，读者购阅不易。其弟胡季常以《国语学草创》有胡氏手改稿一篇，拟交商务印书馆重印，陈大齐、钱玄同为之标点、校正后，于 1923 年再版，[⑥]1926 年三版，风行一时，在民国中国语言学界影响颇巨。

　　章太炎在《国语学草创序》中说："余……尝为声韵对转之图，撰次二十

① 《甬江考取出洋师范生名单（宁波）》，《申报》1905 年 3 月 15 日，第 11459 号。
② 《浙江旅沪学会呈藩学宪文》，《申报》1908 年 8 月 2 日，第 12753 号。
③ 按：胡以鲁的入学担保人为鸠山秀夫与林鲲翔，详参李无未、李逊《任尔西东》，第 1—7 页。
④ 《准给出洋特别官费（浙江）》，《申报》1909 年 9 月 20 日，第 13157 号。
⑤ 章太炎《胡母韩太夫人八十寿序》，《章太炎文录续编》卷三，《章太炎全集》（五），上海：上海人民出版社，1985 年，第 172 页。
⑥ 杨天石整理《钱玄同日记》中册，1922 年 8 月 25、26 日，第 429 页。

三部,补东原、拏约所未备,而仰曾综贯大秦驴唇之书,时时从余讲论,独有会悟。"①说的正是1910年5月出版的《国故论衡》中《成均图》一篇,而文中最后两段讨论交纽转与隔越转两大音学难题的问答,正是胡以鲁问、章太炎答。此时距胡以鲁进入帝国大学攻读语言学,时间仅半年余。

章太炎自甲午战后便走出书斋,投入社会政治变革运动之中,"寻求政术,历览前史,独于荀卿、韩非所说,谓不可易",②对荀子的隆礼、正名学说尤为推崇。③1899年、1902年两次东渡日本,购览日本明治学者的新学译著,以"和汉文籍"为"吾侪之江海"④的章太炎,博观东西书籍,汲取东西洋近现代学术理论,开始致力于汉语方言和国语研究。1903年因"苏报案"入狱三年,狱中研读佛典,由尊荀转向崇佛,对法相唯识学尤为倾心。1906年第三次东渡日本后,章太炎研读新近出版的语言学著作,"一意甄明小学",⑤"谓亚洲四文明国语悉当学习,年逾四十,精力早衰",⑥犹勉力学习梵文,于1909年春师从印度语言学家密史逻研习梵文。1907—1910年间,章太炎以恢弘光大"支那闳硕壮美之学"⑦为职志,以中国文化为命运担当,连续发表鸿篇巨制,对汉语言文字进行探赜索隐,先后著成小学三书《新方言》《小学答问》《文始》与《国故论衡》等传世名著,遗稿中尚有外国语言研究专文《殊语记》(又名《外语记》),⑧其论述深刻而精到,理奥而无间,建立了气象森严、恢弘博大的中国语言文字学理论体系。

章太炎居东期间,泛览日本明治学者译著的现代语言学著作,又亲从印度学者研习梵文,理应学习过国际音标,其《新方言·音表》与《成均图》的阴阳韵排列表,正是摹仿国际音标而略作变通制作而成,其所运用的现代语音

①　章太炎《国语学草创序》,上海:商务印书馆,1926年,第1页。
②　章太炎《菿汉微言》,《章氏丛书》,杭州:浙江图书馆校刊本,1919年,第72b页。
③　章太炎《后圣》,汤志钧《章太炎政论选集》上册,北京:中华书局,1977年,第37—39页。
④　章太炎《与吴君遂》,马勇编《章太炎书信集》,第63页。
⑤　章太炎《与宋恕》,马勇编《章太炎书信集》,第18页。
⑥　章太炎《与梁启超》,马勇编《章太炎书信集》,第44页。
⑦　章太炎《癸卯狱中自记》,《章太炎全集》(四),第144页。
⑧　《太炎先生著述目录初稿卷下》"论文",《制言》第25期,1936年,第43页。

学知识，多来自日本学者的语言学著作。伊泽修二的《视话法》(1901)、《视话应用音韵新论》(1901)，冈仓由三郎的《发音学讲话》(1901)，远藤隆吉的《视话音字发音学》(1906)等，介绍欧美现代语音学极为详细，于发音原理、发音器官、辅音与元音的类别与特点、发音练习方法、不同语言的分析等，讲解周详，并配有精细图解。如冈仓由三郎《发音学讲话》分鼻音为舌内鼻音 n、唇内舌音 m、喉内鼻音 ŋ 三种类型，并举《广韵》为例进行说明：①

鼻音类型	诗　韵	四声
喉内鼻音 ŋ	一东、二冬、三江	上平声
	七阳、八庚、九青、十蒸	下平声
	一董、二肿、三讲、廿二养、廿三梗	上声
	一送、二宋、三绛、廿三漾、廿四敬、廿五径	去声
舌内鼻音 n	十一真、十二文、十三元、十四寒、十五删	上平声
	一先	下平声
	十一轸、十二吻、十三阮、十四旱、十五潸、十六铣	上声
	四寘、十二震、十三问、十四愿、十五翰、十六谏、十七霰	去声
唇内鼻音 m	十二侵、十三覃、十四盐、十五咸	平声
	廿六寝、廿七感、廿八琰、廿九豏	上声
	廿七沁、廿八勘、廿九艳、三十陷	去声

（说明：本表根据冈仓由三郎《发音学讲话》制作。）

　　远藤隆吉亦分鼻音为三，且用符号 ⊂ 表示开口，⊟ 表示鼻音（口腔闭，鼻孔开），符号八表示方向左右上下。三鼻音的符号分别是 ⊟(ŋ)、⊓(n)、⊔(m)②，并有图示。③

---

① ［日］冈仓由三郎《发音学讲话》，第 51—57 页。
② ［日］远藤隆吉《视话音字发音学》，第 115 页。
③ ［日］远藤隆吉《英语发音》，《视话音字发音学》，第 219、223 页。

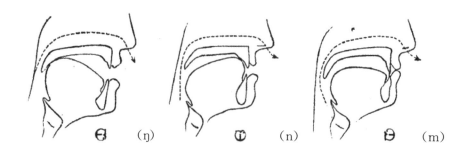

章太炎在《成均图》中分鼻音为撮唇鼻音、上舌鼻音、独发鼻音，且举印度半摩字（m）、半那字（n）、姎字（ŋ）来说明三者的发音特点：气流从肺发出，冲出声门与会厌后，"被闭拒于唇舌，宛转趋鼻以求渫选，如河决然"，结果是"撮唇使声上扬，上舌使声下咽"；独发鼻音则与二者不同，"不待撮唇、上舌，张口气悟，其息自从鼻出"。且据之划分阳声韵为弇、侈、轴三类。俞敏即据此认为章太炎的古音系统深受梵文影响，且认为章氏古音音系"元音部分是全盘比照梵文"而定，古音构拟是"以梵律周"。①俞氏并未提及日本明治语言学对章氏的影响，但如上文所说，在研究元音格局只能以元音三角图为依据的时期，章太炎恐怕很难例外。

（三）弇侈问题

章太炎 1913 年在北京国学会讲授小学时，分阳声为侈声、中声、弇声："侈声。东冬侵缉蒸谈盍皆收唇（唇在外，故为侈声）。中声。阳，收喉。弇声。青真谆寒皆收舌（舌在内，故为弇声）。"学者往往不得其解，实则章氏所说正是冈仓由三郎的唇内舌音 m、喉内鼻音 ŋ、舌内鼻音 n 三种类型。收唇的阳侈声，唇在外，发唇内音，舌头后缩，舌根隆起，嘴唇收敛，口腔容量较大，故名唇内鼻音 m；中声阳韵收喉，发音时鼻腔、口腔皆打开，声响最亮，为喉内鼻音；收舌的阳弇声，舌在内，发舌内音，舌位前伸上抵，口腔容量极小，故名舌内鼻音 n。喉内鼻音开口度最大，发唇内鼻音时口腔容量较舌内鼻音大，以此区分侈弇。与之对转的阴声韵，弇侈之别也是指口腔大小与舌位前后高低。

---

① 俞敏《章太炎语言文字学里的梵文影响》，《中国语文学论文选》，第 248、249 页。

曾运乾认为章太炎的弇侈跟开口度无关，理由是章太炎说泰的古音侈、今音敛，但在《成均图》中却又把泰归入弇声：

> 弇侈之别，章氏未加说明，意盖取大司乐之侈声、弇声郁，以声之舒扬外出者为侈音，郁塞难宣者为弇音，而与江、戴、钱、段所言侈弇异。章太炎《音准》云："段氏言：'古音敛，今音侈。'"钱氏驳之云："歌部字今多入支，此乃古侈今敛之征也。"余以古人读泰，若今北方呼麻之去，今乃与代队至乱，亦古侈今敛也。彼以古音泰为侈，此图以古音泰为弇，知此图弇侈之别，不以口腔开敛为准也。①

因此，曾运乾得出结论说，章太炎的弇侈并非指开口度大小。但章太炎的原意是说，阴声韵泰部的古今音变化，古音开口度较今音开口度大，故说"古侈今敛"。章太炎的古韵分类中，古音泰、队均属阴弇声，并非说此处说古音泰为侈声，彼处说古音泰为弇声，自相矛盾。

章太炎于管弦律吕，素无专研，在 1910 年给钱玄同的信中，即多次提到："礼、乐非专治不能明（乐又甚于礼），近世大儒明礼者诚多，明乐者犹不数见也。"②"吾辈不尽谙俗乐，则于雅乐难得其门，此当可俟诸后生。"③1920年与吴承仕论乐律与四声关系时亦说："仆于音律，向无实验，于此不能强论。"④曾运乾因《成均图》提到大司乐，受"成均"本义的影响，遂牵附音律以论弇侈，浑然不察乐律并非章氏素所擅长。是以，汤炳正晚年注释《成均图》时，直接以国际音标来解释："弇、侈：弇指闭口或半闭口元音，用今名，属高元音（以舌分）；侈指开口或半开口元音，用今名，曰低元音（以舌分）。阴、阳二声，皆有弇侈之不同。"⑤并用红笔在"闭口或半闭口元音""开口或半开口

---

① 曾运乾《音韵学讲义》，北京：中华书局，2004 年，第 477 页。
② 章太炎《与钱玄同》，马勇编《章太炎书信集》，第 112 页。
③ 同上书，第 117 页。
④ 章太炎《与吴承仕》，马勇编《章太炎书信集》，第 312 页。
⑤ 汤炳正《成均图讲疏》手稿，第 13 页。

元音"两句下画上波浪线，以示强调，未始没有回应曾运乾的界说之意。但汤说似亦未圆照。

试检阅章太炎论著中关于"弇、侈"的论述，除"弇"通"掩"之类的用法外，弇侈均兼综口腔大小与舌位前后高低而言，有时亦单举其一。说明章太炎是把一个韵部视为一个整体，当作语音的最小单位，其所谓弇侈，包括时间上从发声到收声的整个音段，而非将之再切割成更小的语音单位。章太炎在《国故论衡·小学略说》中自我评价说："阴阳对转，区其弇侈……比于故老，盖有讨论修饰之功矣。"①晚年重申此意说："戴氏不但明韵学，且明于音理。欲明韵学，当以《诗经》之用韵仔细比勘，视其今古分合之理。欲明音理，当知分韵虽如此之多，而彼此有衔接关系。古人用韵，并非各部绝不相通，于相通处可悟其衔接。吾人若细以口齿辨之，识其衔接之故，则可悟阴阳对转之理、弇侈旁通之法矣。"②其论阴阳对转之理、弇侈旁通之法，可谓是一以贯之。

时时从章太炎讲论且独有会悟的胡以鲁，认为"韵不过由六分而为九，音更不过弇侈之差耳！"③显然也与章太炎持同一观点。胡以鲁对《成均图》的韵转情况有所质疑，独于弇侈并无疑义，甚至明确说："弇侈之别，口腔大小之差耳。"④笔名"国人"在《注音字母与万国音标》一文中亦指出："江永所谓'侈敛'，以及章太炎氏所说'弇侈'，皆不外说明唇之撮圆或后弛，与夫舌之隆降；亦即读'元音'时口腔之状况也。"⑤

章太炎的弇、侈概念，兼综口腔大小与舌位前后高低而言，以韵部从发声到收声的音段为最小单位，故其往往将主元音与收声韵尾合论；尤其是阳声韵，既以韵尾 m、n 划分弇侈，弇侈各部中的主元音开口度又往往与之相触击，令人百思不得其解。因此，王力说："在弇侈的问题上，章氏的错误很

① 章太炎《小学略说》，《国故论衡》，东京：秀光社，1910 年，第 6 页。
② 章太炎《小学略说》，章念驰编订《章太炎演讲集》，第 476 页。
③ 胡以鲁《国语学草创》，第 22—23 页。
④ 同上书，第 33 页。
⑤ 国人《注音字母与万国音标》，《东方杂志》1920 年第 17 卷第 10 期，第 55 页。

多。江永说真弇寒侈，章氏把真寒都归入阳弇。其余或弇或侈，均无确证。"①陈新雄虽未辨析章氏的弇侈概念，但已意识到："章炳麟以阳声之收双唇音 m 者为侈声，收舌尖鼻音 n 者为弇音，虽自成一家之说，然实与侈弇之理无关，今不取。"②

章太炎并非不知冈仓由三郎等日本学者对中古音的鼻音构拟，但《成均图》在韵目排列和拟音上，既定阳部为开口之极，则青不宜再拟作 ŋ，而从阳→青→真→谆→寒(ŋ→n)，口腔开口度不断收拢，舌头不断抬升前抵，将介于阳、真之间的青部归入上舌鼻音 n 尾，不仅符合音理，而且在韵目安排上显得更加整齐。同理，阳部为开口之极，从阳到谈，口腔开口度不断收拢，舌头后缩，舌根不断隆起(ŋ→m)，故将介于阳、侵之间的东、冬、蒸归入撮唇鼻音 m 尾。

但这一处理方法，多遭时人和后人批评。钱玄同(1934 年)曾批评说："其实 n、m、ng 之不分，黄元同(按：黄以周)且然，即太炎师以青为 n，东、冬、蒸为 m，也何尝对呢！"③关于东、冬、侵收 m 的问题，罗常培 1934 年调查安徽绩溪方言时发现：

> 在《诗经》上往往有拿闭口韵同穿鼻韵相押的现象……中、冲、终、虫、宫、宗等字，照《切韵》讲都是收-ng 的；骖、阴、谙、临等字，照《切韵》讲都是收-m 的，这个现象从前江永、张行孚等都注意过，不过究竟是怎么一回事，还没有弄清楚。但我这回调查婺源方音，发现城内及犳下、仁洪、汪口、江湾、荷田等乡村都把东、冬两韵读成附-m 的闭口韵。这一定是上古音的遗留，决不是偶然的现象。④

但其晚年(1959 年)一改前说，而回到老师钱玄同的旧说："章氏以青部混入

① 王力《清代古音学》，北京：中华书局，1992 年，第 237 页。
② 陈新雄《古音研究》，台北：五南图书出版有限公司，1999 年，第 379 页。
③ 杨天石整理《钱玄同日记》下册，1934 年 11 月 6 日，第 1048 页。
④ 罗常培《绩溪方音述略》，《罗常培文集》(九)，济南：山东教育出版社，2008 年，第 179 页。

'上舌鼻音'，以东、冬、蒸俱为'撮唇鼻音'，又以侵、冬、缉同对幽，以谈、盍同对宵，实亦不无可议。"①

对此，汤炳正有不同的看法。在他看来，章太炎乃据先秦韵文等大量文献资料来立论，符合古代语言事实，不能只是简单地否定而不予以分析。无论是将青韵尾拟作 ŋ 或 n，还是把东、冬、蒸的韵尾拟作 ŋ 或 m，在音理上均极具合理性，且多有古代用韵的事实作支撑：

> 清儒言对转者，如戴震、孔广森、严可均以来，虽分部或有不同，但对歌、脂、支三部跟寒、谆、真的对转关系，基本上是一致的；而且在古韵的拟音研究中，一般都把青部划归 ŋ 韵尾的阳声体系中。但是，这里有个矛盾，即阴声支部，古人多跟脂、歌等部旁转；阳声青部，亦多跟真、谆等部旁转。如果将青部划归 ŋ 系中去，就会打乱这个被大量历史事实所证明了的旁转体系。因此，太炎先生在《成均图》里把青部划归 n 韵尾的体系之中，这虽与众不同，却合乎历史事实；而且跟先生的"呼歌泰脂队至支诸韵，声固近上舌"的原则也是一致的。因为青部如果不是收上舌鼻音 n，则跟收 i 韵尾的支部，就很难构成已被大量历史事实所证明了的阴阳对转关系。②

至于侯、幽、之、宵等阴声韵的对转问题，汤炳正指出：

> 从古代遗留下来的语言材料看，是相当复杂的。例如侯、幽、宵等部，他们有时跟收 m 韵尾的侵、谈等部发生对转关系；有时也跟收 ŋ 韵尾的东、冬等部发生对转关系。故戴震以侯、东为对转，以宵、阳为对转；而孔广森一面以幽部与冬部对转，但一面又以宵部与侵部对转。迨至严可均，始彻底改变戴说，而以幽部对转侵部，以宵部对转谈部。亦即由阴声收 u

---

① 罗常培《周秦古音研究述略》，《罗常培纪念论文集》，第 25 页。
② 汤炳正《〈成均图〉与太炎先生对音学理论的建树》，《语言之起源（增补本）》，第 224—225 页。

与阳声收 ŋ 之间的对转，一变而为由阴声收 u 与阳声收 m 之间的对转。其实，他们提出的不同的对转关系，都可以从古代典籍中找到证据，故各持己见以建立自己的体系。而太炎先生的《成均图》，则既以宵部对转谈（盍），而又以幽部兼对侵（缉）、冬等。也就是说，把上述两派综合而用之，这也是以事实为依据，并非自乱其例。如果从音理上讲，收 u 的阴声各部，得以兼转收 ŋ 收 m 的阳声各部，也自有其理论根据。因为 u 元音，除圆唇、极闭的特征之外，其另一特征，即他又为后舌元音。由于圆舌、极闭，故得与收双唇鼻音 m 部之侵、谈等部相对转，又由于后舌元音，后舌隆起达到了极度，故得与收舌根鼻音 ŋ 之东、冬、蒸等部相对转。当然，先生是认为东、冬、蒸等部也皆收 m，故得与 u 系韵部对转，这自然是符合音理的设想。但从上述的情况看，则先生以收 u 诸部兼承东、冬等部，即使东、冬、蒸等部本皆收 ŋ，在音理上也是讲得通的。①

汤炳正从考古和审音两方面进行综合分析，比较合理和平允。因为阳声韵正是根据鼻音三角图来排列，为顾及结构的对称性和整齐性，不得不将青拟作 n 尾韵，东、冬、蒸四部拟作 m 尾韵。王宁、黄易青也认为：

> 章太炎让收舌根鼻音只属于阳部，其主要目的是要确立轴音的特殊地位，以解决跨类相转的问题。收舌根鼻音居阳轴，既自身分别与收唇鼻音、舌鼻音二者相转，又使二者的相转有过渡即枢纽，是合于上古音转事实、合于音理的。所以，轴音的主要思想并没有错。但是，让收唇鼻音与收舌鼻音的相转有一个中间过渡，并不意味收舌根鼻音只能有一部，若以东、青二部也都归为舌根鼻音，同样可以作为收唇鼻音与收舌鼻音相转的过渡；同时，东、阳、青三部，以阳居中，同样是向左向右都可以与青、东相转，其中轴的地位和作用不变。至于青与真的相邻，东与冬、侵的相邻，段玉裁、孔广森以来举无异说，由东和青来分别接收

---

① 汤炳正《〈成均图〉与太炎先生对音学理论的建树》，《语言之起源（增补本）》，第223—224页。

唇鼻音和收舌鼻音各部；要比单由阳自己来左右邻接合理。

这一解释也同样合理。但若以阳、东、青三部并列作轴声，与之对转的鱼、侯、支也必须并列作轴声，且不论侯、支与其他阴声韵的旁转关系如何，单从位置上看，支韵恐怕就难以担当轴声的角色。更为困难的是，圜轮图上每一牙位只能安置同列韵部，若将阳、东、青都作为轴声，如何安放配置是一大难题。

章太炎为追求韵部排列的相对整齐划一，不仅将阳声韵的青拟作 n 尾，东、冬、蒸四部拟作 m 尾，而且调整了阳弇声青、真、谆、寒的次序，移动了阳侈声蒸、谈二部与阴声韵之、宵二部的位置，打乱了元音舌面图自然语音的三角格局。正因如此，胡以鲁在《国语学草创》中即说："虽然，先生之图，作圜转之则，诚尽美矣。然所谓音转果一如图序配列与否，犹不能无疑也。在在对转也，撮唇之音转为唇内，弛唇后向之音转为喉内，闭口引唇之音转为舌内，此诚音声学之理也。然其他近旁转、次旁转得非顺序颠倒否？敢据音声学之理，拟之如下，以乞教于先生。"[1]并在其所拟音图中，又重新调整韵目次序，回到《音表》而略有修正，使之更符合音理。黄侃、钱玄同在 1914 年也批评说："师之于音韵，太欲求其整齐，是其一病。"[2]

李无未、李逊认为："截至目前为止，我们还没有发现胡以鲁之前的中国学者在语言学著作中使用 Hellwarg 的三角形图分析元音的。"[3]根据上文的分析，章太炎在《音表》和《成均图》的韵目表中，已经引进了元音舌位图分析理论来研究中国语言学，并运用三角形图来说明汉语的元音格局，提出"古韵阴声九类足以准度百代"。[4]既然如此，章太炎为何要放弃国际音标这一深受后人赞誉的审音利器而不用呢？

"凡在心在物之学，体自周圆，无间方国，独于言文历史，其体则方，自以己国为典型，而不能取之域外。"[5]章太炎之所以坚持使用汉字作记音符号，

---

① 胡以鲁《国语学草创》，第 35—36 页。
② 杨天石整理《钱玄同日记》上册，1914 年 9 月 18 日，第 275 页。
③ 李无未、李逊《任尔西东：〈国语学草创〉原理》，第 242 页。
④ 章太炎《音理论》，《国故论衡》，《章氏丛书》，第 19a 页。
⑤ 章太炎《自述学术次第》，《制言》第 25 期，1936 年，第 7 页。

而不采用国际音标或拼音字母，并非他不懂得利用音标符号、拼音字母来审辨音素，而是因为在比较罗马字母、梵文字母、俄国字母和国际音标之后，认为"并音记字之法，亦不能尽契音理"，①以之拼切汉语音素，不能剀切：

> 汉音异他国者，独知、彻、澄三组，细不至照、穿、床，大不及端、透、定。罗甸字组，传于欧罗巴诸国，不足以切汉音者，惟汉音有知、澈、澄故。印度旧音，有繆、姹、荼三组，斯则知、彻、澄也。今就问梵土诸学者，繆、姹、荼音，犹作多、佗、陀。故悉谈亦不足切汉音。露西亚声有上号，与知、彻、澄又小异。斯齐州之土风，所以殊众。②

在向来反对"以殊瑰临民"③的章太炎看来，罗马字母、梵文字母、俄文字母既非国人所熟悉，包括国际音标在内的音标，作为记音符号系统又不能满足汉语记音之用，反不如用传统的反切、读若、譬况诸法来记音，更加方便和适用。《新方言》《文始》《二十三部音准》均采用汉字记音，原因正在于此。

知澈澄三纽的汉语、梵文、罗马、俄文字母表

发音部位	清浊	发音方法	汉语字母	梵文字母	罗马字母	俄文字母
舌上音/舌面前音	清	送气	知[ȶ]或[ţ]	繆[ᆮ]（ṭa）	ṭ	Ш
	次清	不送气	澈[ȶʻ]或[tʰ]	姹[ᆼ]（ṭha）	ṭh	Ц
	浊		澄[ȡ]或[ḍ]	荼[ᆼ]（ḍa）	ḍ	Ж

胡以鲁对此亦深有同感："是即所谓为单音节之吾国语，亦究非一音之微，所能量度其全体。借他种音标，论吾国国语，益难得其真相也。虽然，以科学的研究，欲究语言之发达，不能不得其音韵而分析之，况若是分析，其能胜于杂驳之类别者，固不待言也。"④陈同则持与胡氏相反而与章氏相同的态度："文字声音，代有迁变，端绪纷繁，莫可究极。盖音韵家各衷一是，未有共同记音符号故也。今若用万国音标或注音字母标志古音，固为最善。第

---

① 《章太炎手抄音学杂稿》识语，司马朝军《黄侃年谱》，武汉：湖北人民出版社，2005年，第101页。
② 章太炎《古今音损益说》，《国故论衡》，东京：秀光社，1910年，第27页。
③ 章太炎《尊荀》，《訄书》（初刻本），《章太炎全集》（三），第8页。
④ 胡以鲁《国语学草创》，第17页。

音符是否敷用,合音或不确切,既难免附会之虞,且有失反切本来面目,不若循旧贯,统一反切矣。隋《广韵》上承汉魏遗音,下为后世韵目凭依,间有不会谐声之恉,百分之一而已。二百六部,虽非音之原素,然一韵目有四声开合之辨,按之音理,不相背谬。"①1920 年代倡导使用国际音标研究音韵学的林语堂、②钱玄同、赵元任、王力③等人,也不能不承认,无论是三角形的元音图,还是四角形的元音图,国际音标的符号用于汉语研究,并不足以标记中国语言,且有隔膜之弊。再加上印刷技术难题,印刷厂未能铸造国际音标的字模,更限制了国际音标的使用和推广。即使在 1930 年代以后,描写方言学已得到学界认可,但方言学者在调查方言、利用国际音标记录方音时,仍受印刷技术的困扰而不得不采用传统记音法。"记音自以国际音标为最善,惟本刊印刷所未备此种字模,即以罗马字母记音,印刷上亦感困难,故不得不用读若法以代之,明知其不精密,然无可如何也。"④

罗常培 20 世纪 30 年代在讲义中说:"辨章音韵,审音为先。前人操术弗精,工具不备,或蔽于成见,或囿于方音,每致考古功多,审音功浅。自近代语音学兴,而后分析音素,可用音标以济汉字之穷;解决积疑,可资实验以补听官之缺,皆可据生理、物理讲明。以兹致力,庶几实事求是,信而有征矣。"⑤叶梦阳也说:"孔广森、严可均,分支部为三部,王念孙分为五部,江有诰分为四部,章炳麟分为六部,黄侃分为八部,恐亦皆为纸上空谈,能笔之于书,不能宣之于口,与段氏至死不知其所以分无异。讲音韵而不能发音,此自宋以来音韵家之一大缺点。惟此亦时代使然,无足深怪。因为当时既不谙罗马字母注音,亦无注音符号。"⑥后之学者多以普通语言学盛行后的情况来理解晚清民初时代,

---

① 陈同《古韵之原素》,《南京高等师范学校校友会杂志》1918 年第 1 卷第 1 期,第 143—144 页。

② 《北京大学研究所国学门方言调查会成立纪事》,《晨报副刊》1924 年 2 月 13 日,第 4 页;《北大研究所国学门方言调查会宣言书》,《北京大学日刊》1924 年第 1421 期,第 3 页。

③ 王力《汉语音韵学》:"但是,国际音标是偏重于欧洲语音的,不免对于汉语语音有隔膜的地方。所以中国人采用国际音标时,非稍为增减不可。"第 44—45 页。

④ 辚轩《金华音系(上)》,《东南(杭州)》1943 年第 1 卷第 2 期,第 6 页。

⑤ 罗常培《汉语音韵学导论》,北京:中华书局,1956 年,第 23—24 页。

⑥ 叶梦麟《古音爪鳞》,《松阳方言考》附,台北:台湾中华书局,1984 年,第 33—34 页。

其所论议,往往方枘圆凿,难免陈寅恪所谓"新派失之诬"①的弊病。

四、阴阳对转:《成均图》图式的摆置问题

俞敏曾以乐器钢琴琴键的分布格局来解说《成均图》,可谓富于巧思:

> "成均"现在叫变调。拿钢琴说:正中央的键是C,往右去是DEF-GAB,简谱叫1、2、3、4、5、6、7。这是C调。要是用D作1,那么E作2,♯F作3……。要是用E作1,♯F作2……。照这样轮下去一直轮到C作1,正好转了一圈儿。这叫"成均"。它的精神是每一个键都有机会轮到作1。现在古韵部念法都定了。就算有个方言念"东"象"阳"(闽南),它可并不同时念"阳"象"清",念"清"象"真",念"真"象"谆"……这跟音乐的变调精神完全不一致。这种比附是很牵强的。②

但钢琴的琴键黑白相间,平列直排,与圜转的《成均图》大异其趣,而与孔广森十八部、《新方言·音表》、《成均图》韵目表的平列表相似。

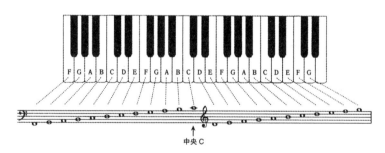

(说明:图引自《认识乐理:视听练耳同步学(第8版)》③)

---

① 陈寅恪认为:"以外研究文化史有二失:(一)旧派失之滞。……(二)新派失之诬。"卞僧慧纂,卞学洛整理《陈寅恪先生年谱长编》,北京:中华书局,2010年,第146页。按:陈寅恪原文批评的是以科学方法整理国故的新派留学生,但亦适用于此。

② 俞敏注释,邹晓丽校补《国故论衡·成均图》注》,第284—285页。

③ [美]布鲁斯·本沃德、[美]芭芭拉·加维·杰克逊、[美]布鲁斯·R·杰克逊:《认识乐理:视听练耳同步学(第8版)》,蒋瑀译,北京:北京联合出版公司,2016年,第8页。

　　章太炎经过尝试，发现清代音学家的平列直排表与国际音标的元音三角图，均无法符合其排列韵目的设想，最终借戴震、阮元的车轮图创作了圜转的《成均图》。图式创作完成之后，为实现执简驭繁、图文合一的目的，《成均图》的摆置凡经三变。

　　目前所见《国故论衡》诸版本的《成均图》有三：①1910 年秀光社版、章太炎先校本，分界居中横放，中轴竖立，上阳下阴（图式 1）；胡以鲁《国语学草创》（1913 年）、马裕藻《小学国语教授法商榷》（1916 年）所引《成均图》，均为秀光社版。②1912 年大共和日报馆版，分界居中横放，中轴竖立，上阴下阳（图式 2）。靳华《论章太炎的古音学》所附图与其描述不符合，需要逆时针旋转 90°，实为 1912 年大共和日报馆版之图；①陈平原导读版《国故论衡》同。③1915 年上海右文社本《章氏丛书》与 1919 年浙江图书馆校刊本《章氏丛书》，均收入《国故论衡》，《成均图》的图式，分界竖立，中轴居中横放，左阴右阳（图式 3）。1924 年中西书局版、1924 年中国第一书局版、郭诚永《国故论衡疏证》同。此外，1912 年大共和日报馆本《成均图》，因标题误作横排，以致韵目混入上篇《小学略说》之中。1915 年上海右文社《章氏丛书》本、1919 年浙江图书馆校刊本、1924 年中西书局版与中国第一书局版，均承其误。钱玄同因此而受误导："章君仍借守温字母和《广韵》的韵目来作周音的标目，载在《国故论衡》上卷《小学略说》之末。"②汤炳正最早指出这一问题："浙刻本《成均图》，标题横排于图之上端，以致与前篇《小学略说》分界不清，易致混淆。而日本初刻本，篇题《成均图》则竖排于篇首，其全式为'成均图　国故论衡上　章氏学'。其他各篇标题皆如此。此颇足纠浙刻《成均图》篇题横排之弊。"③

　　无独有偶，《文始叙例》的《成均图》图式，亦迭经三变：①《学林》1911 年刊载的《文始叙例》，分界居中横放，中轴竖立，上阳下阴（图式 1）。②1914

---

① 靳华《论章太炎的古音学》，本社编《研究生论文选集·语言文字分册》，南京：江苏古籍出版社，1985 年，第 5 页。
② 钱玄同《国音沿革六讲》，《钱玄同文集》第五卷，北京：中国人民大学出版社，1999 年，第 189 页。
③ 汤炳正《〈成均图〉与太炎先生对音学理论的建树》，《语言之起源（增补本）》，第 218 页。

年浙图影印《文始》手稿本(石印本)，分界居中横放，中轴竖立，上阴下阳(图式 2)。1915 年上海右文社本《章氏丛书》收入《文始》，据石印本排印，《成均图》图式相同。③1919 年《章氏丛书》收入《国故论衡》与《文始》，二书的《成均图》相同，皆是分界竖立，中轴居中横放，左阴右阳(图式 3)。

《国故论衡》1910 年秀光社版、章太炎先校本，《文始》原稿与石印本，及1919 年《章氏丛书》版的《国故论衡》与《文始》，均经章太炎亲手校订，且据"右韵目，上列阳声，下列阴声为对转"一句，与图式 1 分界居中横放，上阳下阴的图式最相吻合。但是，自戴震、孔广森以来，"阴阳对转"这一名词已成为学界普遍使用的音学术语，则图式 2 的阴声居上、阳声居下的布局更符合"阴阳对转"的称呼。1919 年《章氏丛书》，为章太炎最终手定与校勘，应是章氏的最终定式，中轴横放，左阴右阳，与术语"阴阳对转"亦相称。《国故论衡》与《文始》的《成均图》，经过图式 1、图式 2 的调整后，最终统一为图式 3 的定式，即分界竖立、中轴横摆、左阴右阳。

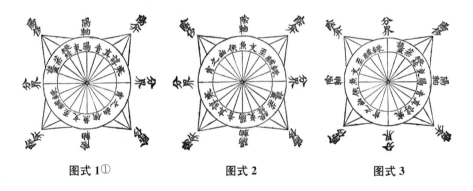

图式 1①   图式 2   图式 3

　　1906—1911 年，章太炎居东期间，"终日读《齐物论》，知多与法相相涉"，于是著"《齐物论释》，使庄生五千言，字字可解"。②既悟庄子"始卒若

---

①　说明：1910 年版的《成均图》，因印刷问题，轮毂中空并不明显。此后各版的图式，如 1912 年大共和日报馆版、1915 年上海右文社版、1919 年浙江图书馆校刊本、1924 年中国第一书局版、1924 年中西书局版，图中轮毂均极明显。然印刷质量参差不齐，惟有第一书局版印刷最佳，故此处图式统一选用 1924 年第一书局版。
②　章太炎《自述学术次第》，《制言》第 25 期，1936 年，第 1 页。

环，莫得其伦"，即华严宗"无尽缘起"之理，①认为"道未始有封，言未始有常，言是而有畛也。有畛即有差别，未始有封即无差别，故万物一如也"。②具体到古韵研究，先审音、辨音，区分韵部；其次沟通韵部之间的联系，兼顾分析与综合。《文始·略例辛》说："夫经声者方以智，转声者圆而神。圆出于方，方数为典，非有二十三部，虽欲明其转变，亦何由也。"经声者方以智，指古韵分部，疆界严密，不容混淆；转声者圆而神，指韵部之间，间有越畔，但合音理。1913 年至 1915 年幽囚于北京期间，章太炎"重绎庄书，眇览《齐物》"，③对音转之理认识愈加深邃："大氐声音转变，若环无端，终则有始。必若往而不返，今世宜多解颐之忧矣。"④罗有高在《古韵标准叙》中说："庄周曰：'万物皆种也，以不同形相嬗，始卒若环，莫得其伦，是谓天均。'是说也，其谈韵之至精者欤？"⑤将此评语施之于《成均图》，亦最允洽。

五、《成均图》的影响

陈新雄曾指出："章氏整齐百家，一之以对转、旁转二名，所以使名号一统而使后学易于了解，为图以表明之，则所以省记识之繁而已，世人不明此例，妄加指斥，实在是率尔操觚未加深思的。"⑥虽然章太炎的音转理论，自《成均图》问世以来即迭经评论，褒贬不一，但其图式的巧妙设计与音转理论的深刻探讨，每每益人神思，给人无限启发。在民国时期，摹仿《成均图》设计韵转图式者，颇不乏其人。

（一）钱玄同、黎锦熙《新成均图》（1934 年 12 月）

钱玄同主张古韵有开口、合口而无齐齿与撮口音，而且古音读合口呼之

---

① 章太炎《齐物论释》第六节；章太炎《与胡适》，马勇编《章太炎书信集》，第 665 页。
② 章太炎《原道（下）》，《〈国故论衡〉先校本》，北京：商务印书馆，2015 年，第 169 页。
③ 章太炎《菿汉微言》，《章氏丛书》，第 73b 页。
④ 章太炎《二十三部音准》，《国故论衡》，《章氏丛书》，第 20b 页。
⑤ 罗有高《古韵标准叙》，严式海编《音韵学丛书》第七册，第 116 页。
⑥ 陈新雄《声韵学导读》，氏著《锲不舍斋论学集》，台北：台湾学生书局，1984 年，第 354 页；相同说法，又见陈新雄《古音研究》，第 151 页。

韵并不多。因此，在假定古韵二十八部的音读时，只拟了三个韵部有合口呼，六个韵部兼具开合二呼，其余皆为开口呼而无齐齿呼或撮口呼。黎锦熙根据钱玄同的拟音，采用伦敦大学琼斯(D.Jones)的元音舌位图，再配上两行鼻、塞辅音作声随，仿章太炎《成均图》之义，创作《新成均图》，发现钱氏假定的古韵音读，舌前部上升到半开的标准元音全都没有，当时就用一位女郎镶牙的笑话提出异议：

> "周汉时代的人，似乎都缺了门牙，还没有镶好金牙呢。"（这是根据他和我常谈的一个北平老笑话：有一位女郎，门牙长得不好，准备换镶金牙，把门牙都敲缺了，人问她："贵姓?"答："姓胡。""尊住在哪儿?""保府。""多少岁数?""十五。""贵庚?""属虎。""贵干?""唱大鼓。"等到她的金牙镶好了，又有人问她："贵姓?"答："姓李。""尊住?""京西。""岁数?""十七。""贵庚?""属鸡。""贵干?""唱戏。"）①

据张清常 1985 年致黎泽渝函称："《新成均图》（古韵廿八部之发音部位），制于 1934 年 12 月。"②1937 年在西安临时大学石印刊行。③惜未能见其图，不知与章氏图有何异同。但其采用的既是琼斯的元音舌位图，恐怕也是三角图；而其在三角图上再配上两行鼻、塞辅音作声随，将与阴声韵相配的阳声韵、入声韵也标记图上，以展示阴阳对转关系，则阳声韵恐怕也呈三角图格局。近人陈新雄分古韵为三十二部，以国际音标元音舌位图标明其古韵部位，阴阳入三声相配，其阴声韵为四角图，阳声韵亦为四角图，④可证。

① 黎锦熙《钱玄同先生传》，《钱玄同先生纪念集》，出版信息未详，第 26a 页。
② 张清常《1985 年 12 月致黎泽渝》，《张清常文集》第五卷，北京：北京语言文化大学出版社，2006 年，第 385—386 页。
③ 黎泽渝《黎锦熙著述目录》，北京：书目文献出版社，1996 年，第 76 页。
④ 陈新雄《古音学发微》，台北：文史哲出版社，1983 年，第 1023 页。

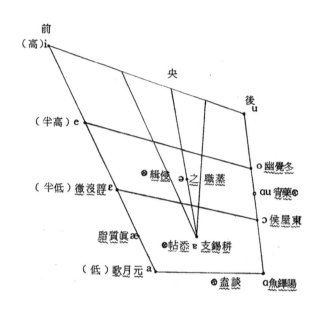

（二）林义光《古音略说》（1920）

林义光《古音略说》，建立古韵十八部、古声十纽的古音系统。但其古韵十八部，阴声九部，为之、宵、幽、遇、模、歌、泰、微、蟹；阳声十一部，为蒸、谈叶、侵缉、东、阳寒、文、臻、青，实是二十部。其中，"缉叶二韵，本为阴声，自古与阳声之侵谈同用，故附于阳声之下。臻（读为秦）青侵三韵，寒阳谈三韵，文东二韵，方音或相混，然其所收之音，显有区别。臻文寒皆收抵腭音，青蒸阳东皆收穿鼻音，侵谈皆收闭口音。"[1]以有无鼻音区分阴阳，入声韵缉、叶收闭口音，故归入阳声。鼻音分抵腭音 n、穿鼻音 ŋ、闭口音 m 三种。各韵之间的通转关系，有对转、旁转、次对转三种。为展示韵部之间的旁转、对转关系，林义光绘制了一副"内为阴声，外为阳声"的圆图（图二二）[2]。

图二二　林义光之古韵阴阳对转图

① 林义光《古音略说》，《文源》，上海：中西书局，2012 年，第 21 页。

② 同上书，第 22 页。

　　林氏的古音系统和韵纽通转学说，虽未明言受章太炎的音学理论影响，但其与《成均图》的学术承袭关系，可无怀疑。钱玄同即曾指出："林义光分廿七部，与章、黄均相似而均不逮。"[①]陈新雄也说："除古韵分部较章君为粗疏外，其诸部对转，几皆与章君同，而于旁转，则无界说。推迹其言，似阴声韵与阴声韵间，或阳声韵与阳声韵间，皆可旁转，稍嫌泛滥而无范篱也。"但因林义光不取章太炎拟青、东、冬、蒸为双唇音 m 的做法，而将之与阳皆拟收穿鼻音，陈氏由此称赞道："至其阳声九部……虽未若今人之清晰，然以视章君之说，则远胜之矣。"[②]但不知何故，陈氏在后来的《古音研究》中，又将林义光一节全行删去。

（三）辀轩《金华音系》（1943）

　　章太炎运用音转理论研究方言，创作出中国现代方言学的开山之作《新方言》，开启了中国现代方言学之门。章氏既导夫先路，章门弟子复步武其踵，恢弘师说，中国现代方言研究从而在民国学术界大放异彩，蔚为大观。学人或仿章书体例而撰著立说，或取章氏理论以研究古语今言，纷纷致力于本地方言研究，参与到现代民族国家建设和社会文化秩序重构的时代运动中，中国方言研究之巨浪汹涌澎湃，遂掀起近代中国学术史上影响至今的方言调查与研究浪潮。民国学者研究方言，多运用《成均图》及其音转理论，撰作出"新方言系列"的论著，从而形成中国现代方言学的"新方言学派"。其中，汲取章太炎的音学理论，并摹仿《成均图》创作方言音转图式者，当以笔名为"辀轩"所作之《金华音系》，成就最为突出。

　　辀轩的方言研究，以上古音（汉魏以上之音）、古音（切韵音系，并参高本汉构拟）和今音的国音、金华方音四个音系来作历时比较，"略窥见其自上古演变之轨迹"。[③]其上古音音系，采用的是王念孙古韵二十二部，阴声十部八类：之、幽、宵、侯、鱼、祭歌、支、至脂；阳声十二部八类：蒸、冬侵缉、谈盍、东、阳、元、耕、真谆。阴阳对转则采用章太炎《成均图》二部同居、三部同居的做

① 杨天石整理《钱玄同日记》下册，1934 年 10 月 23 日，第 1045 页。
② 陈新雄《古音学发微》，台北：文史哲出版社，1983 年，第 473 页。
③ 辀轩《金华音系（上）》，《东南（杭州）》1943 年第 1 卷第 2 期，第 10 页。

法,但具体同居韵部不同。又摹仿《成均图》创作了《上古音阴阳旁转对转图》,"外圜阴声,内圜阳声"(图二三、图二四),①用以说明古韵对转、次对转、近旁转、次旁转的通转关系。不仅如此,辂轩更是将《成均图》应用到声纽通转上,创制了《声母变转图》,分三十六字母为十摄,"依发音部位之内外,自左达右,顺次排列,而成循环"。十摄说似采自林义光《文始》,而略作变通。各摄所包括之字母如下:

	纽摄	影	见	疑	日	泥	端	精	来	帮	明
辂轩	字母	影喻晓匣	见溪群	疑	日	娘泥	端透定泥彻澄	精清从心邪照穿牀审禅	来	帮滂并非敷奉	明微
	古纽	喻	群	疑	审	孃	端	精	来	滂	明
林义光	字母	影喻晓匣	见溪群	疑	心邪审禅	泥日孃	端透定泥彻澄	精清从照穿牀	来	帮滂并非敷奉	明微

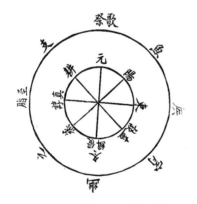

图二三 《上古音阴阳旁转对转图》

图二四 《声母变转图》

并作《声母变转图说》,设立声转条例:

> 凡同摄诸母,均可互相通转。

> 凡邻摄通转,谓之旁转,如影摄诸母左旁转可通见摄诸母,右旁转

---

① 辂轩《金华音系(上)》,《东南(杭州)》1943年第1卷第2期,第8页。

可通明摄诸母。

凡左右间一，谓之次旁转，如影摄左次旁转为疑，右次旁转为帮。

凡正直相对有线联系者，谓之正对转，如影摄与端摄，见摄与精摄，明摄与泥摄。

凡对转后再左右旁转者，谓之次对转，如影摄左次对转为泥摄，右次对转为精摄。

凡左右旁相间二摄，即不得通转，如见摄左与泥摄不通，右与帮摄不通。但有三例外，即影摄左旁间二可通日摄，右旁间二可通来摄，日摄左旁间二可通精摄，右旁间二可通影摄，来摄左旁间二可通影摄，右旁间二可通泥摄，是也。入声者径以直线连之，谓之直转。[①]

辎轩的古音系统，古韵分部与韵目排列，综合王念孙、章太炎的古韵学说而略作调整；古纽声部，则采用林义光十纽说而有所变通，并摹仿章太炎《成均图》与林义光《古韵阴阳对转图》，创作出《上古音阴阳旁转对转图》与《声母变转图》，在古音与方言研究中，亦可谓是别具一格。

章太炎在《与叶德辉》中说："韵类既繁，求其远近，近世乃有阴声阳声之说。苟从其质，阴声无鼻音，阳声有鼻音，此能发语言者所周知，而执约始为之名号。必若阴用其说，而阳避其名，则攘善也；拔而去之，则无以为群韵纪纲也：二者固仆所不敢出也。"[②]衡以章太炎这一学术规范，虽然钱玄同、黎锦熙批评《成均图》不遗余力，但其制作《新成均图》，明说仿自章氏《成均图》，且命名亦相同，丝毫不讳言章氏学说，其中意味，颇耐人寻味。林义光的古韵阴阳对转图，辎轩的《上古音阴阳旁转对转图》、《声母变转图》，摹仿《成均图》而绝口不提章太炎，"阴用其说，而阳避其名"，似乎都难逃"攘善"之名。

---

① 辎轩《金华音系（下）》，《东南（杭州）》1943年第1卷第4期，第10、13页。
② 章太炎《与叶德辉》，马勇编《章太炎书信集》，第602页。

六、余　　论

《考工记》说："凡察车之道，必自载于地者始也。是故察车自轮始。"章太炎则认为："小学者，非专为通经之学，而为一切学问之单位之学"；①"盖小学者，国故之本，王教之端，上以推校先典，下以宜民便俗。"②"董理小学，以韵学为候人"，③故其论学讲学，"以音韵训诂为基，以周秦诸子为极，外亦兼讲释典。盖学问以语言为本质，故音韵训诂其管籥也"。④

晚清语文改革运动勃然兴起，士夫学人纷纷投身其间，或调研方言，或考音正字，致力于建立国语，普及教育，开启民智，从而掀起中国现代正名思潮。章太炎作为汉学家，精研音训，博综中国语言文字学各家之长，又身居东亚新兴的学术中心日本东京，博览明治学术译著，与明治学者往来论学，并亲从印度语言学家研习梵文，汲取印欧语言学之精髓。章太炎以海纳百川的开放态度，从中国、欧洲、日本乃至印度等不同文化系统中汲取营养，集乾嘉小学、欧洲历史比较语言学、普通语言学与印度声明学等语言学理论和成果于己身，融汇中、欧、印、日语言学而冶于一炉，形成别具一格的语言文字学理论体系，并用来指导中国的语言文字改革。《成均图》荟萃中外音学理论成果，先改清儒韵目表的平行线为国际音标三角图，最终改用圜转圆图，由列表排列变为周回运转的图形，采用圜轮图来展示阴阳对转理论，不仅减省识记之繁，视觉呈现效果极佳，而且体现了章太炎将古韵二十三部分配入图的巧思，蕴含着独特的音学理论和经世思想。

章太炎因"病世人灭裂自喜，字母等韵六书略例皆所未达，苟欲乡壁虚造，以定声格、成简字"，辄创作"声韵对转之图，撰次二十三部"，⑤阐明转

---

① 章太炎《论语言文字之学》，章念驰编订《章太炎演讲集》，第 9 页。
② 章太炎《小学略说》，《国故论衡》，东京：秀光社，1910 年，第 4 页。
③ 同上书，第 3 页。
④ 章太炎《致国粹学报书》(1909)，《章太炎书信集》，第 236—237 页。
⑤ 章太炎《国语学草创序》，上海：商务印书馆，1926 年，第 1 页。

注、假借之理，发明汉字孳乳、变易之道，证明"字虽转繁，其语必有所根本，盖义相引伸者，由其近似之声，转成一语，此语言文字自然之则"；①因"悼古义之沦丧，愍民言之未理，故作《文始》以明语原，次《小学答问》以见本字，述《新方言》以一萌俗"，②借双声叠韵之说，辨识音变之条，博考方言，稽考故训，一面推审语根，考寻本字，"发明今语之由来，为统一语言之先导"；③一面创造注音符号，构建汉字字族，解决汉字识读难题，普及教育，"使人知中夏语言，不可贸然变革"。④《成均图》作为章太炎小学三书的理论根基，实是其音学理论和中国语文改革的核心所在。

章太炎"居东京、编民报之时，一面执笔为文，鼓吹革命，日不暇给，然犹出其余力，为后进讲语言文字之学"。⑤《章太炎手写稿本〈文始〉出版广告》称："乡岁余杭章太炎先生避地东邻，含章养素，哀国华之瓬落，不忍怀宝迷邦，爰乃爰布德音，召迪遐迩，遂有《小学答问》《新方言》《国故论衡》等书著行于世，沈钧冥会，前无古人。"⑥可谓能道出章氏恢弘国粹的真意。章氏弟子许寿裳称："章先生为国学大师，著述精深独到，三百年来无第二人，贡献于学术及教育上者甚大。"⑦章氏利用各种机会弘扬国学，一生讲学几四十年，章门弟子遍布十九行省。通过东京、北京、苏州国学讲习会的讲学和演讲活动，章太炎不仅将其学术与思想广为宣扬，而且培养了一大批继承其学术与思想的优秀学生，散布全国各地，令其学术在近代中国赓续不绝，大放异彩。《礼记·学记》说："善歌者，使人继其声；善教者，使人继其志。"自今观之，章太炎东京讲学的深远影响，更在培养了一批优秀学者，推动着中国国语运动和方言运动的学术化与制度化，为中国现代学术的转型与发展奠

---

① ④ 章太炎《自述学术次第》，《制言》第 25 期，1936 年，第 7 页。

② 章太炎《小学略说》，《国故论衡》，东京：秀光社，1910 年，第 5 页。

③ 章绛《新方言补》，《国粹学报》第 49 期，1908 年，第 58 页。

⑤ 许寿裳《章炳麟》，重庆：胜利出版社，1946 年，第 78 页。

⑥ 《章太炎手写稿本〈文始〉出版广告》，《雅言》1914 年第 7 期；汤志钧《章太炎年谱长编（增订本）》上册，第 274 页。

⑦ 许寿裳《致姜琦（伯韩）》，上海鲁迅纪念馆编《许寿裳家藏书信集》下卷(198)，福州：福建教育出版社，2016 年，第 128 页。

定坚实根基。章氏弟子朱希祖说："余杭章先生，以文章历史，为国性所托，自亡命日本时，已陶铸弟子。民国既建，各大学国文、历史教授，大都为章门弟子，迄今不下七八传，而亦弥布全域，大学中学，靡不有其踪迹。"①日本学者岛田虔次由此感慨道："五四前后涌现出许多思想界、学术界的人物，也都出自太炎之门，如鲁迅、周作人、钱玄同以及黄侃、吴承仕、朱宗莱、马裕藻、朱希祖等等，只是数数人名，也应是思过半矣。"②倘如论者所说，章门弟子在民初任教北京大学，太炎学风遂因此对全国学界持续产生深远影响，③则近代中国学术风气的转变，正始于章太炎的东京国学讲习会。

中日学者的研究指出，欧美现代语言学传入东亚，经由欧洲语言学中心柏林大学的甲柏连孜、布鲁格曼、保罗等人，影响到求学德国的上田万年等人，上田万年回国后，培养了一批语言学家，如小川尚义、滕冈胜二、保科孝一、金泽庄三郎、新村出、龟田次朗、桥本进吉、伊波普猷、小仓进平、金田一京助、后藤朝太郎、神保格、市河三井、田中秀央、东条操、安藤正次等，形成日本东京大学的上田学派，最终建立了日本现代语言学、方言学、国语学。④大西克也、李无未认为："胡以鲁写作《国语学草创》肯定是离不开上田万年及东京大学语言学群体环境的学术熏陶，更离不开这些学者的指导与帮助。同时，也应该注意到，这也与他此时利用业余时间向章太炎学习中国传统小学息息相关，向章氏学习给他打下了坚实的小学基础。西洋语言学、日本东洋语言学、中国传统语言学'三位一体'，铸就了《国语学草创》的语言学理论学术灵魂，这个学术'关联'推论，无论如何是应该成立的。"⑤

---

① 朱希祖《朱希祖日记》（中），北京：中华书局，2012年，第738页。
② ［日］岛田虔次《章太炎的事业及其与鲁迅的关系》，章念驰编选《章太炎生平与思想研究文选》，杭州：浙江人民出版社，1986年，第198页。
③ 周勋初《黄季刚先生文心雕龙札记的学术渊源》，《当代学术研究思想》，南京：南京大学出版社，1993年，第2页。
④ ［日］大西克也、［中］李无未《发现"东京大学在学证书"：解开中国语言理论奠基者胡以鲁之谜》，《东京大学文学部中文纪要》2019年3月第22号；又参李无未、李逊《任尔西东》，第7—10页。
⑤ 同上书，第10页。

西洋语言学、日本东洋语言学、中国语言学之间的现代学术关联，理应成立，但中国现代语言学的奠基，章太炎实为导夫先路的关键人物。章太炎居东期间，大量汲取欧洲语言学、日本语言学和印度声明学理论，冶中外语言学为一炉，创建了中国语言文字学的理论体系，又利用各种机会设帐讲学，培养了一批语言学家，如黄侃、胡以鲁、沈兼士、钱玄同、汪东、景耀月、李镜蓉、刘嫒、马裕藻、但焘、黄际遇、李植、马竟荃、马宗霍、姜亮夫、王广庆、汤炳正、李恭等，形成中国现代语言学的太炎学派，最终建立起中国现代语言学、方言学和国语学，与19、20世纪欧美、日本的语言学流派相比，亦不遑多让。

后记

本文之作，始于2016年，彼时研读章氏小学三书与《国故论衡》，对《成均图》一篇颇多用力，所提出的第一个疑惑，即图式来源问题。2018年5—8月间，与二三友人讲读《国故论衡》小学卷，为方便理解《成均图》，乃作韵目平面分解图，将相关问题粗略注解，标记表旁，发现阴声韵似呈基本元音三角图分布格局。搜集章门弟子材料时，读到胡以鲁《国语学草创》，书中绘有《成均图》阴声韵三角图；1920年代钱玄同所作元音图，亦是三角图，于是颇疑章太炎之作《成均图》时，国际音标乃三角图而非四角图，其阴声韵或是根据元音三角图来设计。2018年9月入学后，读书之际，时时留心于寻找"成均图"原型，以及欧洲和日本关于早期国际音标元音图的外文材料，意欲印证所疑。

2019年初，翻阅《戴震全集》，见其《考工记图》所绘"轮图"，竟与《成均图》极为相似，急取《成均图》与之对比，始知此前受四角增加之饰线遮蔽，未能遽定其为车轮图。继思章氏青年时代研治经学，费时二年研读《皇清经解》，戴氏《考工记图》即收录其中，乃认戴氏轮图为《成均图》之原型。《经解》中又有阮元《车制图考》，转而检阅阮氏《揅经室集》，同书异名的《考工记车制图解》中，亦附有轮图。《成均图》图式来源于轮图说至此始立。忆及本科期间曾读郭宝钧先生的《殷周车器研究》,找来对看,轮、毂、辐、牙各部分,与《成均图》之结构相吻合;按图索骥,见张长寿、张孝光先生《殷周车制略说》之文,益坚前说。然见识未广,不敢自信。翻检历代声韵著作,浏览诸家韵图之后,始稍敢自信。

图式来源问题既了,其后便是元音图难题。阅览早期国际音标制订者琼斯(D.Jones)、帕西(Paul Passy),日本明治时期伊泽修二、冈仓由三郎、远藤隆吉等人的语音学著作,发现其所介绍元音图均为三角图,疑惑顿释。其后又读到霍尔德曼(S.S.Haldeman)《解析正字术:语音及其字母符号研究》(*Analytic Orthography; An Investigation of the Sounds of the Voice, and Their Alphabetic Notation*, 1860)与 P. W. Schmidt, P. G. Schmidt and P. J. Hermes《语音及其在通用语言字母表中的表示》(*Die Sprachlaute und ihre Darstellung in einem allgemeinen linguistischen Alphabet*, 1907)两文,乃知元音三角图其来已久。2022 年 3 月,特向友人请教元音三角图与四角图之异同。数日后,始从网上读到曹文《国际音标表的变化——增减与修改》(2012)一文,更确信元音三角图之认知不误。

《成均图》研究,乃章学研究、汉语音学史研究的难题,从民国争论至今,许多问题迄无定论。因此,一切有助于推进研究的探讨,均宜鼓励和支持。拙文提出《成均图》的图式原型为车轮图、元音结构为早期国际音标元音三角图,思索多年,只是一个探索,其结论是否坚定,能否得到学界认可,从来不敢自信。今于专家审稿意见中,合理的部分皆予以汲取,需要论辩之处则出脚注加按,或补充说明,属于审稿人的偏好与提出的新问题则阙如。因审稿专家认为本文关键论点有臆测傅会、牵引饰说的嫌疑,故略述探索历程如上,是为后记。

又,拙文在校阅期间本打算大改,但如此一来,易与评审意见相左,为免引起读者对评阅人与作者观点的误解,今保持结构不变,仅第三节加次级标题,以醒眉目。拙文自写作至定稿,承蒙欧阳清、傅正、张梦瑶、吴剑修、任海林、陈思远诸友帮助良多,志此以表谢忱!

附　匿名专家评审意见

《成均图》是章太炎音韵学的核心成果之一，也是传统汉语音韵学史上的重要著作。在章太炎语言文字学研究中，《成均图》上承《新方言·音表》，下启《国故论衡·二十三部音准》，又是章太炎《文始》分卷、乃至描述音转关系的理论基础。《成均图》的学术渊源何自、其学术影响如何，也是章太炎研究乃至汉语音韵学史上比较重要的一个问题。论文《中外融贯，韵旋毂转——章太炎〈成均图〉图式研究》洋洋洒洒、恣肆汪洋，打破了既往语言学研究视域下的《成均图》研究，在清代学术史及近代学术史的背景下，尝试勾稽章太炎《成均图》的来源，并探讨《成均图》的前后摆置、学术影响，也提出了一些有别于现有研究的新说，读之颇有新意。不过，章太炎《清儒》中，言常州今文之学，其弊在"最善傅会，牵引饰说"；而以戴学"分析条理，多密严瑮"为高。胡适之先生亦言，"大胆假设，小心求证"。倘以此为标准，仔细审视这篇论文，可知作者有两个重要"假设"，尚待剔除傅会，仍需条分缕析：其一，章太炎《成均图》来自戴震、阮元的轮图。其二，章太炎《成均图》与早期元音三角图有关。这两个关键的问题，作者是否做了小心谨慎的"求证"，能否把作者的研究，视作言之凿凿、不可移易的定论？至少，从目前作者给出的讨论来看，似乎还略嫌推论有余、确证不足。整体看来，论文第一、四、五部分，较现有的研究有所推进。但论文关键的第二、第三章，还值得推敲，作者需作审慎的考虑和较大的修改（甚至可能需要推倒重来），以期完善现有的论述。建议修改后再用。

以下意见，供作者参考：

其一，论文提出，《成均图》的图式来源，可以上溯至戴震《考工记图说》与阮元《考工记车制图解》所绘制的轮图。关于《成均图》之得名，章太炎本有夫子自道："成均图者，大司乐掌成均之法，郑司农以均为调，古之言韵曰均，如陶均之圆也。"但对于这一说法，作者并未采信，进而提出："学者们囿于原文'如陶均之圆'五字，长期以来皆主陶均圆盘说，未能明确指出《成均图》图式的真正来源，实是车轮图。"

但就作者所提出的主张，"大胆假设"固然可以，但必须要小心求证，并全面回答两个问题：

（一）有哪些直接证据，可以明确说明，章太炎关于《成均图》的说法不够准确？同时又有哪些直接证据，可以说明章太炎的图式是受《考工记》及戴震、阮元之说的启发？

作者根据章氏著作中有称引《考工记》之例，认为：

> 章太炎在《成均图》《膏兰室札记》与《文始》中，反复提到《考工记》。循此线索去检阅《周礼·考工记》，参考清人研究，可以断定：《成均图》的图式原型，实来自戴震《考工记图》与阮元《考工记车制图解》中所绘制的车轮图。

但是，作者并未给出实际的"反复提到《考工记》"的具体情况。而且，尚需措意的是，章太炎文中引及《考工记》，是应当分为不同层次的：如果仅是作为资料性质的引用，不能视为核心的思想资源，而只有直接的与《考工记》车轮图式有关的内容，才能视为直接影响并启发了章太炎《成均图》图式的直接证据。例如，《成均图》原文中，未见引述《考工记》；《膏兰室札记》引用《考工记》的条目不足十条，和车轮有关的，有"自妾之身之不为人持接也"条下，在附带考辨"自吾不为污杀之事"时，章氏曾引《考工记·轮人》郑司农注："椠，椷也，蜀人言椷曰椠。"但此则章氏引及《考工记》，是据郑司农注证明"椠椷一声之转"；至于《文始》中引及《考工记》的条目，大约有近三十条，也大多是援引《周礼》旧注或者考辨异文，无关乎《成均图》的思想来源。因此，就目前作者所提供的资料而言，似乎还不能断定《成均图》的图式原型是车轮图，还有待进一步充实论证。

（二）章氏《成均图》谓："古之言韵曰均，如陶均之圆也。"《文始叙例》言："夫经声者方以智，转声者圆而神，圆出于方，方数为典，非有二十三部，虽欲明其转变，亦何由也""曷若分其畐（部）什，综其弇侈，以简驭纷，则总纪于此，成文于彼，无患通转有穷，流途或窒，权衡得失，断可知矣"。章太炎在《成均图》的图及正文中，也揭示了各个韵部之间的界限（经声者方以智；

综其弇侈，以简驭纷）及音转的变化（转声者圆而神）。陶均之圆，强调的是语音的流转，与章氏对古音音转的研究是可以契合的。但作者则认定陶轮与车轮有别，并且认为章氏《成均图》是来自车轮。如此，作者就需要解释，采用戴震、阮元的车轮图式之说，对于解释《成均图》的结构，又有哪些独到的优长？能否和《成均图》之说契合？

先就图式来说，车轮有毂、辐、牙，车轴贯通毂心。但就《成均图》来说，其实《成均图》只有各个韵部及分界连起的线条，勉强与车轮图式的辐构成对应。但《成均图》中，并没有哪个结构（也就是章氏特别命名的部分），能与毂、牙构成一一对应的关系。特别是《成均图》的"轴声"，在车轮图式中实际上与"辐"相对应，而与车轮图式中贯穿两轮的"车轴"不能对应，那么，采用车轮图式，车轴是否会和《成均图》的"轴声"产生矛盾？这一点还可以再思考。

再就图式的车辐来说，就《成均图》中，各个韵部及分界与车轮图式的"辐"有一定的相似性，但章太炎《成均图》对处在"轴声"的鱼阳二部，有较为独特的安排。采用车轮图式能否很好解释"轴声"的特殊性？《成均图》云：

> 凡隔轴声者不得转，然有间以轴声隔五相转者，为隔越转。
>
> 夫惟当轴处中，故兼揽弇侈之声，与之交捷。其弇侈者为轴所隔，则交捷之涂绝矣。孔氏所表，以审对转则优，以审旁转则窒。辰阳鳞次，脂鱼栉比，由不知有轴音，故使经界华离，首尾横决，其失一也。

章氏指出，弇声只能和弇声相转，不能隔开轴声和侈声相转；侈声亦只能和侈声相转，不能隔开轴声和弇声相转。唯有轴声因为在弇、侈之中，故轴声既可以和弇声相转，也可以和侈声相转。也就是说，轴声在古音音转中属于枢纽，其权重至少是大于弇声、侈声诸韵部的。但按照弇声、轴声、侈声的关系来看车轮图式的三十辐，则也有矛盾：各辐之间是平等的关系，似乎没有权重的不同。

希望作者在修改中，对车轮图式和《成均图》在哪些方面更契合、在哪些方面存在不契合的问题，加以说明，并对车轮图式的解释力，提出更令人信服的论证。否则，论文新意有余，但或许会流于"牵引饰说"的附会之说。

其二，论文提出，章太炎受到早期国际音标三角元音图的启发，从而提出《成均图》。但在论述中，作者先言元音三角图和基本元音的关系，后文又改言根据对转关系制作鼻音三角图。这样，作者实际上把三角图和语音系统中的元音（vowel）及韵尾辅音（consonant）的鼻音混为一谈。同时，在具体音值的讨论中，作者对章太炎相关韵部的构拟也前后游移不定——《成均图》和国际音标讨论中，作者先以阴弇为 i，阴侈为 u；又言弇侈是开口度的问题；在最后又言轴声的鱼部为 u，阴弇的歌泰为 a，阴弇的支部为 i。这使人不禁疑惑，作者的研究究竟是否符合章太炎的原意？

首先，国际音标并没有鼻音和元音的对应。鼻音属于辅音，和元音是完全不同性质的语音。作者将《成均图》改编，并认为"阳声韵的三鼻音与阴声韵的基本元音，其分布均呈三角图形"，即认为所谓的"鼻音三角"和"元音三角"对应。但放眼古今的语言学史，鼻音和元音的勾连本身是否能够成立，就是值得怀疑的。这里的内容，恐怕绝非章氏原意了。

其次，关于阴侈、阴弇的语音，作者先言，"阴声韵的元音，阴侈声 u、阴弇声 i，与轴声之间，恰好也构成三角形分布"。但这个论述证据何在？包含侯幽之宵四个韵部的侈声是否都是 u？包含支至脂（队）歌（泰）四大类六个韵部的弇声是否都是 i？从下文看，作者似乎参考了胡以鲁的图，将胡以鲁描述元音的"撮唇"，与章太炎描述辅音的"撮唇"傅会在一起了，并把胡以鲁仅指之部（阴侈）的"u"和仅指至部（阴弇）的"i"，直接对应了所有的阴侈和阴弇，但这一点并不能成立。

胡以鲁的撮唇，指的是元音音位的圆唇元音（rounded vowel）。胡以鲁《国语学草创》第一章中明确区别了辅音、元音。在论述元音时，言"圆撮其两唇，舌渐后隆，发上四音，则为歌侯之，即 o、ŏ、u 是也。此时音渐后响而圆笼，乃渐就沉钝"。《国语学草创》的图中，即以"唇之圆撮"、"沉钝"为轴，描述歌（o）、侯（ŏ）、之（u）诸部。以今天的语音学来看，这是指元音的圆唇特点（且后元音以圆唇为省力、更为常见）。而章太炎《成均图》的撮唇，指的是辅音音位的双唇鼻音（m）。《成均图》："其一侈音，印度以西皆以半摩字收之，今为谈、蒸、侵、冬、东诸部，名曰撮唇鼻音。"对转的阴侈，有"宵、之、幽、侯"诸部。胡以鲁《国语学草创》中，在辅音部分，也有"声者以 m 收者唇内鼻音，以 n 收者舌内鼻音，以 ng 者曰喉内鼻音"的指称。因此，胡以鲁表示元音的撮唇，和章太炎表示鼻音韵尾的撮唇，是完全不同的概念。

而就阴弇、阴侈的读音，作者直接提出"阴侈声 u、阴弇声 i"，也没有论证这样的根据何在，读之颇觉奇怪——参考章氏《成均图》《文始》《二十三部音准》可知，阴侈共四部，阴弇共四类六部，读音应该是不同的。章太炎绝不会把所有的阴侈一律对应 u，把阴弇一律对应 i（这样就是相当于各个韵部没有区别，读音相同了）。在章太炎弟子胡以鲁的古音构拟中，阴侈声各部，仅有之部是 u（其余宵、幽、侯各有拟音）；阴弇各部，只有至部为 i（其余歌泰、脂队、支也各有拟音）。而且，胡以鲁也没有构拟为-u、-i 这样的复元音。那作者提出，以阴侈为 u、阴弇为 i 的说法，并与阳声韵尾对应，这个观点目前看也是不能成立的。

再次，关于章太炎"弇侈"的得名与开口度的问题。章太炎的"弇侈"指的是韵尾的不同，和传统古音学表示元音开口度的弇侈是不同的。作者也已注意到，"章太炎 1913 年在北京国学会讲授小学时，分阳声为侈声、中声、弇声：侈声：东冬侵缉蒸谈盍，皆收唇（唇在外，故为侈声）。中声：阳，收喉。弇声：青真谆寒，皆收舌（舌在内，故为弇声）"。但作者随后又说："喉内鼻音开口度最大，唇内鼻音开口度较舌内鼻音开口度大，以此分侈弇。与之对转的阴声韵，弇侈之别也是指开口度大小。"又将区别章太炎《成均图》中的韵尾问题，转到了开口度上。此下，作者又花了不少笔墨，综述学界异说。实际上，这里又是把章太炎原文中非常明确的辅音之鼻音韵尾的问题，和元音之开口度问题（open/close）混为一谈，并且也和语音实际情况不合。实际上，m、n、ng 三个鼻音，和开口度不同的元音都能搭配（开口度最大的元音是 a，开口度最小的前高元音是 i，后高元音是 u）。章太炎用以区别韵尾的"弇侈"，显然不和开口度有关，而仅仅是和这几个辅音韵尾发音的状态有关系（章太炎"唇在外，故为侈声"，"舌在内，故为弇声"，喉音在中）。而倘以作者前文所说的"阴弇为 i，阴侈为 u"来看的话，i、u 均为高元音，也就是都是开口度为闭（close），就更加与作者"喉内鼻音开口度最大，唇内鼻音开口度较舌内鼻音开口度大"之说自相矛盾了。其实，陈新雄等学者在讨论元音的时候说："章炳麟以阳声之收双唇音 m 者为侈声，收舌尖鼻音 n 者为弇音，虽自成一家之说，然实与侈弇之理无关，今不取。"是值得参考的意见。

最后，关于轴声的音读。作者前后列出几个说法。最后 u（鱼）、a（歌泰）、i（支）的说法，又与前文的弇、侈之分别存在矛盾。

总体说来，作者提出用元音三角和辅音三个韵尾相配，并说章太炎是受早期国际音标的三角元音图的影响。但这些观点，有些有悖语言学的基本原理，有些则误会了章氏原文。因此，这一节中，需要打磨的地方尚不少。

要之，这篇文章征引宏富，旨在追溯章太炎《成均图》的学术渊源。从全篇近乎竭泽而渔的资料搜集工作看，作者下了不少功夫，也尝试提出一些新的独到的见解。不过，全面的资料搜集，不一定意味着立论的扎实；独到的全新见解，也不一定意味着结论的可靠。建议作者综合考虑上述问题，并对文中的行文、引文作细致的核对，并就一些关键问题作充分的修改，庶能在避免史实硬伤的同时，对这一问题提出令人信服的论证。

编者按：

本文详溯章太炎《成均图》之源于戴震、阮元，同时置该图之形成于明治日本东西学术交融之具体脉络，据此进一步探讨其域内外学术资源，文章后半部并追踪民国时期新一代学者《成均图》之流变，文章不乏新见。就此，匿名评审人在评价作者贡献的同时，亦据理详列其不同看法，并补其不逮。本刊择匿名评审意见之主要部分，与文章并刊，一来以示公允，二来希望以此评审意见垂范，以展示匿名评审制度之重要，三来希望有助于学界对问题的进一步讨论。从编辑的立场尤其值得指出的，是匿名评审人高度负责、专业的学术态度，其评审，不啻为本创刊号树立良好学术风气之开端。另一方面，本文作者依据史学之精神，然又不流于史料梳理，其立意不可谓不高，其立论亦不可谓不大胆。虽难免有瑕疵，却有提出问题、展示崭新视角之功。

编辑团队亦借此机会感谢所有的作者以及所有的匿名评审人。

A Mixing of the Domestic and the Foreign, Sounds and Pitches: A Study of the Diagrams in Zhang Taiyan's *Chengyun Tu*

Zhou Minqiu

Abstract: *Chengyun Tu* is Zhang Taiyan's representative work in phonology, which occupies an important space in modern Chinese linguistics. Therefore, many scholars have annotated it, and most of them are renowned in the field of linguistics and grammatology. However, concerning the prototype of its pattern, they are limited in these five characters-"ru tao yun zhi yuan(如陶均之圆)". They have long believed that the pottery wheel should be a disc, failing to clearly point out the true source of the pattern of *Chengyun Tu*, thus unable to reveal Zhang Taiyan's considerable efforts in the selection and design of this pattern. This article analyzes the academic background of Zhang Taiyan's creation of the "Chengyun Tu" and determines that there are two prototypes of its pattern: one is the wheel diagram from Dai Zhen's *Kao Gong Ji Tu Shuo* and Ruan Yuan's *Kao Gong Ji Che Zhi Tu Jie*, which is actually composed of components such as hubs, spokes, and teeth; After the creation, in order to simplify it, and integrate the diagram and text together, the layout of the "Chengyun Tu" underwent three changes. The other is the triangular vowel chart of the early International Phonetic Alphabet (IPA). Zhang Taiyan first determined the basic vowels based on the triangular vowel chart. Then he created a triangular nasal chart on the foundation of contravariant relationship in which axis sound is essential, distributed the ancient rhymes evenly, and create a 23 part Yin Yang parallel arrangement diagram. With an open attitude, Zhang Taiyan drew nourishment from diverse cultural systems such as China, Europe, India, and Japan. He combined linguistic theories and achievements such as Qianjia School, European Historical Comparative Linguistics, General Linguistics, and Indian Declarative Studies to build a unique theoretical system of Chinese phonetics. The *Chengyun Tu*, which combines the achievements of Chinese and foreign phonology, first changed the parallel lines in the Qing Confucians' rhyme table to the International Phonetic Alphabet

Triangle, and finally changed to a circular wheel chart, which was arranged in a list and transformed into a circular cycle diagram. The circular wheel chart was used to demonstrate the theory of alternation between yin and yang, which not only was easy to memory and achieved excellent visual presentation, but also reflected Zhang's clever idea of incorporating the 23 parts of ancient rhymes into one chart, containing his unique phonological theory and practical thinking.

Keywords: Zhang Taiyan; *Chengyun Tu;* alternation between yin and yang; vehicle wheel; IPA

比较视野中的章太炎

章太炎与武田范之的论争

——关于传统学术与士人的存在方式

[日]小林武　著　胡藤　译

摘要:针对《民报》刊登的与武田范之在"佛声"问题上的批评,章太炎撰文反驳(《答梦庵》)。然而,以对武田的批判为契机,章太炎加深了对中国思想中知行合一和士人存在方式的思索。即,在此前对传统学术的"经世—求是"的框架中,加入了对士人活生生的存在方式之思考。具体而言,他从学问主体的存在方式这一问题意识出发,对"狂狷"和"乡愿"的经学概念进行了历史性的检验,还通过"知"与"行"重新考察了王阳明。并且还批判了日本汉学,进而重新思考了明治维新与阳明学的关系。

关键词:武田范之　佛声批判　《答梦庵》　知与行　王阳明　士人的存在方式　《思乡原》　日本汉学批判

前　　言

曾有一位日本人与章太炎发生过论争,并且是以"汉文"(译注:日语中指不使用假名、语法上以古代汉语为标准的文体,Kanbun)为语言展开的,他就是曾为日韩合并运动奔走呼号的武田范之(Takeda Hanshi, 1863—1911,号梦庵)。这次论争起源于武田批评章太炎发表在《民报》上的论文过于偏向佛教。武田指出"《民报》宜作民声,不宜作佛声也"(载汉文体杂志《东亚月报》第2号《寐语》,1908年5月),对此,章太炎撰《答梦庵》(载《民报》第21号,1908年6月)予以反驳。之所以要称此为一场论争,不仅仅是因为有日本人与章太炎展开了讨论,而是在以下两点上有考察的价值。其一是由于这其中存在文化的差异,其二是由于章太炎受这次论争的影响,在辛亥革命前夕加深了思考,开始探讨士人应有的存在方式(尤其是出处进退问题)。章太炎特别将视野扩展到士人的出处进退问题,也就是开始思考士人日常的存在方式,这一点在中国近代思想史上值得关注。这是因为他的思考不再停留在革命的战略战术、建构革命主体等政治领域,也涉及日常社会性的方面。

所谓存在文化的差异是指,即使使用了相同的词汇,但所理解的内容大相径庭,二人在这一点未得到确认的情况下展开了议论。一般而言,在以文化和社会为共同的基础的情况下,认识的不一致或者误解可以通过对事实的正确认识找到解决问题的头绪。但如果文化各异、社会也有所不同,在对事实的认识之外,对于认定事实的依据和对事实的理解也各异,便会产生各自认为的"事实"。这种"事实"中夹杂了成见。这里所指的文化差异就是指文化将自己的依据或判断视为自明前提而不加审视,从而产生了成见。武田与章太炎的论争中存在文化的差异,就是因为如果不考虑文化的差异就很难理解其中佛教的作用、隐遁等论点。

具体而言,中国和日本社会中佛教和隐遁拥有各自的历史和社会意义。因此对于佛教和隐遁的理解与评价也必然有所差异,因为这对应着佛教在各自的历史和社会中承担的作用。即使同为佛教,同是隐遁,但这仅仅是用语相同,对其理解和评价必然不会完全一致。所谓语言是"文化历程的目录"[语言学家爱德华·萨丕尔(Edward Sapir)语],是因为这种理解和评价通过语言与该文化固有的历程产生了复杂的关联。因此,在异国间的论争中需要确认文化的差异并且努力消除差异,但此次论争中,佛教与隐遁所指代的内容被视为自明的前提,反而凸显出了文化的差异。而章太炎以与武田的论争为契机,也深化了自身的思想。

那么,章太炎思考了什么,又是如何深化他的思考的呢? 在当时(明治时期)的日本,中国思想一般被理解为宋明理学,而身为考据学家的章太炎则是开始思考起"知行合一"中"行"的方面。他向来对宋明理学持批判态度,并且在"求是—致用"的框架中思考传统学术,还在宋明理学外,试图通过佛教构建革命的主体性。然而在此次论争后不久,他开始将传统学术与士人的日常相结合进行思考,重新思考"行"。换言之,他的关注范围扩大到了士人的出处进退方面。由此,他对宋明理学的态度略有改观,而其契机可以说便是与武田的论争。他对宋明理学的评价产生的微妙变化是有理由的。此外,辛亥革命后,他对于"行"的思想在围绕民国建设的问题上进一步加深,这也可以说是此次论争当初未曾料到的结果。

目前,关于武田范之,有泷泽诚从日本思想史的角度分析的力作,[①]关于此次论争,高田淳在其对章太炎的齐物哲学的考察中也有所提及。[②]另外,汤志钧也曾介绍过武田范之。[③]并且,章太炎的《答梦庵》虽然有学术论文有所提及,但鲜有将其与武田的主张、论争的对立观点和论争引发的日本汉学批评等相结合进行讨论。

本论文将考察武田范之与章太炎的论争中存在的文化差异,以及这一差异如何促进了章太炎对传统学术和士人的存在方式(尤其是出处进退及"行")的思考。首先将概述论争的经过及武田范之其人(第一节),接着结合1908 年论争产生时章太炎的状况(第二节),从文化差异的视点出发,考察章太炎和武田二人对佛教、隐遁的理解(第三节)。然后确认章太炎在论争之后开始关注清朝学术和士人的日常存在方式(第四节),并集中于有关乡愿和狂狷的问题意识(第五节)。最后将论证章太炎与武田的论争是促使章的日本汉学批评和阳明学观变化的原因之一(第六、七节)。

一、论争的经过与武田范之

首先概括一下章太炎与武田范之(号梦庵)论争的经过。由于武田的批

---

① [日]滝沢誠《近代日本右派社会思想研究》,東京:論創社,1980 年;同氏《武田範之とその時代》,东京:三嶺書房,1986 年;同氏《武田範之文書——洪疇遺讖に就いて》,《アジア経済資料月報》18—9, 1976 年。和武田相关的研究还有[日]滝沢誠《権藤成卿》,東京:紀伊國屋書店,1971 年;同氏《権藤成卿と章炳麟の交遊》,《日本歴史》第 399 号,1981 年。

② [日]高田淳《辛亥革命と章炳麟の齐物哲学》第 1 章第 2 节,东京:研文出版,1984 年。

③ 汤志钧《关于〈答梦庵〉〈学林〉及其他〈泷泽诚〈权藤成卿和章炳麟的交游——来往笔谈录〉〉》(中译),收入《乘桴新获》,南京:江苏古籍出版社,1990 年。

判中包含了促使章太炎思考的重要论点，因此仅关注章太炎的《答梦庵》是不全面的，也要考察武田的说法。章太炎与武田的论争经历了如下的过程：

A　章太炎《大乘佛教缘起说》，《民报》第 19 号，1908 年 2 月。

B　武田范之《寱语》，《东亚月报》第 2 号"文苑"栏，1908 年 5 月。

C　章太炎《答梦庵》，《民报》第 21 号，1908 年 6 月。

D　武田范之《寱语》，《东亚月报》第 3 号"文苑"栏，1908 年 6 月。

E　武田范之《答太炎书》，《东亚月报》第 4 号"论丛"栏。本栏以附录形式从《民报》转载了《答梦庵》一文。1908 年 8 月。

F　武田范之《寱语》，《东亚月报》第 4 号"文苑"栏。

G　章太炎《再答梦庵》，《民报》第 23 号，1908 年 8 月。

论争的发端是武田范之读了章太炎的《大乘佛教缘起说》（A，下同），批评其过分偏向佛教，忠告其不够革命（B）。《大乘佛教缘起说》是章太炎对当时日本正引发论争的大乘非佛说的批判。大乘非佛说是指明治时期由村上专精（Murakami Senjo，1851—1929）提出的，认为大乘佛教并非释伽牟尼原有教义（"佛说"）的主张。章太炎认为大乘是"佛说"，大乘的胜意（最精华的观点）在于其如来藏识说，构成唯识学骨架的阿赖耶识说和三界惟心说均是佛说。为此，他进行了精致而繁复的佛典考据，武田则对繁琐的考据和其非政治性提出异议。章太炎在《答梦庵》（C）一文中反驳后，武田辩称自己的批评是基于"朋友之道"（D、F），并撰写了《答太炎书》（E）再度反驳。但章太炎在《再答梦庵》中以一句话终结了此次论争。他说："公等，足与治乎。章太炎白。"（G）尽管武田巧舌如簧，章太炎的反应却相当冷淡，似乎这不足以称为一次论争。但章太炎对武田嘲讽中国人"明哲保身"一事深受刺激，引发了他的思考。章太炎不久后便论及乡愿，并开始批评日本汉学。由于章太炎一向对乡愿持负面态度，他的论述难免让人感到唐突，但这也许就是受此次论争的刺激。第四节开始将讨论他是受到什么刺激、如何受到刺激的。

为了理解此次论争，还需要补充说明一些内容。首先是《东亚月报》。

它由黑龙会的内田良平(Uchida Ryohei, 1877—1937)、权藤成卿(Gondo Seikei, 1868—1937)等人于 1908 年创办,是面向中国人的汉文杂志。其创刊宗旨称"本报发刊之本旨,在俾清国人士速通宇内之大势……疏通唇齿之情交,立东亚之大计"(《东亚月报开刊引》)。但实际上,内田良平是一位国家主义者、亚洲主义者,高度重视日本在朝鲜和中国扩大势力范围,于 1901 年组织了黑龙会,日俄战争期间持主战立场,战后倡导与韩国合并。正是这一时期,他结识了孙文、章太炎等人。武田所谓的日本与中国友谊,毋庸置疑也是指的"东亚之大计"中的一环。

其次要介绍武田范之。武田范之(Takeda Hanshi, 1863—1911,幼名半治,字洪畴,号梦庵,保宁山人),父亲是久留米藩士,在久留米明四事件(明治四年,对新政府不满的士族试图颠覆政权的叛乱)中受到连坐而家道中落,他成为以医师为业的武田家养子,但此后拒绝了这样的安排选择流浪。1882 年与权藤成卿相识,翌年在新潟名寺、曹洞宗显圣寺成为云水(修行僧,后在 1900 年任住持)。1894 年,作为"天佑侠"参加了朝鲜东学党之乱。在参加"天佑侠"之外,武田还参与了"闵妃事件""日韩合并运动"等,以僧侣身份参与政治。同时,他也在社会文化方面积极活动,如在对马岛(Tsushima Island)开设山林事业、在朝鲜金鳌岛开展渔业,还有推动韩国设立宗务院(在国家的庇护下团结韩国佛教徒)、保存高丽版《大藏经》书版等。[①]他在政治和社会方面都有所建树。

武田的以上经历中,与本次论争相关的值得注意的地方有:①出身下级武士,富有行动力;②身份为僧侣;③推动了工农产业等,即他的实践行为不局限于舆论界。可以说这是让武田的说法切实影响到章太炎,让他在士人的存在方式和对佛教的看法方面受到触动的原因(见后述)。

最后介绍《东亚月报》的主要编辑人权藤成卿。他是一位农本思想家,主张基于习俗之自然实行自治。另外,在黑龙会的立场之外,权藤和武田等人对章太炎还抱有文人之交的感情。为悼念章太炎去世,权藤在他主持的

---

① 参考前揭[日]滝沢誠《武田範之とその時代》。

《制度の研究》上撰写了两篇文章，[1]表示与章太炎"长期相交无间"，还向年轻的中国友人借阅章太炎"寓居日本时代的手稿等"，[2]可见权藤等人认为与章太炎的交际有着特别的意义。但章太炎却始终对此保持距离（参考第六节）。

《东亚日报》的宗旨是促进日本和中国的友好关系，这从其版面构成上也能看出。《东亚月报开刊引》中提到，"文苑"栏的宗旨是收录日韩人的诗文，增进"清国人士"对他们的了解；"论丛"栏则是刊登"世界名士之创建新识"。这是试图以汉诗文为媒介创造东亚的知识文化交流的平台。这就可以理解为什么武田把《寐语》发表在"文苑"栏，而把《答太炎书》和章太炎的《答梦庵》放在"论丛"栏。

章太炎结识权藤成卿和武田范之等人是在 1906 年 12 月，即他赴日不久。他们之间的交际涉及汉诗文的赠答、时事问题等各方面，其中通过汉文笔谈的记录部分存世，据说也有大量被烧毁。[3]从相识到 1908 年发生论争其中有 1 年半左右的时间，武田反复自辩他是从"朋友之道"出发提出忠告，可能包含了这期间培养的情意在内。但是从章太炎的角度看来，二人理解的差异不能用"朋友之道"这样的美言掩盖，因为"东亚之大计"的立场与推翻清朝的立场不同自不必说，而且相互之间理解的差异之大也难以忽视，尤其是武田"明哲保身"的嘲讽让章太炎大为震撼。第三节将详述二人理解的差异，下一节先关注章太炎在发生论争的 1908 年的处境，其中可见他其实难以专注于论争。

二、1908 年的章太炎

1908 年是章太炎思想发展中重要的一年。但这只是后见之明，对于正

---

[1] ［日］权藤成卿《章炳麟翁の易簣を悼む》（1936［昭和十一］年 8 月）；同氏《章太炎氏の满蒙殖民に对する学问的意见》（1936 年 9 月）。

[2] 前揭［日］权藤《章炳麟翁の易簣を悼む》。

[3] 前揭［日］滝沢诚《权藤成卿》，第 50 页。

在思想上奋斗的他本人而言,正是苦难重重的日子。苦难有三:一是传闻为清朝耳目的人伪造了他自己(章太炎)的文章;二是与吴敬恒(字稚晖)的论争;三是《民报》的财政困难和与孙文的矛盾。①

首先是第一点。章太炎在学问上非常敬重的古典学家刘师培成为清朝的耳目,伪造了名为《炳麟启事》的文章(载于《神州日报》5 月 24 日)。刘师培原是民族主义者,后来转向无政府主义,又暗自投靠了两江总督端方,成为其耳目。刘师培利用章太炎与孙文的不和,以章的名义发表文章称他将抛却世事闭门研究佛典。章太炎自然在《民报》第 21 号的《特别广告》中加以否认。《答梦庵》也同样发表在第 21 号上,可见他是处在这一苦境的最难关头展开反驳的。

其二是与当时的无政府主义者吴敬恒的纠葛。1907 年 3 月,章太炎在《邹容传》中从人格和事件经过的方面严厉指责了陷自己与邹容于不义的吴敬恒。吴敬恒当时在上海爱国学社任教员,通过江苏候补道俞明震告发章太炎和邹容试图煽动革命。结果邹容死于上海租界的牢狱之中,章太炎也在狱中度过了三年。章太炎激烈地揭露了吴敬恒的行为,吴对此撰文反驳(1908 年 1 月,《新世纪》第 28 号),章再加驳斥(1908 年 2 月,《民报》第 19 号)。然而吴敬恒强作说辞自我辩解(1908 年 4 月,《新世纪》第 44 号),7 月章太炎再度反驳(《民报》第 22 号)。原本吴敬恒就与孙文有交谊,又对中国传统文化持否定态度,章太炎与吴敬恒在基本立场上不可协调。章太炎与武田的论争发生与这一年的 6 月,正是他与水火不容的对手展开论争的最激烈时期。

其三是与孙文的纠葛。1907 年前后,《民报》的财政恶化,运营艰难。1907 年 3 月,日本政府接受清朝的要求将孙文驱逐出境,孙文以饯行费用的名义领走了 1.5 万日元,然而这样《民报》的经费就仅剩下 2 000 日元。在孙文离开日本后,他曾获得大量饯别经费的事实浮出水面,而同盟会内部在《民报》的经营和革命方针等问题上的矛盾也逐渐显现。1908 年,内部矛盾

---

① 汤志钧编《章太炎年谱长编(增订本)》上册,北京:中华书局,2013 年。见前揭高田书。

仍在持续,《民报》的经营更加困难。在章太炎自身的回忆中,1908 年的内容都是围绕同盟会展开的。①

此外,从思想的角度来看,6—8 月期间章太炎还发表了一系列重要的文章,即哲学意味浓厚的《四惑论》(《民报》第 22 号,7 月)、批判中国法的《五朝法律索隐》(第 23 号,8 月)、批判代议制和《宪法大纲》的《代议然否论》(第 24 号,10 月)等。在《再答梦庵》当中冷漠地拒绝继续讨论也可能是由于章太炎正集中于思考哲学与法制问题。

这一年中,章太炎还写作了和古典相关的论文,并为留学生讲授国学(这持续到了 1911 年)。②武田发动论战的 6、7 月期间,他正在神田的大成中学校和借宿之处讲解《说文解字》。

从此可以想见,1908 年里面临着诸多困难的章太炎也难以分出多余的精力来处理与武田的论争。

接下来将从文化差异的角度来考察此次论争。难以解除的误解,其实远超个人在认识上的不同,而是与文化差异有关。

三、佛教观与隐遁——文化的差异

章太炎与武田范之论争的论点有以下几个:①佛教与革命;②对于隐遁和陋巷的评价;③革命与实践;④日本观;⑤中国的学术(孔子、阳明学)等。本节将以佛教与对于隐遁、陋巷的看法为线索进行考察(关于日本学术和阳明学的内容在第六、七节),因为这反映出了文化的差异。无论是对于佛教还是对于隐遁,二人的看法与其在日本或中国的存在形态的差异有关,但他们都将这视为自明的前提来展开争论,因此凸显出看法的差异,产生了评价上的对立。二人对立之深,成为了章太炎单方面终止论争的一个原因,而同时正

---

① 《太炎先生自定年谱》光绪三十四年条,香港:香港龙门书店,1965 年。
② 任鸿隽《章太炎先生东京讲学琐记》,《文史资料选辑》第 94 辑,1984 年;张苍华《章太炎东京讲学与鲁迅》,《近代史研究》1986 年第 6 期;卞孝萱《章太炎各次国学讲习之比较研究》,收入善同文教基金会编《章太炎与近代中国》(台北:里仁书局,1999 年)等。

是因为存在文化的差异,也促使章太炎深化了自己的思考(见第四、五节)。

1. 佛教观

佛教在日本和中国所起的作用不同,对其的评价和期待也不相同。以下分别叙述。

(1) 武田范之

他认为:

> 佛教之平和思想,死于千载之上。曷得抱亡骸为维持新世界新真正之平和之具?况土地国有与乞食之士谋之乎?以之求日华之连合,以之要求世界列国赞成中国之革新事业,皆远之远矣。无一于此,而《民报》之作此佛报者,抑出于何意乎?《民报》宜作民声,不宜作佛声也。夫使几亿民众咸作佛声者,非印度乎?几万万人皆法师,则谁作食,谁执兵御敌?故印度以之终亡。支那亦病乎!(B)[1]

武田认为佛教仅是"亡骸",其中已无和平思想,也未能把印度从殖民地化中救出来。寄希望于这种"亡骸"带给新世界和平是不可行的,也不可能给中国带来革新。因此提倡佛教并不可取。武田自身作为僧侣却说出佛教是"亡骸"这种话,可能是与他目睹到佛教不仅在印度,在日本也未能引领政治改革的事实有关。在日本,佛教在江户时代(1603—1867)曾是行政机构的末端,但无论精神上还是政治上都未能承担起维新的作用,反而在进入明治时期(1868—1911)以后遭遇了"废佛毁释"的现实。可以说武田是从印度和日本社会中政治、社会功能的角度在看待佛教。

武田继续写道:

> 有一颜回守其陋巷,使支那至今日之境者,颜回之徒也。安分知足,明哲保身,如此而已矣。鸿儒尚病或无用,况颜回而怀文殊臭骸,以横新民众之上风乎?……《佩文韵府》,可以论治道乎?《渊鉴类函》,可以济穷民乎?四库全书,可以练兵团乎?八股愈累,政纲愈弛。考证益

详，实业益废。(B)［2］("鸿儒"指章太炎——作者注)

武田不仅批评佛教是"文殊臭骸"，还嘲讽清朝士人不顾经世学问而导致当下的情况，是"明哲保身"。此外还批评称如果国民全部都成为僧倡，那还有谁能够从事生产、保卫国家呢？（见前引(B)［1］）。但章太炎期待佛教在养成士人伦理的方面起作用（后述），并不是希望其成为国民伦理。[1]因此武田的批判实际上是误解。清末的人对佛教应有作用的期待与日本不同（后述）。但是，章太炎并未对这样的作用的背景进行任何解释，而是把儒学和佛教都视作不证自明的内容展开了论述。而武田方面也因为自己身为禅僧且学习过阳明学，而错过了对这一自明的前提产生质疑的机会。并且，武田不仅是批评，还出口讥讽。他称读章太炎《大乘佛教缘起说》(A)就像在读《大藏目录》，仅一两页就昏昏欲睡(B)。此外，还尖刻地断定章太炎尽管学识上有"宏览博搜之劳"，但不能兼顾义理而皆为考证，到头来只是"画饼"(B)。武田站在阳明学的立场上理所当然地坚持"知行合一"的观点，而不能理解清朝学术的意义，并且从其实践观（前述）出发，也对考证多有贬低。

当时日本的知识人将中国思想等同于宋明理学（"知行合一"），对清朝考据学几乎无所知（后述），因此武田批评的"明哲保身"也是理所当然。针对武田所谓"佛声"的批评，章太炎的同志"无名氏"也感受到其中的讥讽之意，发表了抗议的来信(D)。这正反映出在对于佛教和考据学的理解上存在文化的差异。

（2）章太炎

面对武田的批评，章太炎答称，通过佛教"特欲发扬芳烈，使好之者轻去就而齐死生"，而清朝学术在于追求精密深入与真理，将知识的领域从经世

---

[1] 前揭《日本及日本人》第 566 号的文章《章太炎を訪ふ》中有一段章太炎与栖庵道人（［日］妻木直良）的对话。栖庵道人问能否基于法相宗建立未来的宗教，由此救济民众，章太炎答称他提倡唯识、法相之学是为了"屈服识者，说服智者"，而如要救济民众，只需要"十善五戒"之类的念佛佛教即可。可见章太炎的"佛声"是以中国社会中居于领导阶层的士人为前提而提出的。

致用中独立出来(C)。①他期待利用佛教克服功利思想、培养革命主体,认为考据学不求闻达,是追求知性诚实的学问。然而武田却使用"明哲保身",也就是在爱惜性命的意义上对此冷嘲热讽。为何武田会如此批评?这一点此后促使章太炎加深了自己的思考。

不过,为什么不是试图从儒学,而是从佛教中培养革命主体呢?

章太炎提出佛声说的理由有三:①儒学的衰颓,②功利思想的蔓延,③佛教的自他救济。但从武田的角度来看,中国士人的问题在于学术("知")与实践("行")不统一,因此无法理解章太炎对已是"亡骸"的佛教抱有期待的想法。

(3)佛声说的思想背景

众所周知,儒学在汉代以后成为国教(官方学问),士人必须学习儒学。儒学中原本就带有很强的伦理上的使命感,如所谓"志士仁人,无求生以害仁,有杀身以成仁"(《论语·卫灵公》),出于这样强烈的使命感甚至可以不顾自己的生命。但是在现实中,儒学的盛行挟带了现实利益的动机(所谓"禄利之路",见《汉书·儒林传》赞),并非单纯因为对这种使命感的认同。成为官僚也有为了谋生这样的功利侧面。(章太炎称这种功利性为"儒家之病,在以富贵利禄为心"。参考《诸子学略说》。第四节。)章太炎正是在士人竞相追逐实际利益的背景下倡导佛声说的。因为儒学已衰颓,伦理上的使命感正在减弱。

19世纪后期,中国与西方近代文明接触后,积极承认经济活动、肯定自我保全和竞争的西方近代思想传入中国。儒学作为精神上指导思想的地位衰退,无法与西方近代思想抗衡。在此背景下,佛教作为能够兼济自他、超越功利现实的思想重新受到重视。

原本在中国,佛教作为精神上与儒学对立的思想,曾有被镇压的历史。清朝也试图将寺院和僧尼隔绝于普通民众的生活之外②,到了后期,佛教也

---

① 《答梦庵》,汤志钧编《章太炎政论选集》(上),北京:中华书局,1977年,第396、398页。

② [日]牧田谛亮《アジア仏教史 中国編Ⅱ 民衆の仏教——宋から現代まで一》第6、7章,東京:佼正出版社,昭和五十一年(1976)。

开始衰落。然而清末居士杨仁山(1837—1911)开设金陵刻经处(1866 年),致力于佛教复兴,佛教开始作为士人精神上的指导思想被接受。例如在戊戌变法运动中活跃的谭嗣同(1865—1898)就曾说"救人之外无事功,即度众生之外无佛法"、"度人,非度人也,乃度己也"等(均出自《仁学》第 49 节)。对他而言,佛教是联结救济个人和救济社会的思想。章太炎与谭嗣同的佛教观不尽相同,但在个人救济与社会救济相联结这一点上则无异。章太炎将佛教中"菩萨一阐提"的说法作为个人主体性地参加革命的依据,建立了自他救济的思想。①

接下来考察一下清末的思想环境。有一位正在伦理的使命感和功利思想之间彷徨的年轻士子留下了日记。他在每日的纠葛中,为了自他的救济选择了佛教。他是孙宝瑄(1874—1924),生于清末的一个官僚家庭②,是与谭嗣同和章太炎都有交际的好学之士。他的《忘山庐日记》中记载,他曾遍读《大乘起信论》《六祖坛经》、各种禅语录、华严和唯识学相关的书籍,在读到《永嘉禅师语录》后自称忘山居士,将书房命名为忘山庐。③孙宝瑄关于伦理上的使命感和欲望之间的纠结有这样的说法:

> 是日,与勉哉论志。余谓,杀身而足以救天下,吾则为之。杀一身而不足以救天下,吾弗为也。全一身而足以害天下,吾弗为。全一身而不足以害天下,吾则为之。保身之说,当今志士皆引为羞,余独不讳。盖保身者,争存物竞之起点,人人固有性,不足耻也。但不得以己之身害人之身耳。④

① 《齐物论释》(初定本)第七章:"又其(指"菩萨一阐提")所志,本在内圣外王,哀生民之无拯,念刑政之苛残,必令世无工宰,见无文野。人各自主之谓王,智无留碍然后圣"《章太炎全集》(六),上海:上海人民出版社,1986 年,第 57 页。这里所说的"菩萨一阐提"是指发动菩萨的大悲心,试图彻底救济众生的"大悲阐提"。参考前揭[日]高田书,第 254 页。
② 其父孙怡经是光绪朝户部左侍郎,兄孙宝琦历任清朝政府驻法、驻德公使,民国北洋政府内阁总理等。岳父李瀚章,李鸿章之兄,两广总督。
③ 《忘山庐日记》光绪二十三年(1897)正月十三日条,上海:上海古籍出版社,1983 年。
④ 《忘山庐日记》光绪二十七年(1901)二月二十七日条。

孙宝瑄在近代的自我保全思想中思考士人的社会使命。他的想法既非无条件的杀身成仁,也不是无条件的自我保全。他认为应当事前考虑到自己是否能够拯救天下,再以此决定行动。考虑到结果再行动,这其实是功利主义的想法,可谓是非常有清末时代特征的心理状况了。这种想法的背景是,功利主义思想在清末传入中国,"以工商业立国"的风潮正盛。功利思想与工商业的盛行打开了肯定经济活动、全面唤起欲望,儒学提倡的伦理上的使命感则很容易被抛弃。儒学的"杀身成仁"在自我保全的主张面前毫无抵抗力。谭嗣同、章太炎提倡佛教的背景就是这一思想状况。

2. 隐遁

在隐遁的问题上,日本与中国不仅评价不同,对其内容的理解也是不同的。

(1) 章太炎

章太炎把隐遁视为顽强的生活方式的标志,因此在陋巷中生活并非是可耻的事情。面对武田"颜回而怀文殊臭骸"的冷嘲热讽(B),章太炎就隐遁与陋巷进行了反驳。他说,日本人刚脱离封建制不久,因此"不愧其不自搏节,而愧终于贱贫;不忧其不自束身,而忧其不交显贵"(C)。①这是章太炎对明治时期的日本人汲汲于出人头地发出的批评,可见他重视人的德性和生活方式。另一方面,"震旦去封建时代已远,故不事王侯者,世以为重"(C)。也就是说,在中国,隐遁才是顽强的生活方式。

(2) 武田范之

面对章太炎的批评,武田肯定了积极学习西方近代文明的明治维新,认为只有摆脱"鄙夷陋巷"才能真正实现文明(E)。这种近代化是以卫生、日常生活方式、交通、经济发展等物质层面作为前提,其对于文明的质疑态度较为缺乏。在武田看来,"鄙夷陋巷"是尚未文明化的生活方式,如不尽快文明化,则会有沦为殖民地的危险。②此外,"游于人伦之外,以为礼乐之本"的态

---

① 《答梦庵》,前揭汤志钧编《章太炎政论选集》(上),第397页。
② 《答太炎书》:"鄙夷陋巷宜乎? 夫以鄙夷陋巷为宜,所以印度沉沦,而汉种衰弱也。"《東亞月報》复刻版,東京:柏書房,1992年。

度，"高则高矣，然其事效，隐之又隐也"，这无异于"革命之自杀"（E）。武田进而自豪地认为，日本正是因为讨厌"陋巷"，寻求富强，才跻身世界一流国家之列。①

其实，日本人在面对隐遁这个词时，首先会想起的应当是日本中世的隐者（如鸭长明、吉田兼好等）。在日本，隐者并非是批判贵族阶层的反权威的存在，而是接受了贵族文化的公家的末流之类。他们只是追求不切实际的幻影，而非作为日本人的常见生活方式。但是在中国不同。先秦的隐者（道家）正是不屑于权威和政治，从历史上看，隐遁就是生活方式的一种。隐遁是远离政治获得自由、反权威的生活方式（由于隐遁原本就与士人的出处进退意识相关，因此从历史上看，并非都与先秦的那种生活方式完全相同）。另外，中国所谓的文明本来是指有德行、有教养的存在方式，②并不一定是物质生活的改善。在这样的背景下，章太炎认为文明是侵略野蛮的借口，③因此不像武田那样，认为文明化是摆脱"鄙夷陋巷"的过程。

3. 文化的差异

二人在文明化和存在方式上的理解的差异，是论争的两大对立点。武田在批判佛声时质疑，如果中国人都成为"法师"，那还有谁能够生产粮食、拿起武器保卫国家呢（B，前引[1]），又批评清朝纲纪败坏，士人详于考据而荒废实业（B，前引[2]）。在他看来，在不追求文明化的情况下试图通过佛教建立起革命主体的伦理，终究是不可能的。毫无疑问，武田对佛教、隐遁以及实业的看法与他的经历息息相关。

此外，武田范之与章太炎对于封建制的认识和评价也大相径庭。章太炎认为封建制是权势和功名的阶梯，产生了仕宦和卑谄的恶果。因此在两

---

① 《答太炎书》："日本恶鄙夷陋巷，故讲富强之策。四十年前，万国视为岛夷倭夷者，今也在世界一等国之列，其进骎文明之速疾，震骇世界耳目。"
② 《尚书·舜典》："曰：重华，协于帝，濬哲文明温协，允塞，玄德升闻。"孔颖达疏将"文明"解为"文章明鉴"。
③ 《齐物论释》（初定本）第三章："如观近世有言无政府者，自谓至平等也，国邑州闾，泯然无间，贞廉诈佞，一切都捐，而犹横箸文野之见。必令器械日工、餐服愈美，劳形苦身，以就是业，而谓民职宜然，何其妄欤！故应务之论，以齐文野为究极。"见前揭《章太炎全集》（六），第40页。

千年前就摆脱了封建制的中国,隐遁(不仕王侯)的生活方式才受到推崇(C)。但在武田看来正相反。他认为,明治维新已经彻底革除了封建制,日本已不是所谓"封建变形之国"。另外,日本的兴盛是竞争的结果,并非因为其存在封建式的主从关系(E,详见第六节)。并且所谓中国崇尚隐遁的生活方式(C)仅仅是章太炎的一厢情愿,"以仕宦为光宠,以卑谄为效忠"才是汉人的特性,因此满人的朝廷里才会有这么多汉人的英才(E)。武田提出的"明哲保身"的现实,正是因为他在封建制和生活方式(竞争还是服从)方面的认识和评价与章不同。

如上所述,武田的关注点在于文明化、保卫国家、振兴实业等方面,而章太炎关注的是伦理、人的存在方式。另外,佛教和隐遁在日本和中国各有其内涵,他们对封建制的认识和评价也不相同。这是因为日本与中国社会的领导者分别是武家与官僚,文化的核心分别是武道与学识,在这一点上有区别。二人却无视这一区别而展开了议论。可以说,正是社会和文化的巨大差异阻碍了他们的认识。章太炎所谓的佛教和隐遁没有得到武田的理解,而武田所说的文明化也没有引起章太炎的兴趣。的确,不论是日本还是中国,佛教、隐遁的话题都处在文化的边缘位置,而不是中心。不仅如此,在二人设想的读者方面,武田是国民,而章太炎是士人。在他们设想的伦理主体上,武田是儒学(中国文化的中心),而章太炎是佛教和道家思想(中国文化的边缘)。在这样的区别之下,认为中国思想是阳明学("知行合一")的武田和站在考据学立场上的章太炎自然无法沟通。文化的差异太过巨大。但是,章太炎因武田"明哲保身"的批判而大受刺激,开始对士人的存在方式(出处进退)加深思考。

四、清朝"知"与"行"的分离

前一节从佛教和隐遁两点考察了这次论争,其中,武田范之用"明哲保身"嘲讽了中国的士人。然而在儒学中,"明哲保身"的做法作为君子的一种存在方式并无不可。然而为什么武田要如此说呢? 这一问题刺激了章太炎,让他开始思考传统学术与士人的存在方式(日常的出处进退)。

1.“明哲保身”

众所周知,儒学以道德政治和人格培养作为目标。从“修身、齐家、治国、平天下”的说法(《大学》)也可看出,儒学把政治的基础建立在个人的人格培养之上。并且,人格的培养要在学习(“知”)与实践(“行”)的共同作用下进行。从“博学于文,约之以礼”(《论语·雍也》)也可以看出“知”与“行”的相互关系,可以说这正是典型地体现了“知行合一”的说法。学习和实践的相互关系基于儒学的道德政治观,这又是以明君和良臣为前提的。学习经典原本设想为能够辅佐明君,照顾生民的利病,培养优秀的人格。

如果把话题局限在武田范之设想的明清时期而言,明代的王阳明主张“致知必在于行”(《传习录》中),重视“知行合一”。然而进入清朝,“知行合一”的关系开始产生分裂。学习经典(“知”)变成了知晓圣人的真意,学习与实践(“行”)开始分离。对生民利病的关心与其实践开始变成两件事。用武田的话说,清朝进行的古典的收集和整理正加强了“知”与“行”的分裂,削弱了其经世致用的侧面(B)。这当中产生了“知”的自由,但通过学习培养人格的目标却丧失了。

“明哲保身”的说法源于《诗经·大雅·烝民》,作为君子出处进退的做法,是被容忍的。例如《中庸》就引用了这部分诗句:“国有道,其言足以兴。国无道,其默足以容。《诗》曰:‘既明且哲,以保其身。’其此之谓与?”东汉的郑玄和唐代的孔颖达都把这里的“明哲保身”解释为如果国家有道则出仕,无道则隐居。[①]这就是说君子在国家道德兴盛的时候应积极参与政治,而道德衰败的时候则也可以隐遁。这种认识的依据是孔子的出处进退论。孔子

---

① 对于这一句,东汉郑玄注:“兴,谓起在位也。保,安也。”唐代孔颖达疏:“此一节明贤人学至诚之道,中庸之行,若国有道之时,竭尽知谋,其言足以兴成其国。……若无道之时,则韬光潜默,足以自容其身免于祸害。”《中庸》中“君子之道,费而隐”一句,郑玄注:“言可隐之节也。费犹佹也。道不费则仕。”可以说他们都认为君子应当根据国家的道德性决定自身的进退(顺带一提,朱子对这一句的注为“费,用之广也。隐,体之微也”,内容虽较为抽象,但从其他地方的注释推测,他认为君子的道德性与国家无关,而是日常的行为道德。参考第 183 页注④)。

也是观察国家是否道德来决定自身出处进退的。①日本历史学家内藤湖南
(Naito Konan，1866—1934)指出，先不论将自身的出处进退（即道德性）与
国家的道德性相联结是否合理，但"明哲保身"的生存方式正是中国的"爱生
之俗"，这与日本有所不同。②

尽管如此，在清朝，"知"与"行"分离，对经世毫不关心的士人增加了，武
田正是嘲讽这种存在方式为"明哲保身"。他认为，"实事求是"是指追求学
问的"精"和"真"这种知识上的真实性(C)。③武田在论争中从否定的侧面批
评了清朝的士人，章太炎的回答却落在肯定清朝学术的侧面。也就是说，章
太炎并没有就清朝士人对社会没有关心或"明哲保身"的原因作出回答。然
而在此之后，他对"明哲保身"的思考开始深化（参考第五节）。为了了解章
太炎在"知"与"行"的问题上视角的变化，需要先简单地回顾一下他在论争
之前的清朝学术观。

2. 论争前的清朝学术观

首先是《民报》期(1906—1908)以前。在《訄书·清儒》篇中，章太炎从
明末开始通观清朝学术史，就吴派、皖派、浙东学派、桐城派、常州今文学派
及其他学派，结合西方近代知识体系分别论述了其学术特征。④可以说，在
这里他讨论了"知"的问题，却没有涉及"行"。另外，从本节后半将要讨论的
角度出发观察他对明儒的看法的话，《訄书·王学》篇认为王阳明"才气过人
而不本于学术"，其学"缦简粗觕"。王阳明的"致良知"说确实为"自得"，但
"知行合一"的观点却反而模糊了"知"与"行"固有的界限。⑤可见，在《民报》
期以前，他对清朝学术的关注主要在于其研究对象和研究方法，而与士人的

① 例如《论语·泰伯》篇："天下有道则见，无道则隐。邦有道，贫且贱焉，耻也。邦无道，富且贵
焉，耻也。"《宪问》篇："邦有道，谷。邦无道，谷，耻也。"同篇："邦有道，危言危行；邦无道，危行
言孙。"
② 内藤湖南认为，孔子的出处进退论、法家的法治主义、道家的全生无用的思想等都以"爱生之
俗"为根基的（《爱生的俗、取义的俗》，明治二十八年(1895)，原载《二十六世纪》第17号，收入
《続淡珠唾珠》，见《内藤湖南全集》第二卷，東京：筑摩書房，昭和四十六年）。
③ 《答梦庵》，见前揭《章太炎政论选集》(上)，第398页。
④ 《訄书重订本·清儒》，《章太炎全集》(三)，上海：上海人民出版社，1984年，第154—161页。
⑤ 《訄书重订本·王学》，见前揭《章太炎全集》(三)，第149页。

日常生活无关。

接下来看《民报》期。《民报》第 9 号《说林》篇（1906 年 11 月。收入《太炎文录》时改为《说林上》）由《遣王氏》《衡三老》《悲先戴》《哀后戴》《伤吴学》《谢本师》组成，第 10 号《说林》篇（1906 年 12 月。收入《太炎文录》时改为《说林下》）由《定经师》《第小学师》《校文士》组成。在上篇中，章太炎以研究内容和"反满"性为标准评判了明末到清朝的学术。他认为，虽然研究与事功不可两立，但王阳明"其学既卑，其功又不足邵"，这是指他效忠明武宗镇压了宸濠之乱。①而明末的王船山、黄宗羲、顾炎武三人，则在其研究内容之外，出于其"反满"的态度和研究的在野性质，对王船山和顾炎武高度评价而对黄宗羲评价较低。他认为黄宗羲的《明夷待访录》虽然立意高远，但"反满"性很弱（1910 年《学林》第 2 号的《非黄》篇中批评了《明夷待访录》）。此外，他还认为颜元与荀卿相似，戴震从宋儒处获得了真理，公羊学者戴望乃"处士"，并基于在野性的标准对吴派学者给予好评。在下篇中，他用六条学术标准（审名实、重左证、戒妄牵、守凡例、断情感、汰华辞）评价了清朝的经师（《定经师》）；用是否通字形、音韵、六籍评价了小学家（《第小学师》）；以文和质的表达形式的标准评价了清朝的文士（《校文士》）。

明显可见，在与武田发生争论以前，章太炎对清朝学术的关心集中在研究对象及其方法，重视摆脱经世致用的束缚而获得学术自由的侧面，即使提到了在野这种存在方式，也是认为这是与权力保持距离的思想自由的标志。他主要从"求是"的角度观察学术。

3. 论争后的视野开拓

与武田发生论争后，章太炎的视野获得了开拓。他不局限于"反满"和求是，而是从士人的日常生活方式出发看待传统学术。这一变化可以从《日本及日本人》杂志（第 566、573 号，1911、1912 年）中看出来。那么，所谓士人的日常生活方式又是什么呢？

首先要简单介绍一下《日本及日本人》。它是政教社出版的杂志《日本

---

① 《说林上》，《章太炎全集》（四），上海：上海人民出版社，1985 年，第 117 页。

人》(1888—1891 年,1893 年复刊)的后续杂志,1909 年改名为《日本及日本人》(1945 年停刊),当时的负责人为三宅雪岭(Miyake Setsurei,1860—1945)。《日本人》原为国粹主义的半月刊,当时旨在对抗鹿鸣馆式的表面上的欧化主义。该杂志的所谓国粹主义,其实是站在"世界之中的日本"的立场上,也关注高岛炭坑事件、足尾矿毒事件等社会问题,因此受到停止出版的命令,于 1891 年停刊,改为周刊杂志《亚细亚》。然而新杂志也经常受到停止出版的命令,最终在明治二十六年(1893)恢复为《日本人》杂志。

回到主题。《日本及日本人》(第 566 号)有一则栖庵道人(僧侣妻木直良之笔号,Tsumaki Jikiryo,1873—1934)访问章太炎的文章(《章太炎を訪なう》,明治四十四年[1911]9 月 15 日)。到访者是栖庵道人、水和尚、稻叶君山以及记为章太炎门人的傅铜君四人。①这篇文章主要记录的是章太炎和栖庵道人之间关于法相、唯识的问答,在结尾处另外还介绍了章太炎与稻叶君山的对话。这部分亦见于稻叶君山的论文《清朝衰亡の三大因》(《日本及日本人》第 573 号,明治四十五年[1912]1 月 1 日),从中可窥见当时章太炎对明儒和清儒的看法。

为方便行文,另介绍一下稻叶君山(Inaba Kunzan,1876—1940,本名岩吉)。访问章太炎时,他是属于满铁历史调查部的满洲、朝鲜史学者。1900年到中国留学,中文甚好,在日俄战争中充当随军翻译。因此推测,稻叶《清朝衰亡の三大因》中引用的章太炎的说法,应当是口头交流的内容。②

《清朝衰亡の三大因》第 5 节"清朝学术的影响"部分,稻叶认为,儒学的生命力在于"知"与"行"的一体化,明儒本来的特征是经世致用,但到清朝后这一倾向消失,清朝的学风脱离了"知行合一"这一中华传统。然后介绍了

---

① 章念驰《后死之责——祖父章太炎与我》的《章太炎与他的弟子》一章中并无名为傅铜的人。上海:上海人民出版社,2019 年。

② 有关章太炎与稻叶交流的细节,可以从前揭《日本及日本人》的《清朝衰亡の三大因》"六 曾国藩论"中窥其一斑。"革命党领袖章太炎居此处时,我与章太炎相会谈及此事,章太炎果然有所知。其言此事有误,为过激之议论,自身并非作此考虑,同意我的说法,但……(后略)"。所谓"此事",指曾国藩与种族观念的问题。日本学者稻叶君山在自己的论文中数次提及章太炎,并引用章的论文,于 1926 年完成论文《章氏的官制索隐》。《清朝衰亡の三大因》后收入[日]稻葉君山《近世支那十講》(東京:金尾文淵堂,1916 年)。

章太炎的观点。稻叶是从当时日本通行的儒学观（"知行合一"）出发作出这些判断的,但章太炎与他不同,在明确地分辨明儒和清儒的功罪后进一步扩展,谈到了士人的存在方式和知行分离的原因。当时,日本人对于清朝学术的了解并不充分,①正如武田的批判那样[见上节1.(1)],因此稻叶也许对章太炎的概括并没有足够理解,反而强化了"知""行"分离的印象（参考第六节）。

需要注意的是,在士人的存在方式问题上,章太炎原本是以学术的求是和"反满"为标准（前述）,而这里进一步从日常的角度来审视承担清朝学术主体的士人,也从"知""行"分离的负面角度详细分析。以下将稻叶记录下的章太炎发言用表格显示。（"学术特质""人格特质"等分类为作者所加。）

［表一］

	明　　儒	清　　儒
学术上的缺陷	武断之风	政治上无用 • 贱者或沦为裨贩 • 词章家、经世家、理学家中,往往污行之人为多
学术特质		汉学好学慕古,甘受不遇以全身自保 • 下者用校勘,金石以备公卿之役 • 慧者用书翰、词章以悦公卿 • 黠者放言经世而迷惑公卿 • 于上有益者,伪托宋学而尊于帝王,换取地位
学者的行为	应对世事	以学术保身
学者的人格特质	直而愚 尊而乔	智而谲 弃而湿

从［表一］中可见,章太炎不仅对比了明儒和清儒的学问,还加入了处世方式的对比。明儒能够应对世事,对社会问题也有强烈关注,耿直但不融通,过分自尊自信;另一方面,清儒则是苟且保命。稻叶在以上介绍章太炎的看法

---

① 例如[日]山路爱山《支那思想史》（東京:金尾文淵堂,明治四十年(1907)。《支那思想史·日漢文明異同論》)就停在对考据学的解释部分（参考第六节）。

之后，批评了清朝儒学僵化，称清儒虽口称经世，但"并非真心实意考虑民生的利病"，而是"多为粉饰自我"。用章太炎的话说，应当就是"伪托宋学"。接下来看稻叶记录下的章太炎的发言：

> （章太炎曰）盖士之朴者，惟知诵习帖括以期弋获。才智之士，惮文网、迫于饥寒。全身畏害之不暇，而用世之念泪于无刑。加之廉耻道丧、清议荡然、流俗沉昏，不复崇儒重道，以爵位之尊卑判己身之荣辱。自此儒之名目贱，所治之学亦异，亦其不求用世为幸，求是之学渐兴。夫求是与致用固异，人生有涯，斯二者固不两立。俗儒不察，辄用内圣外王之学以求备于一人。斯不察古今之变也。①

章太炎认为，求是之学正是因为不追求政治上的实用性才兴盛起来，但士人在日常中却要面临科举考试和生活之苦。因此不得不出仕公卿，依靠卖弄文笔弋取欢心，或者"伪托宋学"获取地位，当然也有人沦为贩夫走卒。在此之外，还不得不警惕文化上的禁令。这里可见，在清朝学术的求是和"反满"性之外，章太炎也开始关注士人的日常生活（需要注意的是，他认为求是和致用不可两立，批评希望在一个人身上兼顾两者的看法。参考第七节）。

在论争中受到武田范之"明哲保身"的批判时，章太炎仅从清朝学术的求是角度予以反驳（见上节），而没有提到士人的日常，这是因为在此之前他是在"经世—求是"的框架内看待学术的。的确，章太炎曾批评康有为等立宪派追求富贵利禄（《驳康有为论革命书》），但这不是从学术和士人的日常相结合的角度。但在被武田批评"明哲保身"后，章太炎开始把学术和士人的日常结合起来思考。他不仅承认清朝的士人革命性弱，而是把视线落到了士人的日常当中，去思考他们为什么要"明哲保身"。这就是前面引用的，士人活生生的日常生活的问题。他自身的视野得到了扩展，而其结果是直

---

① 前揭《日本及日本人》，引自稻葉《清朝衰亡の三大因》"五　清朝学術の影響"。

接触及了士人的出处进退这一中国思想的核心问题。

4. 士人的出处进退

在中国，士人的存在方式及其与政治世界的关系非常微妙。其中的缘由在于个人道德与国家政治之间的平衡。众所周知，儒学的世界中，士人的日常生活方式被视为国家政治的基础（这里可以联想到"修身、齐家、治国、平天下"的说法），士人的伦理性对国家政治有重要作用。但是，现实中儒学的政治模型却内在地包含了动摇这种道德政治前提的内容。这是因为士人学习儒学的动机既有对生民的利病抱有关心这种伦理性，也深刻地烙印着为自己赚取生活必备的钱粮的功利性［第三节 1.(3)］。如果功利性的动机变强，那么伦理性动机就会减弱。对利害关系越敏感，伦理就会落到次要的地位。儒学政治模型中的二律背反的特质显而易见。孔子其实已经点出了这一问题，他所谓的"天下有道则见，无道则隐"（《论语·泰伯》），就是针对于此。①仔细思考就能发现，这其实是说，士人到底是会倾向于伦理性还是功利性，完全取决于国家政治的形态（即君主的道德性）。国无道、君主不道德的情况下，即使士人不积极参与政治，也会出于这是自身为保全伦理性的理由而得到允许，也就是说，"知"与"行"可以并不统一。儒学的道德政治中，潜藏了士人的功利性和君主的不道德性这两个不安定因素。

章太炎在此前已经对这种出处进退上的微妙处境有所认识（《诸子学略说》，1906 年）。他指出，"儒家之病，在以富贵利禄为心"，而这种弊害又是与士人处于辅佐君主（"王佐"）的立场相关的。士人"苦心力学"，想要获得相应的回报也是理所当然的，因此对于作为君主的辅佐，获得君主的宠爱、

---

① ［日］安本博《伯夷·叔齐について》论及儒学和道家思想中的出处进退时指出了儒学原有的"明哲保身"内在的微妙紧张关系（原载《待兼山論叢》第 2 号，昭和四十三年（1968）。收入《中国古代思想研究》，東京：文芸社，2021 年，第 204、206—208 页）。他认为，儒学从政教一致的立场出发，试图让统治者从全方面人格的角度统治人民，而孔子、孟子作为出仕者将重点放在君子的存在方式上，即便在出仕之后也把如何保全自我视为重要的关注点。另外，孟子的革命也是把君主的德行如何视为影响君子作出选择的因素。因此，真正的君子要应对人世的变化来决定出处进退。这种灵活性才是儒学的生命力所在。

知时变等都非常重要。所谓"君子之中庸也，君子而时中"（《中庸》）、"君子时诎则诎，时伸而伸"（《荀子·仲尼》）都是这样的意思。所以所谓的中庸其实是与乡愿一致的。①在这里，章太炎结合君主的辅佐这一立场的功利性，尖锐地批判了儒学的政治侧面。

但是，对于士人而言，在政治侧面以外还存在着与学术的关系。在中国，学术与士人的关系也十分微妙。例如，即便现实中士人倾向于学术（"知"）而不顾经世（"行"），但如前所述，这种"知"与"行"的分离却因为存在皇帝不道德的可能性而在儒学的伦理中是被容忍的。加上清朝又是异族的王朝，即使对生民的利病毫不关心，士人"知"与"行"不合一也不成问题。反而是如果一旦"知行合一"，就会不得不面对民族的问题。经世（"行"）的问题与学术（"知"）相关联，而且还与民族问题相关。武田正是因为不理解这一微妙关系，才发出了"明哲保身"的嘲讽。可以说章太炎开始从士人日常的视角思考传统学术，正是以此为契机的。

在前面所引的与稻叶君山的对话几乎同时期，章太炎还通过经学的语言（乡愿与狂狷）来思考士人日常的问题。下面将以《思乡原（愿）》为线索考察这一问题。

五、"行"的方式——以《思乡原》篇为线索

《思乡原》上下篇刊登在《学林》杂志第 1 号（1910 年，日本东京出版），借用乡愿与狂狷两种经学上对人的分类方式探讨了士人的日常存在方式。《思乡原》向来只被视为是在批判宋学，②或者说相比于批判更像是在一定范围内对宋学的重新评价。章太炎之前在《诸子学略说》等文章中沿袭通行说法，把乡愿视为"德之贼"进行批判（后述）。但是在这篇文章中，他在非常有限的范围内对其进行了重新评价。他这么做的理由为何？先行研究中认

① 《诸子学略说》，见前揭《章太炎政论选集》（上），第 289—291 页。
② 前揭《章太炎年谱长编（增订本）》上册，宣统二年（1910）条。

为章太炎"很奇特地把独行与乡愿联系起来"，①而实际上这可能是以前述的武田方面的批判为契机的。下面对于乡愿的议论便不仅关注其思想的变化，也同时从变化的契机的角度展开探讨。

1.《思乡原》上篇

本篇历史性地批判了关于乡愿与狂狷的通行说法，从日常伦理的角度重新评价，认为相比狂狷，乡愿似乎略佳。章太炎认为，唐代以后，士人开始用言辞来粉饰自己的存在方式，因此不用言辞粉饰的乡愿为上。这种看法是历史性地提炼出了明儒以前"行"的实质而得出的结论。

众所周知，《论语》中称"乡愿，德之贼也"（《阳货》），又称"不得中行而与之，必也狂狷乎。狂者进取，狷者有所不为也"（《子路》）。总体来说，由于乡愿是"德之贼"，所以比狂狷的评价更低。比如朱熹就认为，狂者虽然"志向"高远，但是没有相应的"行"。一方面，狷者虽然在"知"方面有所不足，但能够保持"节度"。虽然两者都是"知"与"行"不平衡的状态，但二者的志和节在道德上都有改进的余地，因此从这一点上朱熹对狂狷给出相对更高的评价。另一方面，乡愿看似有德，并且在乡人中评价很好，但是因为实际上是媚世而乱德，因此被视为"德之贼"。②然而，章太炎对这样的评价发出了疑问，历史性地探讨了乡愿和狂狷后认为，孔子的时代和唐代以后的情况有所不同。他通过历史性地探讨狂狷和乡愿，否定了经学式的理解。那么到底是在哪里有所不同呢？

---

① 谢樱宁《章太炎与王阳明——兼论太炎思想的两个世界》，《章太炎年谱摭遗》附录，北京：中国社会科学出版社，1987年，第208页。该论文在作者自著《章太炎年谱摭遗》出版一年前问世的汤志钧编《章太炎生平与思想研究文选》（浙江人民出版社，1986年）中也有收录，但作者落款为孙万国。谢樱宁论文对于章太炎在《思乡原》篇中将程颐和朱子视为乡愿、王阳明视为诈伪的狂狷、并评价将独行与乡愿相联系的说法为"很奇特地"。此外还有林少阳《鼎革以文——清季革命与章太炎"复古"的新文化运动》第七章《章太炎与革命儒学（下）》，上海：上海人民出版社，2018年。

② 朱熹《论语集注·子路》篇："狂者志极高而行不掩。狷者知未及而守有余。盖圣人本欲得中道之人而教之。……故不若得此狂狷之人，犹可因其志节而激厉裁抑之以进于道。"《阳货》篇："盖其同流合污，以媚于世，故在乡人之中，独以愿称。夫子以其似德非德而反乱乎德，故以为德之贼而深恶之。"

(1) 狂狷

章太炎认为,孔子时代的狂狷,是作为人在某一方面有所进取,并且不抛弃人伦关系,照顾家业,不求名利,也不虚伪矫饰。但唐代以后的狂狷则是以辞章掩饰夸诞,在实际中就产生了夸饰、欺骗、结为朋党等危害。并且由于用语言来矫饰行,便出现了刻意展示出来的"敢谏似直,荐贤似忠,搏击似勇"的现象。狂狷也在不同时代有不同的存在方式。章太炎的视角关注的是追求名利和以言辞("文")粉饰的方面,并非像朱熹那样关注"知"与"行"的统一。朱熹所说的狂狷者志向高远,反过来正好变成了通过语言矫饰、试图欺骗别人的小聪明。因此章太炎认为,"夫狂狷有伪,于今则宁予乡原矣"。①

(2) 乡愿

章太炎认为,唐代以后的乡愿"多持常训之士,高者即师洛闽"。这其中虽然有伪善的成分,但从他们大多独行这一点来看,可以视为"贞"。②并且,即便身处草野,也不会结成朋党,或是刻意反抗。即便其呈现出不合人情的态度,也不至于狂狷那么过分。明代以后的洛闽之学确实出现了一些弊端,清代有"佞人"进一步以此为借口。但是明末清初的在野学者们在民间实践洛闽之学,他们在德行上并没有污点。直至今日,在草野之间学习洛闽之学的人虽然有一些鄙陋,但少有奸诈,虽然作为人之行为方式而言是"伪",但从独行这一方面来看是"贞"的。他从独行的角度对乡愿予以正面评价,改变了《诸子学略说》中的评价。

如上所见,章太炎从以语言矫饰行为和独行这两个标准,历史性地探讨了狂狷与乡愿问题。结果是推翻了对唐代以后的乡愿与狂狷的评价。从品行上看,乡愿显得少诈伪,而狂狷则是试图用语言矫饰的小聪明。但是他认为,自古以来士人就重视把语言视为教养的一部分,③因此难以避免以语言矫饰的行为。那么,在明知有用语言矫饰行为的危害的前提下,如何看待语

---

① ② 《思乡原》,见前揭《章太炎全集》(四),第130页。

③ 语言和文饰原本就是人类的基本资质,但儒学将其作为孔门四科(德行、言语、政事、文学)之一,重视语言(见《论语·先进》篇)。此外,以语言文饰自己的过失被视为小人,在伦理上受到批评,这一点也无需多言(《子张》篇:"小人之过也必文。")。

言和行为的关系就成为章太炎的问题。

（3）语言与行为

章太炎用"礼"与"玄"的框架来思考语言（"文"）与行为（"行"）的问题。"礼"是儒家式的、类似于规则的人之行为模式，而"玄"是为"礼"解毒的道家式的价值观。此外"文"即是"饰"，章太炎认为这就是通过语言进行表达。他认为，"礼"与"玄"的关系相辅相成，用"玄"可以矫正过度的"礼"，"礼"也可以矫正过度的"玄"。但是试图用语言矫饰的人刻意"行礼"，导致了"文灭质"。①从历史上观察两者的关系可以发现，到唐代以后，经术断绝，科举独尊而"玄"被抛弃。到宋代，语言获得发展壮大，文辞中的"诚"开始消失，而洛闽之学挽救了这一危害。但是洛闽之学是理性的学问，不了解人情之中幾微的部分，缺点在于过分严谨。因此"思乡原者，所以惩昌狂检情貌"。②这里可以发现，他重新思考乡愿的原因正是为了批判狂狷者以语言文过饰非。但是这里对乡愿的评价也是在一定范围内的。

以上说明了章太炎历史性地探讨乡愿与狂狷，是为了试图说明"行"的实质。武田批评了士人"明哲保身"（B），但在章太炎看来，问题其实在于劣行被语言矫饰这一点上，而非"知"与"行"的分离。问题是如何实现"行"。因此他重新追问了"行"的实质。

2.《思乡原》下篇

下篇中明确指出了重新思考乡愿问题的原因。本篇采取了回应宋儒并非乡愿这一批判的形式，历史性地探讨了东汉和明末时期的情况。章太炎把东汉和明末的区别总结为独行与狂狷。他认为，东汉时期，草野之士中"醇德者已多"，"死节之士作"，而明末则是"借众以要君"，"劫之以势"之人（即朋党）为多。他认为士人的心性和行为方式是问题的关键，正面

---

① 《思乡原》，见前揭《章太炎全集》（四），第 130 页。关于文和质这一表现，章太炎曾在《文学说例》中有所论及，又在《国故论衡·文学总略》等当中进一步展开。他把文和质这种表现（"修辞"）与"立诚"这一主体的存在方式相关联展开思考。参考拙著《中国近代思想研究》（东京：朋友书店，2019 年）第二编第 1 章。

② 《思乡原》，见前揭《章太炎全集》（四），第 132 页。

评价了独行与逸民，因为这远离了伪善与利害；又因为其伪善性，而批评狂狷与朋党。他对狂狷中的肆意妄为的厌恶态度直到辛亥革命以后也未改变（参考第七节）。

章太炎通过上述历史性地观察乡愿和狂狷这种士人的存在方式来追问"行"的实质。章太炎自称，重新评价乡愿的原因是希望借由程朱之道壮大乡愿，实现"上希庸德，令邑有敦诲之贤，野有不二之老"。[1]他不是在国家政治的层面，而是仅在日常的存在方式的方面稍微修改了评价。

章太炎曾在《答学究》（1899 年）中借用《荀子》中"其持之有故，其言之足以成理"（《非十二子》）的话来评价乡愿是像模像样的言之有物，但在《荀子》中，这之后接着说"足以疑惑愚众"，实际上带有否定的色彩。当时章太炎正在为康有为公开所谓"密诏"辩护，他正是把批评康有为的"学究"视为与乡愿类似的做法。[2]此外，在《诸子学略说》中，他从与国家的关系角度分析士人的存在方式，引用《荀子·仲尼篇》等来解释《中庸》所说"君子之中庸也，君子而时中"一句，从中可以看出，他试图通过与国家的关系来理解士人的存在方式，而不是关注士人日常的行为。[3]所以章太炎的这种理解方式自然与朱子有所不同。[4]章太炎在《思乡原》上下篇中批评宋学并未超越日常范围的道德的说法，这是因为宋学并没有从与国家的关系角度来考虑士人的存在方式。但即便如此，他对乡愿的微小的评价变化，可以说是因为受到武田范之的批评后开始关注士人日常的结果。对章太炎而言，通过语言刻意展示出很关心民众利病的姿态的做法本身才是问题，因此这也是他借用

---

① 《思乡原》，见前揭《章太炎全集》（四），第 135 页。

② 《答学究》，《清议报》第十四册，光绪二十五年。见前揭《章太炎政论选集》（上），第 83 页。

③ 《诸子学略说》，见前揭《章太炎政论选集》（上），第 290 页。

④ 东汉的郑玄对《中庸》"君子之中庸也，君子而时中"一句的注释是"庸，常也。……君子而时中者，其容貌君子而又时节其中也"，这里，君子与国家的关系并不明显，但如第 172 页注①所示，他还是在与国家的关系当中理解君子的。章太炎的《诸子学略说》也是在郑玄注的方向上理解"时中"的。顺便一提，朱子对这一句的注称"君子之所以为中庸者，以其有君子之德，而又能随时以处中也。……盖中无定体，随时而在，是乃平常之理也。君子知其在我，故能戒慎不睹，恐惧不闻，而无时不中"（《中庸章句》）。可见他把中庸之德理解为君子个人日常生活中的伦理道德，这与郑玄和孔颖达的理解对比明显。

经学的概念重新考察士人日常行为的原因。

接下来，换一个角度再来看一看武田的批评到底是否产生了影响。

六、武田范之《答太炎书》——日本批判的导火索

本节将从章太炎的日本汉学批判来考察他与武田的论争。他的日本汉学批判从刊登在《学林》上的《与农科大学教习罗振玉书》（第 1 号，1910 年。收入《太炎文录初编》时改题为《与罗振玉书》，以下也沿用此标题）、《程师》（第 2 号，1910 年）等文章中可见。《思乡原》篇也刊登在《学林》杂志上，因此可以说它们都与宋明理学、日本汉学的问题相关。下面以《与罗振玉书》为线索，考察其是否与武田的论争有关（章太炎的日本汉学批判还有其他触发因素，但与本文主题无关，故从略）。

1. 对日本汉学的批判

在《答梦庵》中，章太炎就曾提及荻生徂徕（Ogyu Sorai，1666—1728）和安井息轩（Yasui Sokken，1799—1876），而《与罗振玉书》中，他对日本汉学的批判愈加严厉。他认为林泰辅（Hayashi Taisuke，1854—1922）的《说文考》仅为"贾贩写官之流"，日本的儒者自物茂卿（译注：即荻生徂徕）以来大多是"末学肤受"，因为他们仅仅论证"杂书"，即便有涉及易学，但却没有触及"礼宪"。他们大多以宋明理学为宗主而不知隋唐以前，学问极为粗略又好附会，仅仅满足于《佩文韵府》这种程度的书，而从没想过从古书中检验经、记中的"常言"。[①]他在这里特地指出"自物茂卿以下"，是因为武田在《答太炎书》中针对他"茂卿、息轩诸公老死而无得"（C）提出了反驳。[②]所谓的《佩文韵府》这种程度的书，则是考虑到武田对于《佩文韵府》《渊鉴类函》对

---

① 《与罗振玉书》，见前揭《章太炎全集》（四），第 171—172 页。
② 《答太炎书》中称："徂徕心醉李攀龙、王元美（原文的'芙'为'美'字误植），故咀其华而遗其实。息轩私淑顾炎武。""息轩"指日本儒者安井息轩。武田继续称，他的老师是安井息轩的弟子，自己从老师处继承的写本《尚书》是并未流行于世的、息轩视为秘宝的顾炎武亲笔，试图表现出与汉学的亲密关系。

政治无益的批判[B,第三节 1.(1)]。此外,在林泰辅之外,章太炎的攻击对象也遍及明治时期的著名学者。①章太炎的批判其中之一是,日本的汉学家们出于自我慰藉而希望与外国的文人交流,但又并没有抓住实质,这也许就是暗指权藤成卿和武田范之。他认为批判佛声、嘲讽"明哲保身"都没有抓住学问的实质。武田的批评还是萦绕在他脑海。

所谓的"学问的实质",是以《程师》篇中的学问观为背景的。章太炎以"作"(创作)、"述"(研究)、"师"(教育)三个标准来考察学术研究本身。这是因为传统学术开始受到西方学术的冲击、明治思想的影响也逐渐变大的情况下,不得不明确说明传统学术的意义。根据他提出的标准,日本的学术在"作"和"述"的水平之下,只是抄录别国的故言则无法获得发展。日本的学术仅仅是一些腐谈、空文注释和附会。②(顺便一提,江户时期的诸子学中有并非腐谈或附会的部分,但章太炎并未提及。他还批评日本汉学并未涉及"礼宪",但日本本就是作为知识的形式吸收了儒学而并未将其作为生活方式,因此当然不会讨论"礼宪",章太炎会如此批评,可见他的日本汉学批判中包含了相当的怒气。)

但是,章太炎对日本学术的看法并非当初便是如此。在写作《訄书》重订本的时期,章太炎通过日本的书籍吸收了西方近代思想。③特别是从姉崎正治(Anesaki Masaharu, 1873—1949)处受到了佛教、印度思想和叔本华(Schopenhauer, 1788—1860)的刺激,《訄书》重订本的《原教上》篇几乎就是姉崎文章的汉语翻译,而《齐物论释》的核心词"原型观念"其实也源自姉崎。④此外,他还从中江兆民(Nakae Chomin, 1847—1901)处了解到叔本华的同情论并受到启发。⑤到《民报》时期,在《答梦庵》之前,他即使对西方近

---

① 例如,在林泰辅和三岛毅等人之外,还有服部宇之吉、森大来、儿岛献吉郎、白鸟库吉等人。关于明治时期的汉学史,可参考[日]町田三郎《明治の漢学者たち》(東京:研文出版,1998 年)。

② 《程师》,见前揭《章太炎全集》(四),第 137 页。

③ 见拙著《中国近代思想研究》第二编第四章。

④ 见前揭拙著第二编第五章。

⑤ [日]小林武、佐藤豊《清末功利思想と日本》第六章《章炳麟の反功利思想と明治の厭世観》(著者小林武),東京:研文出版,2011 年。

代思想和日本时有批判，但也从未从正面批评日本的学术。但是《与罗振玉书》对日本学术的批判相当严厉。从外部来看，直接原因是甲骨文研究的兴盛和日本的明治维新观的流行（后述），但从内部来看，武田的《答太炎书》也可以看作是点燃章太炎日本汉学批判的导火索。而且，明治时期的日本对于考据学毫无理解，更是加剧了他的批判（后述）。

回到《与罗振玉书》。章太炎在明治汉学（包括阳明学）中，举出了"长老腐朽充博士者"重野安绎（Shigeno Yasutsugu，1827—1910）、三岛毅（Mishima Tsuyoshi，1830—1919）、星野恒（Hoshino Hisashi，1839—1917）。他们的文章水平一般，见闻狭隘，甚至连郑玄和服虔都不知道。稍微年轻的学者虽然略知顾炎武以来的朴学，但还是没有获得精髓。这是在质疑日本汉学的学术水平。章太炎批评的是继承了江户时代宋明理学的明治汉学，而不是后述的京都"支那学派"。他还说，当前中国崇尚西方学问，对于精研本国古典的学问则不甚重视，而试图学习日本则只获得了表面的学问（"东鄙拟似之言"），这正是"学问之大蟊"。这种对传统学术的危机意识，是面对清末西方近代思想经由日本思想传入中国的风潮而发出的。对《与罗振玉书》的分析到此为止，可以发现，从中处处可见与武田论争的影子。

2. 武田范之《答太炎书》

《答太炎书》（E）是对《答梦庵》（C）的反驳。其论点有①佛教与民德；②陋巷与实践；③封建制（君臣关系）与竞争、自尊；④日本的兴盛与阳明学的关系；⑤日本汉学（徂徕与息轩等）；⑥佛教的无我等。接下来将考察④日本的兴盛与阳明学的关系。这是由于章太炎的日本汉学批判与他对王阳明的态度变化有关（参考第七节）。

针对武田的佛声批判（B），章太炎提及《东亚月报》卷首刊载的孔子和王阳明的肖像并指出，孔子的遗说与佛教都是过去之物，而王阳明则曾为背德的君主而战。不仅如此，王阳明还有剽窃的行为。日本确实因为阳明学而兴盛，但荻生徂徕、安井息轩等人虽然批判了宋学但也并无作为（C）。①《答

---

① 《答梦庵》，见前揭《章太炎政论选集》（上），第398页。

太炎书》则反驳称,《东亚日报》刊载孔子和王阳明的画像是因为孔子"以木铎殉于道",王阳明"为儒而善战"。但如今的日本人并没有信奉孔子和王阳明,日本因阳明学而兴盛也纯属"乌有之说"。日本的兴盛是竞争的产物。当前确实有"一二陋儒"在研究王学,但这仅是"野马骀荡之天,幽涧尚带残雪"之类。此外,章太炎批评王阳明有剽窃的行为,但朱子学不也从佛教、沈约的音韵学不也从印度吸收了内容吗？归根到底,重要的是把"知"落实到"行",如果不能落实到"行",这样的"知"就是无益的(E,着重点为著者所加)。武田在批评中国人"知""行"分离时明确指出当今的日本人并不尊奉阳明学,还把明治汉学形容为"陋儒""残雪"等。由于自身不信奉,就轻易地贬低别人,侮辱中国学术,还把佛教视为"亡骸"。也许正是这种说话方式引发了章太炎的反感。他没有再反驳《答太炎书》,是因为在其他地方已经严厉地批评日本汉学为"贾贩写官之流""末学肤受""浮夸付会""东鄙拟似之言",还批评了明治时期阳明学的不成熟等(参考第七节)。但即便如此,也难以否认武田的批评为章太炎提供了重新思考"知""行"关系的契机。并且,由于借助了"知"与"行"的思考框架,又讽刺地改变了对王阳明的评价(参考第七节)。

3. 内藤湖南与山路爱山

对于这种把中国思想的核心视为宋明理学的风潮,当时的日本也有批判性的看法。在章太炎进行批判约十年前,内藤湖南就曾批评日本的汉学。[①]他的大意是,中国人常说"少所见,多所怪",但日本的学者却是"少所见,多所断"。相比于中国人和欧美人,日本人不好读书,而主观意见强烈,而且还反将其误解为见识。他说,"我之汉学老宿者,大抵养成于德川氏末世之学风……未知支那近世学风之趋向,讲文则以时文评点之法,一切为古文之矩度,谢选沈钞,以为文章尽于此。经学者,宋明之余习,一转而为穿凿之考举……"(内藤所谓的"考举"指繁琐的举证。)在日本,也有与章太炎相

---

① [日]内藤湖南《読書に関する邦人の弊習 附 漢学の門径》,明治三十三(1900)年,收入《燕山楚水》中的《禹域論纂》,见前揭《内藤湖南全集》第2卷。

同的对明治汉学的批判。

此外,山路爱山(Yamaji Aizan,1865—1917)在《支那思想史》(1907年)中认为,关于考据学,"我等未多读当时之书,故暂不论之",其理由是"寡闻悬断"可能会误导读者。[①]并且,山路认为考据学不仅是汉代的训诂学,还"以史学之法则批判古经,历史性地观察古人的思想",他认可了"考据学在支那思想史中的功绩"。这一方面体现了他在学问上的实事求是,另一方面也可以从中看出明治时期考据学作为中国的学术尚未得到全面了解的现状。章太炎与武田的论争就是在这样的思想背景下发生的。

另外附言一句,内藤湖南从上述的立场出发,提倡一种新的中国研究——支那学。《支那学》杂志便是以内藤与狩野直喜(Kano Naoki,1868—1947)等人为中心,重视"支那当代的考证学风"而试图与汉学诀别,于大正九(1920)年创办的。京都支那学一方面在方法上推崇清朝考据学的"实事求是",同时也关注西方的汉学(Sinology),以正确解读文本为宗旨。

七、"行"的发展——辛亥以后

章太炎对于"行"的看法在辛亥后有何变化呢? 以下仅从本文的主题出发简单讨论。

章太炎关于"行"的思考,需要在传统学术、西方近代思想的接受和政治动向三者的关系中考察。他在与西方近代思想的搏斗中提炼出国学,并在与政治的紧张关系(辛亥前的目标是推翻清朝,之后是建设民国)中构筑起了自己的思想。因此,他对于"行"的看法也当然是在三者的动态关系中变化的。比如,辛亥后,随着西方近代思想逐渐被接受,他为对其进行反抗而抬高了对传统学术的评价,政治目标也变为了建设民国。这就与辛亥前从传统学术中寻找近代的萌芽,提出"排满"的政治目标,试图建构反功利的政

[①]　见前揭[日]山路爱山《支那思想史》,第188页。

治主体的想法不同。并且,当时中国流行着日本的兴盛是由于阳明学的观点(后述),更重要的是,章太炎本人又被袁世凯软禁(1914—1916),因此他的"行"受到挑战,不得不改变对"行"的看法。

章太炎在《訄书·王学》中批评王阳明的"知行合一"之说扰乱了"知"与"行"各自的领域。这是因为他把学术("知")视为固有的领域。另外在《民报》的《说林》("遣王氏")中也认为王阳明平定宸濠之乱并无意义,作为事功("行")并不算高(见第四节)。同样刊登在《民报》的《答铁铮》中,他指出阳明学的长处在于"自尊无畏",但在高深的哲学性方面不如佛教。[①]《思乡原》则对阳明后学的朋党持批判态度(见第五节)。总之,辛亥以前,他的关注点主要是在学术("知")的方面,即便涉及士人的存在方式("行"),但对"行"的评价总体而言不能算高。

但是到了辛亥之后,尤其是他本人有了被软禁的经历后,这一看法出现了变化,并且表现在他对阳明学的评价中。

首先是《菿汉微言》(1915 年)。该书是对章太炎被软禁期间口述内容的书面化,其中对于陆象山和王阳明的"奋迅直捷"进行了肯定评价。但也认为阳明学"有破坏而无建设",以平定宸濠之乱为例,对其政治上的评价较低。[②]

然后是《检论·议王》(1915 年)。[③]本篇是章太炎被软禁期间将《訄书·王学》进行全面改写而成,其知行观也大有变化。对于王阳明的评价关键也

---

① 《答铁铮》,《民报》第 14 号,1907 年。见前揭《章太炎全集》(四),第 369 页。

② 《菿汉微言》:"陆王之奋迅直捷,足以摧陷封部,芟夷大难,然有破坏而无建设。故阳明既平宸濠,而政绩无可述。"《章太炎全集》第二辑,上海:上海人民出版社,2015 年,第 44 页。

③ 章太炎的王阳明论可参考朱维铮《章太炎与王阳明》(《中国哲学》第 5 号,1981 年)、前揭谢樱宁论文(第 23 页注 2)、[日]坂元ひろ子《章炳麟の個の思想と唯識仏教——中国近代における万物一体論の行方》(原载《思想》747 号,1986 年。后收入《連鎖する中国近代の"知"》,东京:研文出版,2009 年)、[日]山村葵《章炳麟の陽明学思想》(《"明治日本と革命中国"の思想史》,京都:ミネルヴァ書房,2022 年)等。针对朱维铮将章太炎的王阳明论解释为对立宪派康有为等人的批判,谢樱宁的论文认为将其完全从政治上解释的做法并不妥当。而坂元的论文认为章太炎对王阳明的关注加深应当是在被袁世凯软禁的经历和与吴承仕的交流以后。山村的论文则只探讨了《王文成公全书批语》,认为章太炎对阳明学的解释有为了配合自身革命思想的侧面,但没有提及《訄书·王学》和《检论·议王》等相关文章。

并非"知"(学术)而是"行"(实践),对"行"的评价标准又放在了贯彻意志("敢直其身,敢行其意")和政治方面这两点,变得更加详细。[①]《民报》的《说林》中对"行"的评价标准仅有政治方面,《答铁铮》中则仅有"自尊无畏",在这里则是从贯彻意志的角度详细说明。也许是他想在被软禁的环境下鼓励自身坚持下去,在评价中分量也有所加重。

然而,即便如此,如果对政治方面进行更为细致的考察,就会发现他对于某一些"行"的评价有所降低。评价较低的是关于治世(国家建设)的方面。他认为这是因为阳明学从外而言"踥弛",从内而言"回邪",[②]并举阳明后学徐阶打倒严嵩后加剧了政治混乱为例,证明了阳明学不适于治世。他在《思乡原》(1910年)中已经指出了这一点,即使阳明学不适于治世,但中国仍有人相信日本的兴盛应归功于阳明学,指出"若夫歆羡岛国,唯强是从,而托王氏之业,则不足数也"。[③]

所谓阳明学不适于治世的理解,一直持续到《王文成公全书题辞》(1924年)。其中举出的不适合的事例是阳明后学席书、方献夫等四人谄媚君主败坏政治。但是该文从整体上看称赞王阳明重振"子路之风",并借用唯识学评价了阳明后学罗达夫、王子植等人。所谓"子路之风"是指迅速行动、果敢行善的教诲。[④]可见,章太炎高度评价了阳明学意志坚定,但对于其猖狂行径(何心隐等)及其使用谋略,则视为不适于治世的弊端。[⑤]在这里,他严厉批评了黄宗羲的门户之见和不了解中国历史的日本学者,认为他们不顾其弊端囫囵吞枣地对待阳明学。[⑥]之所以要如此严厉批评,一方面是明治时期的日本把阳明学视为明治维新的原动力加以鼓吹,[⑦]另一方面则是这一观

① 《检论·议王》,见前揭《章太炎全集》(三),第 457、461 页。

② 同上书,第 457 页。

③ 《思乡原》,见前揭《章太炎全集》(四),第 130 页。

④ 《王文成公全书题辞》,收入《章太炎全集·太炎文录续编》卷二上,上海:上海人民出版社,2014年,第 112—113 页。

⑤⑥ 《王文成公全书题辞》,见前揭《太炎文录续编》,第 113 页。

⑦ 关于井上哲次郎、高濑武次郎等制造了日本阳明学与明治维新相关的说法,可参考李亚《梁启超の「幕末の陽明学」観と明治陽明学》,收入《「心身/身心」と環境の哲学——東アジアの伝統思想を媒介に考える—》,東京:汲古書院,2016 年。

点在清末也影响了梁启超等中国知识阶层，①即便到了民国时期依然还有人以日本的兴盛为参考而试图推崇阳明学并将其援引为建国的助力。②

在此需要注意的是，章太炎本人也曾经认为日本的兴盛与阳明学有关联。在《答铁铮》中，他曾称日本的维新由阳明学率领，③而在《答梦庵》中则是反驳武田范之称日本因阳明学而兴盛，但武田不了解阳明学与佛教的关系。他自己曾与梁启超等人一样，在关于阳明学的认识上与当时的日本相同。但是武田在《答太炎书》中嘲讽这样的认识是"乌有之说"（见第六节），这也许成为了促使章太炎重新思考日本和中国流传的通行说法的契机。其结果如上所述，章太炎将阳明学的行动性分为了①贯彻意志和②政治方面，而尤其在治世这一点上针对后者展开了详细的批判（对于猖狂这一点，已经在《思乡原》篇中进行了批判）。

就日本的兴盛应归功于阳明学这一观点而言，章太炎在《议王》篇中还有以下批评。他的观点是，日本的兴盛是因为①刚摆脱封建制；②主体为武士；③国土狭窄；④民族性中擅忍耐、能坚持；⑤阳明学只是一种装点，并非因阳明学而兴盛。另一方面，中国与日本不同，①民众涣散，②民族性擅长机巧（"媮"）。④章太炎在这里着眼于社会的领导阶层、国民性格等方面，即文化的差异而看破了将阳明学视为日本兴盛的标志的看法，并且对试图模仿日本的想法的短见性提出了警告。

如此看来，他改变过去看法的内在契机，可以认为就是《答太炎书》中武田的嘲讽，武田范之指出了日本的兴盛是竞争的结果，而非阳明学。并且，

---

① 例如，梁启超称："苟学此（指阳明学）而有得者，则其人必发强刚毅，而任事必勇猛。……本朝二百余年，斯学销沉，而其支流超渡东海，遂成明治维新之治。"（《论宗教家与哲学家之长短得失》，《新民丛报》第19号，光绪二十八年，收入《饮冰室文集》[九]。）孙文称："五十年前，维新诸豪杰沉醉于中国哲学大家王阳明'知行合一'的学说。故皆具有独立尚武的精神，以成此拯救四千五百万人于水火中之大功。"（《在东京中国留学生欢迎大会的演说》，1905年，收入《孙中山全集》第一卷，北京：中华书局，1981年。）

② 蒋介石正是如此理解的政治家之一。参考黄自进《蒋介石の明治維新論——「天は自ら助けるものを助く」》，前揭《"明治日本と革命中国"の思想史》。

③ 《答铁铮》，见前揭《章太炎全集》（四），第369页。

④ 《检论·议王》，前揭《章太炎全集》（三），第458页。

当时章太炎终止了论争并未继续反驳《答太炎书》，这当中的遗憾可能也加剧了《与罗振玉书》中对日本汉学批判的激烈程度。

结　　论

　　针对武田范之的佛声批判，章太炎在《答梦庵》中，从佛教与革命、隐遁与陋巷、革命与实践、日本观、中国学术（孔子、王阳明等）各方面进行了反驳，本文以佛教观与隐遁为线索考察了武田与章太炎的观点（见第三节），从中发现，二者之间存在文化的差异。两人都以本国社会中佛教与隐遁的作用作为不言自明的前提展开了辩论。也就是说，章太炎说的是"通过佛教构建革命主体的伦理"，而武田说的是"非也，佛教并没能挽救印度于危亡之中"。章太炎说的是"清朝考据学是思想自由的成果"，而武田说的是"非也，考据学是清朝政府的怀柔策略。中国的士人'知'和'行'分离，只知'明哲保身'而没有'行'"。章太炎说的是"在陋巷中隐遁也是可取的"，而武田说的是"非也，只有摆脱陋巷才能获得进步"。章太炎说的是"日本因阳明学而兴盛"，而武田说的是"非也，日本的兴盛是竞争的产物，与阳明学没有关系"。这些论点上的对立体现出两人的文化差异，也迅速终止了这场论争。

　　但是，武田范之对中国士人"明哲保身"的批判刺激了章太炎的心。章太炎被"明哲保身"说法刺激的一个表现正是他与稻叶君山的对话，他开始关注士人的日常（见第四节）。并且，在《思乡原》篇中，借用了乡愿和狂狷这两个经学概念思考了士人的日常（第五节）。他注意到乡愿中少有行为不检这一点，也许正是由于关注到了士人日常中忍受饥寒、忌惮文网、辗转谋生和行为不检等内容。但是此前，章太炎与通行看法相同，对乡愿持负面看法。这当中不应忽视武田的批判带来的影响。

　　当然，即使章太炎重新思考了"行"，但并非不加区分地一味推崇"行"。《思乡原下》中就将独行与假借狂狷之徒的伪善进行对比，《检论·议王》又明确指出阳明学不适合于国家建设等，他详细考察了"行"的内容（见第七节）。但是，在辛亥革命后，随着政治目标由"排满"转向建设民国，章太炎对于行动性的评价逐渐提高也是不争的事实,对于阳明学的评价也并非关于治世和猖狂行径,而是从"敢直其身,敢行其意"的角度进行了重新评价。

综上所述可以认为,使得章太炎的思考范围从传统学术("知")的求是性扩大到士人的日常存在方式("行")的契机之一正是与武田范之的论争。并且还可以发现,"知"与"行"这一对传统的范畴在近代的政治变化中,受到了对于"知行合一"持批判态度的考据学大家的重塑。不得不说这正是历史的讽刺。

On the Forms of Traditional Scholarship and Literati:
A Debate Between Zhang Taiyan and Takeda Hanshi

Kobayashi Takeshi, trans. by Hu Teng

Abstract: In response to the criticism of Takeda Hanshi on the issue of "Buddha's voice" published in the *Minbao*, Zhang Binglin wrote an article entitled *In Answer to Meng' an* to argue against Takeda. However, taking Takeda's critique as an opportunity, Zhang deepened his thought about the unity of knowledge and action, and the existence of the scholar. That is, in addition to the framework of "governing the state—seeking the truth" when seeing the traditional academia, the scholar's existence became a new theme. Specifically, being aware of the existence of the subject of learning, he conducted a historical research of the Canon Studies concepts of "Kaung-Juan" and "Xiangyuan", and also re-examined Wang Yangming through the concepts of "knowledge" and "action". Also, he criticized Japanese Sinology and thus rethought the relationship between the Meiji Restoration and Yangming Studies.

Keywords: Takeda Hanshi, critiques on "Buddha's voice", "In Answer to Meng'an", knowledge and action, Wang Yangming, existence of the scholar, *Si-Xiangyuan*, critiques on Japanese Sinology.

章太炎和明治日本的现象即实在论[*]

——宗教批判和宗教建构的哲学基础

郭驰洋

（日本东京大学东亚艺文书院）

摘要：章太炎关于宗教的论述和井上哲次郎的"现象即实在论"及"伦理宗教观"之间有以下相似之处：采取"比较"的论述方式、以合理性思维批判人格神观念、强调宗教对道德的积极意义、将宗教问题转化为语言表象问题。这几个相似点并非各自孤立，而是相互联系。章太炎的宗教论以一种比较研究的形式展开，使得"比较"这一学术手法成为可能的正是作为一般性范畴的"宗教"。章太炎将宗教间的差异转换为对"本体"（圆成实自性）的表象方式的差异，从而相对化了各宗教。他衡量各宗教的标准之一在于其是否能增进道德，这种将宗教问题和道德挂钩的论述方式离不开基于合理性思维的宗教批判。这些结构性特征同样可见于井上哲次郎的"现象即实在论"及"伦理宗教观"。井上的现象即实在论作为一套元话语，将各宗教置于"宗教"概念下并使之对象化，也就是说，现象即实在论把各宗教还原为对唯一"实在"的表象，不仅为宗教批判提供了理论框架，同时还论证了新的"伦理性宗教"。法相唯识之学对章太炎宗教论的意义就相当于现象即实在论之于井上哲次郎。在章太炎那里唯识论既是其"建立宗教"，即赋予"宗教"以新的意味的依据，又为宗教批判和宗教的学术对象化提供了理论框架。"宗教"需要某种"哲学"作为其基础，意味着各宗教已失去其自明性。这也体现了近代宗教学成立背后对宗教的重视和批判之间的张力。

关键词：章太炎、井上哲次郎、现象即实在论、宗教学、宗教批判、内在性

---

[*] 本文为日本学术振兴会科学研究费助成事业"研究活动起步支援"项目成果之一（项目负责人：郭驰洋。项目名称："近代東アジア思想史の理論の構築に向けて：章炳麟と明治日本の哲学・宗教言説を中心に"。项目时间：2023 年 8 月—2025 年 3 月。批准文号：23K18620）。

导　言

　　本文旨在通过比对辛亥革命前的章太炎(1869—1936)和井上哲次郎(Inoue Tetsujirō，1856—1944)的宗教论以及作为其理论基础的哲学，尝试在近代宗教学史和哲学史的脉络中阐明章太炎有关"宗教"的思考及其立论方式的特征，展示近代东亚思想的一个动态侧面。选取井上哲次郎作为比较对象主要有以下几个理由：第一，两人曾经共处同一时空且有过直接交流，井上及其周边的东京学术圈为章太炎的思考提供了新的概念和知识，章太炎思想学术的形成离不开与明治思潮的对话乃至对抗；第二，尽管章太炎和井上的政治立场可谓水火不容，两人在哲学和宗教方面的论述却呈现出一定的相似性，这种相似性不只停留于个别观点或知识背景，还涉及话语结构(此处的"话语结构"特指使某种言论得以成立的条件、运作机制及其概念装置，有别于"作者"个人的主观意愿和自觉选取的立场)的层面；第三，关于日本近代宗教学的成立及其对章太炎的影响，姊崎正治(Anesaki Masaharu，1873—1949)的宗教学论著固然重要，但是井上哲次郎——他是姊崎在东京帝国大学哲学系的导师之一，姊崎既是他的学生，也是其侄女婿——的著述同样对草创期的宗教学具有重大意义。井上的现象即实在论不仅是明治时期以东京帝国大学为据点的学院派哲学的代表，而且还建构了一套重新定位"宗教"的理论框架。因此，考察、比较章太炎和井上的宗教论及其哲学，有助于为章学研究打开一个更广阔的视野。

　　本文的正文由三部分组成，第一部分讨论章太炎的宗教批判论和建立宗教论之间的内在关联，指出章太炎的语言观在其宗教论中所起的作用；①

---

① 谈及章太炎的宗教论和语言论的关联，很容易让人联想到《訄书》重订本曾援引姊崎正治的"表象主义"(symbolism)概念及相关论述(章太炎《訄书重订本·订文告附正名杂义》(1904)，《章太炎全集·訄书重订本》，上海：上海人民出版社，2014年，第215页)。学界亦有相关研究。小林武指出：章太炎把姊崎宗教学的"表象主义"概念用于阐释语言中的"引申""假借"现象，从而论证小学的存在意义(小林武《章炳麟と明治思潮：もう一つの近代》，東京：研文出版，2006年，第79页)。彭春凌也称"章太炎由语文学出发进而深化了对宗教的理解，而姊崎对表象主义的阐发充当了外来的思想媒介"(彭春凌《儒教转型与文化新命——以康有为、章太炎为中心》，北京：北京大学出版社，第187页)。本文关于宗教论和语言表象问题的讨论则主要围绕章太炎和井上哲次郎展开，有别于上述研究。

第二部分先考察井上哲次郎的现象即实在论,再分析这一学院派哲学话语如何以语言表象问题为中介勾连宗教问题,最后指出井上的伦理宗教观和大我小我论的内在性倾向;第三部分则先总结章太炎和井上的宗教论的共性,在此基础上重新审视既往研究的相关论点,并在吸收既往研究成果的基础上尝试回应其中部分观点。

　　章太炎和明治日本思想学术的关联是章学研究的重要领域之一,中日学界已有许多相关讨论。其中有关章太炎和井上哲次郎之思想关联的研究也积累了一定的成果。最早正面比较章太炎哲学和现象即实在论的学者是小林武(Kobayashi Takeshi)。①之后有研究表明章太炎曾于 1899 年在东京和井上会面。②彭春凌从该史实出发进一步发掘章太炎和井上交往的细节,细致地描绘了以此二人为中心的思想地图,③并具体比较了章太炎的思想和井上哲次郎的哲学及伦理观、宗教观,提出了诸多重要论点。④由于小林武和彭春凌的以上研究都涉及如何理解井上哲次郎的思想学术的问题,要回应这些研究就必须深入考察现象即实在论。⑤因此,本文拟先探讨章太炎和井上的宗教论及哲学,在此基础上再对既往研究作出具体回应。

　　现代汉语和现代日语中的"宗教"一词主要对应"religion"这一概念。关于何为宗教,古今东西的思想家们有不同的阐释,本文无意为该概念下划一性定义。不过,就近代的宗教概念和宗教学的形成过程而言,我们不难从

① 小林武《章炳麟と明治思潮:もう一つの近代》,第 154—158 页。
② 林俊宏、大山昌道《十九世纪末中日学术交流的一幕:以馆森鸿〈似而非笔〉为中心》,《鹅湖月刊》第 426 号,2010 年,第 25—34 页。
③ 彭春凌《章太炎与井上哲次郎的交往及思想地图》,《杭州师范大学学报(社会科学版)》2020 年第 4 期。
④ 彭春凌《章太炎与井上哲次郎哲学的再会及暌离》,《抗日战争研究》2022 年第 4 期,第 49—66 页。
⑤ 关于井上哲次郎的现象即实在论、伦理宗教观与其政治思想及社会观的内在关联,可参照拙稿《明治期の哲学言説とネーション・社会:井上哲次郎の"现象即実在論"をめぐって》,《年报地域文化研究》第 21 号,2018 年 3 月,第 39—63 页;岛田英明、杉山亮、郭驰洋、栗田英彦、板东洋介《井上哲次郎とその時代》(日本思想史学会第 5 次"思想史の对话"研究会报告摘要),《日本思想史学》第 52 号,2020 年,第 39—55 页。

中捕捉到一些基本特征及其社会历史背景。以下，笔者将参照宗教学和思想史方面的既往研究，简要地梳理该问题。

"religion"一词的拉丁文"religio"早在欧洲古代文献中就已出现。但作为一般性范畴的"religion"概念则形成于近代。深泽英隆（Fukazawa Hidetaka）指出，近代宗教概念的萌芽和基督教地位的变化有关。大航海时代以来，欧洲人认识到世界各地存在着不同于基督教的信仰实践，并将其理解为作为一种普遍现象的"religion"。这种理解固然在很大程度上出自基督教的优越感及其支配性地位，但是从长期来看，对欧洲以外各地区的宗教的认知招致了基督教的相对化。与此同时，基督教在欧洲内部也渐渐失去自明性，基督教的"神"观念不再能为其他知识和价值提供正当化依据。相反，基督教反而需要更具普遍性的"宗教"（religion）概念为其本身提供依据。基督教的观念以及教会组织已不再覆盖整个社会，而是成为构成社会的诸多领域之一，并被置于"宗教"概念之下。近代以后的宗教话语最显著的特征便是去教会化，其主要参与者与其说是教会人士，毋宁说是教会外部的世俗知识分子，他们所讨论的宗教是一种作为知识的宗教。①

深泽强调，近代宗教概念深受理神论（Deism）的"自然宗教"（natural religion）观影响，其具体表现如下：理神论的宗教观带有人本主义和普遍主义色彩，之后成为近代宗教概念的基底；理神论所强调的宗教先验性为后来的宗教概念提供了理论框架；理神论从合理性、伦理性的观点看待宗教，这也催生了以康德为代表的伦理性宗教（基督教）观、对新教的伦理主义诠释、主张从咒术向伦理性宗教进化的早期宗教史学范式；在日本明治初期的宗教话语中也能看到某种自然宗教论和对宗教的合理主义理解。②

理性主义宗教观的思想背景之一是对宗教的批判。宗教批判和宗教研究其实并不矛盾，事实上近代的宗教批判正是近代宗教学成立的一大前提

---

① 本段论述主要参照深泽英隆《啓蒙と霊性：近代宗教言説の生成と変容》（東京：岩波書店，2006年，第5—7页）。

② 同上书，第12页。

条件。根据深泽的分析,17、18 世纪欧洲启蒙主义批判基督教,把"人"视作宗教成立的直接基体,并通过比较实际存在于现实中的各宗教,阐发了作为各宗教之根本共性的"宗教"性,这为之后宗教学的形成创造了思想条件。近代宗教学对宗教的基本理解、作为方法的"比较"和一般性范畴"宗教"的成立本身均源自启蒙主义的宗教观。因此,宗教学的成立以对宗教的"批判性疏隔"和宗教的客体化为前提。但是,深泽还留意到宗教学并非单纯地批判宗教并使之瓦解,而是通过对宗教的再定义和再阐述,在另一个层面上重新定位宗教。[1]

欧洲近代宗教话语及宗教学成立的情况对我们思考近代东亚的"宗教"概念亦多有启发。山口辉臣(Yamaguchi Teruomi)留意到明治 30 年代(1897—1906)涌现出一批被称为"宗教学家"的学者,如姉崎正治、加藤玄智(Katō Genchi, 1873—1965)、岸本能武太(Kishimoto Nobuta, 1865—1928)等。这些学者提倡以"公平无私"的立场研究宗教,试图在近代学术体系中构建宗教学这一新学科。他们认为人的宗教意识普遍存在,现实中的各宗教无一不是宗教意识的表现,宗派间的差异只是相对的。这种围绕宗教的新的论述方式有别于以特定宗派的优先性为前提的宗教论。[2]

姉崎和加藤均为井上哲次郎在东京帝国大学哲学系的学生。这些同时通晓东西方哲学思想的学院派知识分子以帝国大学这一近代学术机构(而非特定的宗教组织)为据点,参与新的宗教话语的建构,直接奠定了日本近代宗教学的基础。

"宗教"一词在 19 世纪末以前的汉语文献中较为少见,其含义也和现代意义上的"宗教"相去甚远。作为"religion"译名的"宗教"则是从明治日本传入中国的新名词之一,梁启超(1873—1929)等人的言论推动了该概念的传播。自 1901—1902 年左右起,"宗教"概念逐渐在中文世界得到确立并广

---

[1] 深泽英隆《啓蒙と霊性:近代宗教言説の生成と変容》,第 125—129 页。
[2] 山口辉臣《明治国家と宗教》,东京:东京大学出版会,第 163—165 页。有关日本近代"宗教"概念成立过程,亦可参看矶前顺一《近代日本の宗教言説とその系譜》第 1 章(東京:岩波書店,2003 年)。

泛渗透。①

　　以上关于近代宗教概念形成的学术史、思想史背景对于本文将重点探讨的宗教之哲学基础的问题至关重要。笔者以为,利用哲学为宗教提供理论基础,并不意味着将"哲学"和"宗教"视为两个各自独立的固定领域,并在此前提下讨论二者的关系。相反,这一理论操作使得"宗教"自身的性质和定位发生了变化。当宗教需要哲学作为其基础时,宗教便已丧失了其自明性,它不再是为其他领域提供正当化依据的绝对权威,反而成了有待论证的对象。也就是说,那些阐述宗教之哲学基础的言论实际上已经包含了对宗教的批判性视角,使宗教得以成为学术研究的客体。欧洲的宗教批判主要指向基督教的天启观及教会权威,而东亚地区虽在历史上并不存在强固的基督教传统,但有意思的是,明治日本的知识分子在接受近代"宗教"概念的同时也积极吸收西方的宗教批判论。井上哲次郎便是一个典型的例子。他的现象即实在论经过宗教批判的洗礼,以新的理论框架来言说宗教,为宗教成为学术研究对象铺平了道路。不仅如此,现象即实在论还论证了新的宗教性,这又涉及本文的另一个焦点,即宗教和道德的关系。笔者认为井上对宗教和道德之关系的讨论也和宗教批判以及基于理性主义的宗教观有着直接关联。更为重要的是,我们在章太炎的宗教论中也能看到上述问题机制。接下来笔者将首先考察章太炎的宗教论,探明他在批判宗教和提倡"建立宗教"的过程中如何思考宗教的哲学基础,如何看待宗教和道德之关系。

---

① 村田雄二郎《東アジアの思想連環:清末中国の"宗教"概念受容をめぐって》,三谷博主編《東アジアの公論形成》,東京:東京大学出版会,2004 年,第 225、238—241 页。村田指出,晚清中国对"宗教"的认知离不开基督教这一他者的存在,随着 19 世纪后期基督教在中国的传教活动愈发活跃,中国各地的士绅和民众开始切身感受到外来宗教的影响力,"教案"也频繁发生。据村田介绍,"宗教"一词在中国近代文献的出现或始于基督教传教士林乐知(Young John Allen)的《宗教故事》(广学会,1894 年),而中国人最早对该词的使用可能是在戊戌变法时期,例如康有为编纂的《日本书目志》(上海大同译书局,1898 年)卷三标题为"宗教门",分为"宗教总记""佛教历史""佛书""神道书""杂教类"五类,共罗列 108 种书籍。同上,第 225—227 页。关于晚清中国对"宗教"的理解,还可参照孙江《近代中国の宗教・結社と権力》(東京:汲古書院,2012 年)第 1、2 章。

一、章太炎的宗教批判论和建立宗教论

1. 宗教和佛教

"宗教"（religion）概念进入中文世界后也引起了章太炎的关注，他在第三次滞留日本时提倡"建立宗教"。1906 年 6 月，章太炎结束了三年牢狱生活，旋即东渡日本。此后他一直在东京待到辛亥革命爆发后的 1911 年 11 月。

在 1906 年的东京留学生欢迎会上，章太炎主张借助宗教的力量来推动革命事业：

> 至于近日办事的方法（中略）依兄弟看，第一要在感情。没有感情，凭你有百千万亿的拿破仑、华盛顿，总是人各一心，不能团结。当初柏拉图说，人的感情，原是一种醉病。这仍是归于神经是了。要成就这感情，有两件事是最要的。第一，是用宗教发起信心，增进国民的道德；第二，是用国粹激动种姓，增进爱国的热肠。①

章太炎认为，为了培育一种能够集结人心的"感情"，宗教和国粹是不可或缺的。他特别强调宗教对道德的增进作用以及道德对于团结国人的意义："但若没有宗教，这道德必不得增进。生存竞争，专为一己，就要团结起来，譬如一碗的干豆子，怎能团成面。"②道德和革命的关系也是章太炎在这一时期关注的主题之一。他称"无道德者"便"不能革命"，"道德堕废者，革命不成之原"，道德的沦丧就是"亡国灭种之根极"。为维系道德，他提倡革命同仁应践行"知耻""重厚""耿介""必信"这四种规范。③

---

① 章太炎《在东京留学生欢迎会上之演讲》（《民报》第 6 号，1906 年 7 月），《章太炎全集·演讲集》（上），上海：上海人民出版社，2015 年，第 3—4 页。
② 同上书，第 4 页。
③ 章太炎《革命之道德》（《民报》第 8 号，1906 年 10 月）。《章太炎全集·太炎文录初编》，上海：上海人民出版社，2014 年，第 285、288、294—296 页（文章标题在全集中作《革命道德说》）。另，章太炎所主张的"革命"并非传统的王朝更替意义上的革命，而是指推翻清朝统治，光复中国的"种族""州郡""政权"（同上书，第 284 页）。

在章太炎看来,现如今有助于重建道德的宗教便是佛教。①其中华严宗和法相宗最值得借鉴,前者旨在"普度众生","在道德上最为有益";后者讲"万法惟心",称"一切有形的色相,无形的法尘,总是幻见幻想,并非实在真有",其理论还能会通康德(Immanuel Kant, 1724—1804)、叔本华(Arthur Schopenhauer, 1788—1860)等西方哲学。②因此,不管就一般社会之道德而言,还是就革命者之道德而言,佛教都具有至关重要的作用。③在民众道德倾颓,儒教和基督教均不足为用的情况下,"自非法相之理、华严之行,必不能制恶见而清污俗"④。

除了增进民德的现实作用之外,佛教在章太炎那里还有另外一层意义:他在论证自身观点,建构"国学"时,往往借用唯识学作为其理论框架。对章太炎而言,法相宗的学问和他自身的学术背景具有亲和性,这也是他更为看重法相宗的原因。

> 然仆所以独尊法相者,则自有说。盖近代学术,渐趋实事求是之途,自汉学诸公分条析理,远非明儒所能企及。逮科学萌芽,而用心益缜密矣。是故法相之学,于明代则不宜,于近代则甚适,由学术所趋然也。⑤
>
> 及囚系上海,三岁不觌,专修慈氏、世亲之书。此一术也,以分析名相始,以排遣名相终,从入之涂,与平生朴学相似,易于契机,解此以还,乃达大乘深趣。⑥

---

① 以往的观点多认为,章太炎于 1903 年因"苏报案"被捕入狱后在狱中阅读佛典的经历,令他对佛教的兴趣渐趋浓厚。不过陈继东的研究表明,章太炎在 1903 年以前的《訄书》初刻本(1900)中表现出的佛教观具有多样性,与他之后的思想有着复杂的关联,尤其侧重于佛教在知识上的有效性。陈继东《从〈訄书〉初刻本(一九〇〇)看章炳麟的早期佛教认识》,《言语·文化·社会》第 7 号,2009 年,第 1—27 页。

② 章太炎《在东京留学生欢迎会上之演讲》,《章太炎全集·演讲集》(上),第 4 页。

③ 同上书,第 8 页。

④ 章太炎《人无我论》(《民报》第 11 号,1907 年 1 月),《章太炎全集·太炎文录初编》,第 452 页。石井公成认为章太炎所说的"法相之理想,华严之行"毕竟基于他个人的佛教观,与印度佛教以及唐代的法相宗、华严宗皆不相同,见石井公成《辛亥革命前夜の仏教と無政府主義》,《仏教学》第 56 号,2015 年,第 1—23 页。

⑤ 章太炎《答铁铮》(《民报》第 14 号,1907 年 6 月),《章太炎全集·太炎文录初编》,第 387 页。

⑥ 章太炎《菿汉微言》,《章太炎全集·菿汉微言》,上海:上海人民出版社,2015 年,第 69 页。

章太炎以为,由清代汉学至近代科学的学术脉络呈现出"分条析理""实事求是"的特征,法相唯识之学则高度契合这一学术趋势。他从唯识学"以分析名相始,以排遣名相终"的治学思路看到了和自身朴学背景的相似之处。章太炎师承皖派学者俞樾,他在《訄书重订本·清儒》中称皖派学风"分析条理皆参密严瑮",还褒扬清代学者克服"宗教"之弊,"夷六艺于古史"。①耐人寻味的是,章太炎在1906年提倡发挥宗教的积极作用,当时他所推崇的"宗教"正是与清代朴学相近的法相宗。

这里有必要厘清章太炎对"宗教"一词以及宗教和佛教之关系的理解。章太炎认为,如果以"有所信仰"来定义宗教,那么包括佛学在内的几乎所有学说均可称为宗教,如果以是否"崇拜鬼神"来界定宗教,那么道教、基督教、伊斯兰教可称宗教,而主张"六亲不敬,鬼神不礼""心、佛、众生,三无差别"的佛法则不能称作宗教。②章太炎的论述同时包含了这两种关于"宗教"的界定,当他批判宗教时,其批判主要指向鬼神崇拜,当他倡导"建立宗教"时,其所谓宗教指的是一种"鬼神不礼""无鬼神崇拜之法"③的宗教。对鬼神的态度直接关系到"宗教"概念的内涵。也就是说,章太炎提倡宗教的言论其实含有"建立宗教"和批判宗教的内在张力,这种张力同时也可以看作近代"宗教"概念及宗教学的内在张力。笔者将结合章太炎在《民报》时期的著述对此展开讨论。以下先梳理章太炎的宗教批判的理路,说明他如何在宗教批判的基础上重构宗教性。

2. 鬼神、泛神、无神

在章太炎看来,中国文化的根本特质在于"依自不依他"。④中国佛教各派

---

① 章太炎《訄书重订本·清儒》(1904),《章太炎全集·訄书重订本》,第155、157—158页。
② 章太炎《佛学演讲》,《章太炎全集·演讲集(上)》,上海:上海人民出版社,2014年,第147页(1911年10月讲于日本,后以《论佛法与宗教、哲学及现实之关系》为题收于《中国哲学》,1981年,第6期)。章太炎《中国文化的根源和近代学问的发达》,同上书,第85页(1907年至1910年讲于日本,后以"社说"为题收于《教育今语杂志》第1册,1910年3月10日)。章太炎也承认佛教中有涉及"天宫地狱"等带有所谓迷信色彩的论述,但是在他看来这些论诉只不过是随顺旧说而已,"佛法原是讲哲理的,本来不崇拜鬼神,不是宗教"(同上)。
③ 章太炎《建立宗教论》(《民报》第9号,1906年11月),《章太炎全集·太炎文录初编》,第438页。
④ 这里的"依他"指的并不是唯识学所说的依他起自性。石井公成认为这一表述可能取自华严宗的学说,见石井公成《辛亥革命前夜の仏教と無政府主義》,第1—23页。

中禅宗最为流行的原因也在于其"自贵其心,不援鬼神,与中国心理相合"。①
他将鬼神批判的传统上溯至孔子,试图发掘中国思想史中的无神论谱系:

> 至中国所以维持道德者,孔氏而前,或有尊天敬鬼之说。墨子虽生
> 孔子后,其所守乃古道德。孔氏而后,儒、道、名、法,变易万端,原其根
> 极,惟依自不依他一语。(中略)昔无神之说,发于公孟。《墨子·公孟》
> 篇公孟子曰无鬼神。是此说所起,非始晋代阮瞻。阮瞻但言无鬼,而公
> 孟兼言无神,则识高于阮矣。排天之论,起于刘、柳。王仲任已有是说,
> 然所排者惟苍苍之天而已,至刘、柳乃直拨天神为无。以此知汉族心
> 理,不好依他,有此特长,故佛教迎机而入。而推表元功,不得不归于孔
> 子。世无孔子,即佛教亦不得盛行。仆尝以时绌时申、哗众取宠为孔子
> 咎,至于破坏鬼神之说,则景仰孔子,当如岱宗北斗。(中略)然其言曰:
> 鬼神之为德,体物而不可遗。此明谓万物本体即是鬼神,无有一物而非
> 鬼神者,是即斯比诺莎泛神之说。泛神者,即无神之逊词耳。(中略)无
> 物非道,亦无物非鬼神,其义一致,此儒、老皆主泛神之说也。及其言
> 天,则本诸往古沿袭之语,而非切指天神。(中略)及公孟拨无鬼神,儒
> 术由此成立,非孔子造端之力欤。儒者立说,但求心理之殊,不求形式
> 之异。故孔子虽言鬼神体物,而仍言齐明盛服,以承祭祀。公孟虽拨无
> 鬼神,而仍言祭祀之当有。然孔子言"如在",如在者,明其本不在也。
> 公孟于《墨子》无鱼作罟之说,亦无辩论。其意谓鱼虽无有,但顺世俗常
> 仪而作罟可也。(中略)中国得孔子泛神之说,至公孟而拨除之,印度得
> 数论无神之说,至释迦而昌大之,其转变亦有相似。自孔子、公孟而后,
> 郊丘宗庙,不过虚文,或文人曼衍其辞,以为神话,如《九歌》《天问》等。
> 其实已无有尊信者。特愚民不学,犹眩惑于是耳。然所以维持道德者,
> 纯在依自,不在依他,则已晝然可见。②

---

① 章太炎《答铁铮》,《章太炎全集·太炎文录初编》,第386页。
② 同上书,第390、392页。

如上所述,孔子和公孟子的观点被视为中国无神论思想之源头。章太炎虽然反对康有为(1858—1927)等人创设孔教的主张,也批判孔子及受其影响的后世儒者放不下功名富贵,但是在此他赞赏孔子对鬼神的态度,甚至称佛教之所以能在中国盛行应归功于孔子。章太炎如此评价孔子的论据之一来自《礼记·中庸》:"子曰:鬼神之为德,其盛矣乎。视之而弗见,听之而弗闻,体物而不可遗。使天下之人,齐明盛服,以承祭祀,洋洋乎如在其上,如在其左右。"理解这段话的关键在于如何阐释"体物而不可遗"。郑玄的注释为:"体,犹生也。可,犹所也。不有所遗,言万物无不以鬼神之气生也。"孔颖达的疏补充道:"言万物生而有形体。(中略)言鬼神之道,生养万物,无不周遍而不有所遗。"①郑玄和孔颖达的诠释均把"鬼神之气"或"鬼神之道"看作万物的本源。然而章太炎为了消除鬼神的神秘性而反转了以上诠释,在他看来"体物而不可遗"指的并不是万物生成于鬼神的灵妙作用,而是指鬼神不外乎万物本身。章太炎还认为,孔子所谓"如在"也恰恰表明作为祭祀对象的鬼神本就不存在,孔子之所以仍看重祭祀之礼,是因为他只求在心理上对"无鬼神"有所自觉,而不拘泥于形式上的改弦更张。

有意思的是,章太炎还以"体物而不可遗"比附斯宾诺莎(Baruch de Spinoza, 1632—1677)的泛神论,并称"儒、老皆主泛神之说"。在他看来,既然"泛神"是"无神之逊词",因此和泛神论相似的孔子思想已十分接近于无神论,之后公孟子便明确否定了鬼神的存在。在《墨子·公孟》的一段对话中,公孟子既主张"无鬼神"又称"君子必学祭祀",对此墨子反驳道:"执无鬼而学祭礼,是犹无客而学客礼也,是犹无鱼而为鱼罟也。"然而章太炎对墨子的鬼神论持批判态度,他拥护公孟子的观点,称"鱼虽无有,但顺世俗常仪而作罟可也"。

如上所述,章太炎将孔子学说看作一种泛神论,而且视之为中国无神论的先驱。他对孔子的评价和康有为形成了鲜明对比,后者有意将孔子比拟为耶稣以建立孔教。同时,章太炎的无神论立场也和他对"惟神论"的批判相呼应。

---

① (汉)郑玄注,(唐)孔颖达疏《礼记正义·中庸》卷五十二(武英殿本《十三经注疏》)。

在章太炎看来,关于宗教和哲学的各种论述可大致分为"惟神""惟物""惟我"三种类型。例如印度哲学中的"吠檀多"(Vedānta)即为惟神论,"鞞世师"(胜论 Vaiśeṣika)为惟物论,"僧法"(数论 Sāṃkhya)则是惟我论。①此外基督教和伊斯兰教属惟神论,颉德(Benjamin Kidd, 1858—1916)和歌德(Johann Wolfgang von Goethe, 1749—1832)的学说属惟物论。费希特(Johann Gottlieb Fichte, 1762—1814)和叔本华则近于惟我论。②章太炎在《民报》上发表的数篇论文也可看作批判惟神论、惟物论、惟我论的尝试。例如《无神论》(1906)以批判惟神论为主,《人无我论》(1907)旨在批判惟我论,《四惑论》(1908)所批判的四种迷妄之一便是惟物论。而《建立宗教论》(1906)则称"此识是真,此我是幻""此心是真,此质是幻""此心是真,此神是幻",同时否定了惟我、惟物、惟神。③需要注意的是,尽管这三者都是批判的对象,但是章太炎强调首先应批判惟神论。这是因为惟我论与唯识学相似,惟物论的部分概念(如"极微")有时也作为"方便"为佛家所采用,而惟神论则"崇奉一尊,则与平等绝远也",所以"欲使众生平等,不得不先破神教"。④

在《无神论》中,章太炎依次质疑基督教、吠檀多、斯宾诺莎以及哈特曼(Karl Robert Eduard von Hartmann, 1842—1906)和康德的有神论。他对基督教的批判最终指向了耶和华作为"众生之父"的人格性问题:如果耶和华无人格,则与佛教所说的"臧识"(阿赖耶识)并无二致,而作为人格性称谓的"父"便不适用于此;但如果说耶和华有人格,那么就不再是"无所不备""绝对无二",否则就违背了生物学常识。⑤吠檀多所立之神为梵天,梵天又分"高等梵天"和"劣等梵天",章太炎以《大乘起信论》的语句"离言说相,离名字相,离心缘相"来诠释高等梵天,称劣等梵天来自人的虚妄分别。问题在于,如果承认高等梵天有自性,那么迷妄就无从产生,劣等梵天也不会出

---

① 章太炎《无神论》(《民报》第 8 号,1906 年 10 月),《章太炎全集·太炎文录初编》,第 414 页。
② 同上书,第 414—415 页。
③ 章太炎《建立宗教论》,《章太炎全集·太炎文录初编》,第 426—427 页。
④ 章太炎《无神论》,《章太炎全集·太炎文录初编》,第 415 页。
⑤ 同上书,第 417—418 页。

现,如果说高等梵天无"士夫用",没有自性,则与佛教的"真如"概念无异。既如此,不如以"真如""无明"这样的抽象名词取代"高等梵天""劣等梵天"等具体名词。①在术语翻译的层面上,"高等梵天""劣等梵天"这两个词很可能取自明治学者的著述。例如井上哲次郎在其著名的宗教论《宗教の将来に関する意見》(1899)中分别以"高等梵天"和"劣等梵天"这两个汉语词汇对应吠檀多思想的基本概念 param brahma 和 aparam brahma,此外姊崎正治、建部遯吾(Tatebe Tongo, 1871—1945)等人的著作也出现了这组译名。②

和基督教及吠檀多相比,泛神论得到了较高的评价。③ 章太炎称斯宾诺莎的泛神论"以为万物皆有本质,本质即神,(中略)离于世界,更无他神,若离于神,亦无世界",此说在"不立一神,而以神为寓于万物"这一点上已展露出无神论倾向,其颠覆性非同凡响。④章太炎对泛神论的这种理解明显和他对"体物而不可遗"的诠释相呼应(详见上文)。虽然如此,他还是对"神"这一名称表示不满,认为泛神论没有必要使用该名称:"神之称号,遮非神而为言。既曰泛神,则神名亦不必立。"⑤

我们不难发现章太炎的论述采用了一种比较宗教学视角。这种视角的学术背景之一便是明治日本的宗教学。近代宗教学的成立始于对各宗教的比较研究,宗教学在以宗教为学术研究对象的同时也通过改变话语结构,相对化了既存的各宗教。在此意义上,宗教学本身就以宗教批判为前提。尽管章太炎本人并不完全认同斯宾诺莎的泛神论,但是泛神论在他的宗教批判论中占据着重要位置。在他看来,泛神论介于惟神论和无神论之间,在沿用"神"这一概念的同时最大限度地消除了神的人格性,如果惟神论发展到泛神论的形态,那么距离无神论就只有一步之遥。值得留意的是,泛神论在

---

① 章太炎《无神论》,《章太炎全集·太炎文录初编》,第 418—420 页。
② 井上哲次郎《宗教の将来に関する意見》,收入《巽軒論文初集》,東京:冨山房,1899 年,第 224—225 页。姊崎正治《印度宗教史考》,東京:金港堂書籍,1898 年,第 36 页。建部遯吾《哲学大観》,東京:金港堂書籍,1898 年,第 134 页。
③ 蔡志栋也指出章太炎在一定程度上对泛神论持肯定态度。蔡志栋《章太炎后期哲学思想研究》,上海:上海社会科学院出版社,2013 年,第 40 页。
④ 章太炎《无神论》,《章太炎全集·太炎文录初编》,第 420 页。
⑤ 同上书,第 420—421 页。

井上哲次郎那里也被看作以非人格化方式表象世界的典型思想。①

至此,"神"仅仅是一个没有实际指涉对象的名词。对各宗教的比较之所以成为可能,是因为在章太炎的论述中,作为各宗教崇拜对象的"神"的问题被置换为"名"的问题。换言之,宗教信仰的问题被转化为如何以适当的语词来表象世界的问题,各宗教的差异则被还原为对世界的表象形式的差异。这一话语结构的转换一方面和章太炎对名实关系的重视不无关系,另一方面和井上哲次郎的宗教论有不约而同之处。由宗教论向语言/表象论的转换也是章太炎"建立宗教"所不可或缺的理论环节(详见下文)。

3. 从"神"到"名":宗教和表象

章太炎在《建立宗教论》(1906)中全面运用佛教唯识学和三性说展开论述。他一方面承袭《无神论》的立场批判各宗教及哲学,另一方面摸索重构宗教的可能性。关于"建立宗教"的方案,章太炎反对"于万有之中,而横计其一为神"和"于万有之上,而虚拟其一为神"的做法。然而,对于以"神"泛指世界万物的立场——这实际上也是《无神论》提及的泛神论立场,他的态度便不再是单纯的否定。"转而谓此神者,冒世界万有而为言,然则此所谓有,特人心之概念耳。以假立依他言之,概念不得不说为有。以遮拟遍计言之,概念不得不说为无。"②也就是说,章太炎将"神"还原为"人心之概念",就依他起自性而言,可说"概念"为有,从克服遍计所执自性的角度来看,则应说"概念"为无。

章太炎没有立即否定"概念"的存在,而是先阐明其由来:"谓此概念法尘,非由彼外故生,由此阿赖耶识原型观念而生。(中略)若即自此本识原型言之,五尘、法尘,无一非空。而五尘、法尘之原型,不得不说为有。"③作为"概念"对象的"法尘"并非外界的实物,而是源自阿赖耶识之原型观念(即种子),也就是说包括"概念法尘"和"五尘"在内的六种认识对象(即六尘:色、声、香、味、触、法)虽非实有,但是其原型观念的确存在。对章太炎而言,原

---

① 井上哲次郎《宗教の将来に関する意見》,收入《巽軒論文初集》,第223—225页。
② 章太炎《建立宗教论》,《章太炎全集·太炎文录初编》,第430页。
③ 同上书,第430—431页。

型观念非但不应急于排斥，而且对于主体的实践是不可或缺的：

> 人之所以有此原型观念者，未始非迷。迷不自迷，则必托其本质。若无本质，迷无自起。马鸣所谓迷东西者，依方故迷，若离于方，则无有迷。众生亦尔，依觉故迷，若离觉性，则无不觉。以有不觉妄想心，故能知名义，为说真觉。若离不觉之心，则无真觉自相可说。是故概念虽迷，迷之所依，则离言而实有。一切生物，遍在迷中，非因迷而求真，则真无可求之路。①

这里的"依方故迷，若离于方，则无有迷。众生亦尔，依觉故迷，若离觉性，则无不觉。以有不觉妄想心，故能知名义，为说真觉。若离不觉之心，则无真觉自相可说"引自《大乘起信论》，阐述的是"觉"与"不觉"的相关关系。结合章太炎的叙述脉络来理解，就是说产生于原型观念的"概念"固然是一种迷妄，然而迷妄实际上以"真觉"为依托，不经由迷妄就无从求真，"概念"虽然是虚妄分别，但同时却是获取真理的必经之路。也就是说，章太炎的侧重点在于通过"不觉妄想心"来"知名义""说真觉"的语言实践。

随后，章太炎再次将话题引回有关"万有""神""概念"三者关系的讨论，重新明确了"冒万有者，惟是概念。知为概念，即属依他，执为实神，即属遍计"这一立场。②该立场表明：为避免陷入遍计所执自性，固然不可执"概念"为实神，然而依他起自性意义上的"概念"却是必不可少的。章太炎在批驳了各个宗教所信奉的"神"之后，最终还是保留了源自阿赖耶识原型观念的"概念"。这一点也是重构无"神"的宗教性的关键环节：

> 其可议者，由在今之立教，惟以自识为宗，识者云何？真如即是惟识实性，所谓圆成实。而此圆成实者，太冲无象，欲求趋入，不得不赖依他。逮其证得圆成，则依他亦自除遣。故今所归敬者，在圆成实自性，

---

①② 章太炎《建立宗教论》，《章太炎全集·太炎文录初编》，第 431 页。

非依他起自性。若其随顺而得入也,则惟以依他为方便。(中略)夫依他固不可执,然非随顺依他,则无趋入圆成之路。①

章太炎认为,要"建立宗教"就应崇奉"自识",识的本质便是真如,即圆成实自性。然而要证得圆成实自性,就不得不以依他起自性为媒介。换言之,需要阿赖耶识原型观念产出"概念",通过"概念"的语言表象来接近真如。这就涉及对"概念"("名")的两种不同态度,即"执"和"随顺",前者对应遍计所执自性,后者则对应依他起自性。根据石井刚的研究,"随顺"一词在《大乘起信论》中主要指实践主体从属于某个理想或理念之前的阶段,章太炎以"随顺"为方法,从依他起自性出发探索主体的实践可能性,尤其重视在"觉"与"不觉"的中间状态下进行语言/言说的实践。②同时,依他起自性的重要性亦不言而喻。坂元弘子指出,依他起自性正是阿赖耶识的存在方式,章太炎之所以高度评价法相宗而非空宗,也是因为他既以真如/圆成实自性为究竟,又注重阿赖耶识的意义。③

　　"执"和"随顺"的区别直接关系到对"名"的选择。精通小学的章太炎对"名"的魅惑性极为敏感。他深知"名虽非实,且可以代实也",而既然"神"只不过是人心之概念,不应执其为实有,那么就不该再使用"神"这一名词。"于概念中,立真如名,不立神名。非斤斤于符号之差殊,由其有执、无执异尔。"④这里对"真如名"和"神名"的取舍其实也承接了《无神论》的论述。章太炎在《无神论》中称:人们通过现量即五官感觉来认知"物",通过自证来认知"我",二者皆属于"俱生执",然而"神者,非由现量,亦非自证,直由比量而知",属"分别执",人对神的认知"多由父兄妄教",因此"不可执之为有,而不妨拨至为无(中略)况于神之为言,惟有其名,本无其相,而不可

---

① 章太炎《建立宗教论》,《章太炎全集·太炎文录初编》,第436页。
② 石井刚《"随顺"の主体的実践:〈大乗起信論〉と章炳麟の"斉物哲学"》,石井刚主編《〈大乗起信論〉と主体性:近代東アジア哲学の形成そして論争》,東京:UTCP,2017年,第179、197、202页。
③ 坂元弘子《連鎖する中国近代の"知"》,東京:研文出版,2009年,第81页。
④ 章太炎《建立宗教论》,《章太炎全集·太炎文录初编》,第431页。

竟拨为无乎"。①

然而此处又有一个新的疑问:同样的批判为何不能指向像"真如"这样的名词?即"则真如、法性等名,亦皆无相,何以不拨为无乎"②? 对此,章太炎的回答如下:

> 真如、法性,亦是假施设名。遮非真如、法性,则不得不假立真如、法性之名,令其随顺,亦如算术之有代数,骨牌之列天人,岂如言神之指为实事耶?且真如可以亲证,而神则不能亲证,其名之假相同,其事则不同,故不可引以为例。③

在章太炎看来,"真如""法性"作为带有临时性、工具性的概念,其作用在于令主体得以随顺。而"神"则往往以其对象为实有,且无法通过修行亲自证悟,所以理应"立真如名,不立神名"。耐人寻味的是,虽然章太炎反复强调"真如"概念优于"神",但是"遮非真如、法性,则不得不假立真如、法性之名"这一叙述实际上和"神之称号,遮非神而为言"这一说法有异曲同工之处。在语词层面上,"真如"和"神"都具有否定性和排他性,即遮断其他名言的作用("遮非真如、法性""遮非神")。这也和语言本身的特性有关,语词通过和其他语词的差异来生成意义,而章太炎在这种差异中看到了内在于语言的对立性和批判性。在这个意义上,对"名"的"随顺"不同于遍计所执自性,但仍需要一种临时的"执"以发挥其批判作用,也就是说"随顺"代表一种介乎执与不执之间的态度。

另一方面,随顺依他的主张也在理论层面上确保了救济众生的伦理意义。"一切众生,同此真如,同此阿赖耶识。是故此识非局自体,普遍众生,惟一不二。(中略)以众生同此阿赖耶识,故立大誓愿,尽欲度脱等众生界,不限劫数,尽于未来。(中略)故大乘有断法执,而不尽断我执。以度脱众生之念,即我执中一事。特不执一己为我,而以众生为我。(中略)顺此依他,故一切以利益众生为念,其教以证得涅槃为的。"④在唯识学中,阿赖耶识这

---

① ② ③　章太炎《无神论》,《章太炎全集·太炎文录初编》,第422页。
④　章太炎《建立宗教论》,《章太炎全集·太炎文录初编》,第436—437页。

一概念原本只涉及个体层面，但章太炎吸纳《大乘起信论》中受如来藏思想影响的观点，将阿赖耶识理解为众生所共有之"识"，从而承认众生成佛的可能性。[①]由于阿赖耶识不局限在个体，而是为众生所共用，所以随顺依他也意味着保留"以众生为我"的我执。

不管是反对"遍计所执之名言"，还是强调"随顺依他"之必要，都是为了探讨处于迷妄中的主体和圆成实自性的关系。章太炎以柏拉图的"理念"（idea）类比圆成实自性，甚至总结道："言哲学创宗教者，无不建立一物以为本体。其所有之实相虽异，其所举之形式是同。是圆成实自性之当立，固有智者所认可也。"[②]在此需要注意的是"所举之形式是同"。这就是说，设定圆成实自性已不是个别宗教独有的做法，而是各种哲学、宗教共通的思维方式。章太炎通过预设圆成实自性这一凌驾于各宗教及哲学之上的"本体"概念，从而相对化了现有的各宗教。在章太炎那里，唯识三性说不再局限于佛教，而是一种能够将不同的哲学和宗教置于同一平面上考究的理论装置。在该理论装置的作用下，"宗教"成为认识世界的一种方式，各宗教间的差异被转变为对"本体"即圆成实自性的不同表象方式的差异。在此意义上，法相唯识之学不仅为宗教批判提供理论资源，还是作为一般性范畴的"宗教"的哲学基础（这里的"哲学基础"不同于个别的哲学学说）。

二、井上哲次郎的现象即实在论：
宗教批判和宗教学的哲学基础

1. 现象即实在论的基本立场

明治日本的体制派学者井上哲次郎和力主推翻清朝统治的革命派学者

---

① 坂元弘子《連鎖する中国近代の"知"》，第 76—82 页。近藤邦康《中国近代思想史研究》（東京：劲草書房，1981 年，第 87 页）、郭朋、廖自力、张新鹰《中国近代佛学思想史稿》（成都：巴蜀书社，1989 年，第 376—379 页）也就这一点有相关论述。此外，石井公成认为那种以众生共有同一阿赖耶识（阿梨耶识）的思想来自地论宗（石井公成《辛亥革命前夜の仏教と無政府主義》，第 1—23 页）。

② 章太炎《建立宗教论》，《章太炎全集·太炎文录初编》，第 424 页。当然，章太炎并非毫无保留地接受柏拉图的"理念"论，他在《建立宗教论》中对柏拉图哲学作了批判性探讨。

章太炎,两人政治立场迥异自不待言。尽管如此,章太炎和井上在哲学和宗教方面的言论不无相似之处,这种相似性并不停留于个别观点的类似,而是表现为话语结构层面上的共性。接下来本文将讨论现象即实在论以及基于该学说的"伦理宗教观",通过探讨章太炎和这些话语之间的结构性关联,展示东亚近代知识型变动的一个侧面。

关于现象即实在论以及井上的生平和学术背景,日本学界已有许多研究成果,近年国内学界也有较为详细的介绍。为行文方便,笔者将先简要梳理现象即实在论的基本观点,然后阐述以现象即实在论为理论依据的伦理宗教观和大我小我论的要点,在此过程中侧重分析其话语结构以及和章太炎的相关性。

现象即实在论的基本思路在井上哲次郎早期的著作《伦理新说》(《倫理新説》,1883 年刊)便已初见端倪,不过井上本人公开以"现象即实在论"一词概括其哲学立场则始于 1894 年发表在《哲学杂志》(《哲学雑誌》)上的论文《我世界观之一尘》(《我世界観の一塵》)。此后,他在 1897 年的《现象即实在论的要领》(《現象即実在論の要領》)、1900 年的《认识和实在的关系》(《認識と実在との関係》)以及 1910 年的《实在论对于唯物论和唯心论的哲学价值》(《唯物論と唯心論とに対する実在論の哲学的価値》)等一系列论文中对现象即实在论作了进一步阐述和补充。

在《我世界观之一尘》中,井上将哲学研究分为"方法的研究"和"材料的研究",前者即为逻辑学,后者则是对真、善、美的研究,其中有关"真"的研究就是"纯正哲学"(亦称"理论哲学"),这也是井上论述的主题。"纯正哲学"分为否认人获得真理之可能性的怀疑派和与之立场相左的非怀疑派,非怀疑派又分为"观念论"和"实在论",观念论主张主观的实在而否定客观事物的实在,实在论则认为在主观之外仍有客观世界存在。井上拒斥怀疑派和观念论,拥护实在论的立场。他进一步将实在论分为"过境的实在论"和"现象即实在论",前者认为实在独立存在于现象之外,后者则称实在不能脱离现象而存在。其中"现象即实在论"又分两种观点:(1)主张唯有此现象为实在,绝无与现象有所区别之实在;(2)主张现象和实在虽然在理论上可区分,但实际上二者"同体不离""二元一致"。井上最终支持的是第二种"现象即实在论"。①

如果说井上在《我世界观之一尘》的论述尚停留在对不同认识论立场的辨析和取舍，那么他之后发表的论文则全面展开了对现象即实在论的论证。《现象即实在论的要领》阐明了现象即实在论的基本概念，令这一哲学体系初具雏形。井上在这篇文章中称现象和实在的区别在于："现象有差别而实在无差别；现象是变化的而实在是常住的；现象可以被认识而实在是不可知的；（中略）要言之，现象有形而实在无形，故现象属形而下而实在为形而上。"②从这里也可以看到"认识"的问题对于井上哲学的建构之至关重要。

收于 1900 年出版的《哲学丛书》（《哲学叢書》）的长篇论文《认识和实在的关系》在承接《现象即实在论的要领》的篇章结构的基础上展开了更为完整、详尽的阐述。《认识和实在的关系》全文由七章组成，第一章评述各种学说的认识论立场，探讨何为认识的对象；第二章大量征引西方生物学、心理学、哲学的观点探讨人的认识作用发生的机制；第三章举东西方思想为例讨论认识作用的边界并强调认识的有限性；第四、五章和第六章则分别论证处于现象基底的"客观的实在"和"主观的实在"；最后的第七章强调主观和客观的实在实乃同体不二，在根本上同为"一如的实在"。要言之，井上认为通常的认识通过一种辨别作用捕捉现象，而"无差别"的实在则无法被辨别，超出了认识的范围。他试图从主观和客观两方面来论证实在：一方面主观的心理现象在其根底处必定存在"主观的实在"，另一方面若将客观现象分析到极致就能发现它基于"客观的实在"，这两种实在最终融合于"一如的实在"。③井上称主观和客观的区别来自逻辑上的抽象作用，他预设了一种在主客二分之前"未被辨别""未被分割"的状态，也就是"合主观客观为一体"的"先天未划之

---

① 井上哲次郎《我世界観の一塵》，《哲学雑誌》第 89 号，1894 年 7 月，第 489—513 页。

② 井上哲次郎《現象即実在論の要領》，《哲学雑誌》第 123 号，1897 年 5 月（《哲学雑誌》第 12 卷，第 380 页）。

③ 井上哲次郎《認識と実在との関係》，收入井上哲次郎主编《哲学叢書》第 1 卷第 2 集，东京：集文阁，1900 年，第 307—438 页。

一元状态"。①在此意义上,可以说现象即实在论属于一元论哲学。

2. 实在和语言

在此需要特别留意的是,现象即实在论有关认识之有限性的讨论直接涉及语言和表象(井上原文作"写象",为德语"Vorstellung"之译名)的问题。

井上以道家、佛教、西方哲学为例证,反复强调认识作用仅适用于现象层面。根据他的阐释,《老子》中的"无名"指实在,"有名"指现象,所谓"吾不知其名,字之曰道,强为之名曰大"意指实在无法成为认识的对象;《庄子》的"知止其所不知至矣"(《齐物论》)、"知止乎其所不能知至矣"(《庚桑楚》)、"言休乎知之所不知至矣"(《徐无鬼》),则表明除了"可认识之境界"以外还有"不可认识之境界",人类知识只有在了解"不可认识之境界"即"不得以语言叙述之境界"时才能达到极致。②关于西方哲学,井上称:康德哲学的物自体(Ding an sich,原文作"物如")概念指客观实在,非认识作用所能触及,认识只对现象有效;斯宾塞(Herbert Spencer, 1820—1903)则划分了"不可知的境界"(Unknowable)和"可知的境界"(Knowable),同样"不以实在为认识对象"。③顺便一提,章太炎在《建立宗教论》中论及康德时也使用"物如"一词指称物自体,小林武据此推测章太炎很可能阅读过《认识和实在的关系》。④

在佛教方面,井上以《大乘起信论》的"一切法从本已来,离言说相,离名字相,离心缘相,毕竟平等,无有变异,不可破坏,唯是一心,故名真如"为依据,称"真如"即指实在,只得以"内部的直观"来领悟,而非认识现象时的"辨别作用"所能说明。井上本人早年参与编纂的《哲学字汇》将"reality"译为"实体""真如",并附有如下释义:"按:起信论,当知一切法不可

---

① 井上哲次郎《現象即実在論の要領》,《哲学雑誌》第 12 卷,第 349 页。
② 井上哲次郎《認識と実在との関係》,《哲学叢書》第 1 卷第 2 集,第 361—362 页。
③ 同上书,第 362—363 页。
④ 小林武《章炳麟と明治思潮》,第 204 页。小林还指出章太炎的《读佛典杂记》(1905)的部分论述参考了收于《哲学叢書》第 1 卷第 3 集的森内政昌论文《認識と実践、実在観念と理想観念》(同上书,第 201 页)。《读佛典杂记》和森内论文的具体关联可参照彭春凌《章炳麟〈读仏典雑記〉与井上哲次郎编〈哲学叢書〉》,《神户市外国语大学外国学研究＝Annals of foreign studies》第 93 号,2019 年,第 17—34 页。

说,不可念,故名为真如。"尽管后来井上主要使用"实在"这一名称,但是就如不少学者所指出的那样,大乘佛教仍是现象即实在论的重要理论资源之一。①无独有偶,章太炎在《齐物论释》正文的开头同样引用《大乘起信论》的上述语句来阐释"齐物"的含义:"齐物者,一往平等之谈,详其实义,非独等视有情,无所优劣,盖离言说相,离名字相,离心缘相,毕竟平等,乃合《齐物》之义。"②就这点而言,井上所说的"实在"和章太炎主张的"齐物"都吸收了佛教的真如概念。

总之在井上看来,"实在"既不是认识的对象,也无法用语言来描述。他进而对实在、认识、语言三者的关系作了以下总结:

> 凡语言者,皆以符号的形式来表述吾人所能辨别之认识对象。然而吾人所能辨别之认识对象仅限于现象界。至于实在界,以其固非认识之对象,故无任何可辨别者,因此又无任何语言可适当表述之。③

接着,井上再次以古今东西的思想为例,逐一探讨了《老子》之"无名"、《易》之"太极"、佛教之"真如"、康德哲学的"物如"(物自体)、叔本华哲学的"意思"(意志)、哈特曼哲学的"无觉的"(无意识)、斯宾塞学说的"不可知的"等概念。他称这些名词均无法恰当地形容实在,甚至连"实在"一词本身也不够贴切:"云在,云不在,唯可就现象而言。实在界绝对无比,超越了此等相对境界,故不可云在或不在。其终究是不得加以任何限定的境界,正所谓'离言说相,离名字相'者。"④可以发现,井上一方面称"真如"一词不足以表述实在,另一方面反复引证《大乘起信论》的语句来说明语言和实在的关系。

井上所讨论的问题其实和《齐物论释》关于"究竟名"的论述相通。这里

---

① 渡部清《井上哲次郎における"現象即実在論"の仏教哲学的構造について》,《哲学科紀要》,1997年,第75—97页;井上克人《明治期アカデミー哲学の系譜》,《関西大学文学論集》55(4),2006年,第1—29页。
② 章太炎《齐物论释》(1910),《章太炎全集·齐物论释》,上海:上海人民出版社,2014年,第5页。
③ 井上哲次郎《認識と実在との関係》,《哲学叢書》第1卷第2集,第416页。
④ 同上书,第417—424页。

的"究竟名"指用于指涉世界本体的语词。章太炎举"道""大极""实在""实际""本体"等名词为例,运用训诂学知识阐述"能诠之究竟名与所诠之究竟义不能相称"的原理。①虽然在究竟名的取舍上,他更倾向于使用"真如"而非"实在",但是在以分析字义的方式论证语言和实在(名和真如)不完全对应这一点上,他的论述方式和井上如出一辙。

3. 作为实在之表象的"哲学"和"宗教"

尽管实在本身带有一种非语言性,但是井上并没有彻底否定语言的作用。他认为人可以暂时借用语言文字来表象实在,传递"关于实在的观念"。②问题就在于以何种方式表象实在。井上将表象实在的方式分为"静止表象"和"动态表象",由于实在本身具有能动性,是一切"活动"(Thätigkeit)之本源,所以他认为"动态表象"较为合适。"动态表象"又分为"人格表象"和"无人格表象",前者赋予实在人格性,广泛见于吠檀多、佛教、基督教等宗教,而后者则去除人格性,纯粹将实在看作"活动"。井上本人显然倾向于后者,在他看来前者的问题在于将实在理解为一种带有人格性的个体,把实在和有限的现象混为一谈。③作为学院派知识分子的井上从一种启蒙主义立场强调哲学对宗教的优越性。他认为:随着人类智力的发展,宗教逐渐从"多神教"蜕变为"唯一神教",进而以"内在"(井上原文作"内容的[immanent]")的方式探究实在,从而接近"一如的实在",宗教家若能摆脱对实在的人格化,就可与哲学家殊途同归。④

在这里,实在表象的问题和"宗教"问题的内在关联终于浮出水面。井上称:哲学和宗教都是"关于实在的学问","哲学和宗教,其根柢为一,皆起于实在之观念",哲学通过知识上的考察来阐明实在之观念,宗教则以信仰宣传实在之观念。⑤也就是说,现象即实在论这一哲学不仅仅是近代学术体

---

① 章太炎《齐物论释》,《章太炎全集·齐物论释》,第32页。
② 井上哲次郎《認識と実在との関係》,《哲学叢書》第1卷第2集,第423—424、428页。
③ 同上书,第429、432页。
④ 同上书,第435—437页。
⑤ 同上书,第433—435页。

系内的一个学科，还提供了一种能够将古今东西各自不同的哲学和宗教置于同一平面上的话语装置。井上的论述显然带有比较哲学、比较宗教学的色彩。然而我们不应忽略"比较"这一论述方式本身的前提条件：要使得"比较"成为可能，就需要一套比各种哲学学说和宗教教义更具一般性的范畴。在井上的文本中"现象"和"实在"这两个概念构成了这种范畴，"实在"成为连结不同哲学和宗教的共通项。所以，关键不在于单纯地比较哲学和宗教之间、不同哲学或不同宗教之间的异同，也不是沿着井上的思路去追问何为究极实在，而是在于思考"现象—实在"这一框架本身在文本中产生的效果，从而批判地考察使这些关于哲学和宗教的叙述得以成立的话语机制。

事实上，《认识和实在的关系》中的宗教论和井上发表于前一年的文章《关于宗教之将来的意见》（《宗教の将来に关する意见》）之间有一种互文关系。《关于宗教之将来的意见》原是井上于 1899 年 10 月 25 日在哲学会上的演讲，演讲内容刊载于同年 12 月发行的《哲学杂志》，并收入同时期出版的《巽轩论文初集》。这篇论稿涉及比较宗教学、宗教的哲学基础、宗教和道德教育之关系、大我小我论等重要议题，不仅有助于理解井上本人的思想学术，在明治日本的思想史、教育史、宗教学史中也占据重要位置。在此先简要介绍当时的历史背景。明治政府长期致力于修改和欧美列强之间的不平等条约，缔结于 1894 年的"日英通商航海条约"便是其主要成果之一，该条约于 1899 年 7 月正式生效，明治政府在撤销治外法权并收回部分关税自主权的同时，决定开放"内地杂居"，不再将外国人的活动限制在特定区域。同年 8 月，日本文部省发布第 12 号训令，禁止在公私立学校施行宗教教育。这一政策背后显然有着对基督教借"内地杂居"扩大势力范围的担忧。井上本人也一直关注"内地杂居"问题，他早在 1889 年便著有《内地杂居论》，1891 年则发表论文《内地杂居之结果如何》称基督教在日本的渗透恐将动摇人心之团结。①之后他和日本基督教徒爆发"教育和宗教之冲突"论战也

---

① 井上哲次郎《内地雜居の结果如何》，《天则》第 3 卷第 10 号，1891 年 4 月，第 10—11 页。另参照铃木範久《明治宗教思潮の研究》，東京：東京大学出版会，1979 年，第 96 页。

和上述背景有关。

在《关于宗教之将来的意见》中，井上一方面认可教育和宗教分离的意义，另一方面又表示了对现状的担忧：当今教育的缺陷在于德育不振，其原因之一就是宗教势力的衰落，即现存于日本的儒教、佛教、基督教和神道教式微，难以成为日本精神世界的主导；且各宗教各执一端，互相排斥，"存在令民心四分五裂之倾向"。[①]为解决此问题，井上认为应探寻各宗教的根本共性，建立一种能增进道德的新宗教，"使诸宗教变形合一，以成唯一之普遍宗教"。[②]在这里，井上同样利用现象即实在论的理论框架，将各宗教还原为实在与其语言表象的关系，他指出："诸宗教皆以实在的观念为根柢"，"各据其所见，以语言文字表述稍近于实在的观念（中略）实在是唯一的，只是得其观念者各有言表"。[③]这就意味着各宗教间的差异被转换成了表象实在的语词的差异。和《认识和实在的关系》相同，井上认为人格性表象充斥着迷信，与科学知识不相符，所以不可取，但是若选择非人格性表象，则难称之为宗教。[④]在此他提出了第三种表象，即"伦理性实在"（井上原文作"倫理的実在"）。

4. 内在性的伦理和宗教

什么是"伦理性实在"？井上以婆罗门教、佛教、基督教、儒教以及神道教为例证加以说明：婆罗门教的梵我一如思想主张梵天内在于自我，即"内在地把握实在"；佛教认为"如来"应存于"我方寸之中"，"我内界之如来乃一切作法之枢纽"；《新约圣经》四福音书之一的《约翰福音》含有"求神于外界而不得，神反而在我方寸之中"之意，这说明基督教也以"我方寸中的神之声"为伦理奠基；儒教强调天和人的相关关系，把天看作人的"伦理模范"，"若求之于内，则炯炯存于我方寸之中"；神道教持有"我心之清净无污点处，即神之所宿"的思想，江户时代的神道家吉川惟足（1616—1695）和依田贞镇（1681—1764）均以内在（immanent）的方式来理解神。在井上看来，各宗教

---

① 井上哲次郎《宗教の将来に関する意見》，收入《巽軒論文初集》，第 206、209、250 页。
② 同上书，第 222、250 页。
③ 同上书，第 222—223 页。
④ 同上书，第 226—229 页。

以内在的方式把握的信仰对象即为伦理性实在，东西方各宗教的根本"契合点"就是"立伦理根柢于我方寸之中"。①

在此可以明显地看到，所谓伦理性实在强调的就是实在的内在性。井上试图从各宗教中抽取这种内在性作为新宗教的根基。为进一步将这一内在性理论化，他引入了"大我"和"小我"这组概念。

> 关于道德行为最重要的一点在于感于此心之内，感于此心之内，其所感乃一切道德行为之枢纽，乃伦理观念发生之所。（中略）此内之所感不可侮蔑，实为先天内容之声，始萌发于我之混沌世界，来自超绝一切经验的平等无差别之实在界。这一声音并非起自个别小我之意志，而是来自先于小我之意志、融合一切的无限之大我。大我之声是独处时的耳边细语之声，是于夜半黑暗之中倾听的声音，是令人产生耻辱或悔恨之念的声音。违逆此大我之声者则为小我之声，小我之声完全来自一己之情欲即私欲，顺从大我之声者为善，顺从小我之声者为恶。②

从"平等无差别之实在界"这一用语也能看出，大我小我论的哲学依据仍是现象即实在论。在这里，伦理规范被彻底地内在化，并通过大我之声直接呈现于个体的意识中。大我之声源自实在，而小我之声则为个体之私欲，大我和小我分别对应善和恶——这一构造不难令人联想到和宋明理学中天理和人欲的关系。③井上设想了一种带有性善论色彩的主体，这种主体能够听从大我之声以克服私欲，回归本然的内在。不过，转向内在并不意味着完全切断"内"和"外"，井上的目的在于基于道德的内在性、自发性打通一条由内向外的径路。他称只要通过"自内界发射之道德工夫"，和内在之大我合而为

---

① 井上哲次郎《宗教の将来に関する意見》，收入《巽軒論文初集》，第 230—233 页。
② 同上书，第 235—237 页。
③ 虽然井上对于将儒教归入宗教持保留态度，但是儒教对他建构伦理宗教观具有重要意义。事实上他在阐述各宗教共同点时特意采用了"人天合一"这一说法，该说法实际上是他在论证儒教的伦理性实在时的表述。

一,就能打破"内外之间隔",达到"圆融无碍""即身成佛""烦恼即菩提"的境界。①

如上所述,井上对内在性的强调近乎执拗,这和他对功利主义(井上原文作"利用主義[utilitarianism]")的批判有关。井上认为,旨在最大多数人之最大幸福的功利主义以外界的结果为衡量标准,容易为外界利害所左右,背离了"此心之内所感"。②反之,他试图以大我之声的纯粹内在性为道德奠基,这种道德也是其伦理宗教观的基础。"若把握诸宗教根柢之契合点,则真正的唯一神教于此始得以成立",这种不同于基督教的新"唯一神教"的特点便在于"唯有伦理性旨趣而已,于所谓人格者则毫无所取"。③也就是说,井上构思的未来宗教是一种排斥信仰对象之人格性而代之以伦理性的宗教,这一构思既看重宗教对道德的维系、增进作用,同时也包含对既有宗教的批判和相对化。重要的是,井上之所以能在比较各宗教异同的基础上抽出一种内在的伦理性,是因为他在现象即实在论框架内实施的理论操作将各宗教还原为对唯一实在的表象。换言之,对各宗教的差异或共同点的讨论本身就以作为一般性概念的"宗教"为前提,而该"宗教"概念的哲学依据就是现象即实在论。当哲学为宗教提供理论依据时,宗教便已不可避免地被相对化。

三、再论章太炎和井上哲次郎之异同:围绕对现象即实在论的理解

1. 宗教论的两面性和哲学话语

根据以上论述可以得知,章太炎的宗教论在采取比较研究的方式、以理性主义思维批判人格神概念、强调宗教对道德的积极意义、将宗教问题转化为表象问题这几点上均和井上哲次郎的哲学及宗教论有相通之处。章太炎

① 井上哲次郎《宗教の将来に関する意見》,收入《巽軒論文初集》,第237—240页。
② 同上书,第235—236页。
③ 同上书,第244页。

曾赞扬姊崎正治的宗教学"齐物论而贵贱泯",然而这并不意味着他在宗教问题上不设价值判断的标准,他在《建立宗教论》中说:"宗教之高下胜劣,不容先论。要以上不失真,下有益于生民之道德为其准的","则道德普及之世,即宗教消镕之世也。于此有学者出,存其德音,去其神话,而以高尚之理想,经纬之以成学说。若中国之孔、老,希腊之琐格拉底、柏拉图辈,皆以哲学而为宗教之代起者"。①也就是说,是否有益道德成为了衡量宗教的基本标准之一。同时,这种将宗教问题和道德挂钩的论述方式又以基于合理性思考的宗教批判论为前提,在此意义上"道德"和"学说"、"存其德音"和"去其神话"是互为表里的。

如果说章太炎所谓"哲学"是"将宗教之伦理性抽象出来并将之理论化"的学说②,那么可以说井上的现象即实在论也属于这种"哲学",或者说是一套将宗教对象化的元话语。它不仅为宗教批判提供了理论框架,同时还论证了新的(作为伦理性的)宗教性。从这个角度来看,法相唯识之学对章太炎宗教论的意义就相当于现象即实在论之于井上哲次郎,对章太炎而言唯识论既是赋予宗教新的意义的依据,又为宗教批判和宗教的学术对象化提供了理论框架。在章太炎和井上的言论中,对宗教的价值判断在很大程度上依赖于其与道德的关系,并且最终由某种哲学(现象即实在论和唯识论)来提供理论依据,也就是说各宗教不再具备不言自明的根基。这一事实也体现了近代宗教学成立背后对宗教的重视和批判之间的张力。

井上哲次郎的哲学及宗教论为我们反思章太炎的思想提供了一个有效的参照物。下面,笔者将具体地回应当今学界对章太炎和井上哲次郎之思想关联的相关研究,并尝试针对其中部分观点提出不同见解。

2. 认识和实在的定位

小林武曾阐述井上的现象即实在论和章太炎哲学的区别:井上没有论及"实在"(本体)本身,虽然他在实在和现象的关系上与康德的看法有所不

---

① 章太炎《建立宗教论》,《章太炎全集·太炎文录初编》,第 429、440 页。
② 林少阳《鼎革以文:清季革命与章太炎"复古"的新文化运动》,上海:上海人民出版社,2018 年,第 86 页。

同,但是他设定现象背后有作为认识根据的实在,探寻理性认识的成立条件。在这一点上,井上和康德是一致的。井上没有将认识视为存在的迷妄,而是追问认识在客观上如何成立。章太炎则对本体自身展开论述,称认识可能成为存在的迷妄。正因如此,他关注迷妄和觉悟同体不二的原理(本体),阐述了从迷妄抵达觉悟的过程。①

小林武的研究关注现象即实在论的认识论侧面,并强调现象即实在论和康德哲学的共同点。对井上而言,康德的确是重要的理论对话对象之一。井上的"实在"概念和对认识有限性的把握显然有康德哲学的影子。井上认可康德对以实在为认识对象的"本体学(Ontologie)"的批判,还援引康德的"理知世界"概念(原文表述为"可想的[intelligibilisのもの]")论证"实在"无法被认识,只能被思考。②不过,井上并非完全赞同康德。在他看来,康德用于指涉实在的物自体概念只是一种消极的界限概念(原文作"限界概念""境界概念"[Grenzbegriff]),且对于实在的理解过于静态。而既然实在的本质特征是"活动",那就需要从动态的角度思考实在。因此,他认为叔本华的"意志"概念尽管不是对实在最贴切的表达,但是胜过康德的物自体概念。③

有研究依据《认识和实在的关系》指出井上的实在概念非常接近斯宾塞的"不可知",同时提及井上对叔本华意志论的批评。④实际上井上也批判斯宾塞的"不可知"概念过于消极,不适于表述实在,并称斯宾塞哲学的考察对象仅限于"可知"即现象界。⑤至少在《认识和实在的关系》中,井上对斯宾塞的评价并没有高过叔本华。

由此可见,井上一方面称实在无法成为认识对象,另一方面则表露出接近实在的欲望。上述伦理宗教观和大我小我论便提供了从个人的内在出发去体认实在的方法论。在此意义上,现象即实在论同时带有实践哲学的性

① 小林武《章炳麟と明治思潮》,第 157 页。
② 井上哲次郎《現象即実在論の要領》,《哲学雑誌》第 12 卷,第 380 页。井上哲次郎《認識と実在との関係》,《哲学叢書》第 1 卷第 2 集,第 360 页。
③ 井上哲次郎《認識と実在との関係》,《哲学叢書》第 1 卷第 2 集,第 362—363、414—416 页。
④ 彭春凌《章太炎与井上哲次郎哲学的再会及暌离》,《抗日战争研究》2022 年第 4 期,第 54 页。
⑤ 井上哲次郎《認識と実在との関係》,《哲学叢書》第 1 卷第 2 集,第 363 页。

质,而这一点又牵涉认识和迷妄的问题。事实上在井上那里,认识在某种意义上也会成为迷妄(这并不意味着井上排斥认识活动)。井上在《认识和实在的关系》中指出:"'我'的观念随着认识能力的发达而产生,由于认识本是辨别作用,因此认识若发达,就会出现区别'我'和'非我'、执着'我态'Ichheit 的倾向,当认识显著发达,人就会以'我'为世界中心,呼号'dum ego salvus sim, pereat mundus'。于此自觉执着'我态'之污秽,希求解脱,欲得其方法。"就是要和自我内部之实在即"主观的实在"合而为一,佛教所说的"即身成佛"亦不外乎此。①这些论述涉及认识和我执的相关性,并且和大我小我论一脉相承,"我态"可理解为大我小我论中的小我,而"主观的实在"的伦理性表象就是大我。因此,实在概念对于井上的重要性不仅在于作为认识成立的根据,同时还是与大我合一的主体实践的立脚点。

顺带一提,出现于井上论述中的拉丁文"dum ego salvus sim, pereat mundus"很可能引自叔本华的著作。叔本华著有《伦理学的两个基本问题》(*Die beiden Grundprobleme der Ethik*, 1841),在收于该书的论文《论道德的基础》(Über die Grundlage der Moral, 1840)中,他称恶毒者和利己主义者严格区别自我与他人,其行为准则是"pereat mundus, dum ego salvus sim",意即"只要我能获救,即便世界毁灭亦无妨"。②有意思的是,叔本华接着借用经院哲学的"个体化原理"(principium individuationis)一词来描述令个体多数性(Vielheit)得以成立的空间和时间,在他看来,所谓多数只是现象而非物自体,且不存在于人的意识之外。③事实上,井上哲次郎对个人主义的批判在理论层面上借鉴了叔本华批判个体化原理的思路。④

3. 大我小我论和差别平等论

大我小我的问题还勾连"差别"和"平等"这组概念,成为比较章太炎和

① 井上哲次郎《認識と実在との関係》,《哲学叢書》第 1 卷第 2 集,第 397—398 页。
② 此处参照叔本华著作的日译本。[德]叔本华著,[日]前田敬作、芦津丈夫、今村孝译《ショーペンハウアー全集》(叔本华全集)第 9 卷,东京:白水社,1973 年,第 401 页。
③ 同上书,第 403—404 页。
④ 井上哲次郎《認識と実在との関係》,《哲学叢書》第 1 卷第 2 集,第 393 页。

井上哲次郎二者思想的焦点之一。

彭春凌的研究指出：由于井上批驳利己主义并强调爱他心的重要性，将"我"视为"连结祖先和子孙无限的连锁"和社会有机体的一部分，其所谓"我"便带有恒常性，即为章太炎所批判的遍计所执自性之"我"。在章太炎看来，爱他归根结底也有自利性，也是爱"我"。井上的伦理宗教观及大我小我论企图泯灭世间差别，使之归于作为大我的无差别的实在。他"信仰超出于个体之外的绝对实在之物"，在政治上"越发要求所有的差别性元素都听从'大我之声'的召唤，贴合到作为绝对实在者的天皇制国家体制上"，属于"齐其不齐"。反之，为佛教谋取生存权利的井上圆了则从民间黎庶的立场反驳伦理宗教观，保护小我之声，尊重各种具备历史继承性的特殊样态，他的观念和章太炎"亲近和谐，呈现相互支撑的态势"。章太炎强调"无差别的'道'要主动向下，不断变化去相合有差别的万物之'理'"。①

与之相对，本文在对"大我""小我"的理解（"大我之声"和个体的关系）、差别和平等的关系、章太炎和井上哲次郎及井上圆了的异同这几点上持有不同看法。

井上的确认为所谓个体作为一己之我不是独立存在的，而是连结祖先和子孙之"继续体"和作为社会有机体之"集合体"的一部分。真正的自我在时间和空间两个维度上无限延展，所以个人的肉体只是相对而言的个体，并非真正的我，而是"我中之非我"。②不过，大我并不单纯地等同于个体之外的实体。井上的大我论的落脚点仍在于"主观"方面的问题。例如《认识和实在的关系》中的相关叙述主要围绕"主观的实在"，以"我"和祖先及子孙的连续性强调基于实在的"心的活动"之无限性。③而发表于同一时期的《论利己主义和功利主义》（《利己主義と功利主義とを論ず》）亦称真正的"我"是认识主观（原文作"認識する主観［das erkennende

---

①　彭春凌《章太炎与井上哲次郎哲学的再会及暌离》，第56—57、59、63页。

②　井上哲次郎《利己主義と功利主義とを論ず》，收入《巽軒論文二集》，東京：冨山房，1901年，第16—17页。

③　井上哲次郎《認識と実在との関係》，《哲学叢書》第1卷第2集，第399—400页。

Subjekt]"）而不是被认识之客观（原文作"認識せらる客観［das erkannte Objekt］"）①。

因此，尽管井上在政治上基本迎合明治国家体制，但是"大我之声"并不能轻易地和所谓天皇制国家的政治动员直接划等号。阐明该问题的关键在于个体和内在的关系。井上哲学的目的并不在于确立一个被动、被迫地听从国家号召的主体，而是在个体中构建由肉体和精神、小我和大我组成的等级结构，通过建立一种纯粹的内在性或内在的真诚性（sincerity）来为道德奠基。而这种内在性和井上的"日本主义"立场并不矛盾。

在这一点上，柄谷行人（Karatani Kōjin）的研究颇具启发性。柄谷曾以国木田独步（Kunikida Doppo，1871—1908）和内村鉴三（Uchimura Kanzō，1861—1930）等人为例证考察明治中期的内在性形成过程，并指出"内在"和"声音"的关联："内在作为内在而存在，也就意味着倾听自我本身的声音这一在场性的确立。"在他看来，明治 20 年代以后的"国家、政治的权力"和"对自我、内在的诚实"看似对立，实则处于共谋关系。"内在"伴随"主观—客观"这一近代认识论模式而形成，其本身就是一种压抑肉体的政治。②

参照柄谷的论述，我们不难发现，井上正是通过反复强调内心的"大我之声"和"平等无差别之实在界"的直接对应，以确认"内"对于"外"的优越性。如果说柄谷在明治中期的文学史脉络中观测到了"内在"的出现，那么可以说当时的井上哲次郎则尝试从哲学和伦理学角度论证"内在"，给"大我之声"以学理依据。

另一方面，井上是否如既往研究③所指出的那样，为了追求超越个体的大我的同一性而单纯地泯灭差别，"齐其不齐"？井上和章太炎的区别是否就在于前者泯灭差别而后者尊重差别？其实并不尽然。现象即实在论的基本观点之一是"差别即平等"的症结并不在于单方面地泯灭差别，而恰恰在于同时肯定了差别和平等。井上虽然反复强调源自平等无差别之实在界的

① 井上哲次郎《利己主義と功利主義とを論ず》，《巽軒論文二集》，第 17 页。
② 柄谷行人《定本 日本近代文学の起源》，東京：岩波書店，2008 年，第 75、127—137 页。
③ 彭春凌《章太炎与井上哲次郎哲学的再会及暌离》，第 49—66 页。

大我是一切道德的基础,但是在运用"差别""平等"这组概念谈论社会问题时却表现出了对平等的恐惧和抗拒。

井上对"社会"的基本理解为:"社会有差别和平等两个方面,差别中有平等,平等中有差别,差别和平等如同表里、左右,有着密不可分的关系。此亦不违背现象即实在之理。(中略)社会呈不平等状态,此非梦幻,乃是现实"。他将现实中的贫富差距和社会地位之尊卑等种种差别视作"进化"的必然结果,反对"复归于平等"。①同时,他也意识到奉行个人主义的自由竞争加剧了社会不平等,甚至清醒地指出资本主义社会的弊病:无产阶级形成、资本家对劳动者的压榨、贫富差距急剧扩大,②然而他又拒斥社会主义对平等的要求,称其为"乌托邦""空想"。③

这是否意味着井上排斥一切平等? 事实上并非如此。厘清这一点的线索仍在于大我小我论和内在性问题。要言之,井上反对社会物质层面上的平等,而鼓吹内在于个体的"大我之精神"的平等,提倡以大我的"彻底的道德观念"来规训肉体即小我之物欲。④也就是说,井上试图在不消除贫富差距的前提下,以基于大我小我论的内在性道德消弭人们对社会现实的不满。笔者认为在思考差异性问题时,井上的例子值得深思,因为那种强调所谓差异性、多样性的观点未必能在真正意义上批判近代国家主义和资本主义。

至于章太炎和井上哲次郎、井上圆了三者的关系,笔者以为,虽然井上圆了对井上哲次郎的伦理宗教观持批判态度,但是这不足以表明井上圆了的立场更接近章太炎。井上圆了以西方学术重新诠释佛学理论,极力否定佛教思想的厌世因素,这些都是为了阐明佛教不只追求"出世间",还能服务于世俗国家。他对井上哲次郎的批判和自身的国家主义立场并无矛盾。事实上与佛教相比,明治中期以来宗教和国家主义之间的张力在基督教问题上显得更为突出。《教育敕语》颁布后发生的内村鉴三"不敬"事件和"教育和宗教

---

① 井上哲次郎《独立自尊の主義を論ず》,《巽軒論文二集》,第60—62页。
② 井上哲次郎《社会と個人の関係(完)》,《社会》第1卷第6号,1899年8月,第16—25页。
③ 井上哲次郎《国民道徳概論》,東京:三省堂,1912年,第258—259页。
④ 井上哲次郎《独立自尊の主義を論ず》,《巽軒論文二集》,第80—81页。

的冲突"论战便是典型的例子。当时，佛教界亦有不少人参与论战并批判基督教。

另外，在比较章太炎和井上圆了的思想时，不应忽视二者佛教观的重大区别。井上圆了曾梳理佛教不同派系对真如和万法之关系的理解。在他的佛教观中，唯识论仅主张依他起自性的万法生成于阿赖耶识的种子，而没有直接阐发"万法即真如，真如即万法"的原理，万法和真如之间仍有悬隔，因此属于"权大乘"；以天台宗、华严宗和密教为代表的"实大乘"则阐释了真如和万法的融通，在直接视万法为真如这一点上优于"权大乘"。这里的"权""实"之别主要来自天台宗和华严宗的教相判释。井上圆了利用"实大乘"的思维方式将"差别"合理化，称"既然此等差别之相即为真如之现象，离开差别岂有平等？离开现象岂有本体？离开万法岂有真如？盖合此二者而得其中，是为佛教之真理。（中略）社会和国家皆秩然而存，父子君臣亦有其别"，从而积极肯定以"忠孝"为首的世俗伦理。①

井上圆了的这些言论显然和"独尊法相"的章太炎相去甚远。章太炎对密教和天台宗的评价都较为消极："故仆于佛教，独净土、秘密二宗有所不取，以其近于祈祷，猥自卑屈，与勇猛无畏之心相左耳"；"则法相自为西来之正宗，必不得已，犹有般若，无取天台之杂糅涅槃般若为也（中略）若夫直指一心，廓然皎悟，则天台之不逮禅宗远甚。"②并且，推崇"实大乘"的井上圆了把世俗秩序视为佛教真理的直接显现，而章太炎则以唯识学论证国家之假有，二者思想立场之区别不言而喻。

结语：内在和语言

在本文的最后，笔者想略谈章太炎和井上哲次郎的思想中有关内在和语言的问题。

---

① 井上圆了《仏門忠孝論一斑》（《忠孝活論》，東京：哲学書院，1893 年），收入《井上圆了選集》第 11 卷，東京：井上圆了研究中心，1992 年，第 345—346 页。
② 章太炎《答铁铮》，《章太炎全集·太炎文录初编》，第 386—388 页。

井上哲次郎一方面强调实在的不可知，另一方面却表露出从主观方面直接体认实在的欲望。他通过确立作为"大我"的内在性来直通实在，并在"大我"和"小我"、精神和肉体之间建立等级秩序。这也是一种为道德奠基的方式。在井上那里，道德源自内在于个人的"大我之声"，一切语言和行为的道德性都由纯粹的内在性、对大我的真诚性来保障。"思想第一，语言第二，动作第三。（中略）真正的修德法始于精神幽邃之处，是故得光明于内，得以透彻于外界，至此则能感到一切动作云为几乎不经意地自行合乎'道'。"①也就是说，在道德实践中，语言和行为必须是内在性直接而透明的呈现。这也是井上在伦理学上提倡动机至上论的原因。井上的这种内在性伦理观与其良心论相呼应，在他的文本中"大我之声"其实就对应"良心"概念。②

章太炎则对完全依托内在或良心的伦理观持怀疑态度。"虽服从良知，而所信既非，不得以良知为解世之言。（中略）若云至诚所发悉本于良知者，一切悖乱作慝之事，苟出至诚，悉可以良知被饰。"③笔者以为，章太炎的这段话表面上没有直接讨论语言的问题，但实际上点出了所谓良心或大我之声的语言性。良心虽为内在，但仍需通过语词来自我表达，也就是说它本身就不可避免地带有语言性。而一旦内在的大我之声通过语词被呈现，它就不再是纯粹的内在，而必然被置于名与名、名与实的关系之中，也必然要接受对其名实关系的核查。如果承认内在为道德之基础，那么通过良心自我确证的语词和行为将被无条件地正当化，无法加以质疑和判断是非，从而导致名实关系的混乱和伴随"名"的自我绝对化而产生的暴力。这和章太炎对"文明—野蛮"二分法的批判之间不无关联。因此笔者认为，内在和语言的问题也是理解章太炎思想和井上哲次郎哲学的关系的重要线索之一。这一点留待今后再作进一步探讨。

---

① 井上哲次郎《独立自尊の主義を論ず》，《巽軒論文二集》，第77—78页。
② 井上哲次郎《良心の説》，《教育公報》第222号，1899年4月。
③ 章太炎《驳神我宪政说》，《章太炎全集·太炎文录初编》，第330页。

Zhang Taiyan and the Theory of "Phenomena as Reality" in Meiji Japan: The Philosophical Foundation for Critiquing and Defending Religion

Guo Chiyang

Abstract: This article examines the discussion of religion from Zhang Taiyan(章太炎, 1869—1936), one of the most important thinkers in the late Qing China, comparing with that from Inoue Tetsujirō(井上哲次郎, 1856—1945), a pioneering philosopher of academia in Meiji Japan. The similarities between Zhang Taiyan's discourse regarding religion and Inoue Tetsujirō's philosophical theory of "phenomena as reality" (*genshō soku jitsuzai* 現象即実在) involving the notion of "ethical religion" are as followed: adopting a comparative perspective, criticizing the concept of "god" with personality by rational thinking, and emphasizing the positive relevance between religion and morality, and the transformation from issues of religion to issues of representation and language. Each of these similarities is not isolated but interconnected with others. Zhang's theory of religion is developed in the form of comparative research, and it is "religion" as a general category that makes such a "comparison" possible. Zhang relativized various religions by converting the differences between religions into differences in the way of representing the parinispanna-svabhāva(圆成实自性). One of his criteria for evaluating religions is whether it can improve morality, and this way of discussing religious issues and morality is also inseparable from criticism of religion based on rational thinking. These characteristics of Zhang Taiyan's discourse can also be seen in Inoue Tetsujirō's philosophy and religious views. As a meta-discourse that objectify various religions under the concept of "religion", Inoue's philosophy reduces each religion to the representation of the only "reality". It not only provides a theoretical framework for criticism of religion, but also demonstrates a new "ethical religion". Yogācāra(唯识) philosophy to Zhang's discussion of religion is as significant as the theory of "phenomena as reality" to Inoue. For Zhang Taiyan, Yogācāra philosophy is not only the basis for "establishing religion" (建立宗教), but also provides a theoretical framework for criticism of religion and the objectification of religion. When "religion" needs some kind of "philosophy" as its foundation, it has lost its self-evidence. This fact also indicates the tension between the increasing concerns on religion, and criticism of religion behind the genesis of modern religious studies during the late 19th century and the first decade of 20th century.

Keywords: Zhang Taiyan, Inoue Tetsujirō, the theory of "phenomena as reality", religious studies, criticism of religion, immanence.

章太炎及周边

章太炎与日本汉学界的不解之缘[*]

——从两篇书序说起

陈力卫

（日本成城大学经济学部，复旦大学中外现代化进程研究中心）

摘要：本文通过章太炎与馆森鸿（1862—1942）、石坂庄作（1870—1940）、重野成斋（1827—1910）、久保天随（1875—1934）、大野太卫（1850—1923）之交，来看其交往过程中的情感变化以及对日本汉学家看法的转变。首先利用1899年的一篇序文勾勒出章太炎自"避地台北"后的郁愤；然后通过新资料馆森鸿的《似而非笔》（1899年10月1日至1899年11月10日连载在《台湾日日新报》上的十九篇文章，记录了章太炎第一次访日详情）重新诠释1900年章太炎致重野的信，再现其获得东汉服虔《左氏注》的喜悦；最后再看其1910年与重野、三岛的同书并序，探讨他对日本汉学的看法转变的原因。

关键词："避地台北"　《台湾日日新报》　日本汉学家　日本汉籍

一、引　子

近三十年前的1994年，笔者偶然在东京都立图书馆发现一封1900年章太炎致日本汉学重镇重野成斋（1827—1910）的信，随后花了近两年时间写成论文，将原信标点加注，并对信中的几位登场人物作了一些介绍，之后以《在日本新发现的章炳麟致重野成斋的书简》为题刊登在当时北大几个年

---

* 本文为教育部人文社会科学重点研究基地重大项目"'另一种现代性'：东亚及汉字文化圈历史经验的再审视研究"（项目批准号：22JJD770023）的阶段性成果。

轻人办的《原学》第五辑（北京：中国广播电视出版社，1996 年）上，三年后该文又被李庆先生节录到他编辑的《东瀛遗墨》（上海：上海人民出版社，1999年）中。现在该信原文收录在《章太炎全集·书信集》上（上海：上海人民出版社，2017 年）里，可以检阅。

该信内容分为三个部分：一是章太炎自己第一次访日（1899 年 6 月 14日至 8 月 18 日）回国后的近况报告，主要涉及"会建储事起，同志上述请复辟"而"间触怒元辅，下诏钩党，名捕者七人，而麟居其一焉"，即章自称的"七被追捕"之第二次——第一次则是信中所说的"去岁本以党禁至台北"；二是与在台湾认识的馆森鸿（子渐）之交，章太炎初访日本正是他全程陪同，拜见了以重野成斋为首的各方日本汉学家；三是感谢重野帮助收集多年以来梦寐以求的"震旦旷绝者八百年，其书重于九鼎大吕"的服子慎《左氏注》[①]一书。

进入 21 世纪后，陆续有些馆森鸿[②]相关的研究出现，比如大山昌道、林俊宏合著的《十九世纪末中日学术交流的一幕——以馆森鸿〈似而非笔〉为中心》（《鹅湖月刊》第 426 号，2010 年 12 月）一文，便是聚焦馆森鸿《似而非笔》中对章太炎初次访日期间与日本人交往的细节。彭春凌的《章太炎与明治汉学》（《近代史研究》2021 年第 4 期）更是从思想史的角度全面分析了章太炎三次旅日的思想变化。承此，最近好友邓红教授又率弟子宗昊南将分为 19 回连载在《台湾日日新报》上的《似而非笔》（1899 年 10 月 1 日到 11 月 10 日）全文翻译成中文，以《馆森鸿〈似而非笔〉解题与译注》为题发表在去

① 　后汉服虔《春秋左氏传解》。
② 　馆森鸿，本名万平，又名鸿，字子渐，又字袖海，日本仙台县人。尝游学东京，列重野成斋（安绎）博士门下。乙未（1895）日军侵台，即随军南来，明治三十八年（1895）十一月来台任职台湾总督府雇员，因通晓经、史汉学，深受民政长官水野遵、后藤新平等倚重，恭称他为"孔子公"，时以诗酒相征逐，并积极参与官绅联吟唱和活动，与中村樱溪、加藤雪窗、章太炎及台湾士绅连雅堂、罗秀惠、魏清德等台、日汉学家亲善友好。活跃于文学社团，曾与加藤雪窗成立玉山吟社；与中村樱溪、小泉盗泉合创淡社，与尾崎秀真合编《鸟松阁唱和集》，与宇野秋皋合编《竹兰雨集》，保存了日据前期台、日古典诗界的交流风貌。退休后为学务课图书编修嘱托。在台二十余年，交游甚广，因善汉诗文，通经术，与本省人士亦颇相契合。尝游南安，访郑成功子孙，献祭其墓。1917 年夏，举家返日，卜居东京四谷爱住町。闲中删存旧稿一百七十余篇，辑成《拙存园丛稿》一集四册，刻行于世。（《台湾历史人物小传——明清暨日治时期》，台北：台湾图书馆 2003 年，张子文执笔。）

年的《人文论丛》（2022 年第 2 辑，总第 38 卷）上，更为全面地展示出"章太炎第一次访问日本时的原始记录，其中多达近百条他和日本汉学界人士的'笔谈'手稿，都没有收入《章太炎全集》"，"根据文中记载，章太炎在日本期间见到的日本汉学家有上十位，基本上囊括了当时日本汉学界的半壁江山。最著名的有重野成斋、副岛苍海、国分青厓、太田代恒德、井上哲次郎等，①年轻一点的根本通明、桂湖村、石田东陵等，还有刚刚从东京大学毕业、即将崭露头角的久保天随、冈百世（冈鹿门之子）等"（见上文解题）故此，这一翻译可谓惠及学林。

在这一基础上，本文以两篇未收入《章太炎全集》的书序为线索，中间加上对上述章太炎致重野书简的新诠释，再次勾勒出章太炎与日本文人之间的交往以及与日本汉学的种种关系。第一篇是序石坂庄作《台岛踏查实记》，写于在台期间的 1899 年 3 月，反映章太炎"避地台北"后的思想面貌；第二篇则是在给重野信的十年后，1910 年 5 月序大野太卫《老庄讲义》，同书与重野安绎（成斋）、三岛毅（中州）序并列，印证了自章太炎首次访日以来与日本汉学家所保持的交往和友谊。

二、《台岛踏查实记》序（1899）

章太炎《口授少年事迹》云："康梁事故，长江一带通缉多人，余名亦在其内，乃避地台湾。"光绪二十四年戊戌十月二十一日（12 月 4 日）抵台北，翌年五月初三（6 月 10 日）发基隆，初七日（6 月 14 日）步上神户，在台北滞留半年有余。据蔡登山《章太炎在台北》的网文介绍，②他是经在上海的日本友人《亚东时报》记者山根虎雄的介绍，来到《台湾日日新报》当汉文部记者，12 月 7 日，该报上就刊登报道说："此次本社添聘浙江文士章炳麟，号枚叔，经于昨日从上海买棹安抵台湾，现已入社整顿寓庐矣。"章太炎在台发表论

---

① 彭春凌《章太炎与井上哲次郎的交往及思想地图》（《〈杭州师范大学学报（社会科学版）》2020 年第 8 期）也涉及《似而非笔》中提到的二人之交。

② https://showwe.tw/blog/article.aspx?a＝869。

文计有 41 篇，诗文评、诗 16 篇，多数刊在《台湾日日新报》，是研究章氏早期思想相当重要的资料。①这些文章可分为四大类：一是同情康、梁的变法，抨击慈禧太后为首的清政府；二是对其所学，特别是对佛学与国学的看法；三是与台、日文人的诗词唱和；四是针对台湾所发的议论。以上篇目及内容均可用数据库②全文检阅。

　　章太炎甫抵台湾，便在给汪康年的信中（1899 年 1 月 4 日）提到籾山衣洲③、水尾晚翠和馆森鸿："文士在此者，以法院长水尾晚翠、报馆主笔籾山逸、督府小吏馆森某为最。馆森者，冈鹿门之弟子，又事重野安绎。"这三人是他眼中台湾文士之最，与前两人多是诗文唱和，与馆森鸿则交情最好。馆森鸿在台期间分别任职秘书以及学务，与章太炎等人交往甚密，他对章太炎十分敬佩，曾写道："杭州章君枚叔高才能文，与余相善。去年冬，载书数车入台疆，乃以文字订交。每相见，辄问难经义，评骘文章，纵谈时事，神王兴至，逸宕激越，投笔起舞，恢哉！有国士风。"④

　　而《台岛踏查实记》的作者石坂庄作⑤则是在《台湾日日新报》任会计主任，

① 阿川修三曾写过介绍文章《「台湾日日新報」所載章炳麟論文にづて》，《中国文化》(通号 40)，1982 年。

② 汉珍知识网：报纸篇《台湾日日新报》+《汉文台湾日日新报》资料库。

③ 籾山衣洲，名逸也，日本爱知县三河西尾藩人。其汉文佳，与依田学海、信夫恕轩、杉山三郊等人齐名。有《明治诗话》等著述。1898 年以《台湾日日新报》汉文主笔的身份被招募来台，受到总督儿玉的宠信。

④ 《送章枚叔序》，收在馆森鸿《拙存园丛稿》卷一，松云堂书店，1919 年。

⑤ 石坂庄作（1870—1940），号图南，日本群马县吾妻郡原町人。弱冠时担任小学老师，后从军，1896 年随军抵台，随即深入东台湾各地并走遍全台，完成他业余的考古人类学与台湾文史研究。1898 年初离开台南柳营到《台湾日报》担任会计暨庶务主任，《台湾日日新报》创立后任会计主任。是台湾日据时代基隆的社会事业家，曾任台北州议会议员、基隆商业专修学校校长。为人热心公益，致力于社会事业、社会教育。明治三十六年（1903）二月设立"基隆夜学会"（现光隆家商），提供失学者夜间进学之管道。明治四十二年（1909）创立"石坂文库"，免费服务社会大众。大正八年（1919）设立"基隆妇人会"。昭和八年（1933），将私人开辟的公园"石坂公园"捐给基隆市，现为中正公园之一部分。昭和十五年（1940）病逝于基隆。

等于是章太炎的同事。据后来他的回忆文章所言，与章太炎之交，正是始于请章太炎为他新书作序之时，也就是章太炎抵台不久的事。在他 1899 年 3 月 28 日出版发行的《台岛踏查实记》前编（台湾日々新报社）的封面上有如下记载：

> 男爵　儿玉中将阁下　题字
>
> 桃圃　石冢参事官长阁下　序
>
> 大东　木下新三郎君　序
>
> 天爵居士　曾根海军大尉殿　序
>
> 荆汉阁主① 章炳麟君序
>
> 兰所生　上田元胤　引
>
> 图南狂夫　石阪庄作君　编

其中木下新三郎的汉文序，基本概括了这本书的成书背景和内容：

> 石坂庄作君曩从军台岛，尔来四年遍历各地，自山川地理风俗物产至各蕃族，能悉其源，乃编一书名曰《台岛踏查实记》。文章平易近俗，而其记事博而得要，明如观火，亦足以资世之论台事者津梁矣。

继曾根俊虎汉文序后，便是章太炎的五言律诗：

题石坂图南新领台岛踏查实记

一卷虞衡志，联绵到海浔。

朝廷终北极，虫鸟尚南音。

地影丹陬合，帆痕赤紧深。

---

① 章太炎有《莉汉微言》《莉汉昌言》《莉汉雅言札记》之作。

蜑方今一族，不必责蛮琛。

支那戮民　章炳麟书

　　这里，首联称该书宛如宋代范成大所撰《桂海虞衡志》一般，记载了台湾的丰富物产和各地民俗；颔联谓皇权牢靠；颈联则强调台湾特色；尾联则喻台岛的变化。

　　章太炎自署"支那戮民"，谓其被通缉之身也，与翌年返国后致重野成斋信用"震旦"，和1910年序大野太卫《老庄讲义》用"清国"形成鲜明对照。可见其满腔的郁愤。

　　初版因只见上述题诗，故该书广告中不是用的书封面上的"莉汉阁主章炳麟君序"，而是改一字，为"莉汉阁主 章炳麟君题"，反映了实际情况。但到了1904年1月11日《台岛踏查实记》再版发行时，我们发现在上述题诗之后，用图案隔了两行便接着载有下列文章：

　　昔吾尝怪殷之少师与其徒抱磐而入苍海，夫以瞽师之冥冥也，枝策相牵而不陷于波涛，幸欤？其天之哀夫瞽欤？章炳麟曰：噫！天亦不可以久幸矣。瞽于形者，邱陵草木之缛而勿睹也，今以智瞽则奈何？章炳麟又曰：古之射御者必教之金目，自吾入台湾，未见其目，固少也，履愬愬也。石阪庄作曰：嘻！孰有离朱、师旷而不可以相易者乎？庄作在也，斯金目在矣。作《台岛踏查实记》。章炳麟闻之，作《台岛踏查实记序》。图南先生作是记已，属作弁言，及成而剞劂已就，不及补印，仅印律诗一章于卷首。己亥三月，余将西归，图南复以便面属书，遂逐书此序于笺。噫！余之不文，偶有所作，亦山鸡之舞、候虫之喤而已。

　　时孔子降生二千四百五十年。

　　支那章炳麟书于台北旅邸

这才是真正的序文。一开头便借国衰而殷少师与乐官四散、逾河蹈海之事来表明作者逃离大陆渡海避难的处境和心情，一方面感到自身的幸运，而另一方面则有一种云天苍凉、斯人寥落、不胜今昔之悲戚。继而也感慨"天亦不可以久幸矣",且"今以智瞀则奈何"的无奈。幸逢石阪庄作,两人相见恨晚,觉得如见金目。之后便交代了"图南先生作是记,已属作弁言,及成而剞劂已就,不及补印,仅印律诗一章于卷首"。即初版为何只"印律诗一章"的缘由。

己亥三月,在章太炎要离开台北时,便应石坂要求将此序写在扇面上。反过来说,上述 1904 年 1 月再版时的铅字版序是根据扇面上的文字还原为印刷体的,章好古隶字,难以辨认,其中有些地方可能出现转换错误。

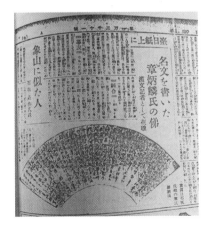

而扇面的真迹,直到 1936 年 6 月 14 日章太炎病逝苏州时,石坂庄作才将这珍藏三十多年的扇面墨宝制版刊登在三天后的《台湾日日新报》(昭和十一

年六月十七日，第 13011 号）上，①叙旧情，称赞章太炎作为汉文记者在职期间写有不少名文，性格上则与日本人佐久间象山相似，豪迈异群，颇有远见。

再回到上述序文看，结尾处感慨自己诗作不多，偶有所作，也只是与人唱和或感时而发。该序所作时间仅标为："时孔子降生二千四百五十年"，即光绪二十五年（1899）。同年，康有为《域多利兴学记》亦署"孔子降生二千四百五十年"，似乎都是欲抬高孔子以抑满洲之意。查章太炎在台写的文章，其《客帝论》正是发表于此序前后的 1899 年 3 月 12 日《台湾日日新报》上，主张清帝自动退位，可以以清帝为"客帝"，借以缓和国内"反满"情绪。另一面，则要以孔子及其后代为中国的正统统治者，举"衍圣公"的后裔为帝。

据上述序文"己亥三月，余将西归"可知，本来章太炎在旧历三月便有西归之意，而实际上则是拖延到五月初三才离开台湾的。而且没有"西归"回国，反倒北上去了日本。这期间便是馆森鸿劝他仔细考量政治情势的发展，不要贸然返回中国而受困，乃建议他前往日本参观访问。同时梁启超也来函邀约他到东京共商大计，于是才在馆森鸿的陪伴下，于 1899 年 6 月 10 日由基隆启程赴日，开始了首次扶桑之旅。馆森鸿 8 月 18 日送走章太炎之后返回台湾，将此次旅程及沿途见闻，以及章氏与日本学者笔谈的内容撰写成《似而非笔》，连载于当年 10 月 1 日至 11 月 10 日的《台湾日日新报》上。

三、再审章太炎致重野成斋信（1900）

在"引子"里提到，笔者发表在《原学》第五辑（1996）上的章太炎致重野成斋信，有三个内容，这里省去章太炎自日本回国后的近况汇报部分（约158 字），仅就中日学术交流这一方面，根据上述馆森鸿的《似而非笔》②，重新审视并加以补充说明。下面将该信分为四段，为的是便于与馆森鸿的记述相对照。且录原信如下：

---

① 该扇面现藏台湾图书馆，字面清晰可判。
② 本文在具体引用时，随手订正其误，文责自负。后注所标"原注"者均为《似而非笔》译文原注。

震旦章炳麟再拜言成斋先生左右：

昨秋承赐《怀风藻》一册，既驰书拜盛意，计蒙监察。（略去 158 字）

去岁，本以党禁至台北，得与子渐交。今党祸复起，而子渐适来上海，遂与觞饮弥日。人生处患难时，意气酣恣，其乐乃过于平日。昔人受（诗）[待]诏狱中，今艰棘尚不至是。与子渐言，亦不出艺文之事，自忘其为逋逃罪人也。先生闻之，其亦笑吾之迂乎？

震旦学术，日以陵迟，过不自揣，以为大儒多出于衰乱，窃以宁人、太冲自任，虽群嗤点不顾也。服子慎《左氏注》，震旦旷绝者八百年，其书重于九鼎大吕。然他人未有念此者，独麟寤寐反侧以求之，乃得先生为转揖搜索，诚感激不可任。先生顷岁纂述，自文集以外，尚有他种已刊成否？

闻根本公数与先生辩难经术，党亦录为一帙，若邵公之《膏肓》《墨守》，而康成箴之、发之乎？其有之，庶几以余绪见惠，以彪我蒙也。临颖神驰，不宣。

章炳麟再拜
阴历二月十四日（1900 年 3 月 14 日）

此信第一句便说："昨秋承赐《怀风藻》一册，既驰书拜盛意。"《怀风藻》一书，成于 751 年，撰者未详，为日本现存最早的汉诗集，收有汉诗百廿篇。查馆森鸿《似而非笔》，自 6 月 14 日在神户登陆后，游西京，逛大津，盘桓数日，甫抵东京，先见梁启超，然后便拜访重野先生：

我带着枚叔多次拜访重野先生。先生称赞枚叔学问渊博，尤其精于考据训诂，说："迄今为止还没有见过章君这样的学者，颇为感服。"有一天，植松果堂①、河田柳庄②等人一起来拜访先生，先生拿出《本朝文

---

① 植松果堂(1847—1909)，明治时代的汉学家。名彰，原为下总佐仓藩士(今千叶县)。从学于川田瓮江。东京师范学校毕业，任教育于仙台师范等。后参加重野的"国史综览"编撰事业。——原注

② 河田罴(1842 年—1920 年)，号柳庄，日本的地理学家。江户(现东京)人。曾任昌平坂学问所教授，维新后为明治政府的地图编纂事业尽力，编纂《日本地志提要》等书。1896 年和重野成斋一起出版了《支那疆域沿革图》和《支那疆域沿革略说》。——原注

粹正读》和《日本诗史》《访古志》《怀风藻》等书籍给枚叔看，又拿出三十多本大学生的毕业论文。枚叔看见论文有论述老子、荀子、杨子的，写道：

> 弟实觉其可喜，以子家合西学，是弟素志也。

这段描述中，章太炎大概是首次看到《怀风藻》，或许对之感兴趣，待他8月返回沪上后便收到了重野所赠的该书，于是"驰书拜盛意"。这应该是两人第一次通信，所以才有此信"再拜"之说。当然，上述记录中留下的章太炎"以子家合西学，是弟素志也"之言也为考察章学思想的西学展开提供一条线索，值得深究。

该信第二段则讲与子渐交，信中提到子渐首次访问上海，两人"觞饮弥日"，深感"人生处患难时，意气酣恣，其乐乃过于平日"，关于两人之交和子渐此次以及翌年的再访，拙文有过详细的介绍，此不赘述。[1]这里只引《似而非笔》中的一首诗，是船抵神户时章太炎写给馆森鸿的：

神户赠馆森袖海

尘世悼飞蓬，何如匕首衡。

广车危季布。复壁感孙嵩。

尊攘传遗事，文章脱旧封。

沪滨怀两侠，回首一怦怦。

（去岁党祸亟时，余在沪滨。赖山根虎臣[2]、安藤阳州[3]之援，得至台北东国。患难之交，二子与君三人而已。）

---

① 《在日本新发现的章炳麟致重野成斋的书简》，《原学》第五辑，北京：中国广播电视出版社，1996年。

② 山根虎臣（1861—1911）又名虎之助，字炳侯，号立庵、晴猎雨读居士等，山口县长门人。少年失聪，独学汉文，后参加自由民权运动，创刊《长州日报》。明治三十一年（1898）赴上海，创刊《亚东时报》，为发刊人兼主笔。后被袁世凯聘任为保定军官学校教习，辛亥革命前因病归国，1911年在故乡山口县萩市去世。《亚东时报》为东亚同文会的机关报，主要赞助人为大东汽船会社老板白岩龙平（1870—1942）。——原注

③ 安藤阳州又名安藤虎男，生卒出生地不详。先为译书公会（存在于1897—1898年间）的雇员，后任职于《亚东时报》。——原注

上述括号内文字为尾联注，说明章与山根虎臣、安藤阳州、馆森鸿三人为患难之交。

实际上，不仅是戊戌变法后避地台湾，得到三人帮助，而且凭着这层关系，章太炎在 1899 年 8 月返回沪上后，转回浙江，冬天又由杭州来沪，参加山根虎臣、安藤阳州两人主持的《亚东时报》的编辑。①而馆森鸿实际上又与山根虎臣有深交。据其《姑苏记游》(1901)云：

> 山根立庵劝予游苏州。……二月二日友人章枚叔来送予行。……晴时，与山根立庵、平冈雪堂偕辞大东公司白岩、渡边两君，乘小轮船而发。立庵，长洲人。雪堂，福冈人。予与立庵交有年。立庵豪杰好饮，予不甚饮，而深相契合。②

这么看来，章太炎去台北，馆森鸿善待之，或许是受山根虎臣之托。

该信第三段是感谢重野帮助收集服子慎《左氏注》事，在《似而非笔》中对此有具体描写：

> 枚叔谈论起经书来从不感到疲惫，他特别想寻得一本服注《左传》。在见到重野、太田代几位老师的时候，枚叔提起这件事。重野老师吩咐河田熊去找，幸而在东京找到了。枚叔对余曰：
> 河田君允访为求服注《左传》，若果得是书，实不啻王莽得传国玺矣。
> 假使弟为富人也，则当以万金易之。今弟为贫人也，亦当以全史易之。枚叔随身带着两三千卷经史百家之书，一有闲暇就取来阅读，读完

---

① 前文第二节引章太炎《台岛踏查实记》再版序时，在该页脊柱上印有一行小字："元《上海时报》主笔 莉汉阁主 章炳麟君 题词。"这里可能有误，应该就是指章太炎返国后在《亚东时报》的任职，或是指在《苏报》的活动。而所谓《时报》则是 1904 年 6 月以后才创办的，其时章太炎已因"苏报案"入狱。
② 馆森鸿《拙存园丛稿》卷一。

后立刻取来毛笔记下心得，不可不谓之勤勉。我们在住处谈论最多的是经义，最常读的是照井谦斋的《遗书》。

这段记述让我们看到章太炎在将要得到服子慎《左氏注》时的兴奋溢于言表，对该书的价值也予以最高的评价："实不啻王莽得传国玺矣"，且欲以"全史易之"。这应该是指其随身携带的二十四史吧。

最后第四段则是讲重野与同僚根本通明的相互"辩难经术"，比如，《似而非笔》里举了个具体的例子：

枚叔和余逗留了十五、六天。有一天他问我成斋先生的经学如何，我出示了"复辟"之说，并说：吾师和根本通明①等人一起讲经，讲到《诗》的"复于明辟"时，说周公称王为大政，此和伊尹放大甲自为王施政相仿，在此可见周公之所以伟大。云云。根本听之大怒，立刻反驳说，魏源有《周公不称王辨》，而《三国志》松之注里有周公称王之说。对此枚叔写道：

根本于革命等说，疾之如仇，未免太拘。即周公称王之说，汉儒古义如此，弟亦深然之。然欲服根本之心，亦自有说。夫兄终弟及，殷制本然。周承殷后，取其旧法，此何足疑？若夫传子之法，则自周公所特制。斯其所以复于明辟也。若周公不自创法而唯取殷制，则终周世皆兄终弟及矣。今取周又后定之制，以破定制以前之旧法可乎？如是根本何词以辨？

枚叔又继续说《康诰》：

王若曰："孟侯，朕其弟，小子封。"此万不能不以周公为王也。周公称王之说，至宋儒乃大哗而群攻之。然至《康诰》称弟之文，既不能以王为成王，于是不得不以王为武王。而武王之时，武庚尚在，康叔何得封

---

① 根本通明(1822—1906)，号健斋。幕末·明治时期的汉学者。出羽国(秋田县)人。曾任藩校明德馆教授、学长。东京帝国大学教授，帝国学士院会员。著述甚丰，犹擅长经学。——原注

卫？转辗纠葛，终不能通。根本岂未知此乎？

由此可见，章太炎实际上通过和馆森鸿的交往已经对两人之争的论点颇为熟悉，所以才说两人"若邵公之《膏肓》《墨守》，而康成箴之、发之乎"。

本文前面序里提到的"刚刚从东京大学汉文科毕业、即将崭露头角的久保天随"在1901年8月的《明义》2(8)上，开始连载《秋碧楼漫笔》，第一回的最开头就是谈及1899年在馆森袖海处见到"清客章枚叔"的情景，称"会晤半响，便有得知己之感"。在两人论及南北思潮得并流合注时，章马上提笔写下以下数语：

> 鄙意南方之学是老子，北方之学是墨子，孔子已调和二者矣。故其言曰："宽柔以教，不报无道，南方之强也"，此即老子执雌守唇[知雄守雌]之说也。"衽金革，死而不厌，北方之强也"，此即墨子赴汤蹈火之说也。而又则有"强哉矫"之君子，此孔子参均二家之说也。

之后，他常来探访，一次，将自己的诗稿给章太炎看，章大喜，批曰："不料大学堂中有赋这种香艳诗的。"并对天随说："胸中幻影，借以泄郁怀耳。若有认假做真者，余将不堪其累也。"说毕大笑。还有一次，章问他西诗如何？他便把海涅《罗蕾莱》念给章听，得到称赞。

但是，馆森鸿自己在《似而非笔》里似乎对久保天随的汉文评价不高，说："来聚的文学士中有一个叫久保的，擅长作汉诗，在同学中评价甚高。但看过他写的一篇汉文，惨不忍睹。"

时隔十多年后，章太炎已经回国，可能正处于被袁世凯软禁期间，他的一些动向传到日本，于是乎，便有久保天随在1916年2月的《大正诗文》第4集上发表的一组《怀章枚叔》诗：

> 翦烛玄谈昔梦残，屋梁落月泪汍澜。青云伟器荀文若，白帽高风管

幼安。千古恩仇招祸早，终生慷慨济时难，绝怜一去在罗网，极目江湖夜色寒。戊戌变法，中道蹉跌，君与康、梁诸辈避难我邦，予识面即在此际，犹记尝论杨子云《太玄》，彻夜不倦。

怅绝前朝庙略疏，一朝变法竟何如。清流已尽廷争后，剧盗俄来党锢余。他日江南愁战伐，孤身海上久离居。罪言自分功名薄，敢拟文园赋子虚。

旷古文章真可夸，出门白首费悲嗟。亲朋一哭多为鬼，晦迹十年宁忆家。翻见酰人羊叔子，谁怜忧国贾长沙？伤心最是缇萦烈，丙舍枭啼夜月斜。君为有力者所忌，终被拘禁。女某悲痛不禁，自缢死云。顷又传君讣，然未审其真伪。

禹域风云痛泪催，连宵噩梦苦疑猜。千秋变局河山碎，四海群生沟壑哀。公路何心欲称帝，老瞒当日尚怜才。举头唯有天堪问，漫劝长星酒一杯。

诗后有会评曰：章太炎为禹域现时一大词豪，雄文宏辞，笼盖一世。而不喜帝政，极力抗其议。是以罹拘禁之厄，南冠潦倒，命迫旦夕。洵可痛叹。四首悲凉酸楚，亦复不知所云。作者于此种诗特有神解，其不朽于千古，又何疑乎？

自章太炎第一次访日以来的交往，使得久保天随一直挂在心上，在这组诗里咏出一种担忧，一种感叹。

四、《老庄讲义》序（1910）

上一节提到的章太炎致重野成斋信（1900）十年后，大野太卫出版了《老庄讲义》（无为阁藏版，1910）一书，大版（25×19 cm）精装，共计 754 页。就作者的生平，笔者曾在其明治十四年出版的《近史偶论》（1881）的解题中作过说明，①这里简单介绍一下。

---

① 收录在《近代日本汉文文献丛刊》第一辑（上海：上海古籍出版社，2022 年）第五册中。

大野太卫（1850.11—1923.7），字子醇，号云潭，山口县人。当初住在小日向的同人社塾内，以"月给金十八圆"被雇为东京大学预备门图书馆员。后转至大审院，以大审院图书编辑身份编辑出版了《公証人规则述义》（有隣堂，1889）等法律相关的书籍，1903 年 9 月 16 日《官报》记载大野太卫叙正八位。同年 10 月 2 日补任函馆控诉院书记长，时年 53 岁。主要著作有：《泰西格言》（1883）、《读书操觚之键》（1894）、《老子讲义》（1898）、《宋学神髓》（1900）、《南华经正释》（1900）、《支那

百马鹿》（1903）、《高岛翁言行录》（东京堂，1908）等。尚有汉文编译著作《漏泄天机一名阴阳交构新说》（东京堂，1907），是一本关于生殖新知识的小册子，《民报》第二卷十六号有过介绍。晚年任斯文会常议员，大正九年（1920）八月，在其子为其编辑出版的《云潭近作三百首》中，自称七十一叟，1923 年 7 月 24 日去世，享年 74 岁。

《老庄讲义》实际上是上述《老子讲义》和《南华经正释》的合订本，只是新加了一篇近三千言的长序《老庄讲义自序》，构成一本新书。序中回顾了日本儒学史的变迁和各派争辩，且自云："余于数年中发行《朱子学》者，每月二次，又著《宋学神髓》，亦与德川氏奖励朱学同意。"亦即其研究也多注重宋学。

《老庄讲义》的封面上有以下字样：

文学博士　重野安绎先生序评
文学博士　三岛毅先生序注
清儒　章炳麟先生序评
大野云潭先生讲述

该书的三篇序文呈套色印刷,置于首篇的重野序为深蓝色魏体字;第二篇三岛序则为浅蓝色明朝体铅字;最后一篇章太炎序呈红色明朝体铅字。我们先看前两篇序:

> 滔滔数千言,说去说来,六经诸子,和汉名家,一网打尽,寔经天纬地之文。至结缴处,以健鲤跃云际舞竿头收之,百尺竿头进一步,鸢飞鱼跃,活泼泼地。俳句有云,江户子波端午帜乃吸流,谓口大而腹虚也。今大野君则腹蓄五车书,而辩如悬河,如建瓴,俾彼汉学者汗流,走且僵,非此不能应时运之勃兴。快绝壮绝。
>
> > 庚戌端阳后三日。八十四老生成斋重野安绎妄言

> 我大野兄平生唱经经纬子之学,合序老庄讲义。而及吾邦先儒经说,博证傍引,取长舍短,评论公平,皆中其窾穴。然似与本书不相关。盖修经者兼读诸子,不过他山之石以攻玉。则戒读本书者不可舍经也。是亦经经纬子之老婆心也。读者勿咎序文之涉支蔓则可矣。
>
> > 庚戌仲夏。八十一叟中洲三岛毅妄评

这两篇的序作者,与大野交往极深,早在中村正直主持的《同人社文学杂志》(1876—1883)时代,三人就为同人,常在《同人社文学杂志》发表文章——当然作者大野属小一辈。《老子讲义》(1898)初版时,重野和三岛都有过评述,可见作者的研究对两位作序者来说是很熟悉的。所以,上述序文只是阅读了大野的汉文版《老庄讲义自序》后有感所发。第二篇三岛毅的序文已经道破机关:"我大野兄平生唱经经纬子之学,合序老庄讲义。而及吾邦先儒经说,博证傍引,取长舍短,评论公平,皆中其窾穴。然似与本书不相关。"也就是说,《老庄讲义自序》实际上是一篇宏文,对日本汉学的流变史作了一番独特的讲评。所以,从本质上讲,与《老庄讲义》的内容并不相干。第一篇重野安绎序也是说:"滔滔数千言,说去说来,六经诸子,和汉名家,一网打尽。"甚至夸他"至结缴处,以健鲤跃云际舞竿头收之,百尺竿头进一步,鸢

飞鱼跃,活泼泼地。"最后更是赞扬道:"今大野君,则腹蓄五车书,而辩如悬河。如建瓴,俾彼汉学者汗流。走且僵,非此不能应时运之勃兴。快绝壮绝!"这也都是针对这篇长序而言。

前两篇作序者,一个自称八十四老生,一个自称八十一叟,故前者用"妄言",后者用"妄评";而在正富春秋的章太炎(时年41)看来,二人的确已经是"长老腐朽充博士者"了。该书作者大野则刚年届六十,正好是三代各相隔二十岁。于是,最年轻的章太炎只能"拜评"了:

> 洋洋洒洒,数千余言。语在乎此,意在乎彼,亦东方大见之作也。学派轧轹云云数语,真能洞见学术盛衰之理。学术不患相争,论辩愈多,真理自见。及其衰敝,欲争辩而不能,非能之而不辩。外似兼包博采,其实不然。吾国明末,朱陆相争最甚,其说渐不可见,而宋学衰矣。次则汉学宋学相争,又次则汉学中今文家古文家相争。今皆渐合,而汉学亦衰矣。

清国章炳麟拜评

这里,章太炎感慨的是"学派轧轹云云数语,真能洞见学术盛衰之理。学术不患相争,论辩愈多,真理自见"。之后便拿中国学术做例子,举明末朱陆相争,再举汉学宋学之争,最后举今古文之争,其结果则是"今皆渐合,而汉学亦衰矣"。这一评语,一看就知道章太炎也没有阅读原书内容,而只是针对汉文版《老庄讲义自序》作出评述,抑或参看了之后的《老子讲义》的汉文版《老子讲义自叙》。①

笔者至今没有找到大野太卫与章太炎之交的直接材料，但是间接的还是不少。首先还得回到十年前的馆森鸿的《似而非笔》上。在其连载的最后一节第十九回《归航夜路》里，提到了与大野太卫的邂逅：

> 九月三日我坐上了从神户出发的横滨丸，在船上偶然遇见了户水万顷君②。万顷君潇洒利落，与他的谈话也十分有趣。他向我展示了他的老师山田新川③先生的诗集，躺在船舱内看完一遍以后，万顷问我道："你不认识大野云潭吗？"我说，我久闻其名但从未见过。于是他便向我介绍引荐起来，等到云潭君来后，我们三人一直交谈到五更天。
>
> 云潭君自称以朱子学为主。我说我向来不喜欢宋学，汉学我也觉得也有需要取舍的地方，最不相信魏晋隋唐的学问。然而对于汉学宋学，都没有深究，固还不能明白其中的奥妙。对朱子学的性命道体、太极无极之类的学说虽然都有涉猎，但是还没有达到深入探讨能够问难的地步。
>
> 我接着提问："宋儒的学说经常引用佛老的话。锦城认为'虚灵不昧'出自《大智度论》，'冲漠无朕'出自《庄子》，'明镜止水'出自《圆觉经》，'事理对言'出自《华严法界观》，'体用一源显微无间'出自《华严大疏》，'虚静无欲'出自《老子》，而其他诸如人欲之私、天理之公等话都出自孔门诸子的语录，所以不能把宋儒单看作是独立的一派，也难以认同他们是孔孟的嫡传。对于这个说法，你怎么看呢？"
>
> 云潭君说，兄台这个说法古已有之，至于为何要借用佛老的话，如

---

① 这里有意识地将初版的明治三十一年(1898)改为明治四十三年(1910)，与新添的《老庄讲义自序》同年同步。

② 户水汪(万顷)(1868—1918)，《台湾商报》《台报》的发行人。——原注

③ 山田新川(1827—1905)，名恒宣，字子昭，号新川，别号太刀山人，越中(富山县)人。江户后期—明治时代的汉诗人。著有《太刀山房绝句钞》。——原注

果仔细审视当时的情势,便不言自明了。我现在正发行名为《朱子学》的杂志,改日便送你一本,你读了以后,再听取你的意见。云云。

云潭只重义理而且多强调考证的弊端,国分青崖也多次谈及此事。虽然我的说法也偏重考证,但是我过去曾认为,考证就犹如医学的解剖学,不懂解剖学的医生作出的诊断不免让人感到不安,没有考证就宣扬学说也会让人难以相信,但是今天话也就只能说到此了。

大野君说,之前有本杂志刊载了一篇文章,驳斥岛田重礼①的学说,岛田也不高兴。我毫不犹豫的脱口而出,为了得到真理而起的争论,应当跳出立法之外,即使是君王、父亲、老师、友人也不该受其左右,这才是讨论历史时该有的样子。……岛田先生认为,公然接受朋友的驳斥,就是把私交上的礼仪与讨论历史的意义混为一谈了。我在台湾住了三五年,诸君中也有把探讨历史与《道德经》混为一谈的,在驳斥重野的学说时也顺带着抨击我,拿《道德经》来驳斥史论是本末倒置。大野说,兄台的说法深得我意。

大野称赞重野的文集,认为它不逊色于息轩和宕阴。我说,在文集的第一集里没有收录说理的文章,第二集或第三集应该收录。……

又问,对宋朝以后人们以六经解读《庄子》你有什么高见? 大野君说,这样的说法古已有之,《庄子雪》有俗解之处,根本之说不足为取。我曾把《庄子》翻译成英语,给外山正一②看,说能读此书不? 外山没有理睬。我戏称,你是洋学博士。我虽不精通洋学,但通读这本书的能力还是有的。如果连你也无法通读的话,其他的文学博士恐怕更不行了,我时常听欧洲人说,即使是文学博士也有学识上薄弱的环节。

"如果船上还意犹未尽的话,等到了台北再谈吧!"我们如此相约,

---

① 岛田篁村(1838—1898),明治时代的汉学家。名重礼,字敬甫,号篁村,江户(东京)人。幕末从学于海保渔村、安积艮斋,在昌平黉受到盐谷宕阴的影响。明治十年(1877)任东京帝国大学文科大学教授,文学博士。——原注

② 外山正一(1848—1900),明治时代日本的社会学者、教育者。文学博士。号丶山。江户(东京)人。曾任东京帝国大学文科大学长、校长、贵族院议员、文部大臣。密歇根大学留学,擅长英语。——原注

可最终没能再相会。我想大野君以朱子学为基础,再融会东西的学问的话,一定会有所收获。真是有识之士呀。

这段记录生动地再现了大野的学识,以及馆森鸿对他的评价。那么,关于大野,会不会在翌年赴沪上见到章太炎时谈起来呢? 这是其一。章太炎与重野交,也与井上哲次郎交,二人都跟大野熟稔,会不会通过共同的朋友而认识了大野呢? 这是其二。前面提到大野的汉文编译著作《漏泄天机一名阴阳交构新说》,在《民报》第二卷十六号有过介绍。该号也登有章太炎撰《五无论》,两人在这个时候或许已经认识了,这是其三。章太炎对老庄之学颇有研究,1909 年作有《庄子解故》,或许也关注到大野的相关研究吧——尽管大野的书为日文。这是其四。最后一个是距离上的可能:章太炎 1908 年在日本讲授《说文》,其时住牛込区新小川町二丁目八番地,距同一牛込区天神町五十三番地的大野宅只有 10 分钟的路,容易碰面吧。

五、结　语

说起章太炎与日本汉学的关系,大家立刻想起的是 1910 年夏章太炎在他自办的《学林》第 1 期上刊发长文《与罗叔蕴书》,对日本汉学和罗振玉等人作出的批评。所谓"骂倒一切近代的日本汉学研究"多出自此。信中提到:"然今东方人治汉学,又愈不如曩昔,长老腐朽充博士者,如重野安绎、三岛毅、星野恒辈。其文辞稍中程,闻见固陋,殆不知康成、子慎。"这封信应该是写于上述与"老朽博士"同书并序之后,而重野安绎在同年(明治四十三年)12 月 6 日去世,可能在《老庄讲义》出版后,三位作序者或许与作者有过小聚,重野、三岛之老态更凸显出与章的年龄之差,故才会有"长老腐朽"之说吧。而"殆不知康成、子慎"显然是指年轻一代,因为"康成、子慎"之喻,早在章太炎 1900 年致重野信中就已出现过。

章太炎曾三次亲履日本。第一次两个月,第二次为五个月,第三次自 1906 年 6 月至 1911 年 11 月,居留近六年。他接触到很多日本汉籍,成为他了解日本、获取新知的一条途径,也给他的思想打下了深刻的"日本烙印"。除了与汉学家的交流外,走向"排满"革命的章太炎还与日本各界有着广泛的联系,比如笔者还另外发现辛亥革命后,他于 1912 年 3 月致日本支援者的信,内容因与本文主题相差甚远,容另起稿再叙。同时,日本以外其他地方也多有其遗墨,笔者今年 5 月在香港大学参加学会,会后承主办方的好意,参观冯平山图书馆的珍藏,其中就看到章太炎为《华字日报》七十一周年纪念刊(中华民国二十三年九月印行)的题字"言满天下",写于其去世两年前,字体饱满,力透纸背,实为珍品!(见本刊插页)随着各种电子版检索工具的发达,相信章太炎未被收录的遗文,在日本以及其他各地还会有更多的发现。

The Deep Bond between Zhang Taiyan and Japanese Sinologists: The Examples of Two Prefaces

Chen Liwei

Abstract: This paper introduces Zhang's shift in his daily feelings as a political exile in Taiwan, and his views on Japanese Sinologists by analysing his association with Japanese Sinologists, for example, Tatemori Kou(1862—1942), Ishizaka Sōsaku(1870—1940), ShigenoYasutsugu(1827—1910), Kubo Tenzui, 1875—1934 and Ōno Taie (1850—1923). The first part of this paper deals with Zhang's preface in 1899, which depicts Zhang's depressed and discontented feelings during his exile in Taiwan. The next part of the paper is based on the newly found source material *Ese fude*, the nineteen serial essays by Tatemori Kou, published in *Taiwan nichinichi shinpō*, the organ newspaper run by the colonial Government-General of Taiwan, from October 1 to November 10, 1899, in which Zhang's first visit to Japan was recorded. The third part of this paper attempts to reinterpret Zhang's letter to Shigeno in 1900, in which Zhang shared his pleasantly surprised emotion when Zhang struck upon *Zuoshizhu* [The Explanatory Notes on *The Commentary of Zuo*] by Fu Qian, a scholar of Confucian classics in Eastern Han dynasty(25—220). In the final part, this paper tries to explore Zhang's reason for his shift in his views on Japanese Sinology.

Keywords: Zhang's exile in Taiwan, *Taiwan nichinichi shinpō*, Japanese Sinologist, Confucian classics in Japan

清末民初易学对进化论的吸收与超越[*]

——以严复、刘师培、章太炎、杭辛斋为中心

韩子奇　　王嘉宝

（北京师范大学人文和社会科学高等研究院；北京师范大学-香港浸会大学联合国际学院通识教育学院）

摘要：1895—1920 年，严复、刘师培、章太炎、杭辛斋四位思想家先后结合《周易》与西方进化论两种思想资源，以应对中国现代化过程的独特性和复杂性。严复率先用《周易》迅速吸收和转述进化论，回答了中国为何落后西方的困惑。刘师培进一步以易学与西学各学科结合，奠定了新的易学发展。章太炎则开始反思、批评进化论，他利用《周易》的概念表达对严复《天演论》的批评，以严复之方法解构严复之思想建构。最后杭辛斋用《周易》超越西方进化论，创造了一套类似传统象数易学，但是面向全球、关怀现代问题，提倡精神文明的"今后世界之易"。此时《周易》是活着的文本，它被用以分析中国古代文明之进程与判断、回应现实问题之困境、预测未来之时局。但这些易学思想以碎片化的方式呈现，因此一般的易学史对这段易学与进化论思想的碰撞历史，不曾细致分说，这直接导致 1895—1920 年易学史的缺失。近年虽有林忠军对杭辛斋的易学贡献作出总结，但对严复、刘师培及章太炎几人的易学思想论述仍未展开。此外，在方法上亦需将几位学人对《周易》与进化论的片段式阐发视为一个连续的序列，将他们的相关文本作为一个互不相同，但又互为诠释与互相发明的文本群，以此考察《周易》与进化论话语的建构过程。

关键词：周易　清末民初　进化论

* 本文由韩子奇主持的北京师范大学校内科研基金（28810—310432104）、北京师范大学—香港浸会大学联合国际学院校内科研基金（UICR0700007—22）、广东省教育厅高等教育"冲一流、补短板、强特色"提升计划专项资金"传播粤港澳大湾区"（UICR0400028—21）资助。

前　言

清末民初，严复（1854—1921）、刘师培（1884—1919）、章太炎（1869—1936）、杭辛斋（1869—1924）等思想家都以《周易》为根基，相继迅速吸收、融贯，并逐步超越西方彼时时兴的进化论思想。在四位思想家笔下，《周易》不再是不起现实作用的历史遗迹，而是嫁接西方思想的土壤与牵引中国走向现代国家的重要绳索，它是活着的文本（living text）与现实行动（action）的指南。在这一过程中，四位学人的实际努力成就了 1895—1920 年间的易学新发展，他们把看似谈论"趋吉避凶"的《周易》，改变为直接面对中国现代性问题的经典。

《周易》从占卜走向中国现代性问题的路途是迂回的。首先，严复用《周易》的前两卦——乾、坤转译与统摄《天演论》，把社会达尔文主义的进化论用《周易》的语言与概念表达出来，正式把《周易》从古代带到近代。接着，刘师培进一步往上追溯，勾连焦循（1763—1820）易学与进化论的关系，对"进化"有了新的理解，他又把对"进化"的理解融入进中国的传统经学里。随后，辛亥革命成果被袁世凯篡取，章太炎与杭辛斋在被袁世凯关押的情况下，试图结合《周易》，更深入具体地反思与超越进化论。章太炎利用《周易》的概念表达他对严复《天演论》的批评，以严复之方法解构严复之思想建构，消解了作为进化永动力的"乾坤"的概念。杭辛斋则建立了一套既涵盖传统象数又具有现代关怀的"今后世界之易"。总的来说，四位学人都旨在化解时代之困，推陈出新，继往开来。在他们身上，我们看到第一代现代易学家灵活运用《周易》的语言和概念，去解答至今依然困扰不少中国人的一个问题：如何使中国在不抛弃自身传统的情况下，仍能在现代世界中屹立与前进。

进化论尚"进"，《周易》尚"变"，但是"变化"不等同于"进化"，"变则通，通则久"之意涵比"进化"更丰富与广阔。四位学人考虑"变化"与"进化"的异同，是希望中国在已有的思想根基上，融合新的思想力量，进而具备应对国际时变与实现自身变革的能力，此一主旨也是学人们的共同企盼。他们努力糅合两种思想资源，或吸收或批判西方进化论，遂有《天演论》《社会通诠》《经学教科书》《检论》《学易笔谈》陆续问世，其中《学易笔谈》则是进化论与《周易》思想结合乃至超越的最终形态。

但遗憾的是，现今的易学史写作却未能观照到 1895—1920 年间的易学发展史。传统易学史的写作，一方面聚焦在本土易学史，另一方面继承皮锡瑞(1850—1908)《经学历史》(1907)的框架，囿于讨论汉宋易学之争或今古文经学之争。两者对中西思想交汇中的易学知识转型过程要么直接忽视，要么笼统带过，未能细致分说。就忽视者而言，如朱伯崑《易学哲学史》直接略过了 1895—1920 年间的易学发展史；就笼统带过者而言，学界目前对 1895—1920 年间易学史发展研究的整体框架基本遵循钱基博(1887—1957)《经学通志》(1936)所论。钱基博认为严复只是借助《周易》推行欧洲进化论思想，不能算作易学家。对于杭辛斋，钱基博则肯定他将易学"推而大之，以至于无垠，而异军突起，足为《易》学辟一新涂者焉"。[①]因此，后继者基本都集中对杭辛斋进行研究，如近来林忠军《周易象数学史》对杭辛斋易学展开了详细论述，但未及严复、刘师培与章太炎。

本文则在林忠军论述的基础上继续向前迈进一小步，将内容扩展到严复、刘师培、章太炎等学人的相关著作，恢复他们三人在易学史中的位置。与此同时，本文不再囿于今古文经学之争或者汉宋之争，而是将严复、刘师培、章太炎、杭辛斋四人对《周易》与"进化论"的阐发视为一个连续的序列，将他们的相关文本作为一个互不相同但又互为诠释、互相发明的文本群，考察《周易》与进化论话语的建构过程，进而走近时人为救亡图存寻求思想根基的曲折历程。

清末民初易学史缺失的分析

1894—1895 年甲午战争以后，中国学人亟需回答一个问题——中国应

[①] 钱基博《经学通志》，长沙：岳麓书社，2010 年，第 34—35 页。

该如何回应来自现代世界列强的欺辱与侵略？洋务运动学习西方器物与技术经年，却迎来如此惨痛的溃败，时人究竟应该如何突破它的局限性，在制度与更深层次的思想上进行转型？到底什么面貌的思想资源才能救亡图存，在全球语境中引导自身前行，帮助中国迅速企立于现代世界秩序的丛林，与世界列强颉颃？何种知识结构既能延续古代中国思想之底蕴，又能容纳与安顿西方前沿思想，将新旧知识系统迅速编织在一起？正是在这一具体语境下，《周易》成为接续中西思想的桥梁。

就《周易》性质而言，它具有占卜之书、自然科学之书、哲学之书、经世致用之书的广袤性，是一部有待于不同时代、面临不同困惑之人的解读、诠释与运用的活着的文本（living text），因此，它可以在不同时代接纳与建立新的本体论、宇宙论、自然哲学、伦理学、政治哲学、器物论等一整套的知识体系。

就易学发展史而言，《周易》曾在不同朝代都与当时最先进的自然科学知识与政治思想相结合——在汉代，它接引天文历法的知识，发展出了象数之学，又被运用于灾异政治说；在宋代，它与当时的知识更新紧密结合，成为宋代政治文化以及宋明理学生根发芽的土壤。古代士大夫不仅是静态式地阅读与诠释《周易》，更是直接运用《周易》到人生的各种行动（action）当中。到了清末民初，诸位学人不再囿于洋务派在器物上作更新，他们迫切地需要在世界史的脉络之中重新认识中国的定位，以及在此基础上重新理解中国的过去，指引国民走向未来。他们一方面运用《周易》吸纳与转述近代科学、社会学、政治理论等一整套西方知识系统，另一方面将易学史与世界史进行糅合，并将中国古代文明的发展历程置于世界进化进程之中，指出中国走向现代国家的定位。学人们对《周易》的运用，塑造了一段清末民初的易学发展史。

但现今的易学史研究缺失了一块，并没有细致展开 1895—1920 年间清末民初易学的演变与展开，如朱伯崑《易学哲学史》以惠栋（1697—1758）、张惠言（1761—1802）、焦循作为结尾，未涉及清末。《易学基础知识》中的易学史分期从惠栋、张惠言、焦循等人直接跳到近代易学，而近代易学又基本是以 1920 年起的古史辨派易学为主,其中的论述虽然略带涉及杭辛斋,但也只是提及他的象数学,对其余晚清民初主导知识转型的易学家的介绍可谓一片空白。可是,如果不考察严复、刘师培、章太炎等人曾经的思想努力,以及他们之间形成的话语及传播,那么单独拎出杭辛斋,根本无法理解晚清民初的易学是如何承前启后,逐步发展的——若往上回溯,便不知焦循易学与清末民初易学的断裂与连续;若往下延伸,亦不知这批学人与之后的实证主义治易方法转向,尤其是与 1920 年起古史辨派、科学易、考古易的转向的断裂与连续。

近来虽然一些新近研究开始关注这段缺失的易学史,如林忠军《周易象数学史》以杭辛斋为全书最后一位思想家,已经勾勒出从传统易学到现代易学转向之关键,并尝试补充这段易学史,他说:

> 然而,道咸以来大清帝国的屡屡挫败,造就了晚清易学格局的深刻变化。学者们在对国运衰败原因的追寻中渐渐悟出,传统学术脱离现实的痼疾与国家政治层面的软弱乏力不无关联。继续拘执门户之见、沉溺于汉宋之争,对扭转衰势、富国强兵毫无裨益。唯有彻底凸显易学的经世功用,并吸纳西学所长,才能使易学成为救亡图存的理论指导。基于这一理念,严复、章太炎、刘师培等一批晚清学人一面深入反思传统经学之偏弊,一面冲破旧学桎梏,积极援引西学来解释中学。他们或在重释道器关系的易学话语下提倡学习西方先进科技、发展器物制造,或用进化论思想比附《周易》,力主改革、宣扬革命。总之,晚清的社会剧变,使得此时期易学的内容和方法都呈现出融会中西、兼收并蓄,融旧铸新、继往开来的崭新面貌,并由此开启了传统易学向现代易学过渡的历程。①

但对于严复、章太炎、刘师培等人的易学贡献,林忠军则称:

---

① 林忠军《周易象数学史》(第三卷),上海:上海古籍出版社,2022 年,第 2016 页。

在晚清易学发展史上,杭辛斋的易学可谓独树一帜、极具慧见。尽管晚清学人不乏以西学解《易》的尝试,但大多只有零散的论述,尚未形成系统。如钱基博云:"严复非《易》家也,不过为阐易道以欧学者之大辂椎轮而已。"章太炎、刘师培等人,亦复如是。①

林忠军的著作专注于象数学史,且仅对四人中杭辛斋的象数易学进行了集中介绍与彰显,对其余三位仅一笔带过,未能弥缝易学史的脱节。

专门的易学史忽视 1895—1920 年间易学史的发展,究其原因,至少有二:其一,传统易学史写作主要是本土哲学史,对清末民初的革命家与思想家如何糅合《周易》与西方思想未曾着意。但是在思想史著作当中,严复等人的易学思想又被关注与提及,如汪晖指出易学在严复整体思想中的关键性位置:

> 严复在为《天演论》和《穆勒名学》所做的序文和按语中,曾用《易》理阐西学,人们多半以古代佛经翻译的"格义"说为解,似乎这仅仅是一个技术或工具的问题。但学术史家钱基博却不这样看,在出版于 1936 年的著作《经学通志》中,他把严复作为晚清经学的代表人物之一,赫然列之于"易学家"之列,而严复的易学代表作就是《天演论》。这位江南世家出身、观点略显保守的学者的看法看似古怪,但却反映了哈茨所谓"尚未经历近代化变化的中国文化的立场"和清代学术传统的一般观点,也在一定程度上合乎严复本人的自我理解。我当然不会像钱基博那样把《天演论》看作是易学著作,但是,"易学世界观"是否贯注于严复对近代西方思想的理解,并构成了某种体系化的逻辑,以及这种逻辑与他明确解释的价值之间的关系如何,是值得深入研究的。②

---

① 林忠军《周易象数学史》(第三卷),第 2016—2017 页。
② 汪晖《现代中国思想的兴起》(下卷),北京:生活·读书·新知三联书店,2015 年,第 841 页。

汪晖虽未把严复视为易学家,但他揭示了严复以易学世界观涵摄他理解和译介的西学思想。若易学史要在思想史的基础上进一步挖掘严复、刘师培、章太炎与杭辛斋的易学思想关联,则需要就整个中西知识转型的材料进行爬梳,难度很大。

其二,传统易学史为了重构易学作品的哲学思想体系或解析纷繁复杂的解易体例,其编排主要以人物及完整的易学注疏作品为单位,因此,传统易学史写作一般不考虑碎片化的易学阐发,也不考虑易学作品的思想阐释在传播过程中的实际运用以及在受众层面产生的影响。然而,《周易》文本的运用与《诗经》一样,素有被"断章取义"使用的传统。因此,尽管严复、刘师培、章太炎的作品不是系统的或专门的易学著作,尽管他们的易学思想未成庞大体系,似乎显得支离破碎,但恰是这些看似不甚严密的易学阐发与社会产生了实际的互动,它们不仅引领了当时的变法派和革命派,而且在一定程度上迅速促进了当时受众的观念转型和知识转型。也正是这些看似碎片之言,反映了学人在当时国内外时局急速变化的情况下,是如何用易学思想迅速回应现实的。由此可见,这些碎片化的表述其实是动态的思想痕迹。那么,分析这些学人的易学阐发则有利于我们看到《周易》在现实中如何被运用,如何以变应变,以及1895—1920年间的易学史是如何形成的。

只有以严复作为该序列的开端,刘师培、章太炎与杭辛斋作为接续,才能理解四人话语建构中层出不穷、互为补充的关系。本文目的不在全面考察严复、刘师培、章太炎、杭辛斋等人的全部思想,他们的个人思想是不断演变的,一篇文章无法涵盖。本文的目标是围绕四位学人在1895—1920年间,对进化论从吸收到反思的动态历程,试图揭示他们片段式的易学思想在易学史的层面存在一种"连续性"。连续性并非指他们的观点一致,毫无差别,而是他们采用同样的思想资源——《周易》与进化论——形成话语。这些学人将易学史与世界的科技、政治史、进化史等西方时兴理论进行结合,将《周易》提供的中华文明史纳入到世界史的视野当中,重新理解中国的过去与未来,同时也完成了易学研究方法的自我转型与更新。

从《天演论》到《社会通诠》

赫胥黎《进化论与伦理学及其他论文》于 1984 年出版，严复译著《天演论》在 1895 年已经译有初稿。1897 年,《国闻汇编》上连载《天演论》,让中国青年迅速接触到时新的西方思想。

严复一马当先突破洋务运动的藩篱,率先为中国引介当时西方最前沿的思想。当然,严复所译《天演论》并非单纯的翻译或者简单接受赫胥黎的看法,它是严复针对中国自身问题而阐述的"天演",是集翻译引介与思想评骘于一体,糅合了中国思想与西方思想的复合性产品。因此,《天演论》及其中案语可视为严复思想的直接载体。汪晖亦言:"严复在晚清民初时代被学术史家视为'易学家',恰好在于他用赫胥黎、斯宾塞和穆勒等人的理论重新诠释易理,从而在新的知识条件和社会状况下,发展了易学的宇宙论。"①汪晖还注意到严复是在"易的世界"的基础上吸收以及消融赫胥黎与斯宾塞的思想冲突,接续与焕新中国古代易学思想的载体。②由此可见,严复的易学思想之复杂性以及严复易学思想建构之主动性与主体性。

严复的易学思想首先体现在《译〈天演论〉序》当中,他着眼于《周易》前两卦乾、坤的效用,用它们理解统摄整本书关于进化论的讨论:

> 今夫六艺之于中国也,所谓日月经天,江河行地者尔。而仲尼之于六艺也,《易》《春秋》最严。司马迁曰:"《易》本隐而之显。《春秋》推见至隐。"此天下至精之言也。始吾以谓本隐之显者,观《象》《系辞》以定吉凶而已;推见至隐者,诛意褒贬而已。及观西人名学,则见其于格物致知之事,有内籀之术焉,有外籀之术焉。内籀云者,察其曲而知其全者也,执其微以会其通者也;外籀云者,据公理以断众事也,设定数以

---

① 汪晖《现代中国思想的兴起》(下卷),北京:生活·读书·新知三联书店,2015 年,第 852 页。
② 同上书,第 851 页。

逆未然者也。乃推卷起曰:有是哉,是固吾《易》《春秋》之学也。迁所谓本隐之显者,外籀也;所谓推见至隐者,内籀也,其言若诏之矣。二者即物穷理之最要涂术也,而后人不知广而用之者,未尝事其事,则亦未尝咨其术而已矣。

　　近二百年欧洲学术之盛,远迈古初。其所得以为名理、公例者,在在见极,不可复摇。顾吾古人之所得,往往先之,此非傅会扬己之言也。吾将试举其灼然不诬者,以质天下。夫西学之最为切实,而执其例可以御蕃变者,名、数、质、力四者之学是已。而吾《易》则名、数以为经,质、力以为纬,而合而名之曰"易"。大宇之内,质、力相推,非质无以见力,非力无以呈质。凡力皆乾也,凡质皆坤也。奈端①动之例三,其一曰:"静者不自动,动者不自止;动路必直,速率必均。"此所谓旷古之虑。自其例出,而后天学明,人事利者也。而《易》则曰:"乾其静也专,其动也直。"

　　后二百年有斯宾塞尔者,以天演自然言化,著书造论,贯天地人而一理之,此亦晚近之绝作也。其为天演界说曰:"翕以合质,辟以出力,始简易而终杂糅。"而《易》则曰:"坤其静也翕,其动也辟。"

　　至于全力不增减之说,则有自强不息为之先;凡动必复之说,则有消息之义居其始;而"易不可见,乾坤或几乎息"之旨,尤与"热力平均,天地乃毁"之言相发明也。此岂可悉谓之偶合也耶? 虽然,由斯之说,必谓彼之所明,皆吾中土所前有,甚者或谓其学皆得于东来,则又不关事实,适用自蔽之说也。夫古人发其端,而后人莫能竟其绪;古人拟其大,而后人未能议其精,则犹之不学无术,未化之民而已。祖父虽圣,何救子孙之童昏也哉!

　　大抵古书难读,中国为尤。二千年来,士徇利禄,守阙残,无独辟之虑。是以生今日者,乃转于西学,得识古之用焉。此可为知者道,难与不知者言也。风气渐通,士知弇陋为耻,西学之事,问涂日多。然亦有

---

① 今译为"牛顿"。

一二巨子,訑然谓彼之所精,不外象、数、形下之末;彼之所务,不越功利之间,逞臆属谈,不咨其实。讨论国闻,审敌自镜之道,又断断乎不如是也。

　　赫胥黎氏此书之旨,本以救斯宾塞任天为治之末流,其中所论,与吾古人有甚合者。且于自强保种之事,反复三致意焉。夏日如年,聊为迻译。有以多符空言,无裨实政相稽者,则固不佞所不恤也。①

在此序中,严复运用中国学术的词汇将中西方的学术方法稠密地混融在一起,又将中国学术与欧洲学术置于世界学术的历史视野当中进行理解。此序应分三个层次进行理解:其一,在这一世界学术的系列当中,中国率先发明《周易》与《春秋》之学。《周易》之学可与西方"外籀(Deduction)"之方法对应,《春秋》之学则与西方"内籀(Induction)"之方法对应。其次,严复又言直到近二百年,欧洲学术才骤然进步。名与数对应《易》之"经",而质与力乃对应《易》之"纬"。名指名学,即逻辑学,严复后来翻译了《穆勒名学》,数指数学,这两门学科才对应《易》之"经"。而《天演论》的主要内容是对应"纬"的质与力之学。乾、坤乃是《周易》宇宙中最基本的两个动力。乾对应力,即乾提供了动力,而坤对应质,即坤提供了物质质料。而欧洲学术发展是在乾、坤的力与质的推动下,才骤然进步。易言之,欧洲学术近二百年之演进仍旧在《周易》范畴之内,中国人还可以学起来。其三,后二百年,欧洲学术又从牛顿物理学等自然科学拓展到社会科学的范围,如斯宾塞天演说,但其仍可与《周易》乾坤动静、翕辟的两个力量及其运动模式相互发明。"天演",即整个天地、生物到人类社会的演进,主要就是由乾坤两个动力所推动。乾坤、质力两组概念贯穿在整本书之中,严复按"所谓质力相糅,相剂为变者,亦天演最要之义"②。

　　无疑,乾、坤在《周易》当中也确实是生成化育万物乃至贯穿人类社会世

① 严复《严复全集》第1卷,福州:福建教育出版社,2014年,第75—77页。此处引用的是《天演论》慎始基斋本,也就是《天演论》的第一个通行本。
② 同上书,第86页。

界运作的两个力量。如果仅将乾、坤两种动力从《周易》中提取出来,尤其是从《序卦传》中抽离出来,则乾、坤两种力量看似真的能够推动整个"天演"的进化式进程。但这种提取本身割裂了《周易·序卦传》中卦序蕴含的多元时间观与历史观,因为《周易·序卦传》的时间观与历史观本身是一路变化而非一路进化。

严复此时单独拎出乾、坤之两大动力,不论其他诸卦,进而将世界学术时间进行三分,将中国学术重新置于世界学术序列之开端位置,西方学术则为余绪,同时,他承认中国最近几百年的学术落后,是因为丢失了古人之发明。严复通过比较视野,将中国置于世界史的脉络当中进行重构与理解,其中的深意则是严复对国人的激励——西方其实是后来居上,而今后的中国同样可以重整旗鼓,再占鳌头。

除《天演论》以外,严复于1904年又出版了译著《社会通诠》,其中《译者序》则体现了他的社会进化思想的进一步精细化与具体化。该《序》言:

> 异哉!吾中国之社会也。夫天下之群,众矣,夷考进化之阶级,莫不始于图腾,继以宗法,而成于国家。方其为图腾也,其民渔猎。至于宗法,其民耕稼。而二者之间,其相嬗而转变者以游牧。最后由宗法以进于国家。而二者之间,其相受而蜕化者以封建。方其封建,民业大抵犹耕稼也,独至国家,而后兵、农、工、商四者之民备具,而其群相生相养之事乃极盛,而大和强立,蕃衍而不可以克灭。此其为序之信,若天之四时,若人身之童少壮老,期有迟速,而不可或少紊者也。吾尝考欧洲之世变,希腊、罗马之时尚矣。至其他民族,所于今号极盛者,其趾封建,略当中国唐、宋间。及其去之也,若法,若英,皆仅仅前今一二百年而已。何进之锐耶?乃还观吾中国之历史,本诸可信之载籍,由唐、虞以讫于周,中间二千余年,皆封建之时代,而所谓宗法,亦于此时最备。其圣人,宗法社会之圣人也;其制度典籍,宗法社会之制度典籍也。物穷则必变,商君、始皇帝、李斯起,而郡县封域,阡陌土田,燔诗书,坑儒士,其为法欲国主而外,无咫尺之势。此虽霸朝之事,侵夺民权,而迹其

所为,非将转宗法之故,以为军国社会者欤? 乃由秦以至于今,又二千余岁矣,君此土者不一家,其中之一治一乱常自若,独至于今,籀其政法,审其风俗,与其秀桀之民所言议思惟者,则犹然一宗法之民而已矣。然则,此一期之天演,其延缘不去,存于此土者,盖四千数百载而有余也。磋乎! 欧亚之地虽异名,其实一洲而已,殊类异化并生其中,苟溯之邃古之初,又同种也,乃世变之迁流,在彼则始迟而终骤,在此则始骤而终迟,固知天演之事,以万期为须史,然而二者相差之致,又不能为无因之果,而又不能不为吾群今日之利害,亦已明矣。此不佞遽译是编,所为数番掷管太息,绕室疾走者也。①

严复仍然用"天演"来统摄社会变化与时代变迁,也同样是按照世界时间来比较中国与欧洲之社会发展进程。但在该《序》中,天演是在具体的历史阶段中分期进行的。整体而言,历史是线性进化论式不断发展的进程,从最初的渔猎图腾社会,经过游牧的过渡环节,发展到耕稼宗法社会,又经过封建社会的过渡环节,然后到宗法社会,最后发展到兵、农、工商的现代国家。但是,就具体的发展来看,严复认为,中国长期在宗法社会里经历"一治一乱"的循环时间,未能进展到下一个阶段。在严复对文明的排序中,他将中国古代的循环史观消解在西方线性式发展的进化史观之中。他这一中西混合式的时间观与历史观,是希望读者更顺畅地从循环史观转变为进化史观。

他指出,中国与欧洲是以不同的步伐与节奏进化的。中国从唐、虞到周,早就有两千年的时间处于封建时代,宗法于此时完备,而随后秦郡县制又是两千年的宗法,前后加起来是四千多年;欧洲自希腊罗马开始发展,至于其他民族,长期以来都处于封建社会时期,与中国唐、宋之间相当,也就是说长期处于宗法社会的中国,原本在很长时间里都比欧洲领先。而距今一二百年,欧洲通由法国革命之路或者英国君主立宪之路,迅猛地进入到最终的国家阶段,一举反超中国的宗法社会。严复最后总结道,欧洲的发展先慢

---

① 严复《严复全集》第3卷,第358—359页。

后快,中国则先快后慢。其实,严复所要指出的是对中国未来的希望与设想,即中国此时此刻的问题也是可以通过进入世界时间与世界现代国家的秩序当中来解决的。

严复只取《周易》为首的乾、坤统领"天演论",是要以国人熟悉的《周易》为话语,告诉读者,天要推着人走,推着世界走,此时中国人要迈进。与此同时,他将易学传统循环史观与西方进化史观相结合,则是在具体指出国家所要迈进的方向,即通过进入最终的现代国家阶段来解决当时的国家危机。

刘师培《经学教科书》

刘师培出身经学世家,八岁掌握《周易》卦变之法。1903 年,刘师培于上海结识章太炎与蔡元培。是年开始,刘师培运用经学作为批驳康有为的思想武器。方光华总结,在 1903—1907 年间,刘师培的著述多受《天演论》与进化论的影响。[1]刘师培论及易学的思想阐发承接严复中西汇通的易学视野,进一步将《周易》与西学各个学科进行了更紧密的结合。

刘师培于 1903 年已经著成《中国民约精义》,其书伊始首列《周易·泰》"上下交而其志同",《周易·否》"上下不交而天下物邦也",《周易·同人》"唯君子为能通天下之志",《周易·谦》"天道下济而光明,地道卑而上行",《周易·咸》"君子以虚受人",《周易·益》"损上益下,民说无疆,自上下下,其道大光",《周易·革》"天地革而四时成,汤武革命,顺乎天而应乎人,革之时大矣哉",《周易·系辞》"人谋鬼谋百姓与能"。[2]刘师培先选用"六经之首"的《周易》进行阐述,看似比附,实则有力地为"民约"找到了中国学术中的根基。然而,此书主要是将卢梭《社会契约论》与中国经典进行结合,内容集中在政治思想层面,并没有扩展到其他学科的知识体系。尽管《中国民约精义》对《周易》的征引看似只有只言片语,但其中援引的否、同人等卦将在

---

① 方光华《刘师培评传》,南昌:百花洲文艺出版社,2014 年,第 27 页。
② 刘师培《刘申叔遗书》,南京:江苏古籍出版社,1997 年,第 564 页。

章太炎与杭辛斋的作品中成为关键的解读对象。

1906 年，刘师培发表的《经学教科书第二册》则不再局限于政治思想层面，而是在论述《易经》与易学之发展的基础上，拓展到自然科学与社会科学的整个知识系统，该书希望对传统知识的方方面面都进行传承与更新。作为《经学教科书》之一，该书同样是为新式学堂教学而编写，后来又被其他高等院校列为专业教学参考书，其影响力不容小觑。但其纲目式的写作恰恰又被当今的易学史所忽略，未得到充分的分析。

《经学教科书第二册·弁言》首先为《易经》定位，刘师培言：

> 班《志》言五经，《易》为之原，则经书当首列《易经》。《易经》一书，所该之学最广，惟必先明其例，然后于所该之学分类以求，则知《易经》非仅空言，实古代致用之学。惜汉儒言"象"、言"数"，宋儒言"理"，均得《易》学之一端。若观其会通，其惟近儒焦氏之书乎？故今编此书多用焦氏之说，剌旧说者十之二，参臆解者十之三。如《易》于《象传》之外，兼有《象经》，则系前人所未言，惟限于篇幅，引而伸之，是在读者。[①]

这段弁言值得分说，它代表了刘师培的易学立场。刘师培强调两点：其一，《易经》非"空言"，而是"古代致用之学"，这是跟当时的学生强调《易经》是经世致用之书；其二，汉宋两家都只侧重易学的一种面向，未能融会贯通，直到清代焦循（1763—1820）才能够重新汇通二者，因此刘师培说自己此书多从焦循之说。清代易学家欲弥合汉宋易学之争者非一家，为何刘师培唯独强调自己遵从焦循之说？实则焦循在清代易学中独树一帜，其贡献不是汇通汉宋之学，而是批评与瓦解汉代象数学种种牵强的地方，同时又接纳了西方"实测"之学，以数学等学科重新建构了新的象数学。只有了解焦循的独特性，才能理解《经学教科书第二册》二十一课"说比例"、二十三课"论易学与数学之关系"、二十四课"论易学与科学之关系"等章节其实是试图通过焦循

---

① 刘师培《经学教科书　伦理教科书》，扬州：广陵书社，2013 年，第 46 页。

易学嫁接西方器物之学、自然科学、实业之学。

《经学教科书第二册》二十五到三十一课中"易经与史学之关系""易经与政治学之关系""易经与社会学之关系""易经与伦理学之关系""论易经与哲学之关系三",则是从器物之学或者自然科学向社会科学过渡。这并非仅仅与西方诸学科相比附,或者是要与西方新学科"接轨",而是视《周易》为现代自然科学与社会科学两大学科领域之共同源头,以《周易》统合新的学科划分,将新旧知识体系同时嫁接在《周易》之上。这说明刘师培的经学教科书虽然叫《经学教科书》,但内部框架已非传统经学的模式。

"进化"在《经学教科书第二册》中主要出现在两处,需要分疏:当刘师培在二十五课"易经与史学之关系"中谈到"社会进化"时,他其实是将这些"社会进化"限制在古代社会之变迁之中,说明《周易》已经书写过古代文明的进化史:

> 四曰社会进化之秩序,事物发明之次第,多见于《易经》,故《易经》可以考古代社会之变迁。
>
> 一见于《系辞下》第二章,即"伏羲氏王天下"数节也。此言事物发明之次第,于农业、商业、工业、礼教、文字之起源,言之最晰。
>
> 一见于《序卦传上篇》,即"有天地,然后万物生"一节也。此言社会进化之秩序,于野蛮进于文明之状态,言之最精。①

而在三十一课言哲学意义上的"进化"之意时,他强调"进化"可取焦循之义,特指中国传统的治乱中"人治"之一义。他说:

> 三曰进化之说。
>
> 焦循《易话》曰:"《易》言:'一阴一阳之谓道。'道以治言,不以乱言。失道乃乱。圣人治天下,欲其长治而不乱,故设卦系辞,以垂万世,岂曰

---

① 刘师培《经学教科书　伦理教科书》,第101页。

‘治必有乱’乎？圣人处乱，则拨乱以反乎治；处治，则继善以防乎乱。反乎治，防乎乱，何从而乱乎？故谓‘否极而泰，泰极而否’者，此不知《易》者也。谓‘治必有乱’，容容者得而借口矣；谓‘乱必有治’，汶汶者得而任运矣。大抵气化皆乱，赖人而治。治而长治者，人续之也；治而致乱者，人失之也。不勤耒耨，田畴乃芜；怠于政教，人民乃素。说者以阳为治，以阴为乱，则将暑治而寒乱乎？日治而月乱乎？故否、泰皆视乎人，不得委之气化之必然也。”据焦氏之说观之，则《易经》一书，言进化而不言退化，彰彰明矣。①

刘师培的这段引述是耐人寻味的，需要进一步剖析。刘师培征引焦循之言，透露了他自己对进化的复杂思考。他借焦循瓦解了《周易》“否极泰来，泰极否来”这种自然规律意义上的循环史观，但对循环史观的瓦解并不表示他就全盘接受严复的进化史观。刘师培将“进化”理解为人之长久治理的一面，将“退化”理解为人怠惰而导致的不治而乱的一面。更有特色的是，刘师培借焦循之言，将天地“气化之必然”本身理解为“皆乱”，强调依赖人的主动性才能得到真正的治理。也就是说，按照自然法则或者气化，则自然法则都是乱的，只有人能够拨乱反正。那么，是泰或否全是人的责任，与自然气化根本无关，人的使命就是要一直与乱斗争，这个自然、气化就没有进化。刘师培借用焦循之言“不得委之气化之必然”，总结《周易》只言“进化”而未言“退化”。

刘师培将“人治进化”与“气化皆乱”切割，与严复将“人治”视为“天行”中的一部分的观点可以说是矛盾的。刘师培此处仅把“进化”理解为人的治理之功，并未承认自然法则，而是强调由人来突破自然法则意义上的“否极泰来，泰极否来”。

章太炎《检论·易论》

在袁世凯窃取权力，革命共和事业未竟之时，章太炎、杭辛斋二人相继

---

① 刘师培《经学教科书 伦理教科书》，第113页。

身陷囹圄。司马迁云"文王拘而演《周易》"，章太炎与杭辛斋于缧绁之中，重新回到了《易》，寻找处困与应时而变之法。

章太炎于 1913 年被袁世凯软禁，在 1914 年 11 月至 1915 年 3 月间，他对《訄书》进行了增删，尤为重要的是，此次改动增加了《易论》部分，该部分对中国古代文明的进化历程有所论述。之后《訄书》更名为《检论》出版发行。

需要注意的是，1907 年 9 月 5 日，《民报》第七号已载有章太炎《俱分进化论》。只有在"俱分进化"的基础上，我们才可以进一步理解 1914 年《检论》中增添的易学阐发。《俱分进化论》对黑格尔历史目的论乃至达尔文以及斯宾塞的进化论都有批评，章太炎并不否认过往的历史文明进程有进化之迹，但进化不等于进步，不等于善的进程。章太炎这篇文章的核心主旨是善恶、苦乐对立双方的共同进化，即：

> 彼不悟进化之所以为进化者，非由一方直进，而必由双方并进，专举一方，惟言智识进化可尔。若以道德言，则善亦进化，恶亦进化；若以生计言，则乐亦进化，苦亦进化。双方并进，如影之随形，罔两之逐影，非有他也。①

对于西方进化论的问题，章太炎有着深刻的认知与批评，于是提出"俱分进化"，说明进化包含善与恶两方面的进化，且两者根本不可分。恶的进化更不能理解为进步。章太炎此一观点与严复直接对立。严复在《天演论》下卷第十五章"演恶"介绍了赫胥黎"以天演言之，则善固演也，恶亦未尝非演"②的观点，他在案语中表示赫胥黎这一观点是讲得最差的，他自己接受的是"斯宾塞所谓民群任天演之自然，则必日进善，不日趋恶"③的观点。正是在"俱分进化"的基础上，章太炎不会仅从线性进化的角度思考社会发展，因此当他发现《周易》卦序只能描述过往，而不足以描述世界未来的演变时，他会

---

① 《章太炎全集》(七)，上海：上海人民出版社，2018 年，第 405 页。
②③ 严复《严复全集》第 1 卷，第 149 页。

非常果断地放弃对卦序的盲从。

以往易学家对《检论》着墨不多，近来有思想史学者已经注意到《检论》中易学阐发的重要性。彭春凌认为"章太炎以《周易》为核心来阐述'圣人之知'，将《周易》举为'世间法'，来弘扬正信，是他民国初年方始生成、具有时代特征的关键学术建构，也是思想史上极重要的事件"①，彰显了《周易》在章太炎特定的思想阶段中的核心位置。

章太炎首先在《检论·易论》伊始提出《周易》的两个主要功能是"彰往察来"以及"开物成务"。②何谓"彰往察来"？何谓"开物成务"？章太炎认为，"彰往"即具体回顾与记录中国古代的变迁，在"损益"的基础上进行"察来"。而对于"开物成务"，章太炎先肯定《易经》上经言乾、坤成就万物，又提到《易经》下经最后一卦未济强调"物不可穷"。开篇的基调就是对乾、坤"开物"之功进行限定，将《周易》要旨转到"未济"二字上。

《检论·易论》接着对《周易》中相连的十卦进行诠释，客观描述中国古代变迁历程：

> "屯"之建侯，未有王者，其侯啬豪。"比"有假王，纲纪已具，城郭都邑已定。当其在屯，虽为不宁侯可也。比而不宁，不属王所，则抗而射之。是以乐有《狸首》，设射不来，后至者杀其胄专车，能无凶乎？"讼"以起众，"比"以畜财；军在司马，币在大府。有军与币，而万国和亲，觐威不用，故其象曰"懿文德"。受之以"履"，帝位始成，大君以立，由是"辨上下，定民志"。盖建号若斯之难也。虽有位命，朝仪之文，情尚朴质，恫愊尚通，其道犹"泰"，浸以成"否"。斯亦懿文德、辨上下之所驯致。济"否"者，平其阶位，故曰"同人"，"君子以类族辨物"。宗盟之后，异姓其族，物细有知，诸夏亲昵，戎狄豺狼者，而族物始广矣。故"同人于宗"，曰"吝"；"于郊""于门"，然后其无悔咎也。

① 彭春凌《儒学转型与文化新命：以康有为、章太炎为中心（1898—1927）》，北京：北京大学出版社，2014年，第242页。
② 《章太炎全集》（三），第385—392页。

　　此九卦者，生民建国之常率，彰往察来，横四海而不逾此。过此以往，未之或知也。①

通行本《周易》64 卦前十八卦的卦序为：乾、坤、屯、蒙、需、讼、师、比、小畜、履、泰、否、同人、大有、谦、豫、随、蛊。章太炎对"横四海而不逾此"的屯至同人十卦进行分析，阐述了人类社会从最初的畋渔、奴隶、农稼、相争、征伐，到建国等发展过程。章太炎对同人卦以后的大有、谦、豫、随并未着笔。同人卦以后不再是横亘四海通用之理，意味着同人并不必然过渡为大有。彭春凌则敏锐地发现章太炎误算的"九卦"，实则为十卦。②果真是章太炎误算吗？ 抑或，此时章太炎根本未把同人算入，因为同人中的"同人于郊""同人于门"则"无悔咎"的结果其实都是难以企及，"同人于郊"不是横亘四海通用之理，整个历史的发展此刻停留在了否这一卦上，未能"平其阶位"，或者最多只做到"同人于宗"，那也是"吝"的结果。刘师培认为人治能够突破"否极泰来，泰极否来"的自然法则，而章太炎似乎以否与同人卦表示自己的忧患。我们果真能如刘师培一般乐观，相信人总能"济否"吗？ 章太炎则相信，"过此以往，未之或知也"，他认为整个社会进化的未来从这一卦之后无法确知，即进化论不再适用。其实，就《周易》本身而言，《序卦传》与通行本六十四卦卦序只是《周易》历史观和时间观中的一种线索，严格按照《序卦传》卦序理解《周易》，只是将《周易》视为历史文献用来总结过去文明的进程之迹，可以告诫人们不要重蹈覆辙，但这不是《周易》全部的功用。《周易》的时间观是多元时间观，既有"否极泰来""无往不复"的循环时间观，也有《序卦传》的进化时间观，还有历史衰退观，甚至有根据每个个体的具体处境而言的不定时间观或纯个人的时间观。作为灵活的占卜之书或象数之书，六十四卦可以不按照《序卦传》来排序，六十四卦三百八十四爻可以发生无穷无尽的联系与变化，时空观存在多种可能性。换言之，《周易》注重变化之时间观不能囿

---

① 《章太炎全集》（三），第 386 页。
② 彭春凌《儒学转型与文化新命：以康有为、章太炎为中心（1898—1927）》，第 253 页。

于一个简单的进化时间观，进化时间观只能限制在理解古代中国文明的历史之迹上。

不仅如此，章太炎消解了严复《天演论》最基本的概念，他说：

> 群动之所宗主，万物资以流行。乾元恒动曰"龙"，即今所谓"永动力"。坤元恒静曰"利永贞"，即今所谓"永静力"。而"天德"固"不可为首"，是则群动本无所宗，虽"太极"亦粪除之矣。《易》言大极为群动宗，又言"群龙无首"，则群动本未有宗。言非相反。"大极"，通俗之言，"无首"，真审之义。此非守文者所知。群动而生，旁溢无节，万物不足粪其宰割，壤地不足容其肤存，虽成"既济"，其终犹弗济也。①

严复在《译〈天演论〉序》强调乾、坤之永恒动力，而章太炎则消解了乾、坤作为进化论永动力的意义。接着，章太炎又用《周易》本有的"群龙无首"把"群""群学"的概念也消解了。

那么，在章太炎的建构中，当文明进化之公理不再适用，在"乾坤将毁之世"②，易无定体又再也无法提供定理，《周易》其他诸卦还能给予我们什么启发？章太炎另外找到了"易无体而感为体"③之"感"的主题，他对《周易》中涉及古代婚姻与刑法等卦进行分析。"感"即交感或通感，感的作用方式不遵循线性时间，"感"更是超越时空的。正所谓"圣人缘情制礼"，章太炎认为《周易》诸卦谈到的古代中国之礼制都是建立在"感"的基础之上，是相较日本或满洲都极具优越性的人伦婚姻制度与"明慎用刑"的文明法治观念。

但至于其他卦，章太炎则强调《易》本衰世忧患之作。章太炎在世界史的视野中，对照了中西的发展进程及处境：

> 《易》本"衰世之意"，时乱故得失彰；平世贤良，虽尝谕其梗概，非徵

---

① 《章太炎全集》（三），第388页。
②③ 同上书，第386页。

知也。吾读坎、离二卦,"习坎"至险,"君子以常德行,习教事",然后大人"继明照"焉。惟前世衰、平、桓、灵之末,严遵之友而有光武,郑玄之门而有昭烈,皆是物也。近观罗马陨祀,国人复求上世文学数百岁,然后意大利兴。诸夏覆亦三百岁,自顾炎武、王夫之、全祖望、戴望、孙诒让之伦,先后述作,讫于余,然后得返旧物。《易》之效,不为虚诬。然异族抚有万里,以为盖藏,享庙濯,保胤嗣,亦已久矣。

　　光复以还,绝世未得继兴,膏泽未得下究,诸志士献民,生存未得相迋劳,死亡未得相吊唁也;而遗寇尚有禄胙庇其族姻,向之降虏,犹持权藉,姡肆不衰。夫成败之数,奸暴干纪者常荼,而贞端扶义者常踬。作《易》者虽聪敏,欲为贞端谋主,徒柫补其疮痍耳。由是言之,"既济"则趑,"未济"其恒矣! 是亦圣哲所以忧患。①

章太炎说自己读到"习坎",《周易》用此"习坎"告诫人们,面临多重的坎坷,至为艰险,君子应以恒常之德行,反复练习、实习政教风化之事,然后就有有德大人可继承此光明之照。他感叹汉代尚且真有这种情况,西方文艺复兴也真有这种事实,最后成功光复罗马传统,但清王朝统治近三百年,华夏倾覆三百年,尽管顾炎武、王夫之、全祖望、戴望、孙诒让等人直到章太炎自己,都欲光复旧物,但如今共和成果又被篡取。因此,章太炎只能再次感叹,目前的形势正如《易》最后两卦,既济折身转走,未济才是恒久,忧患不断! 终究,章太炎洞识到《周易》最恒久之时间观或历史观不在为首的乾、坤两卦,也不在由屯至同人的进化之中,而在最后的未济一卦。章太炎深刻体察到《周易》之精华,实在"忧患"二字!

　　严复强调乾、坤二卦"开物成务",推进天演进化之功。刘师培强调以人治克服"气化之必然",成功"济否",方可为进化。章太炎总结了乾、坤到泰、否的进化历程,但对《周易》整体理解最后落实在未济之上。而后文中杭辛斋则准备在章太炎的基础上,继续用《周易》重构古史,预测未来。

---

① 《章太炎全集》(三),第390页。

杭辛斋《学易笔谈》

1895 年，杭辛斋与严复一起办《国文汇报》，上载《天演论》。1915 年，杭辛斋因反对袁世凯而被捕入狱。在狱中，他认识了通《易》之高人向其秘传心法，始学易，最终他在 1919 年发行《杭氏易学七种》，其中的《学易笔谈》尤能凸显时代特色。在四位学人中，杭辛斋的易学著作在篇幅上最丰厚，但传统易学史更关注杭辛斋的象数易学，至于杭辛斋对易学与进化论之批评与超越，少有人关注，遑论他对严复、刘师培、章太炎治易方法与精神之继承与超越。

首先，杭辛斋既要传承传统易学，又要将传统易学与新学接榫。他认识到本土经学之衰落、易学经典之外流，以及易学研究的重振需要在世界视野下开展。于是，他突破了本土易学史的视域，谈及"日本之《易》学""美国图书馆所藏之《易》""今后世界之《易》"，无疑，杭辛斋是在指出这些国家竟比中国更重视《周易》。他说：

> 光绪甲午以后，我国新进厌弃古学，而竺旧之士又墨守糟粕，不能发挥精义，与新理相调和而资利用，致精义入神之学，日就澌灭。清季以国立大学，求一完全经师而不可得，致《羲经》竟任缺席。鼎革以后，竟公然废弃经学而隶于文科之下，亦可谓臻晦盲否塞之极运矣。而日本既餍饫于物质文明之利，更反而求诸精神。虽举国喧嚣于功利竞争之途，而学术之研究，尚不忘初祖，仍有多数之学子从事于《易经》。[1]

其次，杭辛斋重新诠释《周易》"道器不可须臾离"的观点，分述中学与西学各自利弊，他说：

---

[1]　杭辛斋《学易笔谈》，南昌：江西教育出版社，2018 年，第 16 页。

一阴一阳之谓道,道也者,形而上者也。交线成勾股成三角八线,推衍无尽,莫不导源于此一纵一横。一纵一横数也,数也者,成器之所先也,形而下者也。故道运于虚,而数征诸实。我国数千年来,专尚儒家以空言谈经,鄙术数为小道,崇虚黜实,末流之弊,举国皆无用之学,所谓形而上者,几坠于地矣。泰西之学,则不尚空谈,立一说必征诸实验,制一器必极其效用,不以理想为止境,不以无成而中辍,千回百折,精益求精,于是科学功能,几侔造化,器物利用,无阻高深,形学发达,于斯为盛。然极其弊,则谓世界将可以力争,强权几足以胜天演,物欲无限,而生人者适以杀人,杀人者即以自杀,物质之文明,浸成儳焉不可终日之势。此倚重于数之一偏,与倚重于理之一偏,各趋极端,其末流之失,亦正相等也。夫理与数,本不可以须臾离,故圣人倚数,必参天而两地,故形上之道,与形下之器,虽相生相成,无偏重亦无偏废。舍道而言器,则器为虚器;离器而言道,则道尽空谈。①

可见,在杭辛斋看来,强权与物欲、物质文明、实证科学相关联。数学、实验科学,乃至整个物质文明对应的是《周易》"形而下"的部分,而"一阴一阳之道"方是形而上,形而上、形而下本应相辅相成地发展。杭辛斋痛惜过去中国数千年主言"形而上",遂成空谈,而如今世界又已经处于"形而下"和物质文明过盛乃至于人类正在自杀的境况。杭辛斋认为,必须以"世界之眼光"重新整合形上形下,才能将中西方各自极端的部分消解。在中西学的互映之下,杭辛斋特意撰写"进化新论"一节,对进化论乃至严复《天演论》都进行了深刻的批评。此节颇长,但论证翔实,在此仅截取主要论证于下:

《易》者进化之书也。进化者何?随时变易以从道也,穷则变,变则通,通则久。……世界之有史,莫古于中国,而中国之书,又莫古于《易》,观《系传》制器尚象之十三卦,由游牧以佃以渔取诸离。而进于农商,

---

① 杭辛斋《学易笔谈》,第96—97页。

^未未耨取益,日中为市,取诸嘘嗑。由穴居野处而进于宫室,由衣薪葬野而进于棺椁,由结绳为治而进于书契,上古进化之迹,因历历可考焉。

西儒达尔文氏,著《世界进化论》,乃谓世界万物,皆由渐而进化,由简而进于繁,由劣而进于优。……赫氏《天演论》物竞天择、优胜劣败之说,又从而和之,靡然从风,欧美政俗为之一变,余波荡漾,且及东亚。二十年来,一因朝鲜而酿日俄之大战,再因塞尔维亚而酿联邦与协约国之互争,劳师逾千万,血战经五年,名城为墟,白骨蔽野,流毒几遍于全球,损失数难以亿计,皆此不经之学说阶之厉也。近日欧美学者,有悟其非而改正之者矣。而我国青年,尚有执十年以前之译本,而矜为创论,以互相传习者,是又乌可以不辩哉?……

天地之气,得人而通,万物之用,得人而彰,此理之昭然而莫可违者。佛氏之说,与《易》旨略同,可证达氏进化论之妄矣。至赫氏物竞天择、优胜劣败,与天演淘汰、惟适者存等说,较达氏意,似差圆满。近世学者尊之为天演之公例,讲《易》者或引"惟适者存"一语,以为与《易》之"当位者吉"相互证者,其实望道未见,其蔽与达氏等尔,皆所谓知其一而不知其二者也。夫所贵为人者,以其异于万物也,人之所以异于万物者,固不仅以其知觉运动之灵于万物也,实有其所以为人者。在古今中外圣贤之立教立政,与发明种种之学说,凡皆以为人也,非以为物也……

达、赫二氏之误,在混人物而一之,谓人之竞争,等于物之竞争,人之优劣,等于物之优劣,是已自绝灭其人道,无怪弱肉强食,卒之有强权而无公理,安得不陷人类于惨境,遗世界以荼毒哉。吾作《易》之圣人,在距今七千年以前,忧天下后世,必有生齿日繁,非争不能自存之一日。故参天两地而倚数,观变阴阳而立卦……以立万世精神上之宪法,使强权无可恃之道,而公理有必伸之日,使弱肉强食之祸,不能蔓延于世界,而天下万世,胥莫能违其则焉。文王当殷纣暴虐之世,演《易》明道以救之,首曰:"乾,元亨利贞。"孔子当春秋衰乱之日,复著《十翼》以阐明之,首以四德释"元亨利贞",以明立人之道,与今日欧美崇奉之救世箴言,所谓博爱自由平等者,隐然不谋而合也。……是以变化莫备于《易》,天地间万事万物,由变化而进化之理,亦莫备于《易》。《易》之进化,各有其类,而不相越,各合其时,而不相违。《易》六十四卦,三百八十四爻,无一卦不变,无一爻不变,而卦有类,爻有等,变有时,象无定而有定,数可测而不可测,理无在而无不在,气无至而无不至,虽万变而不离其宗,是非深明夫乾元广大之义者,未足与语也。今后世界之人,若甘心蔑其人格,自侣于物类,则竞物之竞,择物之择,以取精用弘,兼弱侮亡为优胜,以纵恣情欲,恢张物质为进化,虎炳豹蔚,汶汶以终,吾《易》诚无能为之筮。果不愿自绝于天,则良知自在,顿觉顿悟,应知吾人之身,除肉体精神而外,必有超乎肉体精神之上,而为肉体精神之主,所以特殊于万物,特灵于万物者,果安在哉? 反而求之,存养而扩充之,庶乎人类之真进化可期,所谓优胜劣败者,更不在物竞,而在人之不竞,不在天择,而在人之不自择耳。[1]

《周易》与进化论最后的结合形态以杭辛斋之批评进化论的"进化新论"为结尾。杭辛斋认为,《周易》才具"真进化"之意。杭辛斋实则以《周易》变化之义涵摄西方进化论进化之义,言明《周易》所言之进化终究超越欧洲所盛行之强权式的进化,其以真正的"人格"精神进化超越物质与物欲的进化,最终呈现为"不竞""不自择"的和平。杭辛斋借此完成对西方进化论的批评与超越。自此,进化论不再是欧洲主导的进化论,而是以《周易》主导的进化新论。

在"进化新论"的基础之上,杭辛斋又有"卦象进化之序"。比章太炎更进一步,杭辛斋将《周易》十八卦与世界进化十六期进行具体的对应,又以象数解之:乾、坤开天辟地是进化第一期,屯为进化第二期,以此类推,泰、否的循环为一治一乱的十一期,同人对应君主立宪政体,此为世界进化第十二期,大有对应世界进化第十三期民主政治,谦对应世界进化第十四期社会主

---

[1] 杭辛斋《学易笔谈》,第148—151页。

义，豫、随对应世界进化的十五期，此时"谦以制礼，豫以作乐，礼明乐备，万象休和。在大有尚在法治时代，至谦而继之以豫，"殆风醇俗美，人人能陶淑其身心，各优于自治，虽有法律，几无所用之矣"①，而第十六期随则是"盖承谦豫礼明乐备之后，法律久成虚设，人人优于自治，已事无不举，更无庸设政府以治之，近世所流行之社会主义、无政府主义，圣人于随卦之象，已备举而无遗"②。但杭辛斋并没有将这一阶段视为人类最后的阶段，按照《周易》通行本的卦序，随之后是蛊。杭辛斋指出，随之后，物极必反，又回到乾、坤重来。接着，他说：

> 今以近世之进化史，比类以推，《易》象之次序止于随。至蛊之变化如何，则尚未敢蠡测，临、观以下，更无论矣。
> 以上所述，仅约略言之，与西人所叙世界进化次序，固已无不吻合。若论其详，象数具在，阅者试触类以求之，当必更有所得，非可以言尽也。③

杭辛斋总结，对于世界上已经出现的进化之迹，屯至随卦大体都有具体象数可以对得上。最后杭辛斋又补充了一段对话，其中有人要求他尝试根据《周易》预测一下蛊之后会怎么样：

> 或曰：自乾至随，溯古证今，既以明白如绩。而自今以后，则为蛊之时代，究其变化何若，亦可得预言其略欤？
> 曰：《易》道变化，高深莫测，岂敢妄拟，但变化无穷，皆出以渐，月晕而风，础润而雨，皆有其兆。今未能知变化之终极，然其兆之先见，或可略睹矣。
> 或曰：其兆如何，愿得闻之。曰：今日物质之文明，已偏胜于一时，

①② 杭辛斋《学易笔谈》，第 209 页。
③ 同上书，第 210 页。

则此后必将由物质而更求精神。官治之痛苦，已遍喻于人民，则此后必将由官治而进于自治，此可得而言者也。

或曰：此则欧美诸国已有实行者矣，未可为将来之变化也，请更言之。

曰：未来之事，非空言所可揣测。无已，仍请征诸卦象。自蛊以后，临、观、噬嗑、贲、剥、复六卦，皆乾阳潜伏，则此时之世界，必将以柔胜刚，以弱制强，而女权亦必扩张，此则可断言者也。至事实如何，今先有其兆者，如蒸气之用，或将代以电力，轮轨之用，或将益以飞行，枪炮必归废弃，金银不为易中，晴雨不尽听诸天，宝藏不复蕴诸地，亦变化之所有事也。然非敢预测，妄言妄听，至天雷无妄，或此妄言妄听者皆非妄矣。①

问者不再囿于所谓的西方自治，继续追问这以后的变化趋势。杭辛斋则按照《周易》相继六卦临、观、噬、嗑、贲、剥、复的征兆，描绘出未来变化之趋势。杭辛斋所言未来世界是由于阴阳两种能量的阳气又到了潜伏的时候，"阴柔"则为主导。"阴柔""柔软"在《周易》中未必是恶或者负面的价值意涵，《周易》强调该刚则刚，该柔则柔，刚柔配合，而时间分为以阳刚主导之时间与以阴柔主导的时间，两种时间互相配合才适中。但这里"以柔胜刚"的时间也不是指历史终结意义上之未来，而是指结合目前杭辛斋所能看到的已有征兆所预示的未来的样子。因此，他说，世界将出现"以柔胜刚"、"以弱制强"、女权之扩张以及废弃暴力等局面。

杭辛斋以屯至随诸卦，证明了世界曾经进化之历史，《周易》成为进化论证据的一部分。同时，他又谨慎地预测蛊之后六卦之世界征兆，指出阳气潜伏，阴气主导的未来世界图景，这亦是超越西方进化论的《周易》"进化新论"之展开。

---

① 杭辛斋《学易笔谈》，第 210—211 页。

结　语

历经甲午战败、戊戌变法失败、袁世凯复辟等劫难之后，严复、刘师培、章太炎、杭辛斋等四位学人在思想上砥砺前行，尝试找回可以安顿中国人心灵与制度的思想根基。严复率先以《周易》的概念接引进化论思想，在激起受众对两种思想资源的关注的同时，指出要解时代之困在于前进到最终的国家阶段；刘师培一方面推进了易学与西方自然科学和社会科学的接榫，另一方面不同于严复从宏观的社会发展阶段寻求出路的做法，他以焦循所理解的"进化"，乐观地看到人治对社会走向的决定性作用；章太炎则在《俱分进化论》的基础上深刻反思西方进化论，又在幽禁中体认到《周易》最永恒之理不在于乾、坤主导之天演进化，而在于未济的永恒忧患；最后杭辛斋回归到《周易》自身的卦序，预示进化论之后是以精神为主导的进化新论。

相较于古代完整的易学注疏作品，清末民初易学转型中产生的片段式论述，似乎显得零碎散乱，牵合附会，但实则是吉光片羽，他们在易学思想上的继承与突破不应被忽视，正是他们相继的思想努力，使得清末民初易学最终得以形成与发生，构成了 1895—1920 年的易学史。

限于篇幅，本文尚未能涵盖清季民初易学与进化论碰撞的所有人物与材料，仅在钱基博、林忠军等易学史研究的基础上，再进一小步，勾勒出严、刘、章、杭四位先辈相继以《周易》为轴，吸收、矫正、反思与超越西方进化论思想的发展线索。

Going Beyond Social Darwinism: The *Zhouyi* Learning of Yan Fu, Liu Shipei, Zhang Taiyan, and Hang Xinzhai

Tze-ki Hon and Sara Kar Bo Wong

Abstract: From 1895—1920, when China was undergoing drastic political and social changes, Yan Fu, Liu Shipei, Zhang Taiyan, and Hang Xinzhai reinterpreted the *Zhouyi* (or Book of Changes) to help their countrymen understand the challenges and opportunities of their country. For these four thinkers, the *Zhouyi* was not a manual of divination, but an open text that provoked deep thoughts on technological revolution, industrial modernization, global economy, and the nation-state. Of the four thinkers, Yan Fu was the first to use the *Zhouyi* to discuss China's modernization. He was especially successful in using the *Zhouyi* to explain the universal law of human progress and the reasons why China was behind Europe in evolution. Following in Yan Fu's footsteps, Liu Shipei linked the *Zhouyi* to various natural sciences, further affirming the importance of the classic as an open text revealing the secret of social evolution and the uniqueness of China's modernity. Different from Yan and Liu, Zhang Taiyan read the *Zhouyi* as both an affirmation of social Darwinism and a critique of it. Zhang's double reading made him special, because he saw the classic as a mirror of the inherent contradictions of industrial modernization and the alienations in a nation-state. Finally, Hang Xinzhai combined the findings of the previous three thinkers and created what he called "the global *Yi* learning of the future."

Their splendid achievements notwithstanding, current scholarship has not given adequate attention to the *Zhouyi* learning of these four thinkers. Even though Lin Zhongjun has recently written extensively on Hang Xinzhai, his analysis is confined to Hang's contribution to the development of the "Images and Numbers School" rather than his role in founding a new form of *Zhouyi* learning in response to China's modernization. The goal of this article is to provide a holistic interpretation of the *Zhouyi* learning of these four thinkers. By showing an internal logic that connects their *Zhouyi* writings—sporadic and fragmentary as they may seem—it is hope that more efforts will be devoted to studying this new form of *Zhouyi* learning that fundamentally transformed the classic into an assessment of the pros and cons of the Modern Age.

Keywords: Late Qing-Early Republican China, Social Darwinism, *Zhouyi*

文献考释

新见黄侃著述批点文献述评

张祎昀　贺垣智

（北京师范大学民俗典籍文字研究中心/中国文字整理与规范研究中心）

摘要：黄焯家藏黄侃著述批点文献多种经拍卖散出，其中既有首次面世的书稿，也有已出版著述的稿本或其他版本，本文就其中精要者进行综述并介绍其学术价值。此次新见《说文义贯》一种，为黄焯据黄侃手批《说文解字》辑录编次，完整地反映了黄侃"初文相应"等体例，能够补充黄侃《说文》学研究材料，深化学界对章黄词源学研究的认识。新见黄焯迻录黄侃手批《尔雅义疏》一种，与现有的黄侃原本、潘重规过录本相比，版面更加规整易读、内容更加清晰完整，是当前使用价值最高的版本。其余著述、批点材料32种，其中声韵学未刊稿、手批《文心雕龙札记》、手批《契文举例》、手批《尔雅草木虫鱼鸟兽释例》与抄校《唐韵别考　韵学余说》各有独特价值，值得注意。

关键词：黄侃；批点；《说文义贯》；《尔雅义疏》；黄焯

　　黄侃是我国近代著名国学大师，其研究出入经史，博览四部，尤精语言文字之学。他治学极为谨严，慎于著述，曾言"年五十当著纸笔"，[①]奈何"知天命"之年而殁，这也导致他的著述计划大多未及完成，生前出版作品较少。然黄侃读书刻苦有法，每有所得，或批点于书间，或汇集为草稿，积累起来极其丰富，成为研究其学术成果、理解其治学旨趣的重要资料。黄侃逝世之后，这些文献大多由家人学生保管，后分藏于武汉大学中文系、湖北图书馆等地，颇为难见。武汉大学中文系黄焯教授跟随黄侃学习多年，保存了大量

[①]　章太炎《黄季刚墓志铭》，载程千帆、唐文编《量守庐学记》，北京：生活·读书·新知三联书店，2006年，第2页。

黄侃著述批点材料，他晚年即专意整理、出版黄侃的批点识语，如《说文笺识四种》《尔雅音训》《广韵校录》《量守庐群书笺识》等，①与影印的"手批"系列一起，向世人呈现着黄侃学术的风采。

　　2019年，黄焯后人散出家中藏书，其中包含一批黄侃的著述批点文献，甫一面世，便引起学界广泛关注。6月1日，上海朵云轩举办了"量守庐·烬馀"黄侃遗著研讨会，与会专家学者对这批黄侃遗著的学术价值、文献价值、版本价值予以高度评价，以之为黄侃学术研究的又一批宝贵资料。②笔者借拍卖预展的机会见到上述文献，其中《说文义贯》、黄焯迻录本《尔雅义疏》均未曾刊布，另有32种著述批点文献各具特点，均能增进我们对黄侃其人其学的理解，故试就其要者加以评述，介绍其潜在的学术价值。

一、黄焯编《说文义贯》三册

　　《说文义贯》（下简称《义贯》），线装三册，系上下分栏笺纸线装，手写稿本，书内另附有题为"初文相应"的稿纸一张。全书包括例言、提要与正文三部分，依《说文解字》正文分十四卷，每卷分上下。本书得名之由，黄焯在书前《例言》有述："先叔父尝拟撰一书曰《说文义贯》，又拟撰一书曰《义贯》，曾写目示焯，有名事表里、同形异用、独体转注、声母多音诸端。③故今将所录

---

① 详参谢泉《黄焯整理黄侃遗稿述略》，《武汉大学学报（人文科学版）》2014年第1期，第97—102页。

② 乐梦融《国学大师黄侃遗作现身沪上　颠覆学界"未留遗著"旧识》，http://newsxmwb.xinmin. cn/wentihui/wtsh/2019/06/04/31538860.html。笔者按：这批文献在稍后的拍卖中为不同藏家所得，其中既有研究机构、亦有私人藏家，笔者未能具悉所在。

③ 此处有眉批如下："先叔父尝拟撰一书曰《义贯》，其目曰：六书次弟第一、名事表里第二、笔势变化第三、同形异用第四、独体转注第五、分理别异第六、古声大类第七、声母多音诸端第八、声子从母第九、双声通韵第十、叠韵互音第十一、方言由来第十二、石经考异第十三、古文阙疑第十四、俗学指迷第十五。又与人书云，偶欲办三书，苦于无暇。一曰《通韵》，取经史群籍止于汉，异文止于唐，依《集韵》编次之。二曰《十五经人地名韵编》，或能泛及先秦书尤妙。三曰《玉篇》《广韵》《类篇》全用司马氏体例以编二书，用便寻检。外此自定期限以成一书，曰《经字考正》，细目五，曰《说文》见经典字（诸经各取旨见一句载其下）、《说文》不见经典字、经典不见《说文》字、《说文》见经典外本字、经典外本不见《说文》字。"另按：此事又见《蕲春黄氏文存》所附"拟著书目"与《黄侃年谱》（司马朝军、王文晖著，武汉：湖北人民出版社，2005年，第306—307页），然内容不若此眉批之全。

识语定名为《说文义贯》。惟先叔父既未成书，兹之所录，特犹美玉之璞而已。而焯辄取是名名之，惧未有当也。"据《例言》所述，《义贯》为 1961 年黄焯根据黄侃手批《说文解字》整理辑录，1981 年补充提要、重新誊写，但未曾刊布，加之此前未见著录，①故本书当是首次面世。以下简介全书内容，申述其学术价值。

（一）《说文义贯》内容简介

1. 例言

《义贯》例言分为批注体例与圈点符识两部分。批注体例部分，主要介绍了黄侃所用"初文""初文相应""形声字借声借义""同部字近义比次"等用语的含义。圈点标识部分介绍了黄侃口授朱笔标识体例 11 种，分别标明每种所代表的含义；又综录"一""丄""示"三部墨笔标识体例 35 种，写明了标识样式及使用示例。这两类标识的体例本应随《黄季刚先生遗著目录》一同发表，但都因不便排印而从略。②直到《黄侃手批说文解字》影印出版，方在书前《序例》中介绍了朱笔标识的含义，③但墨笔标识始终未见刊布。因此，《义贯》所保存的墨笔标识（节选见图 1-1）当属完全新见的材料，对归纳、解读黄侃手批《说文解字》中所用的各种符号具有重要的指导作用，有待进一步整理发掘。

此外，《义贯》例言的内容与黄焯《黄季刚先生遗著目录·〈说文笺识〉提要》（1980 年）、《黄侃手批说文解字·序例》（1982 年）两文较为接近，但更加完整。而根据落款"一九六一年六月　黄焯谨识"可知，《义贯》例言撰写时间最早，上述两文实乃《义贯》例言省改所得，亦可对黄焯整理黄侃遗著、分类编写提要的学术史过程形成补充。

---

① 本文的著录情况均指各遗著目录是否收录，此处参考的是黄建中《黄季刚先生著作分类录》（载中国海峡两岸黄侃学术研讨会筹备委员会《中国海峡两岸黄侃学术研讨会论文集》，武汉：华中师范大学出版社，1993 年，第 1—12 页）、徐复《黄季刚先生遗著篇目举要初稿》、黄焯《黄季刚先生遗著目录》、程千帆《黄先生遗著目录补》（载《量守庐学记》，第 166—187 页）。另按：《黄侃日记》1930 年 2 月 2 日写有"拟撰《义贯》一书"，列十五章目录，与黄焯眉批所言一致。这是对于《义贯》一书仅有的记载。盖此书在黄侃生前并未成稿，故未见著录。

② 程千帆、唐文编《量守庐学记》，第 180 页。

③ 黄侃批校《黄侃手批说文解字》，北京：中华书局，2006 年，第 1 页。

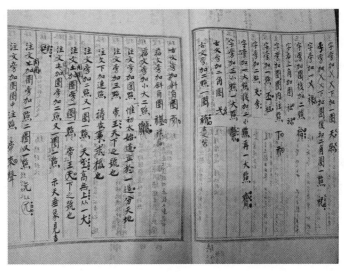

图 1-1

2. 提要

《义贯》提要题为"先叔父批校徐铉校定本《说文》提要"，包括黄侃批注《说文》条例 15 种，落款时间为"一九八一年五月"。相较于《遗著目录》所述 14 条，《义贯》提要多出"凡许书名物字必究其得声之由，如褫由虒来，璊由璊来之类是也"一则，与手批《说文》眉批"某由某来"体例相合，亦与《文字声韵训诂笔记》中反复提及的"一字多根"相应，①可见黄侃治学系统有条理之特色。

3. 正文

《义贯》正文分为十四卷，每卷卷首标明"《说文义贯》弟某卷上/下"，并署"蕲春黄侃季刚　侄焯耀先编次"，书口两鱼尾间依照《说文》分卷，标注卷数、上下篇及本卷页码，依照黄侃手批《说文解字》原本，使用朱笔、墨笔誊写。《义贯》正文不录《说文》原文，只以楷体字头统率黄侃批注。我们主要以首页"一"字条为例，②正文如图 1-2 所示。

---

① 黄侃述，黄焯编《文字声韵训诂笔记》，上海：上海古籍出版社，1983 年，第 60、199 页。
② 黄侃手批《说文》"一"字内容最多，故《义贯》"一"字条内容也最丰富，只有少量体例没有涉及，故以此为中心进行举例说明，间及其他诸字。

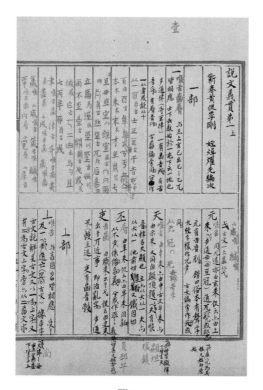

图 1-2

按：此页正文内容丰富，其体例基本包括了《义贯》中的所有情况：

第一，依据黄侃批注，使用朱笔标明字头可能涉及的声纽发音部位。如"一"字，黄侃认为除本读喉音影纽外，还涉及舌音、齿音、唇音，故标"喉舌唇齿"。

第二，墨笔整理批注，为《义贯》的主要内容所在，实际上主要是从不同角度进行《说文》系联的纲领，究之又有如下数端：①词源系联，指明字头对应的初文相应①关系或孳乳来源。前者如"一"字下"与'王''上''玄''巳''幺''乚''丨''乙''兀'皆相应"，后者如"元"字下"同'兀''远'，亦由'玄'来，侃云亦由'上'来"。②构意系联，抄录《说文》其他条目中对该字头负担

---

① 详见下文对"初文相应"体例的解说。

不同构意的说解。如"一"字下标明"士"所从"一"表示"数的起始"，"屯"所从"一"表示"地面"。③读音系联，或者依据《说文》注音，系联与字头读音相通的字词，如"一"字"声通律（孚豆律）"，即从"一"得声的"孚"读若"律"，故"律"与"一"读音相通；或者对照字头下标明的发音部位，系联《说文》中表现字头读音的材料。如"一"下有齿音心纽的"戌"（从戊一、一亦声）、舌音来纽的"孚"（从妥一声）、唇音明纽的"冃"（从冂一）。④字形系联，即标明字头的异体、异写情况，同时也包括字头作为构件出现的情况。如指出"一"字古文籀文偏旁均保持同一形体、隶书写作蚕头燕尾的样子、并有讹变为"十"的现象。除此之外，该部分也间或摘录对校大小徐（如"元"字下"错曰俗本有'声'字"）、不同释音材料（如"天"字下"他前切，《集韵》又铁因切"）等批点内容。

第三，使用朱笔列举例字，标明其他部首辖字中以当前条目字头为直接构件的字。以异部从"一"之字为例，其中从"一"的部首字正篆直接录入（如"士""正"等），被辖字正篆注明所属部首字（如"屯【屮①】"即《屮部》的"屯"字从"一"之意），古籀、或体则注明对应正篆与"古""或"等属性（如"兀【示古】""隺【雠或】"等）。

第四，同样使用朱笔举例，标明从对应字头得声的字，作为声符再度构字时所涉及的声类，并据《说文》大小徐本列举例字。如"一"字下【小】戌【喉舌齿】"表示小徐本分析"戌"字从"一"得声涉及喉舌齿三类读音，其后又系联"戌"得声的"崴（岁）""咸""威"等字，再进一步系联从"崴（岁）""咸"得声者。

第五，使用墨笔分析字头对应的或体。如"一"字末尾对"弌"的分析。

第六，在每个字头对应的页眉或页脚以朱笔录入经典文献中与字头通用的字。如"一"字上录"壹"、"天"字下录"显""坦""瑱""镇"等。

黄侃对《说文》每字批注的丰俭、次序不一，黄焯整理《义贯》均按如上顺序编次，体例与前述提要相合，且主要以墨笔分析说解、反映条例，以朱笔列

---

① "【 】"内为随文小注，下同。

举材料,通过整理体现出手批《说文》内在的系统条理。这样编排明晰,使每个字头所涉及的形、音、义、源都一目了然地呈现。

(二)《说文义贯》的学术价值

综合对《义贯》内容、体例的认识与黄侃《说文》学的既有材料,我们认为《义贯》在补充材料、帮助整理与阐明学理三个方面都具有重要的价值。

1. 补充黄侃《说文》学研究材料

黄侃对《说文解字》的研究成果,可称为著述的仅有《黄侃论学杂著·说文略说》与散见于《文字声韵训诂笔记》中的部分条目,其他大量材料以批点的形式存在,利用上十分不便。20 世纪 70 年代,黄焯辑录《手批说文》眉批"某同某""某古作某""某即某"等编为《说文同文》等书,至 1983 年集合相关著作,纂为《说文笺识四种》,由上海古籍出版社出版。学界于是始对黄侃的《说文》学提起关注,如陆宗达先生以《说文同文》《字通》与《文始》相结合,撰作《〈说文解字〉同源字新证》,"基本完善了《说文解字》同源字的考证"。① 自是之后,作者不绝,展现出黄侃《说文》学的巨大潜力。②

由此可见,黄侃《说文》学研究的首要问题是研究材料的获取与呈现。此前研究以《说文笺识四种》作为主要材料,但是这批材料在辑录时存在两个重要问题:一是辑录不全,以《示部》为例,《说文同文》遗漏"禦同抗敌距""禂同赒""祘同筹算"等条目,《字通》遗漏"囊,即斁也""禫,即导服之导字"等条目。二是《说文同文》以辑录"变易"现象为主,较少涉及词源研究中更为重要的"孳乳"现象,而"孳乳"相关条目在《说文义贯》中皆清晰转录(如"祺由丌来""祇出于辰"等),没有遗漏。由此观之,作为黄侃《说文》学研究材料,《说文义贯》恰能与现有材料形成互补,有利于进一步激发研究潜力。

---

① 王宁《说文解字同源字新证·序言》,载陆宗达《〈说文解字〉同源字新证》,北京:学苑出版社,2019 年,第 1 页。

② 如王宁《论〈说文〉字族研究的意义——重读章炳麟〈文始〉与黄侃〈说文同文〉》,《南京师大学报(社会科学版)》1986 年第 1 期,第 73—74 页;陈建初《黄侃先生所批"〈说文〉同文"初探》,《古汉语研究》1990 年第 2 期,第 55—63 页;卢烈红《黄侃的语源学理论和实践》,《武汉大学学报(哲学社会科学版)》1995 年第 6 期,第 12—17 页;韩琳《黄侃手批〈说文解字〉字词关系研究》,北京:中央民族大学出版社,2007 年等。

2. 帮助黄侃手批《说文》整理与应用

黄侃手批《说文解字》原书 1987 年已经影印出版,研究者却仍然以辑录不全的《说文笺识四种》为主要研究材料,究其原因在于原书批注字迹不清、内容较难辨识,若不经专门整理则难以利用。此前在台湾出版的潘重规过录本《批注说文》(以下简称"潘本"),虽然字迹更加清晰,便于识别,但潘氏过录时有讹误缺漏,仍需对校原本方能使用,且此本印量有限,甚不易得。比较诸本,最方便整理参考与研究应用的版本实为新出的《义贯》。

首先,《义贯》相较于潘本更为准确完整,以"玉"字下相关批注为例,黄侃批注《集韵》反切"又息逐",潘氏误作"又鸟逐"。且玉字异写"分作'玉''玉',或变作'玨'字。在上下者作'王''王'字,在左右者亦作'玨''玉',或作'玉',从古文变,从者或讹'土'。"此条潘本未见,盖系转录之时,黄侃还未批注。而《义贯》完整、清晰地摘录了此条批注(见图 1-3),由此可知《义贯》所据手批《说文》较潘本更加完善。

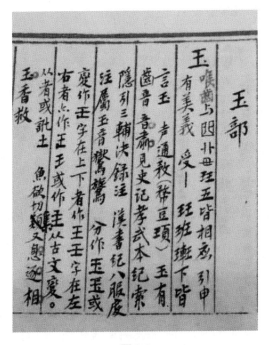

图 1-3

其次,《义贯》字体清晰疏朗,每条之下依据体例仅录黄侃对《说文》的批注,实际上已经是手批《说文》的初步整理。黄侃手批《说文》的时间跨度较大,如黄焯所言:"数十年间,先生虽处颠沛流离,亦未尝释手。"①黄侃 1920年 9 月作《说文略说》,部分理念已经与手批《说文》相合,②但至潘重规 1930年迻录批注时,③"字形变异"条例的相关内容尚未录入。手批《说文》自然也因此重叠了不同时期、不同主题的批点内容,增加了阅读、使用的难度。而《义贯》一书条理分明的整理则有助于排除这些障碍,并为后来的研究者提供一套有效的体例,故此书既可作为《手批说文》整理之资,又可以单独出版,以为黄侃《说文》学直接研究材料。

3. 理解黄侃基于《说文》的同源词研究

"章黄'小学'之中最为富有特色又极其光辉的,是他们的《说文》学。《说文》学是章黄语言文字学的核心。"④陆宗达先生说"章黄《说文》学体系的全部核心在求根探源"。⑤这一论断是在系统考察《说文同文》的基础上获得的。《义贯》不仅辑录了黄侃"同文"的全部资料,更系统整理了同源词系联的所有批注,无疑较《说文同文》更进一步。而且,《义贯》所做的工作不仅是相关批注的类聚整理,更有对黄侃《说文》同源词研究重要条例的深入发掘,其价值不可限量。如《义贯》之中附有一张题为"初文相应"的纸片(见图 1-4、图 1-5),以"一""丄""示""三""王"为例,通过手批《说文》眉批的汇聚,揭示"初文相应"体例,如"示"字相关内容为:

---

① 黄焯《黄侃手批说文解字·弁言》,载黄侃批校《黄侃手批说文解字》,北京:中华书局,2006 年,第 1 页。

② 如《论字书编制递变》:"许书列字之次第,大氏先名后事。"黄侃手批《说文解字》就将每一部首下连续排列意义相近辖字的情况都摘录于天头,标明相次,如"'祈''祷'相次"等。

③ 潘重规迻录黄侃《说文》批注,于每卷末尾均标明迻录年份,如"黄先生批本《说文解字》民国十九年潘重规过录""庚午年缮清"等。

④ 王宁《论章太炎、黄侃的〈说文〉学》,载陆宗达、王宁《训诂与训诂学》,太原:山西教育出版社,2005 年,第 337 页。

⑤ 转引自宋永培《论章太炎、黄侃学术研究的根本观念》,见氏著《〈说文〉与训诂研究论集》,北京:商务印书馆,2013 年,第 37 页。

表 1-1 《义贯》所附手批《说文》"示"字"初文相应"例

示:天垂象,见吉凶,所以示人也。三垂,日月星也。观乎天文以察时变,示神事也。		
说　解	初文相应	相应初文
天垂象	天,颠也。至高无上。则示与颠相应。颠出于颠故也。	颠
	与至相应,正反同词。与丄相应。	至丄
	垂出于丞,示与丞相应。	丞
见吉凶	见出于互,则示与互相应。	互
	吉凶二字皆示所包,吉出于己,与苟同意,是示与己相应。	己
	凶,恶也,出于亚,是示与亚相应。	亚
所以示人	说所以示人,是示与人相应。	人
三垂,日月星也	说三垂日月星也。示读舌音与日相应,读牙音与月相应。	日月
观乎天文以察时变	说观乎天文以察时变,时出于辰,是示与辰相应。	辰
示神事也	说示神事也,神出于申,是示与申相应。	申

这种体例仅见于初文与准初文之间,黄焯后来亦有所概括并举"示"字作为证明,①但远不如《义贯》所附的材料详细清晰。"初文相应"是章黄学派依据《说文》说解,对初文进行再度系联的创造性尝试,章太炎在《文始》中已有所揭示,②黄侃踵继而光大之,并一以贯之地使用了"相应"来专门指称这种关系。据上面的材料可知,黄侃不仅要贯串初文与孳乳字,而且尽力探求初文之间的联系,揭示汉语词源内部的运动规律。正如王宁先生所说:"章黄小学力主语言文字研究的中国化,把寻根求源作为一种追求与境界。"黄侃生前虽然未能完成汉语词源系统的完善理论论述,但是其词源研究的实践,已经由《义贯》完整辑录保留下来,详加校理,必能引导后来学者加深对基于《说文》的汉语同源词研究的认识。

---

① 黄焯《黄侃手批说文解字·序例》,见《黄侃手批说文解字》,北京:中华书局,2006 年,第 1 页。
② 详参童婧宸《章太炎词源学研究》,北京师范大学博士学位论文,2016 年,第 221—227 页。

图 1-4

图 1-5

二、黄焯迻录黄侃手批《尔雅义疏》八册

此次所见另一项重要文献是黄焯过录的黄侃手批《尔雅义疏》（下简称"黄本"）。在此之前，手批《义疏》已有两个公开出版的版本，分别是台湾石门图书公司 1980 年影印出版的潘重规过录本（以下简称"潘本"），和中华书局 2006 年影印出版的黄侃手批原本（以下简称"原本"）。上述两本所用《尔雅义疏》版本不同，潘本用光绪十三年（1887 年）湖北崇文书局刻本，而黄侃手批原本则用光绪十年（1884 年）蜀南阁黄茂刻本，二者均为《义疏》二十卷足本。此次所见黄本手批《义疏》，所用《尔雅义疏》为崇文书局刻本，与潘本相同。潘、黄两个过录本都在迻录时对原本做了规整，但二者在迻录内容丰俭与位置上多有不同。因此，我们以《义疏》"初、哉、首、基、肇、祖、元、胎、俶、落、权、舆，始也"一条为止，对现有的三种手批《义疏》进行比较（据相应内容在原本中的出现先后为序），展现其中差别，①并说明新见黄本在内容

① 所据原本为黄侃批校《黄侃手批尔雅义疏》（北京：中华书局，2006 年）；所据潘本为潘重规编《黄季刚先生遗书·手批尔雅义疏》（台北：石门图书公司，1980 年）。下文进行对比，在给出书影、提及二本内容时，仅随文注明相应页码，读者可取阅对看。

全面度、迻录拣择、便于阅读等方面的价值。

(一)"所用校勘之本"书目

此为记录"元大德本"等校读用本的书目,原本另纸抄录、列于书前(第3页);潘本录于"上谕"末尾(第1140页,如图2-1),内容与原本一致。黄本录于序文页眉,内容亦与原本一致,并在书目之前标明"所用校勘之本有"(图2-2),指出了该书目的用途。此外,黄本又在书目后写有附记:"潘景郑《著砚楼书跋》云:'《尔疋》单注本以黎氏所覆影宋蜀大字本为最古。'又云:'马谅刊本三卷,流传未广,嘉靖乙酉张景华补刊印行,据为己有,后来藏家多别马、张为两本,讹矣。道光乙酉金陵陈宗彝得马本重刊,今亦不多见矣。'"(图2-3)按,此盖为书目中的"景泰马谅本【景泰丙子应天府尹河阳马谅(字子谅),道光甲申上元陈宗彝重刊】"而发,黄侃所列书目在明代《尔雅》单注本中只取吴元恭本与马谅本,未涉及张景华本,因此黄焯援引潘景郑说,推断黄侃不采用张本的原因是其与马本实为一本。

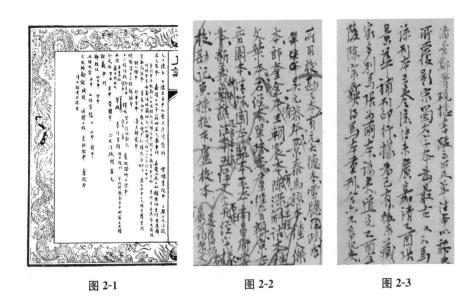

图 2-1   图 2-2   图 2-3

(二)"古注宜补辑者"书目

此为黄侃认为涉及《尔雅》而应补入的古注书目,原本起首即为"选集注》……",前文残缺不全(第 4 页,图 2-4)。潘本(第 1146 页,图 2-5)、黄本(图 2-6)则过录完整、次序稍异,并于书目前题"古注宜补辑者",说明了黄侃所列书目的用意,当是完整的原文迻录。同时,黄本又较潘本多出书目两种与几种书的出处,现照录如下(加下划线者为原本所无的内容、斜体者为黄本补入的书目与版本信息):

<u>《北堂书钞》《琳音》《玉烛宝典》《原本玉篇》《日本钞文选集注》《五行大义》《法华玄赞》《和名类聚钞》、湛然《辅行记》</u>①【旧皆未辑】、《万象名义》《邢疏》《校勘记》《古经解钩沉》《尔疋古义》【汉学堂丛书】《尔疋古注斠》【叶蕙心《尔疋古注斠》在《小学类编》内。焯】《广雅疏证》、马辑《尔疋旧注》、汪鋈《尔疋正名》抄本、严元照《娱亲雅言》【湖州丛书】、江藩《尔疋小笺》、《尔疋汉注》、王国维《尔疋草木虫鱼鸟兽释例》、严元照《尔疋匡名》【劳权罳卿手校本】、陈玉澍《尔疋释例》、雷浚《说文外编》【《尔疋一切注音》十卷严可均、《尔疋补郭》二卷翟灏,木樨轩丛书内】。

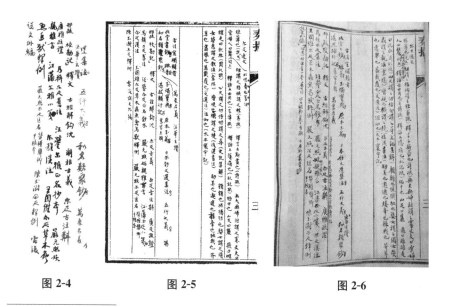

图 2-4　　　　　　图 2-5　　　　　　图 2-6

---

① 　以上几种书目均在右侧添加双圈着重号。

潘、黄二本对原本最大的补充在于补足的"湛然《辅行记》"后注明"旧皆未辑"，由此对照原本，可知书目中的记录有先后之别（潘、黄二本以加注双圈的形式表示）。此外由黄焯所补，还可知手批《义疏》所参考古注的部分具体版本信息。

（三）《重刊〈尔雅义疏〉足本书后》批点

此为对《重刊〈尔雅义疏〉足本书后》的批点，《书后》一文为黄茂所撰，附于蜀南阁本《义疏》之中，故为潘、黄二本所无。黄侃手批原本以旁注符识为主，批注仅"瘄"字旁"《说文》无'瘄'字，有'悁''悥'"一处（原本第 10 页）。

（四）"考订所用之书"书目

此为考订《尔雅义疏》所涉文献、古注所用书目，原本用朱笔列在《书后》之后（第 16 页，图 2-7）。潘本书目与原本内容一致，但以另纸抄写，附于全书之首（第 1135 页）；黄本录于序文页眉、"所用校勘之本"书目之后，题为"考订所引用之书"（图 2-8）。虽然只有黄本说明了这一书目的用途，但它仅有书目，原本与潘本均标注各书版本信息。

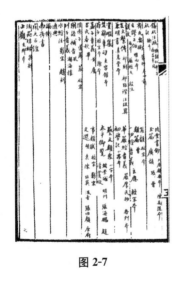

图 2-7

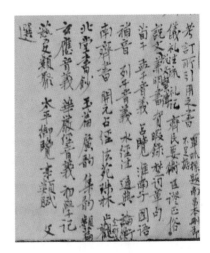

图 2-8

（五）《〈尔雅义疏〉序》批语

此为原本在《〈尔雅义疏〉序》"或云删去之文出高邮王石渠先生手"处的

一条眉批:"王必删其袭邵者也。"(第20页,图2-9)潘本在原处照录(第1152页,图2-10),黄本缺漏未录(图2-11)。

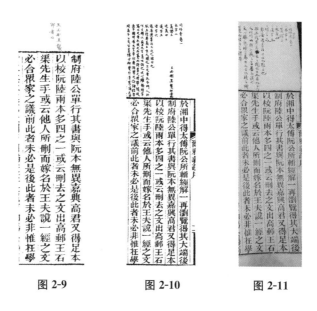

图 2-9　　　　　图 2-10　　　　　图 2-11

(六)"尔疋逸文"二十九条①

此为黄侃辑录的群书引用《尔雅》逸文共二十九条,原本抄录在《义疏》目录首页(第25页,图2-12),潘本(图2-13)与黄本(2-14)均迻录于"奏折"之后,内容与原本一致。

(七)《尔雅义疏》正文前批语②

此为原本在《义疏》目录末页、正文之前散见的批语(第26—27页),主要内容包括手批《义疏》时间、批注重点体例、"尔雅"名义相关内容,依序有如下数条:①说明批点时间的眉批"丙寅正月……";②说明《尔雅》书名异文的"尔雅序【诗经三字大隶书】,《释文》'尔'字作'迩','雅'字作'疋'";③说明批点体例的"同条牵属一……";④《汉书注》《驳五经异义》《文心雕龙》《孟子题辞》《方言》等书对《尔雅》性质、书名意义的解释;⑤提及《尔雅》性质及

①　黄侃《黄侃手批尔雅义疏》,第25页。
②　同上书,第26页。

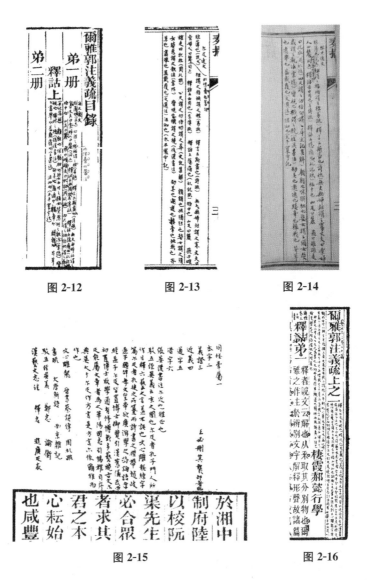

图 2-12　　　　　　图 2-13　　　　　　图 2-14

图 2-15　　　　　　　　　图 2-16

其名义的文献书目："《文心雕龙》……"；⑥《释名》《论衡》等书对"尔雅"名义的解释。①潘本（第 1152—1153 页，图 2-15、图 2-16）无①②两条，黄本（图 2-17、图 2-18）六条俱全，但调整迻录顺序为③④⑤⑥①②。潘、黄二本均将③

---

① 此条原本夹批于正文卷首题名之后，三本之间存在不少差异，故将差异信息作为三本正文首条批点比较的一部分，详见下文"手批《义疏》'始也'条三种版本信息差异表"。

④⑥条录于序文尾页、正文首页，并将散落于正文首页各处的第⑤条内容整理列于第④条之后，且黄本复于第③条前题"条例"二字（同见图2-17），指明了该条的纲领作用。此后，黄本将①（图2-19）②（图2-20）两条录于"尔雅郭注义疏上之一"右侧，但第①条"丙寅正月"被录作"丙寅三月"，这是一处关系到黄侃批点《义疏》具体时段的重要差异，但现存黄侃日记于丙寅年（1926）仅剩十月、十一月内容，乙丑年（1925）日记则止于二月，目前暂时无从考其正误。

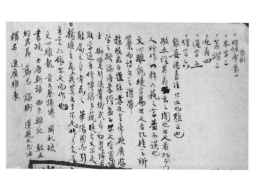

图 2-17

图 2-18

图 2-19

图 2-20

（八）《义疏·释诂第一》"始也"条①

正文批点是手批《义疏》最主要的内容。两个过录本均将原本分散各处的批语加以汇集，并依前后次序逐录于页眉、页脚等处，较原本整齐有加（图2-9）。就具体手批内容而言，逐录本与原本基本无别；而原本批注量最丰，黄本次之，潘本最俭。究其原因，在于黄侃随时都有新的批注，而潘本逐录时间早，故其过录内容为早期版本。②通过一些细节比较，我们能够推测黄本的逐录时间，应当介于潘本与原本之间，并且曾经先逐录过潘重规本。在手批《义疏》第一条中，三本之间所有差异信息如下表所示：

表2-1　手批《义疏》"始也"条三种信息差异表

原　　本	潘　　本	黄　　本
《艺文志》三卷二十篇	有	无
许宗彦……嘉靖本每行一排，石经……	"石经"以上无	有
《释名》："《尔疋》，尔，昵也……"……《汉书·艺文志》……《论衡·是应》……《大戴礼·小辩》："……足以辨言矣。"……以导天下……今俗所传三篇《尔疋》……	作"汉艺文志""论衡""大戴""可以辨言矣""以尊天下""尔疋三篇"。	原同潘，除"大戴""以尊天下"外，后皆增补、圈改同原本。
《关雎》疏引《尔疋③·序篇》……	无"尔疋"二字	同潘本
《诗疏》……《释亲》已下，皆指体而释其别，亦是诂训之义。④	"已"作"以"，未加圈点。	原同潘，后改"以"为"已"，圈点亦同原本。
"释诂弟一"之"弟"字上加"竹"字头	无	无
"释诂弟一"旁批"四字石经单雪新郑同"	无	无

---

① 黄侃《黄侃手批尔雅义疏》，第27—30页。

② 潘本上之一卷末题"丁卯二月晦，庚午九月廿九日"，结合上又之一、上之二卷末各题"庚午""庚午仲冬廿廿"，知潘氏曾两次过录手批《义疏》，第一次在丁卯年（1927年），第二次在庚午年（1930年）。而黄侃原本所题年份有丙寅（1926年）、戊辰（1928年）、己巳（1929年），故潘氏有所缺漏，在所难免。

③ 笔者按："尔疋"二字为后增。

④ 笔者按：此段均加圈号突出。

续表

原　　　本	潘　本	黄　本
加"诂"字于《说文》云下,并批《释文》引无'训'字"	无	有
《诗》曰:故训	无	有
"又引……作'释故'"改作"又云:'诂',樊光李巡本作'故'"	无	无
删"等《尔雅》"三字	无	无
《毛诗》"告之话言"……	无	有
《诗疏》引《说文》……	无	无
"哉""肇""胎""俶""权""舆""令"等字注音	无	有
《骊铁》笺同	作"义同"	原同潘,后改正
胎殆声通……《疏》释诂云……	作"疏诂训"	原同潘,后改正
《说文》:"元,始也。从一从兀。"	无	有
子夏《易传》……	无	有
下文云:"元,首也。"	无	有
加"气出土也"于"埘"字下	无	有
陆佃说:"落于花为落,于实为始。"	无	有
"肇新"义肇【以后省称"新"】	无	有
"彊【弓曲也】彊【弓弩耑,弦所居也】"……	无	有

经过上表细节比较,可见黄本多处错误与潘本一致,后来大多据原本改正。加之黄本曾用直角引号、于字上加点表示删除,也与潘本一致,后来才改从原本,一以划去为准(图 2-21)。故可知黄本曾参考潘本,这也可以解释为何潘、黄二本使用同一版本《尔雅义疏》。①

---

① 《黄季刚先生遗书影印记》云:"因授以手批许氏《说文》《尔雅义疏》,命规迻录……规得阔大善本,昕夕缮写。"(见《量守庐学记》,第 34 页)按:潘重规改换版本的原因,大概在于以湖北官书处本页眉、行间等处空间更大,更便迻录。

此外，值得注意的是，三本所用笔墨各不相同：原本用朱墨两色，潘本黑白影印、只有黑色笔迹，①黄本则用朱墨绿三色。原本圈点勾画多用墨笔，常常影响阅读，特别是原本认为当删刈者均以墨涂去，经影印后遮挡严重。潘本虽未沿用此法，但改易了原本符识，间有错漏。②黄本则以绿笔勾画圈点、以墨笔迻录批注，间有朱笔，几乎没有遮挡原文，极便阅读（图 2-22）。

图 2-21③

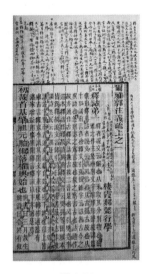

图 2-22

经过比较，我们认为，黄本是现存三个版本中使用价值最高的版本。原因在于其三大优点：第一，比较潘本，黄本过录内容更全，且完全沿用原本符识，存手批《义疏》之真；第二，比较黄侃原本，黄本所未录内容多为版本信息，涉及词义、经义的信息很少缺漏，可谓得手批《义疏》之全；最后，黄本在三个本子里特适于阅读，特别是较原本为最工整，若能彩印行世，斯为得手批《义疏》之善。

---

① 潘本在"古注宜补辑者"书目页脚标示"'、'墨笔，无者硃"（第 1146 页），即加注"、"号的内容原本使用墨笔，否则即是朱笔，由此可知潘本过录盖均用墨笔，不直接体现墨色区别。
② 如"是才哉古字通"一句，原本删去，潘本只见前引号，而无后引号。
③ 如图，"然则"句为用直角引号删去者，"是也"二字为字上加点删去者。

三、其他著述批点文献简况

除上述两项外,本次出现的黄侃著述、批点的文献资料还有很多,笔者所见共计 32 种。①现列表存目如下,并选择其中有较大学术价值者,各作简介附诸表后。

表 3-1　新见黄侃著述、手批材料书目

著述类			
题　名	著作属性	类　别	是否著录
声韵学未刊稿	黄侃手稿	小学类	未著录
音学九种 急就章编画	黄焯迻录	小学类	已著录
周礼故书最录 仪礼古文最录	黄焯抄本	小学类	已著录
广韵校录	黄焯辑录	小学类	已著录
尔雅音训	黄焯辑录	小学类	已著录
字正初编	黄念华编	小学类	已著录
文心雕龙札记	黄侃批点	文学类	已著录
文选平点	黄焯编次	文学类	已著录
批点类			
书　名	作　者	批点情况	
国学概论	黄侃等	内含书四种:《声韵示读》《诗经序传笺略例》《汉书·艺文志》《钦定四库全书总目提要四部类叙》用朱墨两种笔,批校圈点均有。	
唐诗纪事	计有功	用朱墨两种笔,点断为主,批校较少。	
南北朝文钞	彭兆荪	用朱墨两种笔,圈点为主,批校极少。	

---

① 除此 32 种之外,此次所见藏书还有大量仅有黄侃题识而无批点的,由于数量过多,本文限于篇幅概不录入。各书题识内容皆经朵云轩释读并载于拍卖图录之内,读者可取阅参考。

续表

批点类		
书　名	作　者	批点情况
癸巳类稿	俞正燮	用朱墨两种笔，批注圈点均有，对俞书评价较高。内另夹有一纸，讨论《金匮》《黄帝龙首经》相关问题。
癸巳存稿	俞正燮	用朱墨两种笔，圈点批校均有，数量不及《类稿》，评价亦较高。
太平御览	李昉等	圈点为主，几无批校。
韵目表	钱恂	用墨笔批校，改正、合并韵目共十三处。
十经文字通正书	钱坫	用朱笔批校、墨笔圈点，批校不多。
尚书孔传参正	王先谦	批点为黄焯迻录，数量较少。
白文十三经		批点为黄焯迻录，与已出版者相同。
白文十三经		批点为刘赜迻录，所用符识与已出版者多有不同，内夹有刘氏致黄焯信件一纸，内容与所用符识有关。
尔雅释例	陈玉澍	用朱笔圈点，用墨笔批校，批注内容较少。
尔雅草木虫鱼鸟兽释例	王国维	批点为黄焯迻录，用朱笔圈点，用墨笔批校，批注内容较多。
契文举例	孙诒让	用朱笔圈点，用墨笔批校，批校内容较多。
集韵	丁度	批点为黄焯迻录，均用墨笔，批校数量不多。
唐文粹	姚铉	批点为黄焯迻录，均用墨笔，圈点为多，批校较少。
世说新语	刘义庆	批点为黄焯迻录，均用墨笔，圈点为多，批校较少。
唐韵别考韵学余说	王国维	黄侃抄本，附有少量批校语。

（一）声韵学未刊稿

稿本线装两册，与已经出版的《声韵学未刊稿》内容不重合。大体可分两部分，第一部分立"声训""连语""方音"三类大目，对训诂材料进行分类，其中较多关涉声音。每一大类之下又分若干小类，于小类下给出训释例子，兹举"声训"为例（省去具体训释举例）：

表 3-2　声韵学未刊稿"声训"分类

声训	一单训	甲同字			
		乙异字	子同声	天今同声	
				地古同声	式今异声
					上今异韵
			丑同类		
			寅同韵	天正同韵	
				地转同韵	
			卯双声	天今双声	
				地古双声	
	二双声	甲以义释	子以数字		
			丑以连字	天以连字	
				地以双声	
				玄以叠韵	
		乙以声释	子以单字释	天以同声释	式以今同声
					上以古同声
				地以同类释	
				玄以同韵释	
				黄以双声释	式以今双声①
	三叠韵	甲以义释	子以单字		
			丑以连字	天以连字	
				地以双声	
				玄以叠韵	
		乙以声释	子以单字释	天以同声释	式以今同声
					上以古同声
				地以同类释	
				玄以同韵释	
				黄以双声释	式以今双声
					上以古双声
			丑以连语释	天以连字	式以双声
					上以叠韵
				地以双声	
				玄以叠韵	
		丙叠韵变			

---

① 　稿纸一页到此为止,但对比"三叠韵"分类下的各个细类,怀疑此后尚有阙文。

在分类之后,即是就每一细类而作的训释纂集,来源有经典正文、传注、音义、字书等。第二部分是就黄侃古声四类为目,分别拼合声韵,按照声韵地位填写连字,据声韵拼合者表题便如"喉歌""喉曷"等,据声类拼合者即按下表格式填写①:

表 3-3　声韵学未刊稿填写连字表例

喉					舌					齿					唇			
喉	舌	齿	唇		喉	舌	齿	唇		喉	舌	齿	唇		喉	舌	齿	唇

总的看来,此稿完成度远不及后来出版的《声韵学未刊稿》,很可能是草稿性质的材料,其实际价值如何、与《声韵学未刊稿》之间是什么关系,仍待深入整理研究。

(二) 手批《文心雕龙札记》合订本

此书线装一册,为北京大学《文心雕龙》讲义排印合订本。原书无句读,手批以朱笔点断。合订本有诸多误字,黄侃于文中一一划出改正,并校正讲义中的排印错误(如"永嘉"误为"永兴"等)。在页眉注释中,黄氏或笺释词义,或补充书证;在行间注释中,内容均为对《札记》的增改。通过对增改内容的考察,我们初步推测,此本当为北平文化学社本(1927 年版)与《札记》定本之间的校改本。

(三) 手批《契文举例》

此本线装两册,用民国十六年(1927)上海蟫隐庐翻印本《契文举例》为批点底本,主要参考黄侃自抄光绪癸卯(1903)刘鹗抱残守缺斋自印本《铁云藏龟》批点而成。书中朱墨二笔灿然,圈点批校俱全,内容颇丰。批注内容包括了校正底本误字、调整底本倒文、指出底本所列甲片为赝品、考释文字、发明卜辞文法、证明古代制度等多个方面,其间不乏卓识确见,亦难免时有误说。是书之出,足以令我们对黄侃的文字学再作认识,其重要价值不言而

---

① 原表竖排,本文为节省空间计,改为横排。

喻。对此我们亦将另文详究。

（四）手批王国维《尔雅草木虫鱼鸟兽释例》

此本线装一册，用民国五年(1916)广仓学窘丛书甲类所收《尔雅草木虫鱼鸟兽释例》本批点。书中用朱笔圈点，用墨笔批校，批注内容较多。黄侃在批点中对王氏分别俗名雅名、"俗名多偶，雅名多奇"等说均有异议，对王氏在具体考证中对声韵的运用亦有质疑，商榷之意甚明。是书不独可见黄氏小学之精，亦不失为民国学术史研究的重要材料。

（五）抄校王国维《唐韵别考　韵学余说》

此本线装一册，系用松古斋稿纸抄录王氏所撰《唐韵别考》《韵学余说》二种，间有校语。与手批《尔雅草木虫鱼鸟兽释例》相结合，可以证明黄侃对于同时代一流学者之关注，亦可窥见黄氏治学之形态。

结　　语

以上所述诸书，均为本次所见精要者，限于篇幅，不能再详加介绍。此次拍卖内容以黄侃学术材料为主，其价值与一般拍品不可同日而语。黄侃学术博大精深，却因著作较少而难以发掘，故而每有遗著刊布，就会为黄侃国学研究的突破创造契机。但是，20世纪七八十年代的第一轮集中整理之后，能见到的只有在此基础上的再度整理、或佚作篇什的零星介绍，再没有成规模的黄侃遗著面世，故黄侃国学文献的相关整理研究几有停滞之势。我们相信，本次新见的著述、批点材料，定能帮助学界更加深入理解黄侃的学术体系。但若仅仅成为私人收藏，则其出亦犹未出者矣。我们集此次知见而为综述评介，希望能够引起学界同人的重视，也更期待各藏家能够筹划出版，嘉惠学林。

A Brief Study of Newly Discovered Huang Kan's Commented and Punctuated Manuscripts

Zhang Yiyun and He Yuanzhi

Abstract: *Huang Zhuo*'s family collection of *Huang Kan*'s manuscripts of a variety of documents showed by auction, including some of the first appearance of the manuscript, but also has been published in the manuscript or other versions of the writings, this paper on which the essence of the review and introduce the academic value. The newly discovered *Shuowen Yiguan* is compiled by *Huang Zhuo* according to *Huang Kan*'s comments on *Shuowen Jiezi*. Newly discovered *Huang Zhuo* recorded *Huang Kan*'s comments on *Erya Yishu* and the existing Huang Kan original, Pan Chonggui over-recorded this, the layout is more neat and easy to read, the content is more clear and complete, is the current use of the highest value version. There are 32 other manuscripts which have unique values and deserve attention.

Keywords: *Huang Kan*; manuscript; *Shuowen Yiguan*; *Erya Yishu*; *Huang Zhuo*

章学外译

Explaining "The Republic of China"[①]

trans. by Pär Cassel

（密歇根大学）

The name "The Central Country"(*Zhongguo* 中国)[②]is a demarcation in relation to the four cardinal points. Magadha, in India, is also called "The Central Country",[③] and in Japan, Sanyô 山阳 is also called "The Central Country"[④], so this name does not exclusively refer to the Land of the Han(*Hantu* 汉土). If one uses the name "The Central Country" for the Land of the Han, then the commanderies(*jun* 郡) and counties(*xian* 县) from the pre-Han period would constitute its boundaries. Thus, "The Central Country" in India and Japan is a distinction used to demarcate a central province from outer regions, whereas "The Central Country", when used as a name for the Land of the Han, is a demarcation between

---

① Translator's note: "Zhonghua Minguo Jie"中华民国解 was published in *Minbao* 民报, No. 15, Tokyo, July 5, 1907, and was reprinted with some corrections in *Zhang Taiyan Quanji* 章太炎 全集, Vol. 4, Shanghai, 1985, pp. 252—262. I am indebted to Dr. Gao Jianping, now at the Chinese Academy of Social Sciences in Beijing, Professor Göran Malmqvist in Stockholm and Dr. Wang Hui, at the Chinese Academy of Social Scienses in Beijing for valuable advice during the work on this translation. The notes below are mine.
② There is a case for translating the name in the plural, i. e. "The Central Countries", as many scholars hold that the name originally referred to a federation formed by some territorial states during the Zhou dynasty. However, for the sake of consistency I have chosen to put the name in the singular, as Zhang's intention was to show that, despite the names being similar in form, they are different in content.
③ Madhya-desa or "The Central Province".
④ Sanyô-dô is a region in central Japan comprising of eight provinces, situated in the larger Chûgoku 中国 region.

one's own territory and other countries. These are the similarities and differences between these different names and the realities [behind them].

The name "Hua States"(*zhuhua* 诸华) comes from the place which the nation(*minzu* 民族)first occupied. Throughout generations it has been said that "Kunlun 昆仑 is the Hua State(*Huaguo* 华国)", but that saying is only a result of metaphors. Nor is there any clear proof that can be quoted to demonstrate whether or not the former emperors of China once founded their capital on the Kunlun mountain. However, the Divine Offspring(*shenling zhi zhou* 神灵之胄)came from the west, and based themselves in the Yong 雍 and Liang 梁 regions.①Fuxi's 宓犧, birthplace in Chengji 成纪, Shen Nong's 神农 birthplace by the Jiang River(*Jiang Shui* 姜水)and the grave of the Yellow Emperor 黄帝'; these places are all in the Yong region. ②Gao Yang's 高阳 origin by the Ruo River(*Ruo Shui* 若水), Gao Xin's 高辛 origin close to the Yangtze river,③ Shun's 舜 settlement in Xicheng 西城,(According to *Shiben* 世本 Xicheng belonged to the Hanzhong commandery of the Dynasty, thus Gongsun Nizi 公孙尼子④ said that Shun tended sheep in Hanyang. According to geographical annals, there was a village called Hanyang 汉阳 in the Baozhong 褒中 county of the Hanzhong commandery) and the birth of Yu 禹 in Shiniu 石纽；⑤these

---

① According to legend, Emperor Yu(mythical reign 2205—2198 B.C.)divided China into the Nine Regions(*jiu zhou* 九州), of which Yong and Liang were two. Yong comprised the territory west of the Yellow River and north of the river Wei, whereas Liang included the modern province of Hubei and part of Sichuan.

② Fuxi is a legendary emperor who supposedly reigned between 2852 and 2738 B.C. He invented the mystical trigrams, and laid the foundations of the Chinese script. Shen Nong is the personal appellation of the legendary Yan Di 炎帝 emperor who is worshipped as the master of husbandry. The Yellow Emperor is the supposed great ancestor of all Chinese.

③ Gao Yang was the grandson of the Yellow Emperor and succeeded him to the imperial throne. His imperial name was Zhuanxu 颛顼. His father Changyi 昌意 had been banished to the area around the Ruo river by the Yellow Emperor. Gao Xin was the great-grandson of the Yellow Emperor and succeeded Zhuanxu on the throne, his imperial name was Di Ku 帝喾, Di Ku's grandfather Xuanxiao 玄嚣 was banished to a region close to the Yangtze river.

④ A Confucian Scholar who lived during the early Warring States period(475—221 B.C.).

⑤ Shiniu is the legendary birthplace of emperor Yu. It is situated in the county of Wenchuan 汶川 in Sichuan province.

places are in the Liang region. Thus we see that, the places where the emperors were born, and the hinterland where they ruled over the people, constitute the extents [of the country]. The Yong region reaches to Huayin 华阴 in the southeast, and the Liang region stretches to Huayang 华阳 in the northeast. The Hua mountain forms the boundary, giving the country its name of Hua 华. Such is the origin of that name. Later, people started to migrate and spread to all the Nine Regions. At the time of the Qin and Han dynasties, Korea and Vietnam had become places where the Hua people tilled the soil, and thus the connotation of the name Hua had become wider. Hua was originally the name of a country and not the name of a race(*zhongzu* 种族), but today it has become a general term for both. The fact that people from Shandong are often called *kuazi* 侉子 is a reflection of [the name] Hua.

If you want a correct name for the Race, then Xia 夏 is the most appropriate. The *Shuowen* 说文 says: "The Xia-men from the Central Country."[1] In the *Di Dian* 帝典[2] we find the passage: "Man 蛮 and Yi 夷 barbarians are attacking Xia". From this we can draw the conclusion that the name did not originate in the time after the Xia rulers. Some people say that the remote origin of the name is Daxia 大夏,[3] but that idea belongs to the same [metaphorical] category as the sayings regarding Kunlun and the Hua State. If you base your analysis on historical records, however, you find that the origin of the name Xia is indeed the Xia River(*Xia Shui* 夏 水). This river-some call it the Xia River, some the Han River(*Han Shui*

---

[1] *Shuowen Jiezi* 说文解字, Part 5, II/14: *Xia Zhongguo zhi ren ye* 夏中国之人也. Zhang has skipped the character *zhi* 之 in the original.

[2] *Di Dian* is an alternative name of *Yao Dian* 尧典 i.e. the first chapter of *Shangshu* 尚书.

[3] Daxia has several meanings in Chinese, Zhang does not make clear which one he is referring to. One meaning of Daxia is Bactria, an old kingdom in Central Asia.

汉水）, others the Yang River(*Yang Shui* 漾水）, and still others the Mian River(*Mian Shui* 沔水）, all of which refer to the same stretch of water-has its source in Wudu 武都, but the current does not grow strong until Hanzhong, which is situated on the boundary between Yong and Liang. The nation(*zu* 族）was named after the river, just as the people who were born by the Ji River(*Ji Shui* 姬水）formed the Ji 姬 clan and the people born by the Jiang River formed the Jiang 姜 clan. Xia was originally the name of a nation, and not the name of a state, that is the reason why we say 'the Xia states'(*Zhuxia* 诸夏）. Later, the land was named after the nation, thus Guandong 关东 is recorded as Dongxia 东夏. When Liu Ji 刘季 took over the Nine Regions (*Jiugong* 九共),① and conquered the Xiongnu 匈奴 and the Western Frontier Regions(*Xiyu* 西域）, his prestige and the civilisation which spread in his wake, extended far and wide, and so the nation was given the name Han as well. Although this name apparently has its origin in the dynasty, this cannot be taken as normative. Nevertheless, the House of Han established the state, the foundation of which was the fief of Hanzhong. It was situated in the same area as the Xia River and was in the same region as Huayang, so the use ⌈of the name Han⌉ as a general name was consistent with its original meaning.

For this reason, each of the names, Hua, Xia and Han, was used consecutively to denote three variations in meaning. By establishing Han as the name of the race, the meaning of "a state" is included, and the use of Hua as the name of the state also incorporates the racial sense of the word. These are the reasons for using the name *Zhonghua Minguo* 中华民国-the Republic of China.

Now there is a proponent of the "Gold and Iron Doctrine"(*jintiezhuyi*

---

① *Jiu Gong* is an alternative name for the Nine Regions mentioned previously.

shuo 金铁主义说), who says:

> The purpose of the name "The Central Country" is to demarcate outer regions from central regions. [...] The purpose of the name "Central Hua" is to distinguish between the different cultural standards of the Han and the barbarians. Thus the name "Central Hua" is neither the name of a single place, nor the name of a single blood lineage, but a national name(*zuming* 族名), stemming from a uniform culture. Therefore, according to the principle of the *Chunqiu* 春秋, it did not matter if it concerned the houses of Lu 鲁 and Wei 卫, which had the same surname, the houses Song 宋 and Qi 齐, which had different surnames, or the barbarian Chu 楚 and Yue 越 states-Chinese soil could be ceded to the barbarians and the barbarians could become Chinese. The rites and the teachings were the only criterion [for Chineseness], and no distinction was made between close and remote kinship. ① Several thousand years have passed since then, and several thousands of different races have intermixed, but the country is still called "Central Hua"as before. By the same token, the origin of "Hua" can be determined in terms of culture. Therefore, if you want to find out what kind of nation the Chinese nation(*Zhonghua minzu* 中华民族)is, you will find that this [cultural] definition was included at the very point in time at which the nation got its name. Using Western terms, we can say with certainty that the name is consistent with the culturalistic doctrine, and that it is at odds with the genealogic doctrine. "Hua" originates from the character "flower"

---

① The quote refers to the fact that the states of Lu and Wei were fiefs of the Ji clan, i. e. the same clan as the house of Zhou, whereas Song was ruled by descendants of the toppled houses of Shang, and Qi came from the Jiang clan, the clan of Yan Di.

(*hua* 花). The idea of using the word "flower" was to describe the beauty of the culture, and not to draw a line between the features of different blood lineages. This can be concluded by analysing phonetic loans and associative compounds. ①

The proponent of this doctrine suffers from three delusions.

The first is that he has not understood how to make proper use of the meaning of different symbols, and he overstates superficial meanings in characters. Hua, as a name, was originally adopted by those who lived close to the Hua mountain. Later, the use of Hua was expanded, and the original meaning of the character was forgotten. By misunderstanding the real meaning of the character, and by only looking at its appearance, people thought that "Hua" meant "magnificence" (*huamei* 华美). Although this is by no means inconceivable, it is not the basic meaning of the character. This is similar to the inflated interpretations of the character "Xia", and belongs to a latter-day category of explanations.

The Indian race has, since ancient times, been called "Aryan". The origin of this name has been submitted to research, and it has been concluded that it originally meant "peasant". Some people have said that the word means "noble man", while others have said that it means "wise man". But these explanations certainly belong to a later development of the meaning, by which the race has sought to sing its own praises. While on the subject of the meaning of different names, [it is worthwhile re-

---

① The quote is taken from the article "Jintiezhuyi shuo"金铁主义说, which was written by Yang Du 杨度(1875—1931), and appeared in *Zhongguo Xinbao* 中国新报, nos. 1—5, January 20-May 20, 1907, Cf. Yang Du Ji 杨度集, Changsha, 1986, p. 374. Zhang has omitted the first part of the second sentence, which read: "The difference between two nations is to be found in their culture …." "Gold and iron" are euphemisms used by Yang Du to explain the idea of wealth and power in contrast to Otto von Bismarck's militarisitc notion of "blood and iron".

membering that,] the common people in China were formerly called "black people"(*limin* 黎民), and at the time of the Qin Dynasty they were called "dark heads" (*qianshou* 黔首). Both these terms referred to their black hair, but this does not mean that we can say that all people with black hair belong to the same race. And even if it were true that "Hua" was synonymous with "culture", how could you possibly say that all people with culture are Chinese?! That would be like saying that any peasant, nobleman or sage is Indian-how is it possible to use such confused and discursive language?!

Now the fact is that Man 蛮, Yi 夷, Rong 戎 and Di 狄 have always been used in China to refer to people from different points of the compass. In the beginning, there was no terminological confusion in the distinction between different races. As time passed, all countries with soldiers dressed in fur and carrying bows were thus called Hu 胡. Hu was originally the name of the Eastern Hu(*Donghu* 东胡), but later, the Xiongnu 匈奴 were called Hu as well, and, even later, the peoples of the Western Frontier Regions were also called Hu. Fan 番 was originally the name of Tuba(*Tu Fan* 吐蕃)① but later it came to include the Moslem tribes (*Huibu* 回部) as well-the Western Fan(*Xi Fan* 西番)-and, later still, the savages in Taiwan became the Sheng Fan 生番. Once the names were used so indiscriminately, it was no longer possible to assume that peoples with the same name were of the same country or the same tribe, but this was not the case with Hua. To lump different peoples together and call them one, simply because they all have culture-is that not wide of the mark and far removed from facts?

The second [delusion] is that he abuses the *Chunqiu* in order to per-

---

① Tuba is an ancient Tibetan state which existed from the 7th to the 9th century.

vert historical facts. These arguments originated with Liu Fenglu 刘逢禄①
et consortes, who for generations have served the Manchus with the inten-
tion of bolstering the position of the tribal chiefs. They have made exten-
sive use of the Gongyang 公羊 Commentary in order to expound on various
omens, yet this was not part of the old Gongyang theories.

During the Han and the preceding period, the Chinese did not regard
the barbarian tribes as equals, and therefore there is no example of barbar-
ians being referred to as "men"(ren 人) in the records.②In the Chunqiu,
there are indeed records saying that "men of Xing and men of Di attacked
Wei"③and "men [i.e. representatives] of Qi and men of Di made a cove-
nant in Xing"④, but the Gongyang does not explain the meaning of these.
To entice an alien race to exterminate one of one's own tribes, was, in
fact, the object of severe condemnation in the Chunqiu. The Di barbarians
should not be called human, yet the men of Xing and Qi regarded them as
equals, and thus demeaned themselves to the same level as the Di. This
was not meant to promote the Di barbarians, but to degrade the men [rep-
resentatives] of Xing and Qi. Lao Zi 老子 said: "To put something
straight is like saying the opposite."⑤ When the Chunqiu writes about the
Di barbarians as "men", there is a hidden meaning in the word and it is

---

① Liu Fenglu(1776—1829), Oing official and New Text scholar. Founder of the Changzhou
school. Among his disciples were Gong Zizhen 龚自珍 and Wei Yuan 魏源.

② In the original the word ren 人 is consistently used, which should neither be understood as "hu-
man being" nor "people". Here ren is clearly used to denote "men" or representatives from the
respective states, and when representatives from the Xia states treated representatives from
barbarian states on equal terms this was seen as degrading the Xia states. I am obliged to Prof.
Göran Malmqvist for this explanation.

③ Cf. Chunqiu, 18th year of Duke Xi 僖公, Harvard-Yenching Sinological Index Series Sup-
plement no.11, Combined Concordances to Ch'un-ch'iu, Kungyang, Kuliang and Tso-chuan,
Vol.1, p.114.

④ Cf. Chunqiu, 20th year of Duke Xi, in ibid., p.116.

⑤ Daodejing, Chapter 78.

said in a wailing tone. This is what you call "to obscure your intention"!

Viscount Ying'er of Lu 潞子婴儿 of the dog race-Red Di(Chi Di 赤狄)-was related to Jin by marriage, but the couple were not well matched. When she [the spouse of Ying'er] was brutally murdered, the ruler of Jin [who was also the younger brother of the murdered woman] raised an army in vengeance. The fact that the term "Viscount of Lu" is used, does not imply that the Yi and Di barbarians had any rulers [of that rank]. The reason [the term is used] is precisely in order to express disgust towards Jin; just as in the case with the Di barbarians above. When the Gongyang states that the Viscount had moral qualities, the statement is missing the point. ①As to instances of degrading the Hua states to the level of Yi and Di barbarians, the entry in the Chunqiu, "Jin attacked Xianyu 鲜虞", may serve as an example.② He [Xiu] 何休③ explains: "The fact that [the Chunqiu] refers to [the attacker as] Jin, is due to the fact that the Central States were acting without principles and therefore were under hard pressure from the Yi and Di barbarians. Now, Chu had acted with treachery and extinguished Chen 陈 and Cai 蔡; and the Xia states left in fear and had a meeting with Jin at Quyin 屈银, seeking an alliance. [The ruler of] Jin did not avail himself of this opportunity to assist the feudal lords, nor did

① This refers to an intrigue which occurred the 15th year of Duke Xuan 宣公(594 B. C.), *Harvard-Yenching*, pp. 203-204. After Feng Shu 丰舒 had taken over the government of Lu, he killed Ying'er's spouse and injured Ying'er's eyes, This led to armed retribution by the state of Jin and the destruction of Lu in the above-mentioned year. As a matter of fact, Zhang's criticism of the quoted passage from Gongyang also misses the point, as he has ignored the context: "Why is [the ruler of] Lu here referred to as Viscount? The personal moral qualities of the Viscount were such that they warranted his extinction [as a ruler of the state]." I am obliged to Prof. Göran Malmqvist for this explanation.

② Xianyu was a country which belonged to the White Di tribe. The passage occurs in the *Chunqiu*, 12th year of Duke Zhao 昭公, in ibid., p. 380.

③ He Xiu(129—182), the last representative of the classical New Text school. The quote is his commentary to the passage above.

he set an example for them with a display of all-embracing love. Instead, he was the first to attack a state [ruled by a ruler] of the same clan name as himself. Starting from the principle of caring most for those closest to him, he wanted to establish his authority and rule as a hegemon. Therefore it treats him as a barbarian." The fact that the Chunqiu here treats Jin as a barbarian state, is precisely because it slaughtered people of its own blood essence, and let the barbarians annihilate Chen and Cai without caring about them.

To discard bonds of relation, and to fawn on various barbarians, and even to imitate them, this should be subjected to deep hatred by the hearts of men. Today, people hate Fan Wencheng 范文程[1], Hong Cheng-chou 洪承畴[2], Li Guangdi 李光地[3], Zeng Guofan 曾国藩[4] and their generation, and sometimes their hatred for these men is even greater than their hatred for the Manchus themselves. How could things have been any different in the Chunqiu? If you regarded the rites and the teachings as the sole criterion, and your acts were immoral to the extent of slaughtering your father and raping your mother, how could the *Chunqiu* not have regarded this as worthy of barbarians when recording such things?! As for Chu and Wu, their fiefdoms did not extend beyond the Jing 荆 and Yang[5] 扬 regions,

---

[1] Fan Wencheng(1597—1666), a Chinese scholar who was captured by the Manchus and then was persuaded to change sides. He became Nurhaci's trusted adviser.

[2] Hong Chengchou(1593—1665), general. Fought Li Zicheng 李自成 from 1634 to 1638. Captured by the Manchus and enlisted in the Banners.

[3] Li Guangdi (1642—1718), statesman and scholar. Conquered Taiwan. Edited classics and wrote commentaries. Advocate of *lixue* 理学.

[4] Zeng Guofan(1811—1872), Qing general and politician. Fought and defeated the Taiping rebellion.

[5] Jing and Yang were two of the Nine Regions. Jing included present-day Hunan province, most of Hubei and part of Guizhou. Yang comprised most of the territory south of the Huai and Yangtze rivers, along the sea to present-day Fuzhou, most of Jiangxi, Zhejiang and Fujian. Cf. Charlotte Furth, ed., *The Limits of Change: Essays on Conservative Alternatives in Republican China*, Cambridge, Mass.: Harvard University Press, 1976, p.133.

which, no doubt, was within the borders of the Nine Regions, as described in the *Yugong* 禹贡.[1] Xiong Yi 熊绎 and Zhou Zhang 周章[2] were both given enfeoffments, and enjoyed the same status as the Race, so how can this possibly be ranked in the same category as the Red Di and the Mountain Rong 山戎? But as their respective states involved all kinds of southern barbarians, whose filthy customs influenced Wu and Chu; and as, moreover, they did not maintain officials nor give tributes, and regarded themselves as not belonging to the House of Zhou, they were, therefore, degraded in the *Chunqiu*. In contrast, Chu took part in the campaign at Shaoling 召陵[3], and started to observe the correct wine serving rituals, and Wu joined the covenant of Huangchi 黄池[4] and obeyed royal commands. For these reasons, they were promoted to the rank of states such as Qi and Jin. Because they were not originally barbarian states, they could be demoted when they alienated themselves and promoted when they regarded themselves as insiders. This is like Yuesui 越巂 and Yizhou 益州. During the Han, they were incorporated into the commanderies and counties for a long time. However, towards the end of the Tang Dynasty, the imperial policy in the south was tyrannical, which led to the isolation and alienation of the region from civilisation. During the age of the Song, the empire did not stretch very far, and there was no other choice but to desert Yunnan; not until the Ming Dynasty was the region restored. So how is it possible to say that Yunnan was originally barbarian and not part of China until the Ming Dynasty? Now you sir, who comes from a noble

---

[1] *Yugong* is a chapter in *Shangshu*.

[2] Xiong Yi the earliest ancestor of the state of Chu(*reign* 790—763 B.C.). Zhou Zhang is the founder of the Wu state.

[3] Also cf. Gu Yanwu 顾炎武 as quoted in Dai Zhen 戴震, "Jing Wu" 荆吴, *Jingkao* 经考, *Juan* 5.

[4] Cf. *Zuozhuan*, 13th year of Duke Ai 哀公.

family in Chu, say that Chu is "barbarian". [1] When you insult your fellow villagers in your efforts to please your master and fawn upon the northern barbarians, do you not worry about going too far in placing righteousness above loyalty to your family?

In the *Chunqiu*, there are records of the degrading of Xia states to the level of barbarians, but there are no examples of barbarian states being included among the Xia states. There are records of the Qi 杞 state being demoted to the rank of barbarian when it used barbarian rites. In this respect, how could there be a case for regarding the Manchus as Chinese? Those who have the title *baturu* 巴图鲁, [2] should be dismissed as barbarians, even if they are high officials.

My third criticism is that he has disregarded genealogies and truthful records, and, instead, deliberates on the superficial meanings of names. That is why he says that, over a long period of time, thousands of different races have mixed and started to call themselves Chinese. Now when you say "one race", there must be one uniform majority blood lineage constituting its main body, without any requirement for individual family details. That is the reason why a common culture arising out of a common blood lineage can change and accept people from other races coming under their control; but if two blood lineages are standing opposed to each other, there is no case for assimilation, however much one wanted that to be the case. Since the Wei and Jin dynasties, a lot of different races have come to China and intermixed. If you investigate family registers, you will find

---

[1] Yang Du came from Xiangtan 湘潭 in Hunan province, which was part of the former Chu state. Zhang Taiyan was born in Yuhang 余杭 in Zhejiang province, which was part of the Wu state.

[2] *Baturu* was a Manchu title bestowed on military officials for meritorious service in war during the Qing dynasty. The word originally meant "brave". The Mongolian form of the word is *bahâtur*.

that in the region north of Dai 代, ①surnames from Jin and Yuan do not e-
ven equal one percent of the Han surnames. Now suppose you went to in-
quire about surnames, one by one, among the people that gather in cities
of all kinds and in the markets-do you think that the old surnames would
be in the majority or do you think that the bizarre and abnormal surnames
would be in the majority? Among them, there would certainly be those
names which have been voluntarily changed, or which have been granted
by the Imperial Court. If you study family chronicles from the Tang and
the Song, their number is at its smallest.

So, is the Chinese nation really an empty frame which we can fill with
foreigners? Some people say: "If that is the case, then the Manchus, being
in the absolute minority, would slowly assimilate with us, so why can't
they be seen as the same as the Chinese? " My answer is: It is only possi-
ble to allow alien races to assimilate with us when sovereignty is in our
hands; that would be sufficient for accepting them. The assimilation of the
Manchus has not been achieved by them being subject to our control, but
by them having overthrown our rule, and their [subsequent] suppression
of us. These two things cannot be compared, it is similar to the difference
between marriage and robbery. According to the logic of marriage, the
bride belongs to us, and she will then have to assimilate with us. Accord-
ing to the logic of robbery, they occupy the house of our emperor and pen-
etrate the innermost rooms of his concubines and in this way they can as-
similate with us, but it is self-evident that we will hate them. The reason
why I have advocated anti-Manchuism before is because they have over-
turned our country and seized our sovereignty. If we beat the enemy and

---

① Dai is a county in northern Shanxi province, an area which has been controlled by several non-
Han Chinese dynasties.

win a victory, so that the Manchu Khan leaves Wanping 宛平① in order to go to the Huanglong 黄龙 prefecture,②then we could do the same thing as in Japan and Siam-i. e. regard them as people of our race(*zhongren* 种人), letting them naturally come over to us and thus accepting them. But as sovereignty has not yet been restored, this must not be assumed in advance. If you are sick and are eating porridge, you have to vomit before you eat. If you eat before you have vomited, then you will not be able to swallow the food because you feel ill, and may even cause the disease to worsen. To know the art of priorities is also like this. The theories of this advocate and his ilk are muddled, and they think that we are using nationalism not as an ideology but as a method.③This is like the person who is ill and cannot swallow food because he has not vomited, saying: "This illness is complicated. Why do I feel like vomiting, and yet cannot swallow a single spoonful of porridge?" Not to know the meaning of the "Republic of China" is indeed rooted in these three delusions.

The pre-Han commanderies and counties constitute the territory of China, and its people are called the Hua people, But if the borders of the pre-Han commanderies and counties exclusively constitute the territory, then the Mongolian, Moslem and Tibetan areas are not within our jurisdiction, as these areas were actually taken over somewhat later. As far as Lelang 乐浪 and Xuantu 玄菟④ are concerned, they belong to Korea. Jiaozhi

---

① Suburb outside Beijing in present day Fengtai 丰台 district.
② Prefecture established by the Khitan in the 10th century, situated close to present-day Jilin.
③ Cf. *Yang Du Ji*, p. 373ff.
④ Lelang(Nangnang in Korean) and Xuantu(Hyondo) were two of the four commanderies, *jun* (*gun*)郡, established by the Han emperor Wu Di 汉武帝 after a military expedition to Korea. Lelang comprised parts of present-day North Korea, and Xuantu consisted of the eastern part of Liaodong province and parts of northern Korea. The other three prefectures were called Zhenfan (Chinbon)真番 and Lintun(Imdun)临屯. Only Lelang lasted for any significant period of time, until A. D. 313. It also played an important role in spreading Chinese culture in Korea.

交趾, Rinan 日南 and Jiuzhen 九真① remain under Vietnam. Linyi 林邑② belongs to Cambodia. As regards nationality, everyday customs, clothing and food, the first two countries are similar to those in the *Yu Dian* 禹甸.③Although their languages are different, their readings of the Chinese characters conform well with our pronunciation, and are thus different from the alien character readings used in Japanese. In terms of blood lineage, the Koreans are quite mixed, whereas the Vietnamese people have been entirely civilized by us. In between, there are numerous southern barbarian tribes. This situation is comparable to that in the Qiong 琼 and Lei 雷 prefectures.④These two countries should not only be conquered by military means, it is our duty to recover this territory. We can see how they are subject to control by foreign countries; how they are contained. To help the weak and stop tyranny, is that not what humanity calls for? Korea was a commandery of ours until the Han and Wei dynasties, and Vietnam was, from the Qin Dynasty to the Five Dynasties, under the control of local land and population registration officials. This was interrupted for a long time, but, during the Ming Dynasty, Vietnam was reestablished as a province. These two countries are similar in that they are both under foreign control, but a bit different in the way they are governed in terms of humanity, so there must be different priorities in the administration of them.

---

① Jiaozhi, Rinan and Jiuhen were commanderies in Vietnam and southern China which were established during the Han dynasty. Jiaozhi included parts of southern China and northern Vietnam. The Vietnamese form of the name is Giao Chi. Later the name became a general term for Vietnam.

② The Chinese name for the Champa kingdom in the southeastern part of Vietnam.

③ This is an alternative name for China.

④ Qiongzhou is an ancient prefecture on Hainan island. Leizhou is an ancient prefecture on the Leizhou peninsula, Guangdong province.

Next we have Burma. Burma does not belong to the old pre-Han territory. However, during the Ming Dynasty, numerous aboriginal offices (*tusi* 土司)①were established, which were subject to the Administration Commission in Yunnan province. Although the customs of Burma are different from those of the Chinese, a lot of Han have been sent to live there, a case similar to that of Ganya Zhada.② Since no circulating offices (*liuguan* 流官)③were established there, it is ranked after Korea [in importance]. Even though the foreigners' treatment of Burma is much more tolerant than that of Korea, our assistance should not be delayed.

Not until the Ming were vassals appointed in Tibet and the Moslem areas, but although Protector-Generals were established there during the pre-Han period and the 36 kingdoms, these areas can be considered dependencies which did not belong to the territory. The Moslem areas of today are even more different than during the 36 kingdoms. Mongolia has never been fully subjugated. If you want to decide the priorities of the Three Peripheral Divisions(*Sanhuangfu* 三荒服),④then the Tibetans are the most intimate because of the similarity in religion, whereas the Moslems and Mongolians simply have nothing in common with the Han. Thus

---

① Tribal military headmen appointed by the government in Yuan, Ming and Qing times. The office was hereditary.

② Ganya is referring to an area in present-day Yingjiang 盈江 county in Yunnan province, administrated by tribal headmen. Zhanda is perhaps a different name for the same place, I have not been able to find it in any relevant work of reference.

③ A kind of official appointed by the court and dispatched to areas with minority peoples. They were appointed for a limited period of tenure. The office was not hereditary, neither were they of local origin.

④ Zhang is here drawing upon the ancient concept of the "five divisions" *wu fu* 五服. This was a system of dividing the realm into five concentric circles at every 500 *li* with the capital as centre. The five divisions were called *dian fu* 甸服(capital division), *hou fu* 候服(enfeoffed division), *sui fu* 绥服(pacified division), *yao fu* 要服(strategic division) and *huang fu* 荒服(periferal division) in descending order. This division first occurs in the sixth chapter of the *Shangshu*.

from the standpoint of regulating the borders of the Republic of China, the two prefectures, Vietnam and Korea, must be recovered, with the district Burma following slightly behind in priority. As for Tibet, the Moslem areas and Mongolia, these could either be incorporated or rejected.

However, the task has both easy and difficult aspects, and the accomplishment of it is not straightforward, but is instead a tortuous process. Therefore, what is easy to achieve is perhaps somewhat contrary to our priorities. Today I am afraid that the Republic of China is not able to restore the borders of pre-Han times, and that it is necessary to take the provincial divisions of the Ming, except Burma, as the basis. The restoration of Vietnam and Korea is not an easy task. Not even the restoration of Burma can be accomplished at once. Even though the Three Peripheral Divisions are not ancient territory, neither are they dependencies of any other country. So if you proceed by degree of difficulty, then it would be easier to restore these than the two commanderies and the aboriginal district. Also, their assimilation has varying degrees of difficulty.

As regards the assimilation of language and writing, there are a lot of Han in Xinjiang, and as the Moslem peoples are more intelligent than the Mongols, so civilization will penetrate the region easily. The Mongolians are dull, but they have traded with the Han for a long time and have gradually learnt to imitate the sounds of our language. Only the Tibetans are estranged from us and have learnt to use the Brahmin writing. As they have their own civilized studies, and have not been influenced by others, their language may conflict with the Chinese language. So as far as linguistic assimilation is concerned, Tibet will require most of our efforts.

When it comes to living and eating habits and crafts, the Moslem peoples till the soil, and their customs do not differ a great deal from the customs of the Han. They live in mansions and raise walls around their cities. The terrain in Tibet is mountainous and difficult to tame, and the geography does not permit extensive pasture development, there fore most people live on what they can get from the soil. The soil is rocky and barren, at its best it is only suitable for growing highland barley, and it is not suitable for growing rice. Although their wooden fortifications are rustic, they are better than tents. As for Mongolia, the Gobi is spacious and wide; it is merely flat ground and a lot of desert. Nature has only allowed them grazing lands, and they have no other choice than to raise tents for shelter. Although their king and the Taijis 台吉① have palaces, this custom has not had any influence on the common people. Therefore, as far as assimilation in terms of living, eating and crafts are concerned, Mongolia requires most of our efforts.

When it comes to the legal systems and the obedience of imperial decrees, the Tibetans obey the Divine Power. As the Qing government has been sending several officials to assist in administration in Tibet, Han officials will be able to administer it. Mongolia has its own tribal chiefs, and their laws are very different from those of the Central Lands(*Zhongtu* 中土), but as those Mongolian cities north of the Great Wall are influenced by Chinese culture, legal cases could be settled by the Sub-prefectural Magistrate's office, allowing the *Taijis* to sit in court, provided they respond carefully. But if there is the slightest dishonesty on their part and they resist the procedure by abusing it, then Han officials would be able to resume its administration. This is not at all impossible to apply among all in the Mongolian Leagues. Only the Moslem peoples were truly conquered and bullied by the Manchus. They have not been treated as allies like the

---

① A title used by Mongolian nobles, later it was adopted as a military title and as the name of certain administrative officials.

Mongols, nor with religious reverence like the Tibetans. Today, although they are temporarily administered as a province, the Moslems are yearly compelled to provide the princes with servants. The Manchus regard the Moslems with contempt, and the Moslems harbour the deepest hatred towards the Manchus. This hatred is manifested in their attitude towards the rule of Han officials. If there is the slightest inappropriateness in their rule, then rebellion follows. Thus, as far as reforming legal systems and obedience of decrees are concerned, the Moslem people will require most of our efforts.

If we wish to assimilate them, all we have to do is to establish offices, encourage learning, and devote special attention to agriculture. Laws should, however, not be implemented at once, but only after a period of twenty years, by which time, we will be able to regard them as equal to the hinterland.

Previously I have said: "By changing their language and customs, these peoples will be able to assimilate with us, which is not the same as the attitude of the Americans towards the blacks."[1]Now there are some people rebuking my view, saying: "Suppose this will not be the case. Then we will have no other choice than to regard these peoples that have not yet improved just as they regard the blacks. The treatment of the Mongolians, Moslems and Tibetans as blacks would be the inevitable outcome of nationalism."[2] What I mean is: not treating these people as blacks after their assimilation implies that the implementation of their

---

[1]   Zhang Taiyan, "*Shehui Tongquan* Shangdui"社会通诠商兑(A Discussion on *A History of Politics*), *Minbao*, No. 12, March 6, 1907, pp. 17—18. Cf. Benjamin Schwartz, *In Search of Wealth and Power: Yen Fu and the West*, Cambridge, Mass: Harvard University Press, 1964, p. 174ff.

[2]   *Yang Du Ji*, p. 375.

right to vote and express ideas will not be fraudulent. But it does not mean that before they are assimilated, we can portion them some territory and kill those who cross the border. Nevertheless, as long as they have not improved, there is no question of allowing them to vote.

This proponent of the Doctrine of Gold and Iron says: "The only precondition for allowing the Mongols, Moslems and Tibetans to vote and be elected, should be that they master the Chinese language."[1] Those who master the Chinese language have admittedly improved somewhat, but how much do they know about Chinese society? Those who do not know what is real and what is false, and cannot distinguish between truth and fallacy, are not qualified to sit down and discuss politics.[2] To let the masses loose to making judgements as they please, in what way does that differ from drawing lots? What is more, the purpose of establishing a representative system is not only to promote equality. When the common people is consulted, the language used should be beneficial for the administration. If someone says something and cannot stick to the point, that is the same thing as not saying anything, in which case, elections can be abolished. Therefore, to simply master the language is not a sufficient criterion for participation in the managing of the State. If we are forced to give them the right to vote, then we could allow the Three Peripheral Divisions to send representatives to discuss the affairs of their own tribes, whereas they should not be consulted on the big issues of managing the State, then no harm will be done.

But this is not all. The Manchus have adopted the Chinese language, but they have not been adoptive in terms of industries. In the Three Peripheral Divi-

---

[1] *Yang Du Ji*, pp. 369—370.
[2] Cf. *Zhou Li* 周礼, *Kaogongji xu* 考工记序.

sions, the Moslems and the Tibetans are pursuing agriculture, and the Mongols are tending pastures, The Manchus are not Familiar with these industries, but are what we call indolent people. All that the aristocrats do is chase actors, sing opera and play *pipa* day and night. In daytime, the soldiers from the garrisons carry birdcages and stroll around in the towns, and when it is cold they dress in fur coats and go out holding small smoking ovens in front of them with both hands in order to keep warm. If they pass a baker and see something delicious they just open their mouths and swallow it with a crunch without even touching it. We are all familiar with these things. They are lazy parasites who do not understand the industries of the people, and thus they are very different from the people in the Three Peripheral Divisions. Some people say that the cultural level of the Manchus is the highest in the Three Peripheral Divisions. [1]The only reason why they say this is because they look at the fact that they have students of law, politics and military affairs. But these achievements are only limited to skills in exercise of command, for they pride themselves on their ignorance of civil affairs. Moreover, people that have not lived in the countryside, and have not witnessed the trifling problems of rice and salt, will not be successful despite an official career as a result of their skills in law and politics. As for senior officials of modern times, when urban scholars are inferior to learned men in the countryside, when intelligent and able statesmen are not as capable as pettifoggers among the peasantry, is it not better to observe the facts with one's own eyes than to indulge in empty talk and lecture?! The Manchu fake emperor Gaozong 高宗[2] once wished to abolish all county and prefectural officials in the Empire and replace them with *bitheshi* 笔帖式 clerks. [3]

---

[1] Cf. *Yang Du Ji*, p. 368ff.

[2] That is the Qianlong 乾隆 emperor.

[3] Low-ranking civil official in the *yamen* 衙门 in charge of translating Chinese and Manchu documents and memorials.

Liu Tongxun 刘统勋[①] has said: "The common people are administered by departments and districts, which should be run by those who have been common people themselves." So how can a parliamentary representative who is representing the common people fulfil his duty if he has not been a commoner himself? The function of a member of parliament is originally to take responsibility for taxation, but I do not know how it could be possible to recklessly discuss taxation rates if one does not know anything about the hardships of farming, about poverty and wealth in the villages, about profit and loss in trade and about the flow of commodities. Now how could one possibly say that these Manchus know the slightest bit about the industries of the common people, that is agriculture, handicraft and trade, and are qualified to be parliamentary representatives? Why all this empty talk and ignorance of facts? Moreover, monks and priests in modern times are not allowed to sit in parliament, but you could hardly say that they are lacking in learning. This is precisely because of the fact that the possessions of the temples are sufficient for feeding the clergy and thus separated from the realities of agriculture, handicraft and trade. If you compare the clergy in Europe and America with the Manchu students in law, politics and military affairs, then there is an even greater difference in familiarity with the conditions of the people. The Manchus, whether they are students or bannermen, are nothing but indolent people. If you do not work yourself but rely on the production of other people, if you do not pay any taxes but tell other people to pay land tax and other levies, then you should not have any rights since you are not familiar with these realities. If these Manchus want to have the right of representation, they had better

---

[①] Liu Tongxun(1699—1773), Qing official and governor of Shanxi and Gansu provinces. Twice chancellor of the Hanlin Academy.

wait till after the revolution, when their emoluments paid in corn are abolished, and they are forced to labour in the fields. Only then can they assimilate with the Han and participate in Chinese politics. The advocates of the Gold and Iron Doctrine boast of equality existing if both the Manchus and the people in the Three Peripheral Divisions could participate in politics on the basis of them knowing our language. However, as they have forgotten to evaluate the advantages and drawbacks, the pros and cons of their doctrine, this is not difficult to refute.

During the Han, Tang, Song and Ming dynasties, one was first appointed Civil Official(*Wenli* 文吏), and then promoted to the rank of Educated Official (*Rusheng* 儒生). Although availability of talent and the methods of designation differed, when it came to the administration of the country, the priorities were the same in caring for the people's livelihood. Therefore, even when the State was in disrepair and the government no longer worked, the official administration was still uncorrupt on lower levels, which is quite different from the excesses of the Manchus. The Manchus have, from the very beginning, promoted people from their own clans. The people in power are all from the military, who do not have any idea of how to write memorials, nor of legal rule, and who have not even used the expression "the various affairs of people's livelihood". There is a story which has been handed down through generations about the journey to the south by the fake emperor Gaozong. When he saw rice plants in the fields he asked what kind of grass it was. He was not the only person to do such a thing, and from this we can understand how alienated they were from people's affairs. Their nature is greedy and they regard corruption as a necessity. They commit disgraceful acts and never ask their officials for advice. This is the reason why they have never worried about the quality of the administration, and since this administration is carried out by Han officials, the authorities do not know the law any longer, and the local authorities do not listen to the people or the lower officials. The chronicles of virtuous officials are insufficient or are full of conventional phrases. Disciples of people like Yu Chenglong 于成龙① and Yu Dian 余甸② were a regular phenomenon in former times, but today they are as rare as the horn of a *kylin*. [Nowadays,] they brag about statesmanship, and tell us that the result of their efforts can only be gauged in the long term. But what they have achieved does not go beyond looting and extortion, the origin of which is found in the trend for unreasonable discussions by travelling political propagandists. Long-term plans are drawn up and admonitions given at all times of the day, yet they are not even capable of managing a water lock. The regime extends in all directions, but they are not able to catch a single brigand. Plans are being drafted and decrees are promulgated, but they cannot correct a single evil policy. Ambitious solutions are discussed, but they are not able to make the tax system just. Those who are ruling the empire are disciples of Wei Liaoweng 魏了翁,③Ma Tingluan 马廷鸾,④Zhen Dexiu 真德秀⑤ and Qiu Jun 丘濬.⑥ They hold the Three Tong Books in their hands, and talk about the *Daxue yanyi* 大学衍义(Developments of the Great Learning),⑦but they are not

---

① There were two people bearing the name Yu Chenglong during the Qing dynasty. Zhang is most likely referring to the paragon of officialdom with that name who lived between 1638 and 1700.

② A popular official who lived during the Qing period.

③ Wei Liaoweng(1178—1237), Song scholar. Wrote a commentary on the nine classics. Follower of Zhu Xi's *lixue* with some reservations concerning his view of human desires.

④ Ma Tingluan(1223—1289), historian and prime minister during the last period of Southern Song.

⑤ Zhen Dexiu(1178—1235), scholar-official and philosopher, a follower of Zhu Xi's school of Confucian thought.

⑥ Qiu Jun(1420—1495), scholar-official and political thinker, a follower of Zhu Xi's school of Confucian thought.

⑦ The Three *Tong* Books are *Tong Dian* 通典 by Du You 杜佑(735—812), *Tong Zhi* 通志 by Zheng Qiao 郑樵(1104—1162) and *Wenxian Tongkao* 文献通考 by Ma Duanlin 马端临(1254—1323).

comparable to Tian Qianqiu 田千秋① who, without having studied the art of statesman-ship, was able to make the people wealthy. Why? Because he dismissed savages and promoted refined scholars. As for the present state of affairs corrupt officials are filling the court and bribery is widespread. If they could be dealt with by law they would be beheaded, office after office.

Now, if not a single honest official can be found, how can they possibly be employed to work in the interests of the people?! If you are aiming at establishing administration by officials, you have to be very meticulous and pay attention to details, you have to go by experience and nothing else. It cannot be achieved by high-flown talk or by indulging in one's own whims. As far as the constitutionalists are concerned, they are not up to the mark, but are only plagiarizing other people's material and carelessly browsing through some political books. It all sounds so simple and more prestigious than to strive to establish rule by officialdom. The advocate of Gold and Iron has simply followed this trend. He only sees the attention the Manchus have paid to amassing fortunes and to military affairs recently, and he does not even mention with a single word the quality of the official administration and the painful topic of the people's livelihood. He believes that it is enough to rule the country by following the principles of today and not changing the customs of today, only the establishment of a national assembly embracing the whole people is enough for ruling the country. If this were indeed the case, then constitutionalism is nothing but "Gold and Iron". But are they not far from the policies carried out during the flourishing age of Tang and Song autocracy? Now, some people from earlier

---

① Tian Qianqiu, chancellor(*chengxiang* 丞相) during the Han, also called Che Qianqiu 车千秋. Participated together with the imperial counsellor 御史大夫 Sang Hongyang 桑弘羊 in the "Salt and Iron Debate"on economic policies during the reign of emperor Zhao of Han 汉昭帝(86—74 B.C.), advocating a policy with strong legalist features.

times, like Bao Shichen 包世臣① and Wang Huizu 王辉祖,②were admittedly close to such ideas, but they nevertheless discussed the administration of officials and people's livelihood in minute detail. But the advocate of 'Gold and Iron' has not understood this. Even Liang Qichao 梁启超③ et consortes, who have been indulging in empty talk every day lately, are aware of the fact that it is not permissible to tolerate a single flaw in administration, and that if you want to establish constitutional government, this must be preceded by a period of enlightened despotism. But the advocate of 'Gold and Iron' has not understood that. He does not pay attention to the quality of the official administration, and thus, ingratiating behaviour is allowed to affect officialdom. He does not have any plans for the painful issues of the people's livelihood, and so elections can include indolent people as well. He also says that the Manchus, as they are today, can be elected as parliamentary representatives, not to mention the people in the Three Peripheral Divisions, since these have professions!

Our view is completely different. As long as they have not assimilated, the best thing would be to divide them into three provinces, each one subject to a Governor-general Office(*Zongdufu* 总督府)(After the Republic of China has been established, the Governors-general and Governors(*Dufu* 督抚)of each province should be abolished, and only the office of the Provincial Administration Commissioner(*Buzhengshi* 布政使)kept as Senior Official, and the office of Governor-general should only be established in the Peripheral Divisions.) and under him there should be Executive Officials(*Zhengguan* 政

---

① Bao Shichen(1775—1855), Qing calligrapher. Author of a famous treatise on calligraphy, but also interested in military and agricultural arts.

② Wang Huizu(1731—1807), Qing administrator. Author of two important works on administrative technique which were used up till 1912.

③ Liang Qichao(1873—1929), leading intellectual in the early 20th century, a follower of Kang Youwei and the New text School. With his culturalistic inclination, Liang's interpretation of the Chinese identity is often contrasted with Zhang's.

官). The people could also elect good and virtuous elders to serve under the Governor-general to discuss the laws of their tribe and regulate financial and fiscal affairs. This would then be carried out by the lower-ranking officials. It we help in promoting agriculture, encouraging their skills, teaching them the language, instructing them in the written language, they could, after a period of twenty years, be elected to the central parliament. By doing this, nothing is lost in equality and there is no risk that people who do not know anything of the affairs of the State might recklessly take seats in parliament. Things could be settled without using political tactics or humanity being in conflict.

Some say that the Land of the Han is smaller than the Three Peripheral Divisions, and, come a critical moment, their people will certainly rise up and fight for independence, which can only be suppressed by military means. They have not understood that although the combined area of the Three Peripheral Divisions is wider than the Land of the Han, the Moslem areas and Tibet make up only a third of the Land of the Han and only Mongolia may be seen as being of equal size. But having said this, one should add that the Mongols have been divided between different princes for a long time, and as long as there is no formidable man who is able to swallow the other princes up through military power like Galdan①, they will not be able to exercise strength. Ever since the Yuan crushed Tuba there has been the Dharma Râja in Tibet. Since then, the Ming has replaced the Yuan, the Qing has replaced the Ming, but the Tibetans have paid tribute to the Imperial Capital during all these dynasties and have not

---

① Galdan(1644—1697), Kalmuk khân of the Choros(Oirat), son of Bahâtur Khongtaiji. Succeeded his father on the throne and became a powerful Mongolian chief after having defeated a number of opponents. Committed suicide after a number of setbacks inflicted by Emperor Kangxi's expeditionary forces.

hesitated to undertake a single journey. Later the Manchus adopted the Yellow Sect①in order to curry favour with the Tibetans, but did the Great Ancestors of the Ming need to do this to maintain links with them? Suppose that religion is the basis of affection, then the Chinese princess, Wencheng 文成, who is worshipped by the Tibetans as the Divine Mother under the name Duoluo Yiga 多逻伊伽,②is sufficient as proof [of the fact that it is not necessary to worship the religion of the Tibetans]. The Mongolians have, since the Wanli 万历 epoch, been influenced by the teachings of the living Buddha Khutukhtu 胡土克图,③and their murderous lust for pillage has abated. The Tibetans are not an obstacle and the Mongolians are easy to tame.

Others say that the two evil countries, England and Russia, with their wolf-like ambitions, take all opportunities to spy on the peripheral regions in order to turn them into their own dependencies. Now, although the Manchu government has not fallen yet, it is not able to contain [these powers], so why would only the age of revolution lead to [an occupation]? Right now the word "revolution" is spreading all over Europe, and in India there are people fighting for national resurrection also. It has been said that when the tigers roar, the wind of the valley responds, and when the clouds gather, one day their force will be as strong as a prairie fire—so how will they be able to rest and continue to be humiliated by these two countries?

Only the Moslem tribes have an agile and brave popular morale, and

---

① That is Gelugs-pa.

② Princess Wencheng of the house of Tang who was in 641 given in marriage to Srong-brtsan-sgam-po of Tuba(reign 620?—649) by the Tang emperor in order to pacify the Tuba. After she died in 680 she was identified as an incarnation of the Green Târâ. *Duoluo* is the Chinese transcription of *Târâ*, but I have not been able to find out what *Yiga* refers to.

③ Reincarnation of a lama and often head of a tribe. There were two *khutukhtus* one in Mongolia and one in Beijing.

so they can unite easily. The Manchus' treatment of the Moslems has been cruel and unreasonable. During the reconquest, the Manchus used Zuo Zongtang's 左宗棠① Hunanese army, so now the Moslems also regard the Han as venomous snakes. In the Three Peripheral Divisions, only the Moslems harbour resentment, but if we recall the common roots of the different peoples, then what is the necessity of regarding the Moslems as a people that should be slaughtered? Fortunately, they will become peaceful again when they have vented their anger. But if this is not to be the case, and they really want to establish their own country, why should we keep it through plunder?

I have been quoted as saying "let it be that all the Moslem chiefs harbour such a gnawing hatred towards the Manchus that it has spilled over to, and included, the Han, for which reason they are fighting for separation in order to restore Turkestan and Huamen 花门, but we must stay calm and listen to them. For when we understand the Manchus' relation to us, we will also understand the Moslems' relation to us."② The advocate of the Gold and Iron Doctrine worries about this and says "[...] this means that the interior of China will be carved up. Suppose that the country is divided and there are no Great Powers around prying on us, then it would not be entirely wrong of the Han to selfishly organize their own free and equal country for the benefit of mutual happiness, let alone the fact that this idea would be a narrow-minded one. But as regards the idea of preserving the territorial integrity of our country, one faction among the

---

① Zuo Zongtang(1812—1885), Han Chinese military official and key figure in the self-strengthening movement. He played a key role in the brutal quelling of the Moslem rebellions in Shaanxi and Gansu.

② "*Shehui Tongquan* Shangdui", p. 18. Huamen is the name of a mountain in present Inner Mongolia. During the Tang Dynasty a fortress was built there which was later occupied by Uighurs. For this reason Huamen was sometimes used as an alternative name for the Uighurs.

Powers is in favour of it and the other against. Among the opponents, Russia is the leading nation. Russia is certainly wishing every day that it were able to snatch Mongolia and the Moslem areas. Now when they see that there is division among the nationalities in China, and that the Moslems and Mongols have not attained a level at which they can establish their own countries, why should they not want to go in and occupy Mongolia and the Moslem areas? And when Russia has occupied Mongolia, the English will invade Tibet and the French will invade Yunnan, Guangdong and Guangxi, so the failure to keep the territory of the Han intact would result from inner division leading to the carving up of our country by outsiders. "[1]

What is the interest of the Europeans in keeping the territory intact? It is that, with things as they are, they can continue to get what they want by indirect means. So what is the need of petty humanity and righteousness? They know that the country is vast and that it cannot be conquered in a day. If the country was cut up, then one war would follow another. Deficient logistics and provisioning would cause the armies to fall apart and internal upheavals would follow once again. Their talk of preserving the integrity of the country is not because of their humanity, but because of self-preservation and nothing else. Is it not so that when the allied armies rallied from all countries in the year of *geng zi*, and there was every reason to deploy troops, that the barbarian chiefs fled to the west? Since they did not divide China then, why should they wait till after the Russo-Japanese war?

Even if the revolution is defeated, it would mean that the Manchus would have gained in power, and the Moslems would not be able to separate and the cutting up of the country would not be possible. If the revolu-

[1] *Yang Du Ji*, p.378.

tion triumphs, and we topple this unyielding government, then, although our military power will certainly not be comparable with others', and may not even be sufficient to resist the Europeans, its nascent fighting spirit will make its prestige and fame known all over the world. When these Europeans observe the conditions in a country they often go from name to reality [but they know that] that [we] cannot be overturned in a blow so they have not taken any reckless measures that would tire their troops and deplete their resources. But how can we possibly let the Moslems separate like the cut of a knife? They have few qualified personnel, their political system is deficient, and they will have to ask the Han for help in solving all important questions. If we regard each other as allies, this will suffice to break the right arm of the Russians. Although this could help the Moslems to achieve separation, they—if they are able to distinguish between fortune and disaster, and see the difference between good and evil—will understand that the troops and persecution have all come from the Manchus, and that the Han have not at all been the driving force. Moreover, their country is remote, and even if it were possible to build military devices in the terrain for self-defence, they would not be as advanced as in civilized countries. If they understand all this, they will not waste any time demanding separation, but strive to assimilate with the Han.

To sum it all up, the task has general and specific features, the way has easy and dangerous parts, and, because of this, we will unavoidably worry. If one of the Three Peripheral Divisions separate, the remaining two may not necessarily follow suit, and if all three assimilate with us, then this will be a beneficial application of nationalism. After this, the two prefectures and the aboriginal district can be recovered, leading to the restoration of the pre-Han borders and the Republic of China being established in earnest. Today we can see how people in Yunnan are outraged by the destruction of Vietnam and Burma. They sigh and groan and always think about a reconquest with relish, but they are not worried about other issues. Only those who have understood the deeper meaning of the Republic of China possess the mysterious treasure!

编者按:

章太炎著述深奥难懂,这是章太炎学术、思想走向国际的一个大问题。因此,我们努力争取今后每一期都刊登章太炎文章的英文翻译。这既是本刊的一个方针,也是章太炎学术、思想国际化的重要准备。

本次刊登的章太炎文章《中华民国解》的英文翻译,原刊于 *The Stockholm Journal of East Asian Studies*, Vol. 8, 1997,译者为密歇根大学 Pär Cassel 教授,也是不多见的章太炎文章的英文翻译。这次征得 Pär Cassel 教授同意重刊,谨此致谢。《中华民国解》是章太炎 1907 年发表于《民报》的文章,长期以来该文章在章太炎的思想体系中应该如何定位,是一个令章太炎研究者感觉棘手的问题。关于这篇文章的研究也不多,中文似乎只有张志强《一种伦理民族主义是否可能——论章太炎的民族主义》(载《哲学动态》2015 年第 3 期)、陕庆《命名与论述中国的方式:对〈中华民国解〉的一种解读》(《开放时代》2017 年第 5 期)两篇论文。此外尚有秦行国未刊论文《"华夏"的新定义与国家的新想象:章太炎〈中华民国解〉与刘师培〈中国民族志〉的比较研究》。

《章太炎研究》稿约

　　《章太炎研究》集刊在章太炎先生哲孙章念驰先生"以捐助研"理念的支持下，由章太炎先生故乡浙江省杭州市余杭区章太炎故居纪念馆暨章太炎研究中心主办，每年出版两辑。

　　本刊面向全球章太炎研究者和读者，欢迎投寄未曾在公开出版物或网站上发表过的稿件，并就本刊宗旨及投稿规定，作如下说明：

　　一、本刊以章太炎研究为主，但不限于章太炎本身的研究，也包括章太炎周边的研究。该研究旨在弘扬章太炎学术、思想（下称章学），但不局限于章太炎本身，而是一个开放的平台，因此，本刊以开放、学术的态度面向所有研究者和读者。本刊旨在以章太炎及其周边人物的研究为手段，以重审中国近代以来的变迁，彰往而开来。

　　二、本刊认为，章太炎先生哲思深湛，接续吾华国故之统绪，洞达小学、经学，为乾嘉汉学之殿军；更承先启后，熔铸西学、佛学之精微。洋洋大观，径行独往，卓然成一家之言。本刊坚信，其所试图重构的思想和文化，其所试图重新阐释的中国传统，是有着普遍主义的价值的，它是"国学"，却又远远超出"国学"的范畴，因为它出于传统，又远远超出传统的某些范畴，是对传统的批判性的弘扬。本刊坚信，章太炎的思想不仅属于中国，也属于世界。本刊也将一定程度上追求章学国际化，致力于让章学走向世界，为世界上的知识人所重释、所共享、所继承。因此，本刊也将致力于注释、译介艰深的章学文献。此举不仅有助于以汉语为母语的中国学者解读章太炎著作，也有助于域外有志章学者理解章太炎著作。这些工作断非容易，但是本刊相信，假以时日，必有其功效。同时，本刊也将积极译介域外章学研究成果。

　　三、本刊建立在同行专家匿名评审基础上。此规定亦适用于编辑部约稿。

四、本刊主编署名"章太炎研究中心"。具体操作上，将由章太炎研究中心每辑指定一位执行主编，具体行使主编职责。执行主编有组织、策划的义务，但是并无采用稿件的最终决定权。每一篇文章的采用权由章太炎研究中心根据匿名评审人意见决定。该中心、杂志编辑部、执行主编有协调作者、读者之间关系的义务。

五、本刊以章太炎先生追求的平等精神为办刊精神。因此，本刊只问稿件质量，不问作者职位高低、资历深浅，所刊文章，一律只刊作者名字及所属机构，不刊作者职称、职衔。更与以学术职衔、学术权力取文之风，尽量保持距离。

本刊认为，拔擢、培养章学及周边研究后进，方是发扬光大章太炎学术、思想的不二法门，故尤为欢迎年轻研究者投稿。希望在这方面本刊可以发挥重要作用。

六、稿件形式。稿件在形式上分为三部分：（1）首页。共计 10 项：标题；作者姓名；工作单位；内容摘要；关键词；作者简介；详细通信地址；邮编；电话号码；电子信箱。（2）正文。另起一页，文中所出现的新的外来名词和术语、新的著作名和人名请附英文原文。如文章属于科研立项成果，请加脚注，并说明项目名称、批准文号以及本人所承担的任务。（3）英文篇名、内容摘要、关键词。

七、关于注释。根据中文读者的阅读习惯，采用脚注形式，用阿拉伯数字圈码（①②③……），置于句末标点右上角。具体格式如下：

1. 专著依著者、著作名（外文用斜体）、出版地、出版者、出版年、页码标注。例如，钱穆《庄子纂笺》，北京：生活·读书·新知三联书店，2010 年，第 18 页。

2. 期刊文章依作者、文献题名、刊名（外文用斜体）、年期、页码标注。例如，张荣华《章太炎与章学诚》，《复旦学报（社会科学版）》2005 年第 3 期，第 28—34 页。

3. 报纸文章依作者、文献题名、报名（外文用斜体）、日期标注。例如，傅斯年《法国汉学家伯希和莅平》，《北平晨报》1933 年 1 月 15 日。

4. 析出文献依作者、篇名、编者、文集题名、出版地、出版者、出版年、页码标注。例如，张宇燕《制度经济学：异端观点》，收入汤敏、茅于轼主编《现代经济学前沿》第 2 辑，北京：商务印书馆，1993 年，第 227 页。

5. 古籍依朝代（前后用圆括号）、著者、文献题名、卷次、整理者、版本或出版地、出版者、出版年、页码。例如，（汉）班固《汉书·司马迁传》，北京：中华书局点校本，1962 年，第 2738 页。

6. 译著依国别（前后用方括号）、作者、文献题名、译者、出版地、出版者、出版年、页码标注。例如，［关］斯塔夫里阿诺斯《全球通史》，吴象婴、梁赤民译，上海：上海社会科学院出版社，1999 年，第 67 页。

7. 所有西文标记，字体皆使用 Times New Roman。

八、关于篇幅。字数不限，尤欢迎言之有物的长文。

九、关于稿酬。本刊将保持在国内学术刊物中有一定竞争力的稿酬，以吸引优质稿件。被采用的所有稿件，在出版三个月内均支付稿酬及样刊两册。作者著作权使用费与稿费一次性付清。至于文中部分插图使用费，因缺少作者相关信息，暂存编辑部，烦请作者主动与编辑部联系。

十、本刊仅接受电子投稿，来稿请发至 ztygjds@126.com 并注明"《章太炎研究》投稿"。本刊尽力保持编辑部、投稿人和匿名评审人三者间的信息畅通，但囿于章太炎研究中心人手不足问题，如出现投稿后三个月未收到任何通知者，烦请自行处理。

章太炎研究中心暨《章太炎研究》编辑部

二〇二三年六月

图书在版编目(CIP)数据

章太炎研究.第1辑/章太炎研究中心主编.—上
海:上海人民出版社,2023
ISBN 978-7-208-18616-3

Ⅰ.①章… Ⅱ.①章… Ⅲ.①章太炎(1869-1936)
-人物研究-文集 Ⅳ.①B259.25-53

中国国家版本馆 CIP 数据核字(2023)第 201005 号

责任编辑 张钰翰
封面设计 夏 芳

章太炎研究（第一辑）
章太炎研究中心 主编
本辑执行主编 林少阳

出 版 上海人民出版社
　　　　　(201101 上海市闵行区号景路 159 弄 C 座)
发 行 上海人民出版社发行中心
印 刷 上海商务联西印刷有限公司
开 本 720×1000 1/16
印 张 22.5
插 页 2
字 数 317,000
版 次 2023 年 11 月第 1 版
印 次 2023 年 11 月第 1 次印刷
ISBN 978-7-208-18616-3/K·3336
定 价 88.00 元